同济教育研究

汪道涵

一九八七年五月

同济教育研究（第九辑）

以高质量教育促进学生全面发展

同济大学高等教育研究所　编

同濟大學出版社
TONGJI UNIVERSITY PRESS
·上海·

内 容 提 要

提高教育质量，满足学生的发展需要，是我国教育工作者的教育理念和奋斗目标。本书从教育发展、学生发展、教学研究、研究生教育、思政建设、国外教育等维度，探讨了师德师风建设、立德树人、提高教育质量、培养创新人才的方法和措施，“教育管理论坛”版块还涉及基础教育领域的一些研究。本书理论性和实践性并重，内容涵盖面广，不仅适合在高等教育领域从事教学和研究的人士阅读，也可供关心我国教育事业发展的其他各界人士参考。

图书在版编目(CIP)数据

以高质量教育促进学生全面发展 / 同济大学高等教育研究所编. --上海：同济大学出版社，2024.9.
(同济教育研究). -- ISBN 978-7-5765-1366-0

Ⅰ. G640

中国国家版本馆 CIP 数据核字第 20240GG068 号

以高质量教育促进学生全面发展

YI GAOZHILIANG JIAOYU CUJIN XUESHENG QUANMIAN FAZHAN

同济大学高等教育研究所　**编**

责任编辑 孙铭蔚　**责任校对** 徐逢乔　**封面设计** 陈益平

出版发行 同济大学出版社　www.tongjipress.com.cn
(地址:上海市四平路 1239 号　邮编:200092　电话:021-65985622)
经　　销 全国各地新华书店
排　　版 南京文脉图文设计制作有限公司
印　　刷 苏州市古得堡数码印刷有限公司
开　　本 787mm×1092mm　1/16
印　　张 22.25
字　　数 460 000
版　　次 2024 年 9 月第 1 版
印　　次 2024 年 9 月第 1 次印刷
书　　号 ISBN 978-7-5765-1366-0

定　　价 128.00 元

同济大学高等教育研究所是同济大学直属研究机构，前身是1983年成立的同济大学高等教育研究室，1986年正式更名为同济大学高等教育研究所。

同济大学高等教育研究所以“服务同济大学发展，服务高等教育进步”为使命，主要职能包括：开展高等教育学二级学科建设，支撑学校教育学一级学科建设；开展高等教育领域的研究生培养、科学研究与社会服务；开展服务学校改革与发展、教学科研等方面的相关校本研究；编辑出版“同济教育研究”丛书；发挥院校研究功能与智库作用，扩大学校在高等教育领域的影响力。

同济大学高等教育研究所坚持“小规模、高质量、重理论、强应用、促交叉、国际化”的原则，建设了一支专兼职合理的师资队伍，形成了院校研究的学科发展与研究特色，服务于国家与学校的教育改革与发展，培养了一批优秀的毕业研究生，在国内外取得了较好的学术声誉，曾先后四次获得“全国优秀高等教育研究机构”荣誉称号。

CONTENTS

目录

教育发展

002 理解世界一流大学的场域视角 宋懿琛

011 长三角学术精英的职业流动与影响因素研究
——基于对前精英时期"青椒"学者的研究 薛琪薪 何倩雯

024 国内首批卓越工程师学院建设进展及培养特色 姜 洁

034 "贯通式"中德高水平人才联合培养:模式、困境与保障策略
郑高明 潘茂波 胡馨之 徐 强 萧 遥

学生发展

048 学生发展增值评价研究文献综述 朱伟文 刘红煦

056 "一站式"学生社区综合管理模式下的学生"自我教育"研究 方雅静

063 新冠疫情期间大学生情绪体验过程及影响因素研究 王乐实 王佳琪 姚玉红

075 研究型大学第一代大学生学习成果的实证研究 郭 强 吴美琴

091 高校如何为返校复学退伍大学生纾困 朱力晴 徐汉明

098 "失陪"与"缺位":"重要他者"在农村第一代大学生的教育路径中扮演了怎样的角色
叶林欣

教学研究

112 Python 课程数字化故事叙述教学设计 罗 薇 李君丽

124 新商科专业特色发展路径研究
——基于创新创业的产教融合视角 李 刚

135 地方师范院校教师教育的困境与路径 张 磊 左崇良

141 留学生"讲好中国故事"人才培养模式创新 程 妤

研究生教育

150 综合性大学研究生导师指导质量满意度研究
——基于理、工、文、医四个学科大类 江 慧 樊晓杰 于鲁江 赵钦佩
161 研究生学术领导力概念及培养路径研究 陈 迅 黄雨昕 陈 寅
169 新时代研究生思想政治教育的价值意旨、问题归因和实践路向 蔡艳丽 蔡三发
176 同济大学研究生教育信息化的实践与思考 张晓奥 李 庆
181 数字化伴随下研究生学术能力监测模式的转变与思考 谭 钦 刘春路

思政建设

188 高水平对外开放背景下铸牢“Z 世代”的中华民族共同体意识
赵佳丽 卢锦鹏 李 宁
198 职业技术教育专业硕士实习实践中的课程思政:原理、价值与行动路径 王婷婷
206 校园思政教育的体会与思考 孙 军
209 思政建设中对专业课程知识体系的梳理和重构
——提高研究生科研素质的探讨与实践 应之丁 范 琳 张济民
217 高校高层次人才政治引领和政治吸纳研究
——以 T 高校为例 司尚林

国外教育

226 中美大学通识课程实践的比较研究 左崇良
236 课堂政治教育对学生政治兴趣的影响
——基于对瑞士教育的思考 程雄飞 倪智鹃
247 基于工作过程导向的课程教学实践 徐 翔

教育管理论坛

256 陶行知“六大解放”思想及其对“双减”政策实施的启示 江平萍 张简男 程雄飞
264 新媒体背景下幼儿园品牌影响力的提升策略 吴 蓉
270 “三全育人”视角下数据驱动的整合式心理健康教育实践
——以浦东新区第二中心小学为例 盛 琳
278 小学班级管理中家长参与决策的策略研究 胡 巧
282 部编版语文教材中杜甫诗歌的德育功能 陈万洲
288 “馆校合作”提升学生学习力的模式研究 徐 琳 钟之阳

297 弘扬中华美育精神,提升学生艺术素养
——J 学院学前教育专业美术教育体系的实践探索 傅 晨
302 新时代高职院校劳动教育的现实困境与优化路径 毕 波
312 对中国大学先修课程建设的思考 沈佳君

教育档案

320 从上海到南京:同济高工的历史(1915—1953) 章华明 储利红
328 规训之下:战时国立中央大学学生自治会研究(1937—1945) 金 怡

342 “同济教育研究”丛书征稿启事

教育发展

理解世界一流大学的场域视角

◎ 宋懿琛

摘　要　在教育全球化发展中，世界一流大学概念得到持续广泛的运用，引起社会各界的关注，创建世界一流大学已成为各国政府创新发展战略的重要政策目标。大学、政府、社会等各种相关利益群体对世界一流大学有不同的想象、期待与目标，显然，世界一流大学是动态发展的、具有阶段性特征的相对概念。全面认识与系统理解世界一流大学，对推动高等教育系统高质量发展及实现国家战略具有重大意义。法国学者皮埃尔·布尔迪厄(Pierre Bourdieu)的场域理论为研究世界一流大学提供了全新的视角，其中关系、力量与冲突、行动策略等理论观点，为在不同场域中阐释世界一流大学提供了分析框架，教育发展场域、学术研究场域、市场规则场域、历史情境场域为理解世界一流大学提供了不同的视角。通过不同场域的分析，可以发现世界一流大学在承载国家发展战略使命、树立大学制度创新典范、引领社会文化价值发展、担负全球共同利益关切中的时代职责。

关键词　世界一流大学　场域　责任　使命

立足中华民族伟大复兴战略全局和世界百年未有之大变局，中国高等教育的作用正由过去的“全面支撑”向当前和未来的“率先引领”转变[1]，创建世界一流大学已成为我国当前重要的战略需求和政策目标。世界一流大学是现代化强国经济发展的终极引擎[2]，世界一流大学汇聚产生了世界学术中心和创新高地[3]。

综观世界高等教育发展史，一批知名高等学府已成为强国建设的关键推动力量，培养了一大批杰出人才，成为知识生产与原始创新的源头，引领了先进文化的传播，如哈佛大学培养了150余位诺贝尔奖得主，74%的世界最突出发明来自高等院校[4]。在近几十年中，建设世界一流大学成为各国高等教育竞相追逐的发展目标，随着大学排名的出现与繁荣，世界一流大学建设运动不断得到强化和推进。

作者简介　宋懿琛，复旦大学社会发展与公共政策学院博士研究生。

一、世界一流大学概念的兴起

世界一流大学概念的流行，往往与精英大学、研究型大学等具有紧密的联系。世界一流大学通常是指处于高等教育顶端的那部分大学，更明确地说，是在学术、科研领域占据领先地位的大学。从世界一流大学本身的词义上看，其主要包括“世界”与“一流”两个修饰语，存在两种显而易见的特征：一是在范围上，界定了不是区域或一国范围的比较，而是将所有大学放在全球范围内进行比较，因此也就需要具有通用的、可比较判别的标准；二是在层级上，指排在高等教育机构前列、水平能力卓越、具有引领与标杆作用的大学。

在迈向全球化、知识经济竞争加剧时代的过程中，世界一流大学概念不仅对我国高等教育政策影响巨大，也逐渐成为一个全球性概念，影响着亚洲、欧洲乃至全球高等教育系统的重组和发展[5]。一般认为，国际排名的出现催生了世界一流大学，为一流大学的比较提供了国际通用标准，虽然排名本身受到很多诟病与指责，包括排名指标的缺陷、排名所起到的作用等。西蒙·马金森(Simon Marginson)指出，名列前茅的大学很少使用“世界一流大学”这个词，该词主要是那些新兴国家梦寐以求的理想。据此可以推断出世界一流大学兴起的三个直接条件：一是存在能够被认可的一流大学典范，虽然在概念的描述上仍然很难对其作出明确的界定；二是能够获取全世界范围内主要大学的数据信息，并创制出可以比较的通用标准或指标；三是许多国家，特别是新兴经济体或后发国家制定了把追赶一流大学或成为一流大学作为目标的政策举措。20 世纪 80 年代起，各国陆续出台了一系列建设重点大学或世界一流大学的政策。

二、世界一流大学浪潮的出现

对于世界一流大学的关注，反映了教育全球化背景下大学发展的大趋势，各国纷纷制定了各种重点建设计划或项目，从查找到的文献资料来看，主要涉及德国、加拿大、韩国、日本等二十多个国家，如德国的“卓越计划”、加拿大的卓越研究中心网络计划、韩国的 3 期“面向 21 世纪的智慧韩国工程”、日本的“21 世纪与全球 COE 计划”等。聚焦世界一流大学建设，我国在 2015 年提出“双一流”建设之前，也出台了“985 工程”“211 工程”等重点大学建设计划。

（一）教育全球化是世界一流大学浪潮出现的直接原因

信息网络技术的不断迭代更新加速了全球统一市场的建立，拉近了各国的距离，使各国间的联系变得紧密，人们足不出户即可接收到全世界的海量信息与数据，商品、技术、服务等生产要素跨国、跨区域流动，世界经济日益成为紧密联系的整体。随着全球化的推进，各国之间的教育合作逐渐增多，教育国际交流更加频繁。根据经济合作与发展组织(Organization for Economic Co-operation and Development, OECD)2011年和2020年的教育概览有关统计，全球流动学生数量从1975年的约80万人增长至2018年的560万人，增长了6倍。从更短的时期来看，21世纪以来，全球高等教育领域的学生流动数量从2000年的220万人增长至2018年的560万人，年均增长率约为5.4%[6]。学生的全球流动让那些已经声名远扬的高校吸引了更多来自全球的优秀学子，进一步提高了人们对名校的认知度，也让这些高校的影响力不只停留在一个区域范围内，而是传播到世界各国且为人们所熟知，成为学生留学的理想与首选。

（二）科学技术竞争是世界一流大学浪潮中的战略选择

在人类社会发展史中，历次科学技术革命极大促进与实现了生产力的根本变革。当今世界，科学技术成为国际竞争的关键要素。高等教育对经济社会发展的促进作用越来越明显，成为以科技为基础的知识经济社会发展的引擎，成为现代社会的轴心机构[7]。创建世界一流大学已成为提升国家竞争优势、实现人才发展战略的重要组成部分。美国维持科学中心的地位，与其拥有发达的高等教育、众多的一流大学密切相关，我国建设世界一流大学是实施科教兴国战略、实现成为世界主要科学中心目标的必然选择[8]。

（三）全球大学排名是加速世界一流大学浪潮的力量

伴随全球化发展趋势，大学的交流与合作也达到了前所未有的高度。为此，大学排名应运而生并迎来了高潮。2003年，上海交通大学高等教育研究院发布了“世界大学学术排名”，首次将学术表现放在统一框架下进行衡量，创造了多指标的全球大学排名。2004年，《泰晤士高等教育》(*Times Higher Education*)委托QS公司发布了世界大学排名，引起社会各界极大的关注。当前，《美国新闻与世界报道》(*U. S. News & World Report*)世界大学排名、QS世界大学排名、泰晤士高等教育世界大学排名和软科世界大学学术排名(Shanghai Ranking's Academic Ranking of World Universities, ARWU)等影响范围较广。

大学排名的兴盛推动了世界一流大学浪潮。一方面，大学排名为量化大学间差距提供了标准。大学在人类发展史与国家建设中的作用毋庸置疑，但是历来很少有明晰的指标能够量化大学间的差距，而大学排名恰恰能够将这种说不清的差距显性化，虽然大学排名并不能代表大学的全貌。另一方面，大学排名为世界一流大学政策目标的设定提供了依据。如何提升高等教育质量一直是各国关注的焦点，但是从何处着手，如何确定质量提升的标准历来就是难题，而大学排名清晰地指出了大学的既有位置，以及可以追赶的目标，为原本说不清的质量提升找到了可以量化的目标。

三、如何理解世界一流大学

世界一流大学对应的英文为"world-class university"。在教育全球化发展中,世界一流大学概念持续得到广泛的运用,但是很难对其作出明确、清晰的界定。正如美国学者菲利普·G. 阿特巴赫(Philip G. Altbach)指出:"每个国家都希望拥有世界一流大学,却没有人知道它究竟是什么,也没有人知道如何建成世界一流大学。"显然,大学、政府、社会等各种相关利益群体对世界一流大学有不同的想象、期待与目标,世界一流大学是动态发展的、具有阶段性特征的相对概念。

大学源于欧洲的中世纪,形成于 12 世纪末至 13 世纪初,其作为传授高深知识的场所是最古老的机构之一。世界一流大学从词义概念上包括"世界一流"和"大学"两个要素。《现代汉语词典》(第 7 版)对"一流"的释义为"第一等的",据此可将"世界一流"理解为"在全球范围内位于第一等的"。一般意义上,世界一流大学主要指世界大学中排在前列,研究成果卓越、设施条件优良、大师学者汇集、具有良好的声誉,并且不受国界限制而被认可的高等教育机构。

为了更好地理解世界一流大学,借用布尔迪厄的场域理论的框架来归纳界定。布尔迪厄把场域定义为位置间客观关系的一个网络或一个形构,人的每一个行动均被行动所发生的场域所影响,场域并非单指物理环境,也包括他人的行为及与此相连的许多因素[9]。根据布尔迪厄对场域的研究,其理论点主要包括以下三方面。[10]

一是对关系的分析。场域概念充分体现了布尔迪厄的关系主义思维方式,根据场域来思考,就是从关系的角度来思考,从而为"关系分析"提供了一个框架。

二是突出力量与冲突。布尔迪厄的场域概念,非常强调社会生活的冲突性。作为一个包含着潜在的和活跃的力量的空间,场域是一个充满旨在维护或者改变场域中的力量格局的斗争的场所,是一个争夺对珍贵资源的控制权的竞技场,在围绕着特定形式的资本而展开的场域斗争中,布尔迪厄非常强调关于正当化原则的竞争,也就是在谋求符号暴力垄断权上的竞争。

三是强调行动策略的不同。场域所涉及的是对行动者地位的分析,对行动者占据的位置的多维空间的阐述。每个行动者的地位是其惯习与其在场域中所处的位置之间相互作用的结果,行动者在场域中的位置是由资本的质量和数量的分布来界定的,依据资本的类型和总量,存在着支配和服从之分。行动者的策略取决于他们在场域中的位置,不同位置占据者的行动策略各不相同。

目前,对世界一流大学的释义很多,但它们未对世界一流大学作出清晰界定。因此,通过多视角梳理、立足不同的场域阐述世界一流大学,有助于更为全面、系统地理解世界一流大学。

（一）教育发展场域的解释

按照高等教育发展的程度，存在先发型国家与后发型国家。从德国洪堡大学的创立，到美国霍普金斯大学推动近现代高等教育的转型，无不引领了高等教育发展的时代潮流。从场域的关系视角看，先发型国家形成了先进的大学发展理念、完善的治理体系、健全的管理机制，提早进入了高等教育普及阶段，如美国1971年实现了高等教育普及化，成为后发型国家或新兴经济发展国家的追赶目标。随着高等教育尤其是顶尖大学在创新发展、经济繁荣及科技进步中发挥关键作用，新兴国家将建设世界一流大学视为提升国家竞争力、快速赶超其他国家的重要国家战略。显然，在追赶与被追赶的过程中，既处处存在竞争又充满了合作发展的机遇，提升高等教育质量，让更多的大学跻身世界一流行列，不仅关乎高等教育本身的发展，更与国家未来发展的命运联系在一起，也使得这场竞争变得尤为激烈。在行动策略上，由于处于不同的发展地位，以及高等教育行政管理体制的不同，后发型国家或新兴经济体国家更多地将建设世界一流大学作为高等教育发展主要战略，确立了明确的时间节点与数量目标，并集中有限的资源实施。而传统高等教育发达国家（如德国等）则制定了复兴高等教育的计划。

（二）学术研究场域的解释

在近几十年中，作为新兴的研究领域，“在迈向全球化、知识经济和竞争加剧时代的过程中，世界一流大学概念不仅对我国高等教育政策影响巨大，也逐渐成为一个全球性概念，影响着亚洲、欧洲乃至世界诸多国家高等教育系统的重组和发展”[5]，吸引了国内外学者从内涵界定、形成机制、政策分析、评价指标等各种角度对世界一流大学概念进行深入探讨与研究。上海交通大学发起并举办了8届世界一流大学国际研讨会，吸引了全球顶尖大学的校领导、杰出的专家学者、教育评价机构的代表等参加会议。在场域分析框架中，诸多学者、管理者等构成了世界一流大学的知识研究网络，竞相发表研究论文、出版专著，以及召开研讨会议、进行交流借鉴，深化与拓展了世界一流大学的研究领域，助推了权威专家的产生，探索性的学理分析与不断的实践尝试又推进了世界一流大学的研究与建设。

认识与理解概念是世界一流大学知识体系形成的前提与基础。许多学者都尝试从定义和内涵上对世界一流大学的概念进行归纳与总结。萨尔米（Salmi）提出，世界一流大学应具备三组互为补充的因素群：人才汇聚、资源丰富和管理规范。闵维方指出，一流大学除了必须有世界一流的教学科研成果和强大的物质技术基础等硬指标，还必须特别强调宽松活跃的学术环境和探求真理的科学精神[11]。王琪、程莹和刘念才指出，世界一流大学能选择并吸引最好的学生、最具资格的教学和研究人员；拥有丰富和多样的筹资渠道，提供丰富的学习和研究环境；提供有效和自治的管理，鼓励战略愿景和创新，以此有效回应快速变化的全球市场的需求[12]。

（三）市场规则场域的解释

高等教育作为选择与选拔性教育，基于学生、家长对大学信息的了解与偏好。在高等教育逐渐从精英阶层走向普及化的进程中，高等教育机构规模的扩大和多样性，既丰富了选择又造成了选择困难。例如，美国高校数量从 1870 年的 563 所增加到 1990 年的 3 535 所[13]。由此衍生了为学生和家长选择、提供信息服务的行业，该行业汇集、整合大学各类数据信息，并设置指标权重对大学进行排名。学界一般将 1983 年《美国新闻与世界报道》“美国最好大学”排名作为世界大学排名的开端。《美国新闻与世界报道》率先推出全美大学排名，每两年发布一次，主要针对本科教育院校进行排名。到 2022 年，《美国新闻与世界报道》进行排名的高校达到 15 650 所[14]。目前，软科世界大学学术排名、《泰晤士高等教育》世界大学排名、QS 世界大学排名等传播到世界各国，被政府决策、学者研究所采用，并提供各类咨询服务。此类大学排行榜都依托公司，如软科世界大学学术排名由上海软科教育信息咨询有限公司发布，QS 世界大学排名由英国一家专门负责教育及升学就业的咨询公司夸夸雷利·西蒙兹(Quacquarelli Symonds)公司发布。在场域的关系分析中，分析对象包括各类排名机构，以及相关的学生、大学等相关利益者。

（四）历史情境场域的解释

大学源于知识体系传授的需要，从组织结构和学术自由的角度来看，最早的大学可以追溯至 11 世纪的博洛尼亚大学。1876 年，约翰·霍普金斯大学的创办起到了先锋作用，引领了哈佛、耶鲁、哥伦比亚等传统学院和州立大学转型为研究型大学的历程[15]。经过长期演变，大学组织、高等教育系统逐步分化，形成各维度的类型。世界一流大学与历史上曾经出现过的国家精英大学之间具有一定的联系。精英大学[11]是根据大学相对地位界定的，或者根据大学接收的学生家庭的社会地位界定的，即那些招收社会精英阶层子女的大学。

世界一流大学往往是在精英大学、研究型大学的基础上形成的，正如有的学者提出“世界一流大学致力于在一系列学科领域中创造和传播知识；在各层面实施精英教育；服务于国家和地方的需要；为全球和国家公共利益作出贡献”[12]。或者说，世界一流大学一定是精英大学或研究型大学，并且是名列前茅的精英大学或研究型大学。同时，世界一流大学是经过长时间发展而形成的。

在布尔迪厄看来，每个场域都具有其自身的逻辑规则，场域之间的边界是动态发展的。在场域分析中，与世界一流大学相关的各种关系分析不是绝然孤立的，由于不同场域设定的规则不同，关系主体之间的关系也发生了变化，多视角的分析更加立体地展现了世界一流大学的形态，丰富了人们对世界一流大学的认知(图 1)。

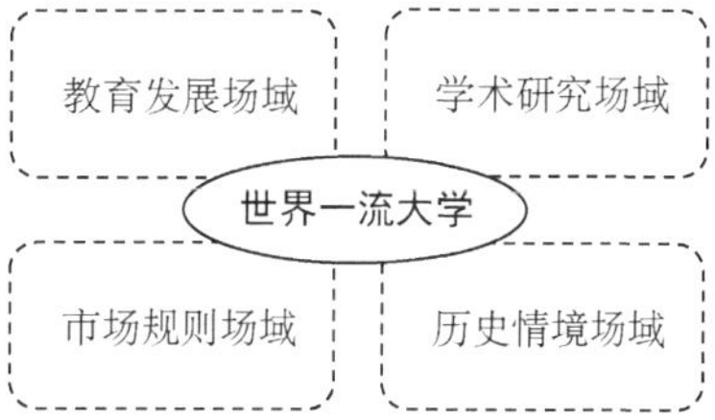

图 1　世界一流大学场域分析示意图

四、世界一流大学的时代责任与使命

大学自建立以来，就是传授知识、培养人才的机构。教学、科学研究、服务社会被视为大学的基本职能，文化传承也被视为大学的第四职能而广受讨论。显然，作为大学的一种类别，世界一流大学具备大学所具有的基本职能，但在类型、层次、评价方法和形成途径方面与其他大学有所不同。随着世界一流大学概念的传播，从场域视角的解析，能够多维度地认识世界一流大学肩负的时代责任与使命，明确世界一流大学的创建目标与愿景。

（一）承载国家发展战略使命

所谓世界一流大学，并不只是一个对世界范围内具有一流水平的大学的指称，从其形成机制的角度来说，更是国家危机催生的、一种比既往模式更能有效运作的知识生产组织形式和制度[16]。从教育发展场域看，世界一流大学概念的创生与国家创新发展始终联系在一起，反映出新兴经济体国家提升高等教育质量的追求，是国家发展战略的重要组成，肩负与承载着拔尖创新人才培养、重大原始创新的重任，被视为经济进步发展乃至快速腾飞的秘诀。建设世界一流大学，就要把追求世界一流水平同满足国家战略需要紧密结合起来。

（二）树立大学制度创新典范

从学术研究的场域上看，通过对世界一流大学内涵的研究，具有先进的办学理念，培养出杰出的人才，拥有卓越的科学研究、良好的治理结构等特征成为学者们的共识。萨尔米提出，成为世界一流大学中的一员靠自我标榜是不行的，相反，所谓“精英”是外界基于国际社会的普遍认可所赋予的称号[17]。当今世界一流大学的成长，与其改革发展中的制度变革与创新息息相关。如被誉为“现代大学之母”的德国洪堡大学引领了科学研究和教学制度的融合，美国约翰·霍普金斯大学探索了研究生教育并突出了科学研究功能。美国哈佛大学、英国剑桥大学、日本东京大学等公认的世界一流大学，成为各国争相学习与研究的范例，引领当代高等教育改革是世界一流大学建设的题中之义。

（三）引领社会文化价值发展

大学通过思想文化引领推动社会发展与进步。在市场规则场域中，大学排名反映了多元利益主体的不同价值取向，对大学价值理念的认同更能吸引或赢得市场的青睐。在许多大学排行指标体系中，声誉指标占了很大的比例，更强调高校的品牌价值和输出的文化理念，如《泰晤士报高等教育增刊》(*The Times Higher Education Supplement*)专门推出大学声誉排行榜，《美国新闻与世界报道》大学排行榜中声誉指标占比25%。对于世界一流大学而言，在知识传递与人才培养中，其在思想文化理念方面的影响更为深远，体现出其作为古老千年机构的价值。

（四）担负全球共同利益关切

从历史演变来看，当把一流大学从区域扩展到全球范围，附加上“世界”二字之后，世界一流大学所担负的职责更多应从人类发展与人类命运共同体的视角去考虑。2015年，联合国教科文组织发布研究报告《反思教育：向“全球共同利益”的理念转变?》(*Rethinking Education: Towards a Global Common Good?*)，提出教育应负的责任和教育的变革，“共同利益”[18]被定义为“人类在本质上共享并且互相交流的各种善意，如价值观、公民美德和正义感”。世界一流大学凭借其全球责任、全球能力、全球声誉等独特优势，服务全球共同利益、作为全球(研究型大学)榜样，并持续强化其特有功能/特殊使命的本质特征，包括全球定位、全球贡献、全球影响、全球合作等[19]。在全球化时代，世界一流大学肩负培养拔尖创新人才的重任，也要保护人类社会发展中的共同利益。

参考文献

[1] 教育部高等教育教学评估中心. 中国高等教育质量报告[EB/OL]. (2016-04-07)[2023-04-25]. http://www.moe.gov.cn/jyb_xwfb/xw_fbh/moe_2069/xwfbh_2016n/xwfb_160407/160407_sfcl/201604/t20160406_236891.html.

[2] 吴晓求. 世界一流大学与国家发展：历史与逻辑[J]. 中国人民大学教育学刊，2020(1)：5-18.

[3] 周光礼. 融入区域创新体系：世界一流大学发展新方向[J]. 长沙理工大学学报(社会科学版)，2022，37(1)：54-55.

[4] 许平. 泰晤士高等教育：大学在世界重大发明中贡献突出[J]. 世界教育信息，2017，30(13)：74-75.

[5] 刘雪婷. 世界一流大学概念的中国起源及其跨国扩散[J]. 清华大学教育研究，2021，42(2)：1-16.

[6] 彭婵娟. 全球留学生教育现实图景与发展趋势研究[J]. 比较教育研究，2021(10)：104-112.

[7] 张应强. 高等教育全球化对国际化的超越——基于人类命运共同体意识的思考[J]. 探索与争鸣，2019(9)：15-17.

[8] 李铁林. 世界科学中心的转移与一流大学的崛起[D]. 长沙：湖南师范大学，2009.

[9] 布尔迪厄，华康德. 实践与反思：反思社会学导引[M]. 李猛，李康，译. 北京：中央编译出版社，1998.

[10] 宫留记. 布尔迪厄的社会实践理论[D]. 南京：南京师范大学，2007.

[11] 闵维方. 关于一流大学建设的几个问题[J]. 北京大学教育评论，2003，1(3)：26-31.

[12] 王琪，程莹，刘念才. 世界一流大学：面向全球共同利益[M]. 上海：上海交通大学出版社，2013：2.

[13] National Center for Education Statistics. 120 years of American education: a statistical portrait[M]. Derby: Diane Publishing, 1993: 75.

[14] U.S. News. Frequently asked questions: best global universities rankings[EB/OL]. (2021-10-25)[2023-04-27]. https://www.usnews.com/education/best-global-universities/articles/rankings-faq#question1.

[15] 王志强. 研究型大学与美国国家创新系统的演进[D]. 上海:华东师范大学,2012.
[16] 罗燕. 国家危机中的大学制度创新——"世界一流大学"的本质[J]. 清华大学教育研究,2005(5):36-41.
[17] JAMIL S. 世界一流大学:挑战与途径[M]. 孙薇,王琪,译校. 上海:上海交通大学出版社,2019.
[18] 联合国教科文组织. 反思教育:向"全球共同利益"的理念转变? [M]. 北京:教育科学出版社,2017.
[19] 田琳. 世界一流大学的功能研究[D]. 上海:上海交通大学,2020.

长三角学术精英的职业流动与影响因素研究*

——基于对前精英时期“青椒”学者的研究

◎ 薛琪薪　何倩雯

摘　要　本文通过个人履历法建立了长三角628名“长江学者”特聘教授的微观信息数据库，覆盖了这一群体“青椒”①时期的职业流动经历。研究发现，学术精英“青椒”时期的职业流动率在四成左右，不同阶段跨声誉等级的机构流动有所差异；跨部门流动以“高校—高校”流动为主，其次是高校与科研院所之间的人才交流；在学缘结构方面，“纯粹近缘”者占比约四分之一，依附近缘者占比不到20%。基于个人—组织匹配理论、个人旨趣、“学缘”关系等视角，本文讨论了影响“青椒”学者职业流动的不同因素，发现在不同流动情境下“青椒”学者的流动决策各有侧重。

关键词　学术精英　高校　青年教师　职业流动　影响因素

职业流动一直是学界关注的重要命题之一，学术精英群体自身的流动结构及其影响，近年来也受到越来越多的关注。学术精英的职业流动有着不同维度，相关研究将其分为空间流动、社会流动和机构流动[1]。学术精英在迁移时，首先要明确的两个问题是流向何地和流向什么机构。在学术精英每一次具体的迁移决策中，流动目的地和流动机构可能具有不同的优先级，所以有必要分别对二者进行研究。在相关研究中，对学术人才空间流动特别是跨国流动的分析较多，而对更小尺度的机构流动的专门分析则较为少见[2]。本文主要研究长三角学术精英的机构流动过程，在讨论学术精英流动机构选择特点的基础上，进一步分析相关的影响因素。本文关注的问题主要有：学术精英在工作流动过程中，分别流向了哪些机构？他们倾向于“人往高处走”，流向声誉地位更高的机构；还是注重“门当户对”，

---

* 本文为国家社会科学基金“十三五”规划重大招标项目“立德树人的落实机制研究”(项目编号：VEA190002)的研究成果。

作者简介　薛琪薪，上海市青少年研究中心助理研究员，博士，研究方向为教育人才、青年人才。
何倩雯，上海市青少年研究中心助理研究员，研究方向为青少年发展。

① 即“青教”，是高校青年教师的谐音简称。

在同等级的机构之间流动；抑或为了在职位、薪酬、平台资源等方面获得更好的条件，而降低“身段”流向排名较低的机构？儒家传统中的“学而优则仕”，以及近代以来随着商品经济和市场经济发展逐渐出现的“学而优则商”的新现象，是否会成为学术精英跨部门流动时的重要选择？

对于机构流动来说，学界目前还没有形成统一的定义，有学者将其视为学术人才以高校为参照物的在高校内部及高校与其他组织之间的流动过程[3]。本文也采用这一定义，以分析学术精英在获得最高学历之后于不同组织之间的工作流动情况。学术精英的职业流动，不但促进了精英人才的地区与机构分布重置，也促进了“缄默知识”的外溢与传递。其流动过程既有个体层面经济理性和情感因素的考量，也体现着时代背景和地方人才治理的行为机理。长三角作为我国精英高校和科研院所集中的地区之一，本身就集聚了大量的学术精英人才。探索长三角学术精英的职业流动过程的具体特征、流动决策及影响因素，不仅有利于加深对学术精英职业生涯的认识，也有利于从学理层面和实践层面推进对于人才流动模式的探索。

一、文献综述及研究方法

（一）关于学术精英职业流动的相关解释

第一，个人—组织匹配理论。美国学者库尔特·卢因(Kurt Lewin)提出的个人—组织匹配理论(Person-Organization Fit)是一项人力资源管理学科的重要理论，卢因认为，个体的行为与其所在的组织环境之间存在着互相作用，其行动公式为：

$$B=f(P,\ E)$$

其中，B 代表个体行为，P 代表个体，E 代表外部环境[4]。随着相关研究的推进，对个人与组织之间的相容性的解释分化出一维分析、二维分析和三维分析等不同的角度。在一维分析方面，O'Reilly、Chatman 和 Caldwell 指出，个体价值观与组织价值观的匹配程度是实际发挥作用的唯一因素[5]。Muchinsky 和 Monahan 提出的二维分析认为，个体与组织的匹配分为一致性匹配和互补性匹配两种情况，一致性匹配是指个体与组织之间具有一些相似的特性，互补性匹配则是指成员对组织的贡献和组织对成员馈以奖励[6]。三维分析将个人与组织之间的匹配分为价值观匹配、供需匹配和要求—能力匹配，分别指向个体的价值观与组织的匹配程度[7]、个体所需的资源和发展需求与组织提供的条件之间的匹配度，以及组织的需求与个体能力的互补度等方面。[8]

个人—组织匹配理论主要被应用于组织行为学和人力资源管理领域的研究中，用来分析员工的工作绩效、满意度及招聘过程等，也涉及对机构流动或跳槽行为的影响。如

Vancouver 和 Schmitt 对 300 多所学校的校长及教师进行了研究，指出上下级之间及教师内部的价值观匹配度与教师对学校的忠诚度之间呈现显著的相关关系，价值观匹配度较低的教师更倾向于职业流动[9]。个体在应聘新的机构时，会评估自己的价值观和性格特征与组织的价值观是否匹配，以完成自我选择，从而决定是否流向新的机构[10]。国内的研究也证实，个人—组织匹配度对组织成员的工作流动意向具有显著的影响[11]。

第二，以学术为志业、学而优则仕与学而优则商。在学术精英的跨部门流动方面，相关研究关注了学术人才的多元化和市场化就业问题，指出这是现代知识生产模式转型的重要结果[12]。虽然整体来讲，在我国大部分高校，超过六成的博士毕业生选择学术职业[13]，但跨机构流动到非学术部门的博士毕业生也逐渐增多。在当前的社会背景下，可以将学术人才跨部门的机构流动分为以学术为志业、学而优则仕和学而优则商三种情况。

一是以学术为志业，在学术部门之间的流动，即学术精英在高校内部或者高校与科研院所之间流动。社会学家马克斯·韦伯在《学术与政治》(*Wissenschaft als Beruf und Politik als Beruf*)一书中提倡"以学术为志业"。《马克斯·韦伯传》(*Max Weber: A Biography*)指出，马克斯·韦伯认为："要以专业化的方式来看待学术职业，这样才能在认知与知识之间建立互动与关联……进行彻底专业化的学术才能取得最佳的成就。"[14]随着高等教育的不断发展和各学科专门化程度的加深，以学术为职业的精英人才不断增加。总体来看，学术精英在学术部门之间流动，其使命也不曾偏离"崇尚科学、追求真理"。[15]

二是学而优则仕，即学术精英流向公务员部门。"学而优则仕"是我国春秋时期以来社会生活的主流价值观，成为历代读书人的终极职业追求。中华人民共和国成立后，随着我国逐渐从"将帅治国"向"专家治国"和"职业政治家治国"转变，一批年轻化、专业化的"专家型干部"和"学者型官员"逐渐走上岗位，完成了从学术精英到政府部门行政领导的转变[16]。在西方国家，学术精英与政治精英之间的流动同样频繁，各类精英正常流动并多元发展，保障了社会的活力与繁荣。不过，中国的"学而优则仕"更具有一种官本位的色彩[17]。

三是学而优则商，即学术精英流向企业部门。从现代教育体系发展来看，随着各国博士毕业生规模的不断扩大和知识生产方式的转型，高端学术人才的就业去向更加多元，其与学术岗位之间的联系也日益解耦[18]。近代社会以来，随着商人群体经世致用的新形象的确立，工商业者逐渐受到社会的重视和尊重，"学而优则仕"向"学而优则贾"的群体价值转变逐渐完成，形成士商之间的良好互动[19]。在我国融入全球化的进程中，不少学术人才留学国外，接触到西方发达国家"学而优则商"的社会文化，进而步入商界[20]。也有的学术人才在改革开放后境内市场经济大发展、学术研究和企业发展的结合日益紧密的背景下，在校企合作、产学研一体化等政策的推动下进入企业部门发展。当然，进入企业部门的学术精英一般具有学科差异，应用性较强的学科门类(如理工类、管理类)的学术人才进入企业部门的较多。[21]

综合前人研究,可以绘制出学术人才职业流动因素的解释框架(图 1)。

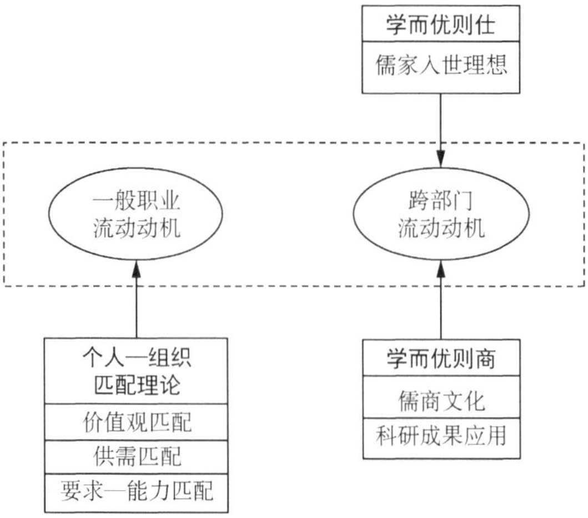

图 1　相关研究对学术人才职业流动因素的解释框架

(二) 对象定义及研究方法

学术精英,指的是在学术领域取得突出成就且在学术系统中居顶尖地位的少数人才[22]。在相关研究中,学术精英也被称为精英学者、学术英才、科学精英等,在本文中,我们以"长江学者"特聘教授为学术精英的代表群体。对学术精英"青椒"时期的年龄限定,参考李宜江[23]的研究,由于高校青年教师入职年龄集中在 25～35 岁,以及国内主要科研基金对青年教师的年龄上限界定为 40 周岁,本文将"青椒"时期定义为学术精英获得最高学历到 40 岁之间的这一时期。在具体的数据收集过程中,通过筛选截至 2017 年(教育部最后一次发布"长江学者奖励计划"全体名单)位于长三角三省一市(以推荐单位为准)的"长江学者"特聘教授(共 628 名)组成样本群体,采用履历法(Curriculum Vitae)通过官网介绍、学术作品作者简介、访谈记录、个人传记等途径收集了这一群体的背景信息、职业流动等微观数据组成长三角学术精英微观信息数据库,并在此基础上展开分析。对于学术精英流动影响因素的分析,本文采用传记研究法、访谈法等方法搜集了他们对于自身"青椒"时期流动情况的描述,整理了相关采访、回忆录、传记及相关录音、视频等资料,最终获得 9 名学者的深度访谈资料和 50 名学者的传记资料。采用 Nvivo 软件,通过文本编号、登录编码、代码归类与类属分析等环节对相关材料进行分析。

二、学术精英"青椒"时期的职业流动特点

罗伯特·默顿(Robert Merton)指出,学术界是社会系统的子系统之一,其资源总是逐渐向少数的机构与个体倾斜[24]。作为一种人力资源,人才资源在流动过程中也存在着一定的向部分机构集中的现象。在这一机构流动过程中,高声誉机构作为一种重要的学术资本载体,对学术人才的事业发展具有持续的影响,因此机构声誉等级成为人才流动中的重要考虑因素之一。此外,学术人才流向何种类别的机构,即是否跨部门流动,则是需要考虑的另外一个因素。

在机构流动的声誉等级变化方面,相关研究大多依据教育部评定的高校等级(如"985 工程"建设高校、"211 工程"建设高校、一般高校,或"双一流"建设高校、"双一流"建设学科高校、一般高校)来比较学术人才流动前后的机构变化[25],流向更高声誉等级的高校,则视

为向上流动,反之则是平行流动和向下流动。而在本文中,由于学术精英的教育流动和工作流动都涉及一些境外高校,其声誉等级无法直接与境内高校进行比较。因此,参考刘念才[26]和邓侨侨[2]的研究,采用软科世界大学学术排名来区分不同高校的声誉等级情况。在本文中,学术精英进行流动的年份前后跨越较大,而公认的几大全球大学排名均出现在21世纪初。权衡之下,本文最终参照全球四大大学排名中最早发布的软科世界大学学术排名,将相关高校在这一排名第一次发布(2003年)至2020年的平均排名作为一种替代的计算方法,来区分不同高校的声誉等级。在具体计算中,将软科世界大学学术排名1—100的高校划为第一等,软科世界大学学术排名101—200的高校划为第二等,软科世界大学学术排名201—500的高校划为第三等,软科世界大学学术排名在500名以后的高校划为第四等,非高校的科研机构划为其他机构。根据人才流动前后的高校等级变化,分别将其标识为向上流动、平行流动或向下流动。另外,由于科研院所缺乏与高等院校类似的权威的学术声誉等级评价体系,故暂不讨论与科研院所相关的学术声誉等级变化情况,将对其的分析放在"部门流动"部分。在机构流动的跨部门变化方面,主要分为三种类型:一是以学术为志业,在高校内部或者高校与科研院所之间流动;二是学而优则仕,即学术精英流向公务员部门;三是学而优则商,即学术精英流向企业部门。

(一)流动比例及机构声誉等级变动

对于个人来说,初始职业对于职业地位和事业成就的获得具有重要的影响[27]。对高被引科学家职业经历的研究发现,其毕业院校和初职工作单位都以著名的精英高校和研究机构为主,较高的学术起点更有利于他们之后的事业发展[28]。如表1所示,通过对比学术精英在博士毕业(其中仅9人无博士学位)到初职工作及初职工作到40周岁之间的流动经历,可以发现有54.0%的学术精英在博士毕业后进行了流动,而在初职工作到40周岁之间进行流动的学术精英占比39.2%。从跨声誉等级变化来看,学术精英在选择初职工作时,主要是平行流动和向上流动,流动者分别占比26.0%和15.3%,只有12.7%进行了向下流动,体现了保持和提升其学术资本的倾向。但在初职工作到40周岁之间的流动则以向下流动为最,流动者占比达18.3%;而平行流动者和向上流动者分别占比10.8%和10.0%。初职阶段到40周岁之间向下流动者增加的主要原因在于这批学术精英中毕业后从事博士后工作的基数较大,共有297人,其中52人出站之后继续在同一机构工作,其他人则另谋他就,流向的机构大多在学术声誉等级方面不如从事博士后研究时所在的工作机构。

表1 学术精英"青椒"时期跨声誉等级的机构流动特点

流动类型	流动阶段	
	博士毕业—初职工作	初职工作—40周岁
向上流动	15.3%	10.0%

（续表）

流动类型	流动阶段	
	博士毕业—初职工作	初职工作—40 周岁
平行流动	26.0%	10.8%
向下流动	12.7%	18.3%
未流动	44.6%	60.4%

（二）跨部门流动情况

在跨部门流动方面，学术精英“青椒”时期的流动以“高校—高校”流动为主，其次是高校与科研院所之间的人才流动。小部分学术精英在博士毕业后进入政府部门和企业部门，开启了“学而优则仕”和“学而优则商”的生涯。在初职工作到 40 周岁之间从企业部门流向高校和科研院所的回归“以学术为业”者也开始出现。具体来看，如表 2 所示，在博士毕业到初职工作阶段，在高校之间流动者占比最高，占全体学术精英的 38.2%；其次是高校和科研院所之间的人才流动，从高校流向科研院所和从科研院所流向高校者分别占比 8.4%和 2.6%；“学而优则仕”即从高校流向政府部门者占比 0.5%，“学而优则商”即从高校和科研院所流向企业部门者合计占比 2.2%。在初职工作到 40 周岁之间，学术精英仍然主要在高校之间流动，流动者占比 24.8%；其次是在高校和科研院所之间流动，不过与前一阶段相比，从高校流向科研院所者比例下降，占比 2.2%，从科研院所流向高校者比例则上升到 7.0%；此外，从高校和科研院所流向企业者合计占比 1.4%，而从企业流向高校和科研院所者合计占比 2.2%。整体来看，学术精英在博士毕业后主要在学术部门之间流动，流向企业和政府部门的比例很低。相较于科研院所，我国高校的数量更多，提供的工作机会也更多，所以高校在学术精英流入方面具有较高的占比。

表 2　学术精英“青椒”时期跨部门的机构流动特点

部门流动类型	流动阶段	
	博士毕业—初职工作	初职工作—40 周岁
高校—高校	38.2%	24.8%
高校—科研院所	8.4%	2.2%
高校—企业	2.0%	1.1%
高校—政府部门	0.5%	0.0%
科研院所—高校	2.6%	7.0%
科研院所—科研院所	1.1%	1.1%
科研院所—企业	0.2%	0.3%

（续表）

部门流动类型	流动阶段	
	博士毕业—初职工作	初职工作—40 周岁
企业—高校	0%	1.9%
企业—科研院所	0%	0.3%
企业—政府部门	0%	0%
未流动	46.8%	60.8%

三、影响“青椒”时期学术精英流动的因素

（一）影响跨声誉等级的机构流动的因素：供需匹配与价值观匹配

个人—组织匹配理论的三维论强调了供需匹配和价值观匹配对个体职业行为的影响。供需匹配指的是组织提供的各种资源和机会与个体的需要之间的匹配程度，如有研究发现，组织提供的发展资源与晋级机会不足是人才流动的主要原因[29]，这种事业发展机会的多少比薪酬福利等物质资源更能吸引精英人才的跨机构流动[30]。价值观匹配则是指个体的价值观念与组织的价值体系和文化氛围之间的匹配程度，人才个体对组织文化和组织目标等价值观的依赖性对人才的职业流动具有重要影响[31]。在“青椒”时期，学术精英的机构流动主要表现为在同等声誉等级的高校间平行流动，以及流向较低排名高校的向下流动。对本文收集的定性资料进行编码分析，发现学术精英在进行工作流动时，并不特别看重机构的学术排名等级，而更在乎机构的资源和机会与自身需求之间的匹配程度，以及个体的价值理念与机构的文化氛围之间的契合程度，这些都可以用供需匹配和价值观匹配来解释。

如在本文的访谈中，FMG 教授回忆道：“当时研究所的方向偏向水稻育种，而我从事的是植物病虫害防治，我的研究方向不受重视，实验根本开展不了。我申请到国家杰出青年科学基金后，所里当时还不知道这个项目的重要性，我找到领导要求提供相关资源支持自己的研究方向，但上级并不支持，也不愿意开辟新的交叉研究方向，我白白浪费了三年时间。由于研究工作不好开展，我是铁了心要辞职离开，当时中山大学等好几个学校都邀请我去。浙江农业大学的书记比较重视人才，他派了副书记来和我谈，要我去浙农，并说学校这边大力支持我的研究。于是我就去了浙农，我的科研工作这样才真正开展起来。虽然当时的条件也一般，但学校给了一个大实验室，支持我自己设计，于是我大张旗鼓地干了起来，仅一年多实验室就已经颇有规模，科研项目取得了较好的进展。”（ZJ-FMG）

由于之前所在高校在研究资源、设备仪器和研究团队方面都不能满足 FMG 教授的需求，他只能遗憾辞职。而吸引他到浙江农业大学工作的原因，也是该校在人、财、物等方面

提供了极大的支持，满足了他的研究方向的需要。

而 MXN 教授的工作流动经历很能说明价值观匹配的重要性："为什么我要到中国科学技术大学来工作呢？因为这里的环境更好，我得到了很多老师和同学的帮助……这里的氛围非常好，一群志同道合的人一起讨论数学，共同学习，共同进步。在这个过程中，师友之间互相引荐，和更强的人一起合作，开阔眼界。这里的学生也非常好，给我留下了很深的印象，他们爱思考，和学生交流可以碰撞出许多新的思考与火花。"（AH-MXN）

MXN 教授强调，他很喜欢中国科学技术大学互相帮助、互相促进、互相碰撞新思考的价值观文化，与他个人的价值观很匹配，所以他离开上海的高校，来到了中国科学技术大学工作，完成了一次同等声誉等级机构间的平行流动。正如另一项研究所指出的，学术精英流动前后的高校声誉等级并不发挥独立影响，工作机构的创新氛围和内部环境等因素更能解释精英人才的跨机构流动[32]。

（二）影响跨部门的机构流动的因素

1. 学而优则仕：要求—能力匹配

关于学术精英流动到政府部门任职的经历，中外均有不少研究，对这一群体有"知识官员""学者型官员""技术官员"和"专家型官员"等不同称谓，在美国还形成了智库学者与政府官员互动环流的"旋转门"制度。这些学者型官员大多以其专业能力缓解或解决了时政难题，促进了政府部门的组织改革[33]。改革开放以来，一批学术精英进入政界，他们年富力强、专业知识充沛、具有极强的事业心，这一学界向政界的人才流动机制，体现了我国干部群体专业能力提升、选拔机制完善和国家治理现代化的历程，标志着我国干部选拔从传统时期"学而优则仕"向现代"技术官员"转变的完成[16]。而对于影响他们从学界向政界流动的原因，则主要从个人—组织匹配理论中的要求—能力匹配来理解。

由于政府部门在选拔干部时具有一定的标准或流程，从非公务员部门选拔人才进入仕途，对于个体来说具有一定的偶然性，个体的主观意愿在其中并不发挥主要作用。对于学术精英来说，其被组织部门选中，主要是因为自身的综合素质和能力满足了组织部门对特定岗位的要求，即个人的能力与组织的要求相匹配，从而促进了组织部门的跨部门选拔。改革开放以来，我国正式确立了"跨部门"选拔官员的制度，1992 年中共中央组织部印发的《关于积极大胆地做好选拔年轻干部工作的通知》明确指出，可以从高校、科研院所等机构选拔官员。综合中央及地方人事组织部门的相关文件，可将"跨部门"选拔官员的标准概括为讲政治、有能力、适岗位、有作为四大方面[34]。学术精英在博士毕业后进入政府部门工作，正是因为他们满足了这几方面的选拔标准，达到了"要求—能力匹配"的契合度，而他们心中也有着"达则兼济天下"的进取心，从而完成了"跨部门"的身份转变。2019 年，中共中央印发了修订后的《党政领导干部选拔任用工作条例》，意味着这一跨部门选拔官员的制度更加规范，标准更加明确[34]，"学而优则仕"的流动道路也将进入一个新的阶段。

2. 学而优则商:知识密集型企业的资源平台与学术岗位的挤出效应

随着企业部门对科技和人才的重视程度不断提高,越来越多的学术人才进入企业部门发展。对于影响学术人才到企业就职的因素,相关研究主要从推力和拉力两方面进行了分析。在推力方面,相关研究指出学术兴趣减弱、科研产出较少[35]、服务机构支持不足[36]、学术市场饱和导致的挤出效应[37]均推动了学术人才流出学术部门。在拉力方面,企业部门优厚的薪酬福利和较大的职业发展空间对学术人才产生了较大的吸引力[38],知识密集型企业借鉴学术机构的组织形式建设学院制研究机构,提供了大量研究资源和实验平台,吸引了大量学术精英加盟[39]。虽然学术精英任职于企业者尚不占主流,却在引领科技应用和创新转化方面发挥了举足轻重的作用,其影响不可低估。

对于学术精英"学而优则商"的经历,根据本文的统计,本科毕业后任职于企业的占全体学者的1.3%,平均企业工作年限为3.88年;硕士毕业后任职企业的占全体学者的0.6%,平均企业工作年限为3.64年;博士毕业后任职企业的占全体学者的5.6%,平均企业工作年限为3.78年。从有企业经历者的专业类别来看,工科占比最多,达59.6%;其次是理科,占比29.8%;再次是医学,占比6.4%。其任职的企业类别,前五大行业依次为计算机与通信(17.0%)、生物医药(14.9%)、机械制造(14.9%)、化工(12.8%)和电力电气(12.8%)。

从学术精英进入企业部门的方式来看,则主要分成两种情况。一种情况是知识密集型企业大力吸引学术精英加入,形式包括吸引应届毕业生加入、吸引学术精英从高校"跳槽"到企业、吸引学术精英到企业开展博士后研究及作为联合创始人参与创业等。其中被IBM公司、通用电器、拜耳制药、东洋电机等境外企业揽入的人才占91.4%,说明境外企业在学术研究和商业发展的融合方面取得了较好的成绩,在引才方面具有优势;另一种情况则是国内的学术精英在毕业后服从国家分配到企业工作。相对而言,前者的高新技术含量更高,主要涉及生物医药、计算机与通信、半导体材料等行业,而后者主要涉及机械制造和轻工业等传统行业。由于计划分配这种流动方式并不是出于学术精英的主动选择,后期他们也全部通过考研、考博等方式脱离企业部门,故此处对"学而优则商"的讨论主要集中在前一种情况。

企业部门在吸引学术精英方面具有什么优势?哪些因素影响了学术精英加入企业部门的决策?从访谈、传记等资料中可以略窥一二。如江苏省的LH教授,2004年他从康奈尔大学博士毕业后直接进入通用电气公司的美国研发中心担任高级研究员,他在采访中讲道:"像通用电气这样的大公司,待遇福利比较好,不怎么加班,当时觉得可以好好享受一下生活……虽然进的是企业,但还是继续从事研发工作,和高校里的研发差别也不大。"(JS-LH)LH教授选择到通用电气公司工作,一方面是因为通用电气公司提供了较好的福利待遇,另一方面是因为通用电气公司建立的研发中心制度与高校内的研究机构结构类似,这种知识密集型企业的组织方式有利于学术精英适应企业环境。

除了吸引博士毕业生来求职或做博士后研究外,一些知识密集型企业还会主动出击,到高校或科研机构延揽人才,吸引学术精英"跳槽"前来加盟。江苏的 LYQ 教授的经历即是一例。LYQ 教授博士毕业后任职于南京大学,后到美国阿肯色大学参与合作项目。"他在阿肯色大学待了大半年,主要是参与搭建实验平台、研制实验仪器、研发实验晶体。完成预定目标后,他受邀加入了著名的光通信元件公司 Chorum Technologies,开展工程技术方面的工作……他觉得到这样的知名公司可以增长学科知识应用方面的经验,于是接受了……他的努力得到了公司的认可,并在 2005 年被任命为公司开设的中国子公司的首席技术官,领导光学模组的研发工作。"(JS-LYQ)

上海的 ZSM 教授在获得美国普渡大学的生物化学博士学位后进入宝洁公司工作了 6 年,他选择进入非学术部门则是其他原因:"当时留在美国,学术职位的竞争太激烈,一般要先做博士后,可能连续做几轮博士后才有获得正式教职的机会……所以决定先到企业工作,看看发展的情况再做决定。"(SH-ZSM)由于学术市场供大于求,学术岗位的挤出效应导致大量博士生进入企业部门发展,ZSM 教授正是在这样的背景下进入宝洁公司的研发部门工作。根据相关研究,这种学术岗位的挤出效应具有学科差异,理工类的博士毕业生在非学术部门的就职率更高,主要从事技术研发工作。[40]

通过以上分析,可以发现影响学术精英全职流动到非学术部门就业的因素,从拉力来讲是一些知识密集型企业拥有更好的技术、设备、资金支持等各种研究资源,又有着较好的福利待遇,从而吸引学术精英前来求职或从事博士后研究;从推力来看则是学术市场竞争的加剧和学术岗位的挤出效应,促使部分学术精英先到企业发展作为过渡。

本文通过将长三角学术精英的职业流动分为跨声誉等级流动、跨部门流动和回流母校三个层面,分别讨论了影响其早期职业流动的主要因素。如图 2 所示,学术精英在不同声誉等级的高校间流动,博士毕业之初以平行流动为主,其次是向下流动,流动的原因主要是供需匹配和价值观匹配。从跨部门流动来看,流向政府部门和企业部门的学术精英占比很

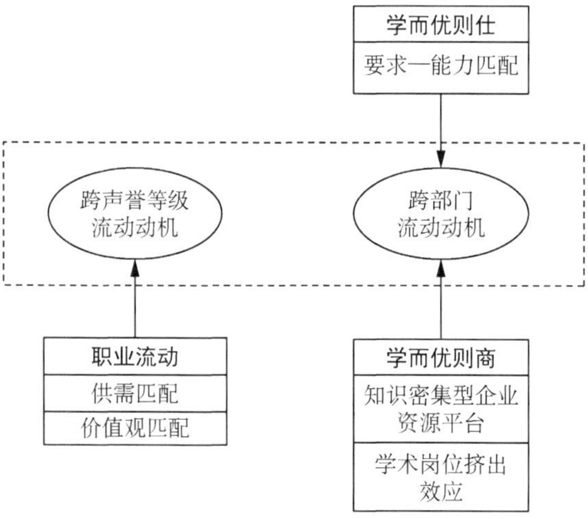

图 2　影响长三角学术精英职业流动的主要因素

小,“学而优则仕”更多是组织人事部门基于要求—能力匹配进行的人才选拔,而“学而优则商”则是学术人才在知识密集型企业资源平台的拉力和学术岗位挤出效应的推力下作出的流动决策。

四、结语

本文主要采用履历分析法搜集并分析了学术精英“青椒”时期的流动数据,采用传记研究法和访谈法采集学术精英该时期流动决策及心态相关文本信息,在此基础上应用 Nvivo 软件挖掘了影响其流动的主要因素。相较于常用的问卷调查与回归分析方法对高校青年教师职业流动过程的探索,本文基于定性方法挖掘了他们的流动决策过程,进一步细化了跨声誉等级流动、跨部门流动等不同类型职业迁移中的影响因素,对这方面研究进行了补充。由于数据来源和样本限制,本文未能对作为学术精英的“青椒”与一般的“青椒”进行比较分析。未来应尽可能考虑不同世代出生的“青椒”成长的制度环境与发展背景,加入年龄—时期—队列的分析视角,以促进研究成果的进一步深化和完善。

参考文献

[1] 薛琪薪.学术生命周期视野下的精英人才流动研究综述[J].重庆高教研究,2022,10(4):118-127.

[2] 邓侨侨.机构迁移:高被引科学家名校集聚的特征与原因分析[J].科学学与科学技术管理,2014,35(8):135-143.

[3] 赵希男,贾建锋,范芙蓉,等.知识型组织的人才集聚途径与机制研究——以高等学校为例[J].研究与发展管理,2007(3):93-99.

[4] LEWIN K. Behavior and development as a function of the total situation[M]//LEWIN K. Field theory in social science. New York: Harper & Ro, 1946: 130-141.

[5] O'REILLY C A, CHATMAN J A, CALDWELL D F. People and organizational culture: a profile comparison approach to assessing personorganization fit[J]. Academy of Management Journal, 1991, 34(3): 487-516.

[6] MUCHINSKY P M, MONAHAN C J. What is person-environment congruence? Supplementary versus complementary models of fit[J]. Journal of Vocational Behavior, 1978, 31(3): 268-277.

[7] KRISTOF A L. Person-organization fit: an integrative review of its conceptualizations, measurement, and implications[J]. Personnel Psychology, 1996, 49(1): 1-49.

[8] BURKE R J, DESZCA E. Preferred organizational climates of type a individuals[J]. Journal of Vocational Behavior, 1982, 21(1): 50-59.

[9] VANCOUVER J B, SCHMITT N W. An exploratory examination of person-organization fit: organizational goal congruence[J]. Personnel Psychology, 1991, 44(2): 333-352.

[10] CABLE D M, JUDGE T A. Interviewers' perceptions of person-organization fit and organizational selection decisions[J]. Journal of Applied Psychology, 1997, 82(4): 546-561.
[11] 王忠,张琳. 个人-组织匹配、工作满意度与员工离职意向关系的实证研究[J]. 管理学报,2010,7(3):379-385.
[12] 王传毅,杨佳乐. 中国博士教育规模扩张:必要性、可行性及其路径选择[J]. 中国高教研究,2019(1):79-85.
[13] 胡德鑫,师悦. 中国研究型大学博士职业选择趋向与治理路径研究[J]. 研究生教育研究,2020(6):53-61.
[14] 玛丽安妮·韦伯. 马克斯·韦伯传[M]. 简明,译. 北京:中国人民大学出版社,2014:464.
[15] 张意忠. 崇尚科学、追求真理:大学教授的学术使命[J]. 江西师范大学学报(哲学社会科学版),2012,45(6):118-122.
[16] 孙应帅. "学者型官员"的特征、价值及能力提升[J]. 人民论坛,2020(19):44-47.
[17] 叶娟丽. 破除官本位:现代精英流动语境下的"学而优则仕"[J]. 探索与争鸣,2015(10):19-22.
[18] DE WIED D. Postgraduate research training today: emergingstructures for a changing Europe[M]. The Hague: Ministry of Education and Science, 1991: 30.
[19] 崔俊霞. 明清晋商"学而优则贾"价值取向探析[J]. 经济问题,2014(11):20-24.
[20] 邱健. 从"学而优则仕"到学而优则商——访美国华侨进出口商会会长彭圣师博士[J]. 国际人才交流,1991(4):30-31.
[21] 阎凤桥. 学术劳动力市场的特性与研究型大学的教师聘用制度[J]. 北京大学教育评论,2005(3):64-69.
[22] 阎光才. 学术系统的分化结构与学术精英的生成机制[J]. 高等教育研究,2010(3):1-11.
[23] 李宜江. 关于大学青年教师身份与年龄界定的探究[J]. 辽宁教育行政学院学报,2013,30(2):75-79.
[24] MERTON R K. The Matthew Effect in science[J]. Science, 1968(159): 56-63.
[25] 黄海刚,曲越,白华. 中国高端人才的地理流动、空间布局与组织集聚[J]. 科学学研究,2018,36(12):2191-2204.
[26] 刘念才,程莹,刘莉. 世界大学学术排名的现状与未来[J]. 清华大学教育研究,2005(3):8-15.
[27] 彼得·M. 布劳,奥蒂斯·杜德里·邓肯. 美国的职业结构[M]. 李国武,译. 北京:商务印书馆,2019:73.
[28] 高芳祎. 华人精英科学家成长过程特征及影响因素研究[D]. 上海:华东师范大学,2015:187.
[29] BLAU P M, DUNCAN O D. The American occupational structure[M]. New York: John Wiley & Sons, 1967: 356-367.
[30] ACKERS L, GILL B. Moving people and knowledge: scientific mobility in the European Union[J]. International Migration, 2005, 43(5): 99-131.
[31] MITCHELL T R, HOLTOM B C, LEE T W. Why people stay: using job embeddedness to predict voluntary turnover[J]. Academy of Management Journal, 2001, 44(6): 1102-1121.
[32] 黄海刚,连洁,曲越. 高校"人才争夺":谁是受益者?——基于"长江学者"获得者的实证分析[J]. 北京师范大学学报(社会科学版),2018(5):39-52.

[33] 史欣灵. 都铎中期英国政府中的中产阶层官员[J]. 经济社会史评论,2019(1):115-126,128.

[34] 刘帮成. 跨界选官的价值与实践探索[J]. 人民论坛,2020(36):61-63.

[35] 鲍威,杜嫱,麻嘉玲. 是否以学术为业:博士研究生的学术职业取向及其影响因素[J]. 高等教育研究,2017,38(4):61-70.

[36] GU J N, LEVIN J S, LUO Y Z. Reproducing "academic successors" or cultivating "versatile experts": influences of doctoral training on career expectations of Chinese PhD students[J]. Higher Education, 2018, 76(3): 427-447.

[37] XIE Y, KILLEWALD A A. Is American science in decline? [M]. Cambridge: Harvard University Press, 2012: 124.

[38] BALSMEIER B, PELLENS M. Who makes, who breaks: which scientists stay in academe? [J]. Economics Letters, 2014, 122(2): 229-232.

[39] 高晓清,胡建新. 学院化:美国知识密集型企业的组织趋势[J]. 教育与经济,2006(4):57-59.

[40] 徐贞. 在哪里延续科研之路——理工科博士生就业偏好及其影响因素研究[J]. 高等教育研究,2018,39(7):31-38.

国内首批卓越工程师学院建设进展及培养特色

◎ 姜　洁

摘　要　卓越工程师培养是建设国家战略人才力量的重要任务，也是高等教育面向社会需求培养人才、全面提高工程教育人才培养质量的重大战略部署。截至 2023 年 7 月，我国共有 11 所高校官宣成立了卓越工程师学院，这些高校均是“双一流”建设高校，在我国工程教育领域具有优势，不仅具有完善的本硕博各层次的工程教育体系，而且工程学科全备、重点突出、各具特色，在各个层次工程人才培养上积累了丰富的经验。这些学院的建设也获得了地方政府的强力支持，其理事单位涵盖担负重要使命的国企、央企，覆盖我国工业发展的核心领域，具备卓越工程师培养所需的优质资源。各高校的卓越工程师学院也结合各自优势和特色，通过实行理事会制度，建立“四共四通”的工作机制，通过工学交替的培养过程，强强联合国际资源等，有组织地推进卓越工程人才培养，为推进中国式现代化提供国家战略人才力量支撑。

关键词　卓越工程师　建设基础　培养模式

卓越工程师培养是建设国家战略人才力量的重要任务，也是高等教育面向社会需求培养人才、全面提高工程教育人才培养质量的重大战略部署。2010 年以来，国家不断推出一系列举措，推进卓越工程师培养改革，探索实行高校和企业联合培养高素质复合型工科人才的有效机制，推动建成中国特色世界水平工程师教育体系。2023 年 4 月 25 日至 26 日，教育部在上海召开教育强国战略咨询会和卓越工程师培养现场交流推进会。会后，多所名校密集挂牌成立国家卓越工程师学院。本文对目前各校成立的卓越工程师学院做一梳理，以期为后续的建设高校提供借鉴和参考。

作者简介　姜洁，同济大学发展规划与学科建设部政策研究岗副主管，硕士研究生。

一、卓越工程师培养计划的起源

2010 年 6 月 23 日，教育部在天津大学召开“卓越工程师教育培养计划”启动会，联合有关部门和行业协(学)会，发布《关于批准第一批“卓越工程师教育培养计划”高校的通知》，旨在促进我国由工程教育大国迈向工程教育强国的重大举措，培养造就一大批创新能力强、适应经济社会发展需要的高质量各类型工程技术人才，为国家走新型工业化发展道路、建设创新型国家和人才强国战略服务，对促进高等教育面向社会需求培养人才、全面提高工程教育人才培养质量具有十分重要的示范和引导作用。

2011 年 1 月，教育部发布《关于实施卓越工程师教育培养计划的若干意见》[1]，对卓越工程师培养的指导思想、主要目标、基本原则和实施领域等做出指导。到 2013 年 10 月，共有第一批 61 所高校，第二批 133 所高校，第三批 433 个本科专业、126 个研究生层次学科领域加入卓越计划[2]。2016 年 6 月，教育部、中国工程院共同成立“卓越工程师教育培养计划”专家委员会。

2018 年 10 月，教育部、工业和信息化部、中国工程院共同发布《关于加快建设发展新工科实施卓越工程师教育培养计划 2.0 的意见》[3]，此次卓越计划与以往有所不同，主要以新工科建设为重要抓手，目的在于持续深化工程教育改革，加快培养适应和引领新一轮科技革命和产业变革的卓越工程科技人才，打造世界工程创新中心和人才高地，提升国家硬实力和国际竞争力。卓越工程师的培养也由学科专业单一性和独立性向学科大类交叉、校企深度融合模式转变。

2019 年 4 月，教育部“六卓越一拔尖”计划 2.0 启动大会在天津大学召开，教育部依托天津大学成立的“全国新工科教育创新中心”正式揭牌。

2021 年 9 月，中央人才工作会议召开，习近平总书记强调，要培养大批卓越工程师，努力建设一支爱党报国、敬业奉献、具有突出技术创新能力、善于解决复杂工程问题的工程师队伍[4]。

2022 年 3 月，教育部召开卓越工程师产教联合培养行动座谈会，正式启动卓越工程师产教联合培养行动。教育部部长怀进鹏强调，要把卓越工程师教育培养作为高等教育高质量发展的重点，全方位深层次大力度推进卓越工程师教育培养改革[5]。

2022 年 9 月，在教育部、国务院国资委的指导下，首届卓越工程师培养高峰论坛在北京举办，首批 18 个国家卓越工程师学院建设单位联合发布《卓越工程师培养北京宣言》。宣言强调，立足中国，工程科技是国家富强、民族复兴、人民福祉的坚实支撑。宣言倡议，要始终秉承创新追求，在再造培养要素、转变培养模式、变革培养体系、重构导师队伍、完善评价标准、发展智慧教育等方面下功夫。要始终致力协同联动，充分调动校企积极性，联合设计培养目标、制定培养方案、实施培养过程，实现工程技术人才培养和工程实践深度融合[6]。

首批 18 个国家卓越工程师学院建设单位包括清华大学、北京航空航天大学、北京理工大学、浙江大学、哈尔滨工业大学、上海交通大学、东南大学、华中科技大学、重庆大学和西北工业大学 10 所高校，以及中国航天科工集团有限公司、中国航空工业集团有限公司、中国船舶集团有限公司、中国兵器工业集团有限公司、中国电子科技集团有限公司、中国石油天然气集团有限公司、中国宝武钢铁集团有限公司和中国信息通信科技集团有限公司 8 家企业。

二、各建设单位卓越工程师学院建设情况

在首批公布的 18 个国家卓越工程师学院建设单位中，北京航空航天大学、重庆大学、上海交通大学等高校的国家卓越工程师学院已于 2022 年成立。浙江大学、华中科技大学、清华大学、东南大学的国家卓越工程师学院于 2023 年上半年相继成立。此外，一些不在建设名单中的高校也相继成立了卓越工程师学院，包括北京邮电大学、天津大学、同济大学、西安电子科技大学等。

（一）7 所试点卓越工程师学院建设高校相关情况

7 所试点卓越工程师学院建设高校的专业领域均聚焦国家重大战略和经济社会发展需求，以新工科建设为重要抓手，涉及航空航天、能源动力、电子信息、机械制造、智能汽车、新材料等领域，如表 1 所示。所涉及的重点理事单位中央企、国企占了很大比重，特别是中国十大军工集团中的中国核工业集团、中国航天科工集团、中国航空工业集团、中国船舶集团等，还包括中国移动、中国石油、国家电网、华润(集团)等央企和国企，此外也涉及针对地方及区域需求的一些科技创新公司，如百度、华为等。

表 1　7 所试点卓越工程师学院建设高校专业领域及相关理事单位

建设高校	成立时间	聚焦领域	相关理事单位
北京航空航天大学	2022 年 9 月	先进飞行器、未来空调技术	中国航天科工集团、中国航空工业集团、中国航天科技集团
重庆大学	2022 年 9 月	智能网联电动汽车、机器人创新应用、工业母机、半导体、新材料、智慧能源、生物医药及高端医疗设备、新一代信息通信技术等八大领域	中国电子科技集团、中国兵器装备集团长安望江公司、中国南方电网、华润(集团)、两江新区、明月湖国际智能产业科创基地、希迪智驾、江苏安防科技公司、长安新能源汽车、赛力斯汽车
上海交通大学	2022 年 12 月	能源动力、电子信息、机械	中国航天科技集团、中国船舶集团、中国石油化工集团、国家电力投资集团、中国商用飞机有限责任公司、中国远洋海运集团、中国船舶集团、中国交通建设集团、上海振华重工(集团)、上海商汤智能科技、上海卫星工程研究所

（续表）

建设高校	成立时间	聚焦领域	相关理事单位
浙江大学	2023年4月	电子信息、机械、材料与化工、资源与环境、能源动力、土木水利、生物与医药、交通运输、经管、医药	中国石油化工集团、浙江省科学技术协会、中国航天科工集团、中国船舶集团、中国石油天然气集团、国家电网、中国南方电网
华中科技大学	2023年4月	人工智能、电子信息	中国信息通信科技集团、中国核工业集团、中国航天科工集团、中国航空工业集团、中国船舶集团、中国兵器工业集团、中国电子科技集团、中国石油天然气集团、中国长江三峡集团、东风汽车集团、中国机械工业集团、中国宝武钢铁集团、中国通用技术集团、海尔集团、维沃移动通信
清华大学	2023年4月	高端芯片与软件、智能科技、新材料、先进制造等	中国核工业集团、中国航天科工集团、中国大唐集团
东南大学	2023年6月	集成电路、新一代信息通信技术、智慧能源、新能源电力系统、低碳建造、智慧交通等领域	中国电子科技集团、中国石油天然气集团、华润(集团)、中国航天科工集团、江苏省国信集团、中国兵器工业集团、中国移动通信集团公司、宝武钢铁集团、中国交通建设集团、华为公司、中兴通讯等

（二）7所试点卓越工程师学院建设高校的建设基础

7所试点卓越工程师学院建设高校都是在学校原有的工科建设基础上，进一步凝聚理念共识，构建运行机制，遴选合作伙伴，形成发展合力。如表2所示，北京航空航天大学在其高等理工学院和未来空天技术学院的基础上设立卓越工程师学院；重庆大学基于其特色的明月科创实验班及西昌航天工程教育、长安汽车工程教育创立卓越工程师学院；上海交通大学基于其工程师培养的国际合作基础成立上海交通大学巴黎卓越工程师学院；浙江大学基于其浙江工程师学院的建设基础，已在宁波、台州、衢州建有3个大型分院；华中科技大学基于学校的工程类专业学位硕士、博士培养基础，形成工程硕士、博士有组织联合培养的新范式；清华大学先后推进建设28个高水平工程类研究生培养项目，与29家企业深度合作，面向关键核心技术领域开展工程硕士、博士培养改革专项招生试点，校企联合培养卓越工程技术人才；东南大学作为江苏省唯一的首批国家卓越工程师学院试点牵头建设高校，联合16家企业，融合8个类别的工程硕士、博士培养，成立卓越工程师学院。

从整体布局来看，重庆大学、浙江大学、华中科技大学、东南大学的国家卓越工程师学院都是其所在省份唯一的，承担了各区域工程技术人才的培养需求，得到了省委、市委、国资委、教育厅(教委)等部门的大力支持。

表 2　7 所试点卓越工程师学院建设高校的建设基础

建设高校	建设基础
北京航空航天大学	设立国家卓越工程师学院，与高等理工学院和未来空天技术学院合署办公，校内统称沈元学院
重庆大学	2020 年 9 月创建明月科创实验班，2021 年 10 月成立学生交叉创新中心，2022 年 9 月成立重庆卓越工程师学院。 先后打造了全国知名的西昌航天工程教育、长安汽车工程教育“重大模式”，逐步形成了新工科建设“重大经验”
上海交通大学	上海交通大学于 2012 年与法国巴黎高科技工程师学校集团合作创办成立“上海交大—巴黎高科卓越工程师学院”。为进一步扩大和加深合作，经上海交通大学和法国合作学校协商，并报中国教育部批准，学院于 2021 年 6 月 16 日正式更名为“上海交通大学巴黎卓越工程师学院”
浙江大学	2015 年 7 月，为响应国家创新驱动发展战略和《中国制造 2025》，浙江大学和浙江省委、省政府共同谋划筹建了浙江大学工程师学院（浙江工程师学院），并于 2016 年 9 月正式揭牌成立，全面深化工程教育改革。2022 年 9 月，浙江大学成功入选首批国家卓越工程师学院建设试点单位。发展至今，工程师学院在读研究生超 4 500 人，其中工程博士 680 余人；校内外导师 2 000 余人，校企基地 60 多个，实训设备超 4 300 台。在宁波、台州、衢州建有 3 个大型分院
华中科技大学	拥有湖北省唯一的国家卓越工程师学院。自 1998 年正式启动工程类专业学位研究生培养工作，2011 年获批“全国工程硕士研究生教育创新院校”、成为全国首批工程博士试点高校，2018 年获批“国家关键领域急需高层次人才培养专项”，2019 年获批开展所有 8 个工程类别博士、硕士培养工作，2022 年成功入选首批“国家卓越工程师学院”试点建设单位
清华大学	设立 28 个高水平工程类专业学位研究生培养项目，包括海洋技术与工程、智能装备设计与制造等 14 个工程类交叉项目；与 29 家企业深度合作，面向关键核心技术领域开展工程硕士、博士培养改革专项招生试点，校企联合培养卓越工程技术人才；与近 50 家企业签订合作协议，拓宽行业企业与学校的双向人才交流渠道，建成 175 个专业实践基地
东南大学	东南大学是江苏省唯一的首批国家卓越工程师学院试点牵头建设高校。东南大学国家卓越工程师学院实行理事会负责制，由东南大学担任理事长单位，邀请了重要央企、重点国企及行业龙头企业共 16 家企业担任理事单位。学院承担工程专业学位 8 个类别的工程硕士、博士培养。学校在强化理念共识、构建运行机制、遴选合作伙伴、重塑培养范式、引育选聘导师、国际联合培养等方面进行了紧锣密鼓的部署，推进并取得系列重要进展，为国家卓越工程师学院正式成立和加快推进建设奠定了坚实基础

（三）7 所试点卓越工程师学院建设高校的培养特色

7 所试点卓越工程师学院建设高校根据其服务对象及专业领域形成了各自的培养特色，如表 3 所示。综合来看，7 所试点卓越工程师学院具有以下几点共同特征。

1.“四共四通”的工作机制

“校企共同招生、共同培养、共同选题、共享成果”及“师资互通、课程打通、平台融通、政策畅通”，即“四共四通”的工作机制，是大部分卓越工程师学院在组建产教联合人才培养共同体中提到的内容。北京航空航天大学与相关行业企业合作开设“大型飞机高级人才班”“航空发动机吴大观班”等特色人才培养专项，校企共同确定培养目标、设计培养方案、建立教学团队、开展课题研究等；华中科技大学推进工程硕博士培养体系重构和流程再造，搭建校企协同培养的新型产学研实体，与中国信科集团合作共建，实现高校知识育人、企业实践育人；东南大学拓宽“科教融汇、产教融合”重要通道，探索“企业出题、联合答卷、企业阅卷”的模式改革，匹配企业的真实需求，从而制定培养方案和招生计划。

2. 实行理事会制度

首批试点卓越工程师学院建设高校，均邀请重点企业、政府事业单位和金融机构作为理事单位参与学院建设工作，成立理事会，采取理事会负责制或联席会议制，成立校企联合招生委员会、校企联合培养委员会等，打造育人共同体。华中科技大学卓越工程师学院实行理事会负责制，学校、企业、行业共为理事会成员，通过“订单式、项目制”的培养模式，促使学院整合不同学科的教学科研资源，改变工程技术人才培养学科化、院系制的传统组织模式，形成多学科交叉创新机制。作为上海交通大学的理事单位，中国商用飞机有限责任公司主动把握大飞机人才培养的战略趋势，积极参与国家卓越工程师学院建设，促进产业链、创新链、教育链、人才链的深度融合。作为重庆大学的理事单位，中国兵器装备集团长安望江公司发挥企业在科研、平台、人才等方面的优势，担当原创技术策源地、现代产业链链长，与重庆大学共同探讨、谋划、搭建校企协同育人新型产教融合实体平台，打造行业国师队伍。作为清华大学的理事单位，中国大唐集团全面深化与清华大学的战略合作，共建科技平台、共育科技人才。东南大学与理事单位面向需求，先设立项目，再进行人才培养、科技研发，2023 年完成了首批“项目制”招生。

3. 工学交替的培养过程

首批试点卓越工程师学院建设均强调产教深度融合，搭建校企协同育人实体平台，深入挖掘企业中的卓越工程师培养资源，将学校的优势方向与企业的需求相匹配，共同研讨和制定人才培养方案，设计评价体系。北京航空航天大学实行校企双导师制度，牵头组建全国航空系统厂所校院实习共同体，落实本科生驻厂研究性实习制度，将生产实习作为工程训练的重要环节，着力帮助学生在动手实践中锤炼过硬本领，共建校企工程实践课程，组建校企联合授课团队，将行业前沿技术知识融入专业课教学，打造具有航空航天特色的通识导论课，鼓励博士生面向国家经济社会发展需求，以产教协同攻关的关键问题为研究方向，用以大型工程项目的论证、设计或实施为背景的技术成果申请学位。重庆大学根据企业提供的项目清单，共同组织开展人才培养，学校牵头负责理论课程建设，企业牵头负责实践课程建设，联合开展导师队伍的建设，建立研究成果共享机制，按照实验室管理模式开展教学与研究活动，学生培养采用工学交替培养模式，本科生和工程硕士、工程博士在企业科研实践时长累计分别达到 1 年和 2 年。华中科技大学在学生入学前，会让企业根据实际项目给出研究课题，确定招生专业需求，校企共同匹配合适的导师团队，并制订课程，学生自主选定导师组和课题，学生完成 1 年的基础课程后，将跟随项目开展工程实践，3 年毕业的硕士研究生将有 2 年在企业开展实践，4 年毕业的博士研究生将有3年在企业开展实践。东南大学以培养模式改革为核心，以实质性联合培养为纽带，切实调动高校和企业的积极性，促进产教供需双方直接见面、双向对接、有效匹配、共融共进，硕士研究生学制为3年，在企业开展科研实践的时长累计不少于1年，博士研究生学制为4年，在企业开展科研实践的时长累计不少于2年。

4. 国际合作强强联手

国际竞争力及国际视野是工程师培养的重要一环，也是考验卓越工程师培养质量的关键，首批试点卓越工程师学院均与国际高水平工程院紧密合作，搭建培养平台。北京航空航天大学中法航空学院围绕未来航空领域多元化、高层次的人才需求，探索高水平、精英式、本硕贯通的国际工程师教育培养范式，在国际航空管理、国际适航等领域培养具有扎实理论、过硬素养、创新思维和国际视野的卓越工程师。上海交通大学与法国巴黎高科技工程师学校集团合作，从重构人才培养方案、重构人才培养流程、重构人才培养平台等方面入手，以实质性联合培养为纽带，切实发挥企业重要主体作用，构建专业学位联培体系。浙江大学大力建设具有一流水平的工程创新与实训平台，与法国巴黎综合理工学院、荷兰埃因霍芬理工大学等世界高水平工程院校切实开展多种形式的国际联培项目合作，率先开展学历、学位、工程师职称“三证合一”改革试点。清华大学积极开展研究生海外实践项目，与18家企业共建研究生海外社会实践基地，累计派出200余名研究生前往20余个国家开展课题研究、项目攻关，参与服务蒙内铁路、亚吉铁路、淡布隆跨海大桥等多项国际重大工程项目的建设及运营，在实践中培养具有全球视野、紧跟产业发展的高层次工程技术人才。

表3　7所试点卓越工程师学院建设高校的培养特色

建设高校	培养特色
北京航空航天大学	从在校为主到工学交替的体制机制转变、从环节控制到系统提升的能力转变、从产教脱节到精准对接的评价转变，“校企共同招生、共同培养、共同选题、共享成果”及“师资互通、课程打通、平台融通、政策畅通”的“四共四通”工作机制。牵头组建全国航空系统厂所校院实习共同体，落实本科生驻厂研究性实习制度
重庆大学	主要聚焦“智能化＋新能源”产业发展方向，以解决产业共性技术和需求创新问题为导向，以产学交替为培养模式，推进“人才链、创新链、产业链”深度融合，为重庆智能网联汽车产业发展提供人才资源，学院将按照实验室管理模式开展教学与研究活动。学生培养过程采用工学交替培养模式。本科生和工程硕士、工程博士在企业科研实践时长累计分别达到1年和2年
上海交通大学	聚焦国家战略急需，以培养模式改革为核心，以实质性联合培养为纽带，切实发挥企业重要主体作用，加强有组织科研和人才培养，推进工程硕博士培养体系重构，着力打通行业产业发展需求侧与卓越工程人才培养供给侧壁垒，加快培养大批卓越工程师
浙江大学	重点开展面向企业、复合交叉的“专业学位研究生卓越培养项目”和一流工程管理专业学位研究生培养，精心打造一支专兼结合的高水平工程教育创新师资队伍，着重加强研究生技术应用创新和工程专业实践训练，大力建设具有一流水平的工程创新与实训平台，积极推动产教融合、科教协同的培养模式创新，与法国巴黎综合理工学院、荷兰埃因霍芬理工大学等世界高水平工程院校切实开展多种形式的国际联培项目合作，率先开展学历、学位、工程师职称“三证合一”改革试点

（续表）

建设高校	培养特色
华中科技大学	实行理事会负责制，学校、企业、行业共为理事会成员，通过“订单式、项目制”，让人才充分参与实践。学生入学前，企业根据实际项目给出研究课题，确定招生专业需求，校企共同匹配合适的导师团队，并制订课程，学生自主选定导师组和课题。服务两条主线：一是加强国防科研能力建设，与中国航空工业集团、中国船舶集团、中国电子科技集团等合作，共同建立联合研究院、实验室、研发中心，通过卓越工程师“选、育、管、送”培养建立人才输送全流程服务体系；二是加强区域产业需求对接，与中国长江三峡集团、东风汽车集团、中国信息通信科技集团等重点企业合作，加强核心技术联合攻关、加强“卡脖子”技术领域人才培养
清华大学	与相关企业合作开设“核电工程与管理国际人才培养”专业硕士学位项目，招收“一带一路”共建国家学生。加强国际合作，与全球知名高校合作开设 25 个工程领域的硕士和博士学位项目。积极开展研究生海外实践项目，与 18 家企业共建研究生海外社会实践基地，累计派出 200 余名研究生前往 20 余个国家开展课题研究、项目攻关，参与服务蒙内铁路、亚吉铁路、淡布隆跨海大桥等多项国际重大工程项目的建设及运营
东南大学	校企产教融合培养工程人才的新模式：企业出题，校企联合答题，最后企业阅卷。硕士研究生学制为 3 年，在企业开展科研实践的时长累计不少于 1 年；博士研究生学制为 4 年，在企业开展科研实践的时长累计不少于 2 年。匹配企业的真实需求，从而制定培养方案和招生计划。工程创新、技术发明、企业关键技术攻关等方面的成果都可作为考核学生的标准

（四）其他高校卓越工程师学院建设情况

除首批试点卓越工程师学院建设高校外，其他高校也纷纷提前布局卓越工程师学院建设，包括西安电子科技大学、天津大学、北京邮电大学、同济大学。

2023 年 4 月 7 日，西安电子科技大学成立卓越工程师学院，发挥红色基因优势和信息技术特色优势，以工程硕博士校企联合培养工作为依托，从“汇聚社会资源拓宽度，深挖培养体系求深度，筑建体制机制延长度”三个维度持续深化校企融合，形成了“以产业实际需求为牵引，以联合项目为支撑，校企地多方投入、共同育人”的工程类人才培养模式，以“一平台、双主体、三协调”为特色，构建西电“一三一”（擦亮一种颜色，构建三种模式，重建一套标准）工程硕博培养新体系。理事长单位为中国卫星网络集团，理事单位包括中国航天科技集团、中国电子科技集团、中国兵器工业集团等 7 家企业。

2023 年 4 月 25 日，天津大学卓越工程师学院成立，学院聚焦材料与化工类、机械类和电子信息类卓越工程人才培养，以培养卓越工程师、卓越工程管理者、卓越工程科学家为目标，以国际工程师学院为依托，汇聚一流资源，做实产教融合人才培养共同体。理事单位包括国家电网天津市电力公司、厦门盈趣科技股份有限公司、新奥集团、中国兵器工业集团、中国电子科技集团、中国国际工程咨询有限公司、中国航天科工集团、中国化学工程集团及中国通用技术集团等。

2023 年 5 月 6 日，北京邮电大学卓越工程师学院成立，学院高效整合信息领域头部企业资源，深化“企业出题、校企共答”的培养模式，在真实产业环境中锤炼真本领、解决真问题。学院理事会企业方理事长单位为中国星网集团有限公司，理事单位包括中国航天科工集团、中国航空工业集团、中国电子科技集团、中国电信集团、中国联合网络通信集团、中国移动通信集团、中国电子信息产业集团、中国信息科技集团、中国通信学会、中国电子学会和华为技术有限公司等。

2023 年 6 月 6 日，同济大学卓越工程师学院(国际工程师学院)揭牌成立，学院依托同济大学优势学科、学科交叉和新兴学科，坚持“四个面向”，聚焦国家和产业急需的重点领域，以人民城市，先进制造，深地、深海、深空拓展和生命健康等为重点，突出智慧赋能和可持续发展，与企业构建“四共”“四通”机制，扎实推进科教融汇、产教融合、校地融合和国际融通，共同打造“校—产—城”协同共生的新生态。首届理事会的 25 家理事单位分别是：中国医药集团、中国船舶集团、国家电力投资集团、中国远洋海运集团、中国建筑集团、中国商用飞机、中国中车集团、中国交通建设集团、中国国家铁路集团、中国航空发动机集团、中国银行、中国农业银行、交通银行、上海国际港务(集团)、上海汽车集团、上海建工集团、上海微电子装备(集团)、长三角国家技术创新中心、江铃汽车集团、百度在线网络技术(北京)有限公司、华为技术有限公司、海尔集团、腾讯云计算、上海联影医疗科技股份有限公司和同济创新创业控股有限公司。

三、结语

习近平总书记强调，建设教育强国、科技强国、人才强国具有内在一致性和相互支撑性，要把三者有机结合起来、一体统筹推进，形成推动高质量发展的倍增效应。进一步加强科学教育、工程教育，加强拔尖创新人才自主培养，为解决我国关键核心技术攻关提供人才支撑[7]。卓越工程师是国家战略人才力量，国家卓越工程师学院建设是实现中国式现代化建设的重大战略，是国家富强、民族复兴、人民福祉的坚实支撑。截至 2023 年 7 月，国内共有 11 所高校官宣成立卓越工程师学院，这些高校均是“双一流”建设高校，在我国工程教育领域具有优势且享誉盛名，不仅具有完善的本硕博各层次的工程教育体系，而且工程学科全备、重点突出、各具特色，在各个层次工程人才的培养上都有丰富的积累。这些学院的建设也获得了地方政府的强力支持，其理事单位涵盖担负重要使命的国企、央企，覆盖我国工业发展的核心领域，为卓越工程师的培养提供了独特的优质资源。各高校的卓越工程师学院也结合各自优势和特色，通过实行理事会制度，建立“四共四通”的工作机制，通过工学交替的培养过程，强强联合国际资源等，有组织地推进卓越工程人才培养，为推进中国式现代化提供国家战略人才力量支撑。期待国家卓越工程师学院未来遍布中国大地，校企全程合作，为解决关键核心技术难题等方面提供优质案例，为国家重大战略急需工程技术领域的人才培养贡献中国方案。

参考文献

[1] 中华人民共和国教育部. 教育部关于实施卓越工程师教育培养计划的若干意见[EB/OL]. (2011-01-08)[2023-07-01]. http://www.moe.gov.cn/srcsite/A08/moe_742/s3860/201101/t20110108_115066.html.

[2] 教育部办公厅. 教育部办公厅关于公布卓越工程师教育培养计划第三批学科专业名单的通知[EB/OL]. (2013-10-21)[2023-07-01]. http://www.moe.gov.cn/srcsite/A08/moe_742/s3860/201310/t20131021_158875.html.

[3] 教育部,工业和信息化部,中国工程院. 教育部 工业和信息化部 中国工程院关于加快建设发展新工科实施卓越工程师教育培养计划 2.0 的意见[EB/OL]. (2018-10-08)[2023-07-01]. http://www.moe.gov.cn/srcsite/A08/moe_742/s3860/201810/t20181017_351890.html.

[4] 习近平出席中央人才工作会议并发表重要讲话[EB/OL]. (2021-09-20)[2023-07-01]. http://www.gov.cn/xinwen/2021-09/28/content_5639868.htm.

[5] 教育部. 产教融合追求卓越 加快培养新时代卓越工程师——卓越工程师产教联合培养行动正式启动[EB/OL]. (2022-03-25)[2023-07-01]. http://www.moe.gov.cn/jyb_xwfb/gzdt_gzdt/moe_1485/202203/t20220325_610710.html.

[6] 教育部. 18 家国家卓越工程师学院建设单位联合发布《卓越工程师培养北京宣言》[EB/OL]. (2022-09-27)[2023-07-01]. http://www.moe.gov.cn/jyb_xwfb/gzdt_gzdt/s5987/202209/t20220927_665486.html?eqid=c42711d2000e993200000002642e271b.

[7] 习近平主持中央政治局第五次集体学习并发表重要讲话[EB/OL]. (2023-05-29)[2023-07-01]. https://www.gov.cn/yaowen/liebiao/202305/content_6883632.htm?device=app&wd=&eqid=96010dd8000006a30000000664759d44.

"贯通式"中德高水平人才联合培养：模式、困境与保障策略*

◎ 郑高明　潘茂波　胡馨之　徐　强　萧　遥

摘　要　2022年5月，同济大学启动了"对德合作2.0战略"，机械与能源工程学院依托同济大学中德合作平台，开展科教融合、本研贯通的高质量人才培养。机械与能源工程学院已基本建立了本研贯通的中德人才联合培养模式。该模式有利于拓宽学生国际视野，建立全面的学科知识体系，但也面临着生源流失、国际政治环境逆全球化等挑战。机械与能源工程学院需要通过调整课程设置、增加与德国高校的互访频次、扩展合作领域等方式加强对德合作，以实现联合人才培养模式的质量保障。

关键词　人才联合培养　本研贯通　教育国际化　中德合作

一、研究背景及问题的提出

"智能时代"加速驱动了科研范式和知识生产模式的变革，也对高校国际化和培养全球知识生产者提出了新要求。人才作为战略资源[1]，是我国实现教育现代化、落实科教兴国、提升国际竞争力的重要基石。国际人才是国际流动的知识资本，在更新知识结构和体系、促进技术与时俱进、协调团队沟通与合作中不断发挥头雁作用[2]。《国家中长期教育改革和发展规划纲要(2010—2020年)》特别指出，我国需要"培养大批具有国际视野、通晓国际规则、能够参与国际事务和国际竞争的国际化人才"[3]。《国际合作联合实验室计划》等相

* 本文为上海市教育科学研究项目"基于上海实践的中欧博士生联合培养模式与机制研究"(项目编号：C2022241)和同济大学研究生教育研究与改革重点项目"中德机械与能源工程高层次人才培养模式研究"的阶段性研究成果。

作者简介　郑高明，同济大学高等教育研究所助理教授
潘茂波，同济大学高等教育研究所研究助理。
胡馨之，同济大学高等教育研究所研究助理。
徐强，同济大学高等教育研究所研究助理。
萧遥(通讯作者)，同济大学机械与能源工程学院特聘研究员。

关政策也强调要以"学生互换和联合培养"的方式来创新人才培养模式,探索国际化人才培养[4]。

然而,"去全球化"或"逆全球化"潮流也正在影响跨国流动及国际合作[5]。在此背景下如何实现中外联合培养高层次人才?中外联合培养高层次人才遇到了何种困境?如何保障中外联合培养高层次人才的培养质量?这些问题亟须探讨与解决。因此,本文拟以同济大学机械与能源工程学院为案例,基于访谈、问卷和文本数据,探讨同济大学中德联合培养经验与模式,分析其当前成效与面对的挑战,并提出相应的保障建议。

二、国内外研究现状

前人研究已从国际联合人才培养模式、跨文化学习体验、中德高等教育合作、跨境高等教育合作的质量保障四个方面为本文提供了研究思路。

(一)国际联合人才培养研究

1987年,我国教育部首次提出国际联合培养博士生的模式,开始引起学术界关注。目前国际联合人才培养模式相关研究主要覆盖培养举措和培养成效两个方面。

其一,培养举措方面研究表明,中外联合培养学生主要以"三明治"培养模式展开。"三明治"模式即学生在国内完成基础课程的学习,然后到发达国家或地区利用其先进的科研条件完成论文的部分或全部内容,最后回国参加论文答辩,获得学位[6]。张淑林认为,我国高校要建立完善的派遣制度,完善用人制度,达到培养效益最大化[7]。殷允杰与王潮霞分析了联合培养存在的主要问题,并提出构建国际科研合作教育平台、常态化短期合作互动模式等建议,以提升教育质量[8]。孙月研究了联合培养的现状,发现了存在的一系列问题,如学生完成培养目标情况的不足、人才流失等问题,提出高校应采用优化联合培养选拔派遣制度、提高选派学生素质等综合性措施,从而实现学校、学生和国家的三方共赢[9]。

其二,梳理培养成效方面的研究发现,国际联合培养模式对学生的专业技能、实践能力等综合能力的提升效果显著。Papatsiba对伊拉斯谟项目的政策目标进行了评估,发现该项目促进了跨文化交流、人才的跨国流动,参与项目的学生的综合竞争力得到了明显提升[10]。Fritzsche、Scheib和Ko等发现联合培养以更少的经济花费提升了参与项目的研究生的专业素养、外语水平与文化适应性[11]。何峰、胡晓阳发现联合培养模式对博士生人才培养和科研具有积极影响[12]。

(二)跨文化学习体验研究

学生跨文化学习体验研究围绕教育过程中的环境、投入、过程、产出各个方面展开。其中,环境方面主要指校园的学习氛围;投入方面主要包括学生的个体特征和经历;过程方面侧重学生融入与人际交往等；产出方面则侧重研究教育质量评价。

第一，跨文化学习环境影响方面，研究认为东道主学校教育环境支持是影响学生体验的关键。Khawaja 和 Dempsey 的研究表明，如果学校提供的教育环境和教育质量不能满足学生的期待，会使国际留学生有消极的跨文化学习体验；同时，东道主学校的教学内容、教学方法等都会影响留学生的跨文化学习体验，进而影响留学生的学业成绩和在校表现[13]。

第二，在投入方面，研究主要关注国际留学生的学习动机、个体背景差异等。陈秀琼和龚晓芳的研究得出，来华留学生的学习动机强弱与其跨文化学习适应能力强弱呈显著正相关[14]。Ramsey、Braker 和 Jones 认为，文化智力越高，即跨文化适应能力越强的个体，其跨文化学习能力越强[15]。Ward、Bochner 和 Furnham 的研究表明，外倾性，即人在社会主动性上的表现，能够影响留学生的跨文化适应程度。外倾性强的人在社交上比较活跃，也更容易适应国外生活[16]。Ramburuth 和 Mccormick 的研究对比了具有亚洲背景的国际留学生和澳大利亚本土学生的学习风格偏好和学习方法，发现学习策略选择和学习风格会对留学生的跨文化学习成果产生影响，亚洲国际留学生在触觉、体验式学习方式下的学习效果更好，而在听课、口头解释、课堂讨论等学习方式下的学习效果不如澳大利亚学生[17]。

第三，前人研究认为，在学生学习过程中，师生关系、学生融入程度等因素会影响国际留学生的学习体验。Boulter 的研究表明，教师与留学生之间良好的师生互动及留学生自我调整能力会给留学生带来积极的学习体验[18]。温国砫、苏亦煌和王学军的研究发现，由于中非文化存在差异，非洲留学生会选择积极的融入策略、隔离与边缘化的适应策略及功利主义下的情景化文化选择策略融入环境[19]。

第四，在联合培养质量评价方面，前人研究发现，联合培养模式能显著提升参与者的专业水平及实践能力。Chung、Choi 和 Kang 等对韩国延世大学和美国辛辛那提大学护理专业联合培养项目的培养效果进行评估发现，跨国联合培养模式能大幅提升学生的学业满意度、精进学生专业技能[20]。Langton 的研究指出，联合培养项目下参与者的实践能力、就业能力均得到了提升[21]。

（三）中德高等教育合作研究

中德高等教育合作有着 30 多年的历史，经历了政府主导、官民并进和学术合作机制化三个合作阶段[22]。目前中德高等教育合作研究主要围绕中德双方合作交流项目特点展开，主要分为个案研究及整体情况研究两类。

从个案角度出发，蔡敬民、奚春雁和彭远红分析了合肥学院与德国应用科学大学的长期合作办学，研究发现该合作办学有助于学术资源的共享，促进师生之间的相互了解，提高教育质量，对两国高校之间的深度合作和理解具有积极作用[23]。查远莉通过对中德双方师生的访谈及对研究生暑期学校学员的问卷调查，详细分析了华中科技大学中德医学研究生合作培养模式，发现中德合作教学中，德方教师、中方学生的全英文教学模式对于研究生创新意识、创新思维、创新能力等的提升具有积极影响[24]。

在整体研究方面,冯瑷媛对25所中国大学和24所德国大学的33个中德合作办学项目进行了研究,分析了现阶段国内高校本科阶段中德合作办学的特点,认为这种合作是"对德国早期教育模式的继承",将应用型培养模式成功引入国内,切实培养了应用型工程技术紧缺人才。同时她认为,中德高等教育合作仍存在一些问题,例如要规范合作办学中的语言文字,谨防合作办学中的"连锁现象",即外方院校与多个国内院校在同一专业开展多个项目的情况[25]。孙慧总结了当前中德合作办学的基本情况,认为目前中德合作办学存在招生规模小、办学层次单一、学科设置不合理、一流高校参办积极性低等问题。基于现实和发展需要,中德合作办学必须制定科学的发展策略,在扩大招生规模的同时,构建专—本—硕—博四级人才结构,吸引中德双方制造业一流高校参与办学,并对德国制造业优质教育资源进行充分引进与合理吸收[26]。

(四)跨境高等教育质量保障研究

Harvey 和 Green 对教育质量界定进行了梳理,认为质量可以分为优秀、完美(或一致性)、满足预设目标、物有所值和实现质变,高等教育质量保障是指"通过设置合适的机制、程序和流程来保障所预期的教育成果能够得以实现"[27]。在跨境高等教育研究方面,学者研究从宏观、中观、微观层面分析了影响跨境高等教育质量保障的因素。从宏观角度来看,本土教育的历史等因素会对跨境高等教育质量和质量保障产生影响[28]。从中观层面来看,Healey 通过访谈 9 位国际分校的高级管理者,发现他们在人员、课程大纲和研究维度方面受到了本土化主张压力,平衡教育输出国主张和本土主张成为保障教育质量的关键[29]。基于此,也有学者从教育输出国的角度给出具体建议。Shams 和 Huisman 认为,国际分校需要在依附母体学校的基础上满足国际分校所在国当地的期望,才能更好地保障教育质量。在诸如课程大纲等方面须与母体学校保持较高的相似度,而在人员配备方面则需要更多地依靠本土人员。而国际分校的人员配备战略依然是国际分校面临的挑战[30]。

大部分跨境高等教育质量保障研究集中在微观层面,分析了跨境教育项目中的教学内容、教学方法、授课语言等对跨境高等教育质量保障产生的影响。丁笑炯的研究发现,从授课方式来看,跨境高等教育采用集中授课和网上授课方式,减少了外国教师与本地学生面对面交流的机会,可能导致学生学习效果不佳。就教学方法而言,学生的学习风格与教师的教学风格不匹配是输出国高等院校教师面临的主要挑战之一,可能导致学生难以适应教学方法[31]。Willis 的研究表明,学生希望教学内容和教学方法尽可能与输出国高等院校本部校区相同以使学生接受的是真实的和原版的西方教育。但是对于课程任务,学生希望能够得到更加细致的说明。从教学语言来看,学生缺乏足够的英语能力是影响跨境教育质量的主要原因之一,使得教师难以按照预期方式进行教学[32]。

前人对国际联合人才培养模式、跨文化学习体验、中德高等教育合作、跨境高等教育合作的质量保障几个方面的研究,为本研究理解中德高层次人才培养模式提供了研究思路,主要有以下三大发现:第一,国际联合培养对于高水平人才综合技能提升及科研发展具有积极影响。第二,个体特征、学习动机及学习环境会影响学生的跨文化学习体验。第三,影响跨境高等教育质量保障的宏观因素包括境外教育历史,中观因素包括人员配备、课程大纲,微观因素包括教学内容、学习方法、授课语言等。但目前尚无研究对中德高层次人才培养模式及其保障机制进行深入剖析。因此,本文将开展案例调研,试图弥补该研究缺口。

三、研究设计

研究设计上,为实现研究目的,课题组采取“环境—投入—过程—产出”的教育过程分析框架,结合案例研究策略,对中德高水平人才培养模式进行了深入剖析。

(一) 理论框架

本文运用“环境—投入—过程—产出”人才培养过程框架,分析中德高水平人才联合培养过程及过程中的质量保障机制(图 1)。第一,环境方面的研究主要聚焦联合培养模式的学习环境,包括资金支持、经济、政治、文化等环境因素。第二,投入方面主要探究学生的进入动机及对项目的预期,以明确学生选择联合培养项目出于何种原因,希望通过该项目达成何种目标,以更好地理解学生方的需求,从而有针对性地提高人才培养模式的质量。第三,过程方面的研究从学生角度切入,了解包括教学设计、课程安排、参与程度和跨文化交流等方面。最终,产出方面的研究关注学生的学术表现、职业发展、实践技能、跨文化能力等。

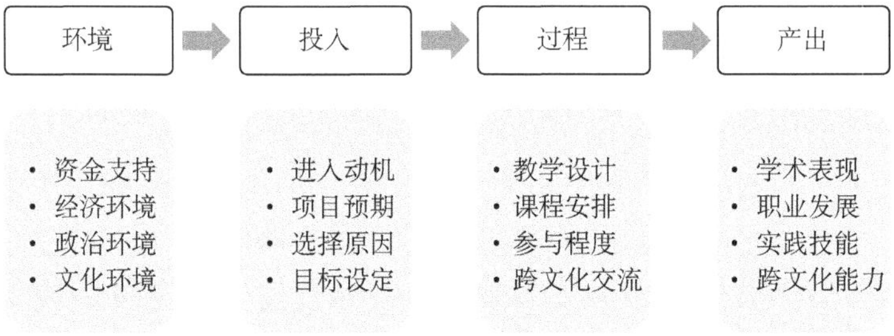

图 1　人才培养过程分析框架

(二) 研究方法

课题组采用案例研究策略,选取同济大学机械与能源工程学院作为案例,对参与中德联合培养的 9 名教师和 18 名学生进行了访谈,访谈对象基本信息如表 1、表 2 所示。课题组基于访谈数据分析设计调查问卷,面向所有学生(160 人,包括硕博士研究生 100 人和本科生 60 人）发放，共回收了 91 份问卷，包括 57 名硕博士研究生和 34 名本科生的问卷，回收率约为 57%。本文同时收集了案例学校相关机构的院系官网介绍等资料作为研究补充。最后，课题组基于“环境—投入—过程—产出”的教育过程框架，运用主题分析法对所收集的数据进行分析，分析结果将在后续部分呈现。

表 1　访谈对象基本信息表(教师)

编号	职称	性别	国籍	编号	职称	性别	国籍
R1	教授	男	中国	R6	教授	男	中国
R2	教授	男	中国	R7	访问学者/博士生	男	德国
R3	教授	男	中国	R8	助理教授	女	中国
R4	教授	男	中国	R9	助理教授	男	德国
R5	教授	男	中国	—	—	—	—

表 2　访谈对象基本信息表(学生)

编号	年级	性别	国籍	编号	年级	性别	国籍
S1	本科二年级	男	中国	S10	硕士一年级	男	中国
S2	本科二年级	男	中国	S11	硕士一年级	男	中国
S3	博士一年级	男	中国	S12	本科四年级	男	中国
S4	硕士一年级	男	中国	S13	硕士一年级	男	中国
S5	本科五年级	男	中国	S14	本科二年级	男	中国
S6	硕士三年级	男	中国	S15	博士一年级	男	中国
S7	硕士三年级	男	中国	S16	本科三年级	男	中国
S8	硕士二年级	男	中国	S17	硕士(年级不详)	男	德国
S9	硕士一年级	女	中国	S18	本科三年级	男	中国

四、研究发现

本章节将基于数据分析，呈现同济大学机械与能源工程学院中德人才联合培养模式的特色举措、未来发展所面临的挑战，并从环境、投入、过程和产出四个方面提出相应的保障建议。

（一）国际化贯通式人才培养模式

同济大学机械与能源工程学院采用贯通式人才培养，形成了本硕贯通、硕博贯通、本博贯通多种人才培养模式。学院成立中德机械与能源工程人才培养模式创新实验区（莱茵书院），就读于莱茵书院的本科生可以按照个人意愿选择就业或继续攻读中德双硕士学位

(4+2.5年)或中德双博士学位(4+5.5年)[33]。在硕士研究生教育方面,学院集中中德两国优秀师资,开设同济大学机械与能源工程学院硕士研究生项目,采用德国工程实践教育模式,注重培养学生解决实际工程问题的能力[34]。在博士研究生教育方面,学院依托中德博士生院,于2022年在智能制造和智能建造方向启动了中德博士生联合项目。值得一提的是,在此过程中,学院形成了短期模块化国际课程、定期国际学生夏令营与交换、中德导师联合指导等特色举措。

1. 开设短期模块化国际课程

短期模块化国际课程(德语为Blockvorlesung)是同济大学机械与能源工程学院开设的特色课程之一。在模块化国际课程中,学院邀请德国知名教授来校授课,使用德国教材或讲义,中德两国学生同堂上课并完成项目作业。短期模块化课程让学生体会到中德教育模式的差异,有效拓宽了学生的国际视野并加深了学生对机械学科的理解。对此,访谈中学生S5提到:"在这个过程中我觉得收获蛮大的,德国人的一些思维和我们中国人惯用的一些研究思维还是有所不同的。我觉得中国的很多教育是以应试教育为主的,但是德国更加注重应用,就是会先明确要得到某个产品,然后再去做一系列后续的工作。"

2. 组织暑期夏令营和出国交换学习

同济大学机械与能源工程学院和多所德国著名院校签订了交流与双学位协议(R2),为学生提供众多出国交流学习的机会。莱茵书院的学生在暑期会前往德国参加夏令营活动,学生会在不同德国高校上课并参观。受访教师R6介绍道:"(暑期夏令营)可以让学生更好地开拓视野,如果这些学生以后想去德国读研究生,或者走联合培养这条路的话,我觉得这种具有启发性的夏令营活动对他们来说很有意义。"

在同济大学机械与能源工程学院中德机械工程中心硕士研究项目就读的硕士研究生在研二期间均有机会出国进行短期交流学习,学生也可以申请在合作高校攻读双硕士学位,毕业后可以获得两所学校颁发的硕士学位证书。这些举措可以使学生深入了解不同国家和文化,提高跨文化沟通能力,增进对多元文化的理解。在此期间,学生也有机会接触不同的学术体系和教育方法,开阔学术视野,拓展专业知识。例如,受访学生S10提到:"我更倾向于参与能够让我认识到国内外的文化差异的活动和项目,如国内外的一些学术交流活动、双学位计划和交换计划都蛮吸引我的。"

3. 采用中德双导师联合指导模式

同济大学机械与能源工程学院采用中德双导师联合指导模式,让学生在两个不同文化和学术背景的导师指导下进行研究,为学生提供了独特的跨文化学术体验。特别是在博士生阶段,中德博士生联合导师指导基于"导师互配、联合科研、联合指导"形式,中德导师以联合科研为基础完成配对,然后基于共同研究项目对博士生展开指导,博士生在中国或德国完成课程学分要求后,可在第二学年或第三学年到对方导师处继续进行博士阶段的研究,最后一学年回到本国学校完成学位论文,获得学位。受访学生S11提到:"在中德双导师联合指导模式下，我参与了中德文化之间的交流，提升了自己的语言能力，对中德的教育培养模式有了更加深入的了解，我觉得这是一个很好的模式，是一种很新很棒的人生体验。"由此可见，中德双导师联合指导模式不仅有助于开阔学生的国际化视野，还能够促使学生更好地理解和适应多元化的学术环境。

中德双导师联合指导也有利于学生扩展学术网络。学生S9分享道："我既有中方导师也有德方导师，我除了有中方导师分配的任务，还能跟德方导师做一些项目，同时，我在德方导师这里认识了其他教师和同学，我觉得这是一种很不错的体验。"联合导师指导也有助于学生形成更全面的研究思路。学生S6的分享支持了学生S9的观点："两位导师的关注点其实是不太一样的，我们可以结合两位导师的想法，从而做得更全面。"

（二）学生视角的培养质量评价

从学生视角分析学生选择同济大学机械与能源工程学院中德联合培养项目的主要动机、学习体验、学生的毕业去向及学院提供的环境支持，发现该联合培养项目的优势与未来发展所面临的挑战。

1. 多元国际的学习预期

体验不同教育模式和开阔眼界是学生选择同济大学机械与能源工程学院中德联合培养项目的主要动机（S6、S7、S8）。例如，受访学生S6提到："其实我就是想去接触一些不同的教育方式，开阔眼界，大多数中国学生从小学的是英语，而到德国后可以学习德语，接触一些德国的文化和德国的授课方式，我觉得这是很吸引我的。"学生S10则希望借助同济大学机械与能源工程学院的国际合作网络获得出国深造的机会："我可能会去国外读博，我把就读于中德机械工程中心看作从国内到国外的一个过渡阶段。"

2. 双语互动的学习过程

同济大学机械与能源工程学院为学生开设了丰富的中德联合教学课程（S8），满足了学生对于接受不同教育模式与开阔眼界的预期（S5、S6、S7、S9）。但是学院开设的德语课程也给大部分学生带来了挑战，学生往往需要花费大量的时间精力学习德语（S3、S4）。一方面，德语课程的开设影响了学生学习专业课程的进度。例如，学生S5提到："我们专业的学生在教务系统里选课时，只能把专业课插在德语课的间隙中，这会导致语言学习严重影响其他专业课的学习进度。"另一方面，德语学习也影响了学生科研进展。学生S6分享道："我们课题组大多数人是研究型硕士研究生，但是因为语言学习仿佛变成了上课型硕士研究生，这使我们感到有点分身乏术。"

3. 高水平国际化的毕业去向

贯通式中德人才联合培养不仅帮助学生建立了完整的学科知识体系，还有效拓宽了学生的国际视野，培养了学生跨文化沟通与合作的能力（S6、S7、S8、S9），为学生未来职业发展奠定了良好的基础。据统计，莱茵书院44%的毕业生进入国内一流大学继续学习，40%的毕业生去往德国慕尼黑工业大学、柏林工业大学等高校继续深造，其余学生就职于中石化、网易、特斯拉等知名公司[33]。在中德机械工程中心硕士项目中，部分毕业生前往德国慕尼黑工业大学、亚琛工业大学，瑞士苏黎世联邦理工学院等顶尖理工科高校继续深造，其他毕业生也进入国内外知名企业就职[34]。

4. 在地国际化的环境支持

访谈数据表明，学生对学院提供的环境支持总体满意。在科研方面，同济大学机械与能源工程学院为学生提供了充足的资源。例如，学生 S12 分享道："学院提供的资源挺足的，包括设备、材料、经费等。"在教学方面，国际化是学院的重要特征，学院为学生提供了丰富的国际化课程。此外，学院还和德国波鸿鲁尔大学、达姆施塔特工业大学等著名大学签订了合作协议，为学生提供了众多出国交流学习与获得双学位的机会[34]。在学生发展方面，学院定期开设论坛，开阔学生视野。学生 S9 提到："学院给我们提供的资源挺多的，例如好多企业会来学校宣讲，学院也经常举办 M1 论坛或者高等讲堂，这些是我本科时期绝对接触不到的平台，我觉得学院各个方面都比我的预期要好。"

（三）联合培养未来发展面临的困境

1. 生源后继力不足的困境

访谈数据表明，目前同济大学机械与能源工程学院中德联合培养项目存在生源后继力不足的风险。在本科生层面，学生 S1 提到："我们(莱茵书院)一开始有近 30 个学生，但这学期就留下了 20 个，下一届学生人数更少，就只有十几个人。"参与培养的教师分析，生源减少主要原因是学生认为莱茵书院课业压力过重，他们不想学习德语(R1)。就业市场导向变化也是另一个重要原因。学生 S2 提到："他们(转专业的学生)几乎是满绩的人。他们想转到一些更热门的专业，例如计算机、软件等专业，我自己本来不太想来机械与能源工程学院，但因为觉得莱茵书院是一个好的跳板就来了这里。"在博士生层面，中德联合培养项目面临的主要困境则是对德国博士生来华的吸引力和支持不足，限制了德国学生的招生。很多德国博士生已经成家立业，不方便来华，且德国本土生源少，再加上中德博士生院刚刚成立，宣传工作相对较为有限，学院难以招到德国博士生(R6)。

2. 语言课程压力过重的风险

访谈数据显示，硕士联合培养项目时间短，很多学生感觉德语课程学习压力过重。学生 S8 表示："德语老师的要求其实蛮严格的，但自己的研究工作是一定要放在第一位，所以说同时完成德语学习和研究任务的压力蛮大。"大部分德语零基础的学生经过一年的德语学习还无法满足出国攻读双学位的要求(S8)。由于德语课程难度较大，其预期教学效果可能无法达成。如学生 S9 分享道："我在德语课程进行到一半的时候，就已经完全放弃学习德语了，我觉得想要在一年或一年半的时间内学好德语，然后通过德福考试的难度是非常高的。"

3. 学制改革中教学质量保障面临挑战

为了减少学生流失，同济大学机械与能源工程学院将本硕贯通的莱茵书院学制从5年缩短到了4年，但短期内仍面临挑战。一位受访教师认为，压缩学制并没有提升学生的学习热情：“全部课程压缩到4年上完，德语课还是上两年，即使这样还是有人选择退出莱茵书院，原因不外乎实在学不下去德语，或者觉得学德语没什么用。”(R1)同时，缩短学制也可能导致教学质量下滑。学生S1认为：“学制缩短后，同学们普遍反映每学期课程特别多，课程效果和前后衔接性不如以前。”在课程时间压缩后，部分学生认为教育内容不足。如学生S2分享道：“我们这一届的培养方案中，德语课程是远远不够的，想出国的同学基本上都自己在校外找课上。”问卷调研中，更有学生表示希望恢复原来的五年制，从而收获良好的学习效果。

4. 国际环境中逆全球化浪潮的制约

国际环境中的逆全球化因素——如中美关系的变化、俄乌战争等可能影响未来中德高等教育合作，包括机械与能源工程学院的进一步深化人才联合培养。受访研究教师R4表示，在国际合作环境紧张的情况下，德国学校会采取较为保守的态度，想要与其发展新的合作关系将相对困难。德方对中德合作的态度由原先的“帮扶”转向竞争和合作，对开展中德合作也变得更谨慎(R2、R3)。除此之外，我国的对德合作科研经费支持不足，对德方教授缺乏一定吸引力。如教师R1提到：“我觉得德方教授认为有合作最好，没合作也无所谓，反正他们自己的科研经费够用，做自己喜欢做的事情就好，不一定要和中方合作。”

(四) 质量保障策略

基于案例分析结果，课题组提出可以从环境支持保障、投入保障、过程保障和产出保障四个方面设计相应的质量保障机制，应对上述潜在发展困境并保障贯通式中德人才联合培养模式的高质量发展。

1. 环境支持保障

在环境支持保障方面，宏观上，同济大学机械与能源工程学院需要与德国高校建立更紧密的合作关系，减小国际环境中的逆全球化因素可能对未来中德高等教育合作产生的影响。例如，可以通过增加中德双方高校互访频次促进双方的交流与合作(R2)，也可以扩展与德方高校的合作领域，与德方就解决一些全球性科学问题开展合作(R5)。微观上，学院需要为留学生提供更多的支持：在文化适应方面，通过创造一个更国际化、多元化的学习环境，既能让德国学生感受到归属感(R6)，也能促进中国学生开阔国际视野和提升跨文化学习能力(S9)；在科研支持方面，需要匹配德国高校的教育投入，为德国学生提供更多的资金支持(R6)。

2. 投入机制保障

在投入环节，根据受访教师反馈，学生录取条件中的德语语言要求应根据学生学习层次有所区分。研究数据显示，具备德语基础的本科生和硕士生在课程学习、跨文化交际及攻读双学位等方面的表现更加突出。因此，在录取本科生和硕士生时，可重点考查学生是否具备德语基础和跨文化学习的潜力。而对于招收博士生，受访导师认为博士生的学术潜力远比德语能力重要。甚至因为学术语言是英语，英语能力更重要。受访教师 R2 表示："我们与德国的合作更多是在高层次，英语很重要，不能仅仅依赖德语。德国的高层次教育是英语教育，论文也是用英语写作，所以录取学生时，不能光强调德语能力，也必须重视英语能力。"

3. 过程机制保障

过程机制方面，同济大学机械与能源工程学院可以定期收集学生的反馈建议，及时灵活调整。一个有效的反馈机制能够帮助学院及时对课程设置中存在的问题采取措施，加快整个人才培养模式的成熟速度(S7)。例如，在课程设计上，需要满足学生多样化的需求：在语言课程方面，可以采用分班教学的形式，让学生根据自身发展需要选择不同难度的德语课程班级(S9)，减小学生的语言课程学习压力；在专业课程方面，可以借鉴德国高校的教育理念，增加以问题为导向的跨学科教学。对此，受访学生 S8 提到："我觉得德国比较有优势的地方，就在于以应用为目的开展教学，让学生以解决一些社会问题为目标而努力。"同时，学院需要为中德双方学生提供更多跨文化交流的机会，例如提供共同上课的机会、提供共同的学习和工作空间、举办各种文化交流活动等(S9)。

4. 产出机制保障

产出机制保障方面，同济大学机械与能源工程学院应建立多元评价体系，增强学生职业发展支持。以结果为驱动鼓励学生参与中德联合培养相关活动，例如，可以增加对学生跨文化交际能力，包括适应和理解不同文化背景的能力，以及在多元文化环境中有效沟通和协作的能力的评价。同时，在职业发展方面，更多关注学生的职业规划、就业能力，开设相关国际职业通用技能课，提升学生全球就业力等。同时，为了鼓励学生参与国际课程、国际交流、联合培养等国际活动，学院可以明确中德高校学分互认制度，合理规划学生出国交换学习和攻读双学位的时间，从而降低学生延期毕业的风险，缩短学生攻读双学位的时间(S10、S14)。学院也可以更多宣传中德联合培养模式的好举措、优秀学生职业发展案例，给予学生更多信息和信心进行职业规划(S14)。

五、结语

本文以同济大学机械与能源工程学院为例，通过案例研究发现，同济大学机械与能源工程学院采用了国际化贯通式人才培养、短期模块化国际课程、暑期夏令营交换学习、中德双导师联合指导模式等创新培养模式，但也面临着诸多挑战。总体而言，同济大学机械与能源工程学院贡献的贯通式联合培养模式，是培养高水平人才的科学路径，是在新一轮科技革命中培养未来人才的现实方案。

参考文献

[1] 陈劲,贾宝余,尹西明,等.国家战略科技力量[M].北京:经济日报出版社,2023:126.

[2] 张新年.人才国际化:历史进程、特征趋势与治理策略[J].南京社会科学,2020(5):44-50.

[3] 国家中长期教育改革和发展规划纲要工作小组办公室.国家中长期教育改革和发展规划纲要(2010—2020年)[EB/OL].(2010-07-29)[2023-12-17]. http://www.moe.gov.cn/srcsite/A01/s7048/201007/t20100729_171904.html.

[4] 中华人民共和国教育部.教育部关于印发《国际合作联合实验室计划》的通知[EB/OL].(2014-01-14)[2023-12-17]. http://www.moe.gov.cn/srcsite/A16/kjs_gjhz/201401/t20140114_163183.html.

[5] 钟秉林,南晓鹏.后疫情时代我国高等教育发展的宏观思考[J].教育研究,2021,42(5):108-116.

[6] 刘明杰,李英兰.中外联合培养研究生实践模式研究[J].长春教育学院学报,2013(23):7.

[7] 张淑林.与国外联合培养博士生是立足于国内培养的重要补充[J].学位与研究生教育,1994(6):43-44.

[8] 殷允杰,王潮霞.我国研究生国际合作与联合培养新模式探索[J].教育教学论坛,2014(12):176.

[9] 孙月.国家公派出国留学政策的问题与对策研究[J].扬州职业大学学报,2015(4):64-68.

[10] PAPATSIBA V. Policy goals of European integration and competitiveness in academic collaborations: an examination of Joint Master's and Eramus Mundus programs[J]. Higher Education Policy, 2014(8): 43-64.

[11] FRITZSCHE K, SCHEIB P, KO N, et al. Results of a psychosomatic training program in China, Vietnam and Laos: successful cross-cultural transfer of a postgraduate training program for medical doctors[J]. Bio Psycho Social Medicine, 2012(6): 1-14.

[12] 何峰,胡晓阳.国家公派联合培养博士生留学成效初探——基于国家建设高水平大学公派研究生项目的考察和分析[J].学位与研究生教育,2012(4):51-55.

[13] KHAWAJA N G, DEMPSEY J. A comparison of international and domestic tertiary students in Australia[J]. Australian Journal of Guidance and Counseling, 2008(18): 30-46.

[14] 陈秀琼,龚晓芳.来华非洲留学生跨文化学业适应调查与分析[J].教育评论,2018(9):55-59.

[15] RAMSAY S, BARKER M, JONES E. Academic adjustment and learning processes: a comparison of international and local students in first-year university [J]. Higher Education Research & Development, 1999, 18(1): 129-144.

[16] WARD C A, BOCHNER S, FURNHAM A. The psychology of culture shock [M]. London: Routledge, 2001.

[17] RAMBURUTH P, MCCORMICK J. Learning diversity in higher education: a comparative study of Asian international and Australian students[J]. Higher Education, 2001(42): 333-350.

[18] BOULTER L T. Self-concept as a predictor of college freshman academic adjustment[J]. College

Student Journal, 2002(2): 234-247.
[19] 温国砫,苏亦煌,王学军. 中国在非洲国家利益的拓展及其国际效应[J]. 中共浙江省委党校学报,2011,27(2):76-82.
[20] CHUNG H S, CHOI E J, KANG S W, et al. Students' perspective on outcomes of the international joint program for nurse practitioners[J]. Nurse Education Today, 2011(5): 511-515.
[21] LANGTON B. Training the consultant: a joint BP/LEA program[J]. International Journal of Educational Management, 2010(3): 16-18.
[22] 姜锋. 中德高等教育交流 30 年[J]. 德国研究,2002(4):8-12,77.
[23] 蔡敬民,奚春雁,彭远红. 中德合作,探索应用型人才培养新模式[J]. 计算机教育,2013(21):23.
[24] 查远莉. 研究生教育的国际合作与交流研究[D]. 武汉:华中科技大学,2012.
[25] 冯瑷嫒. 本科层次中德合作办学现状及特点分析[J]. 化工高等教育,2017,34(5):37-42.
[26] 孙慧.《中国制造 2025》背景下中德合作办学的路径反思及发展策略[J]. 黑龙江高教研究,2023,41(6):1-7.
[27] HARVEY L, GREEN D. Defining quality[J]. Assessment and Evaluation in Higher Education, 1993, 18(1): 9-34.
[28] LOMAS L. Embedding quality: the challenges for higher education [J]. Quality Assurance in Education, 2004, 12(4): 157-165.
[29] HEALEY N M. The challenges of leading an international branch campus: the "lived experience" of in-country senior managers [J]. Journal of Studies in International Education, 2016, 20(1): 61-78.
[30] SHAMS F, HUISMAN J. The role of institutional dual embeddedness in the strategic local adaptation of international branch campuses: evidence from Malaysia and Singapore [J]. Studies in Higher Education, 2016, 41(6): 955-970.
[31] 丁笑炯. 从宏观政策到微观教学:国外跨境教育研究转向述评[J]. 外国教育研究,2017(1):89-101.
[32] WILLIS M. An evaluation of levels of adaptation used in the teaching of foreign university degree programs in China [J]. Journal of Teaching in International Business, 2005, 16(2): 27-49.
[33] 莱茵书院. 2022 莱茵书院招生简介[EB/OL]. (2022-08-17)[2023-12-10]. https://mp. weixin. qq. com/s/RkRyYStpznvjL9owxH6hqw.
[34] 莱茵书院. 同济大学机械与能源工程学院硕士研究生项目[EB/OL]. (2022-06-08)[2023-12-10]. https://mp. weixin. qq. com/s/M_nXmPJmF8e09QNqsY8rlg.

学生发展

学生发展增值评价研究文献综述

◎ 朱伟文　刘红煦

摘　要　增值评价是一种相对评价和发展性评价，它以“输入”和“输出”的变化作为评价依据，通过判断被评对象的进步幅度来进行评价。学生发展增值评价研究是针对学生发展评价中的衡量方式问题展开的，本文系统梳理了国内外高等教育学生发展增值评价研究的热点议题，提出要从“招生评价—新生评价—年级评价—毕业评价—毕业后跟踪评价—用人单位评价”全链条人才培养的发展性角度来评价学生的综合表现、学习绩效和进步程度。通过增值评价与过程评价、结果评价等评价方式的有机结合，定量评价和定性评价的有机结合，以及大数据、智能化等现代信息技术在增值评价中的运用，可以较为客观地反映学生发展状况，有利于跟踪和推动学生的成长和进步。

关键词　增值评价　学生发展　文献综述

增值评价是一种相对评价和发展性评价，它以“输入”和“输出”的变化作为评价依据，通过判断被评对象的进步幅度来进行定量和定性评价。中共中央、国务院印发的《深化新时代教育评价改革总体方案》，针对教育评价改革的核心问题，提出了“改进结果评价，强化过程评价，探索增值评价，健全综合评价”的理念[1]。教育评价是个复杂系统，结果评价、过程评价、增值评价和综合评价等不同评价方式各具特色，在教育评价活动中发挥着不同的作用。增值评价在高校人才培养质量评价特别是学生发展性评价中起着越来越重要的作用。研究国内外高等教育增值评价，特别是学生发展增值评价的现状及发展趋势，对于我国高校开展学生发展评价具有一定的借鉴意义。

一、增值评价概念界定

增值评价源于经济学中的“增值”（value-added）概念，即在评估“产出”时考虑“投入”因

作者简介　朱伟文，同济大学教学质量管理办公室副主任，副研究员。
刘红煦，同济大学教学质量管理办公室评价中心副主管。

素,追求效益、增值的最大化[2]。美国教育学家泰勒(Terry Taylor)、迈克·柯兰(Charles McClain)首先提出了增值评价法,即通过对学生在整个大学就读期间或某个阶段的学习过程、学习结果的分析,来描述学生在学习上进步或发展的“增量”[3]。由于“增量”的产生需要学校实施有效的教育教学,因此增值率不断提高就说明学校教学质量也在不断提高,所以“增值”应该是教学质量评价过程中所要关注的重点。此后,更多的教育学家就这一概念作出自己的理解。莫蒂默(Mortimore)认为:增值是在了解学生学情的前提下,对学生可能取得的成绩进步程度进行有效的预估,并且如果学生实际取得的进步程度超过了学校或教师的预估值,那么就可以说明学校产生了较高的教学效能[4]。通过对“增值”的研究,一定程度上可以衡量出学校效能的状况。法兰(Fallon)认为:“增值主要指学生在学习中获取的增长程度,具体的情况须要结合学生在不同阶段中表现出的差异,而不是简单地对学校间的平均分进行高低对比。”[5]

由此可见,“增值评价”概念是创建在学校可以为学生的学业成就创造更高的价值这一设想之上的,“增值”的出现意味着学校需要通过采取一系列有效措施,使学生的学业成就大于其本身的能力水平。有效措施的制订必须以增值评价的数据库系统中记录的研究对象即学生的初始成绩、若干次的学业测验成绩及最终的结业成绩等大数据为前提。以初始学习成绩、学习能力为之后比较的“基线”,通过对比分析后一阶段与前一阶段或初始阶段的学习成绩、学习能力,充分利用所统计数据的价值,筛选出对学生学业产生作用的相关性要素。

二、国内外增值评价研究主题和内容

增值评价是教育评价发展的重要领域,国内外多将增值评价运用于基础教育和高中教育的学生评价、教师评价和学校评价中。特别是在学生学业成长的评价方面,增值评价以学校教育活动使学生增值为教育评价标准,用来判定教师、学校对学生学业成长的影响。增值评价在高等教育领域研究中的应用相对较少。

本文采用文献研究法,借助国内论文数据库(中国知网)与国外数据库中(Web of Science)的文献资料,同时采用国内外官方教育网站及其他互联搜索工具,查询高校学生增值评价模型现状及改革策略的丰富教育资料,对文献进行解读。同时,采用 VOSviewer 软件,以科学知识图谱的形式呈现文献关键词的聚类、叠加和密度视图,直观展示文献研究的热点主题和方向。

(一)国外增值评价研究主题

国外增值评价研究开展得相对较早,也较为深入。国外增值评价始于 2010 年前后,早期研究主要聚焦增值评价的设计准则、问卷方法的使用及技能培训等,近些年关注的重点包括增值评价的循环机制、从入学到就业的整体评价及其经济影响等。整体来说,研究主题主要集中在以下三个方面。

一是增值评价理念和内涵的研究。增值评价的概念发端于美国。1966 年,科尔曼(Coleman)向美国国会提交《关于教育机会平等》(*Equality of Education Opportunity*)[又称《科尔曼报告》(*Coleman Report*)],欧美国家开始关注增值评价[6]。随着研究的深入,增值评价的概念从对学生学业成绩进步的评价逐渐扩展到对学生全面发展的评价上[7]。美国学者奥斯汀(Astin)将大学影响(College Impact)作为研究起点,将“卓越”引入院校质量的评价标准,而增值则是两者演绎的结果。“才能发展”(talent development)是奥斯汀在《成就教育的卓越》(*Achieving Educational Excellence*)中提出的评价高校的新标准[8]。英国学者麦尔肯·弗雷泽(Malcolm Fraze)认为高等教育的质量首先是指学生发展质量,即学生在整个学习过程中所“学”的东西,包括所知的、所能做的及其态度[9]。

二是基于学生能力增值(学业成就)的研究。国外已形成如美国全国大学生学习性投入调查(National Survey of Student Engagement, NSSE)[10]、澳大利亚课程体验量表(Course Experience Questionnaire, CEQ)[10]等学生能力增值(学业成就)调查项目。美国田纳西州增值评价系统(Tennessee Value-Added Assessment System, TVAAS)是增值评价理念的先行者,通过对学生多年的学业成就数据进行纵向分析,测定学校系统和教师在促进学生学业进步方面的有效性[11]。

三是增值评价模型的研究。有学者认为目前国际常用的增值评价模型包括获得分数模型(Gain Score Model)、协变量校正模型(Covariate Adjustment Model)、田纳西多因变量模型(Tennessee Layered Model)与持续效能模型(Variable Persistence Model)等。[12]奥斯汀认为,增值评价关注学校系统和教师对学生认知和情感发展的影响程度,学校对学生在校期间的发展影响程度是大学质量的评判标准和重要依据,其在输入—环境—输出模型(Input-Environment-Output Model)中首次明确了学生投入、产出和大学环境之间的关系,指出学生自身投入既可以直接影响大学产出,也可以被大学环境所影响。

(二)国内增值评价研究内容

国内增值评价研究已成为学术界、教育界的研究热点。搜索中国知网 1985—2020 年的论文,以“增值评价”为关键词,搜索到相关论文 1 225 篇。相较于国外,国内增值评价研究起步较晚,2014 年起年增幅快速扩大,到 2019—2020 年达到高峰。国内增值评价早期研究侧重于教育质量的公共问责、国际经验引进等,近几年,随着国家高质量发展战略引领,更多研究将过程评价、发展性评价和综合评价与增值评价进行融合,助推教育评价改革的深化与实施(图 1、图 2)。具体来说,研究内容主要聚焦以下三个方面。

一是学校评价方面。国内学者已开始关注增值评价在学校评价中所发挥的作用。程光旭指出,增值评价既是推进高校服务国家、谋求发展的逻辑起点,也是促其践行教育使

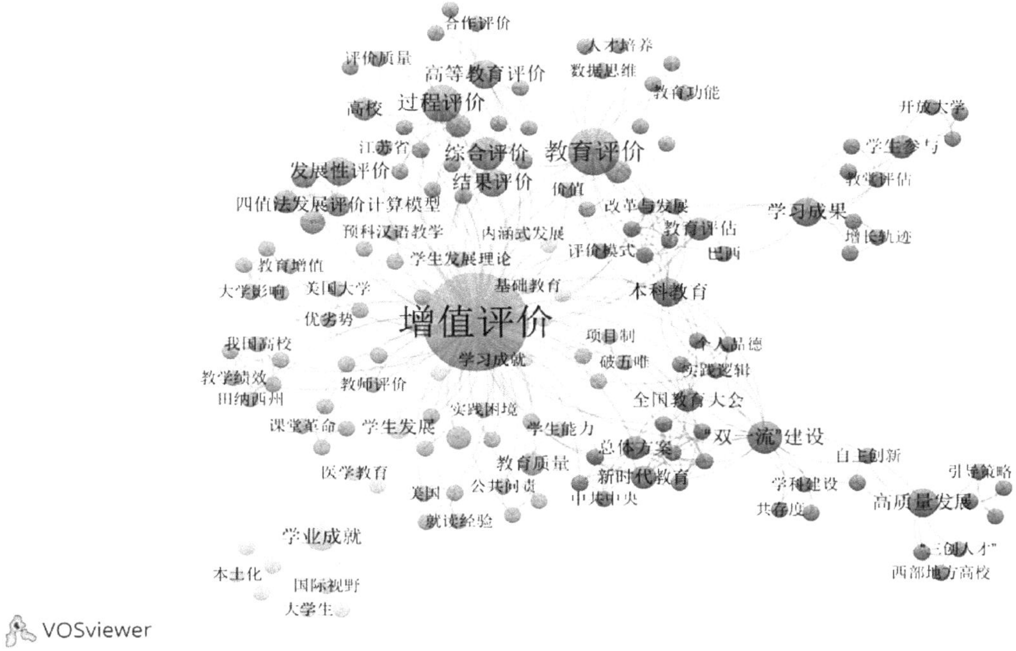

图 1　国内高等教育增值评价关键词可视化聚类图谱

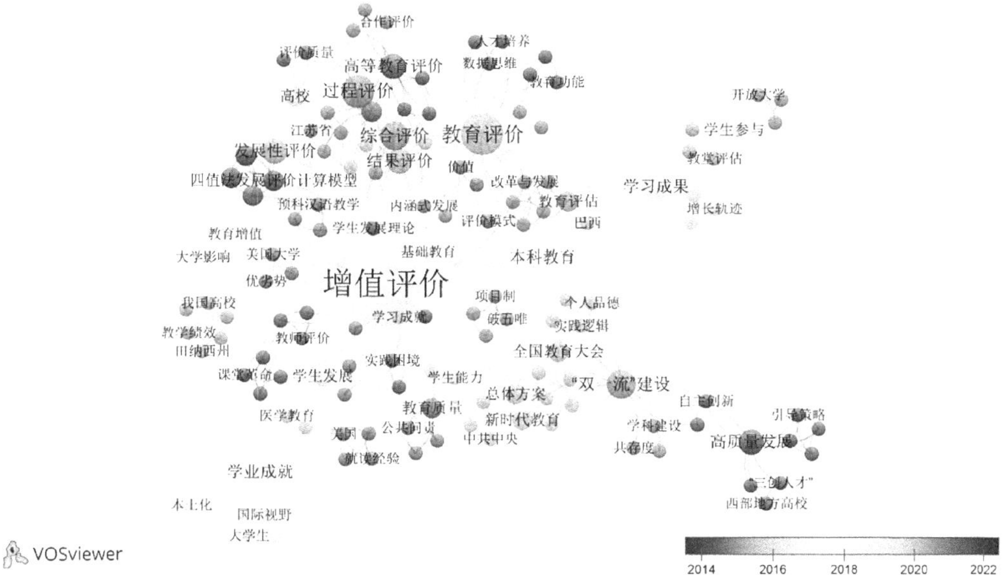

图 2　国内高等教育增值评价关键词可视化时间趋势图谱

命、形成办学特色的必然要求[13]。吴刚提出，可以从两个不同的角度来描述学校效能：一方面解释为“学生所就读学校对其成绩的影响程度”；另一方面解释为特定政策或教学实践对学生学习结果的影响[14]。北京市教育督导与教育质量评价研究中心认为，学校增值评价指通过收集学生某段时间内不同时间点的指标表现，运用一定的统计分析技术，分析学生的变化状况，并分离非学校因素效应与学校因素效应，从而科学客观地评价学校培养能力[15]。

二是教师评价方面。增值评价对于考量教师的绩效具有一定的实用价值。周文清认为，增值评价以学校教育活动使学生增加价值为教育评价标准，用来判定教师、学校对学生学业与成长的影响[16]。肖娜提出，增值评价可促使高校教师关注每一名学生的学习进步和成长，增进师生交流，激励教师不断完善自身教学、提升教学绩效[17]。闫宁宁认为，将"学生增值"纳入高校质量的重要评价标准，势必会为高校教学改革提供明确的目的性，激发高校教学改革的热情和动力，提高高校教师教学的积极性[18]。汤建民认为，应结合学术组织的特性、目标的多样化、学术职业的特殊性等对教师教学增值评价制度进行优化[19]。牟智佳、高雨婷和武法提建议通过教学测评数据转化，形成数据感知、证据评价、教学行动、实时反馈的一体化测评体系[20]。综合来看，相关研究进一步延伸了增值评价的内涵与应用范畴。

三是学生评价方面。在高等教育领域，增值评价这种评价方式已逐渐为更多学者所关注。许海霞、王蕊和马陆亭认为，高等教育领域应积极探索增值评价的应用，精确测量学生大学 4 年全面发展状况及其增值幅度，评估高等教育对学生成长的影响，是国内外高等教育评价的难点[21]。辛继湘认为，增值评价是根据学生的学业成绩、情感态度、行为方式等在原有基础上的变化来判定学校对学生发展产生的影响的一种评价方式[22]。也有学者对高职学生和医科学生开展了增值评价研究。通过分析学生在某段时间的学习过程中和学习完成后的变化，来描述学生在学习上的发展"增量"[23]，分析学生学业上的变化在多大程度上归因于此段时间内学校课程和教师的影响。

三、学生发展增值评价研究述评

（一）发展趋势

增值评价作为教育评价工具之一，在高等教育领域的应用特别是学生发展性评价方面有着广阔的前景。通过文献研究，发现学生发展增值评价在研究和实践层面呈现出三大发展趋势。

第一，回归学生本位，关注学生学业成就。增值评价的兴起，改变了过去仅仅以"输入"或"产出"为标准的评价模式，转而关注"产出"与"输入"之间的差值。由此实现了从"经验判断"转向"拿数据说话"这一更为科学的评价模式。事实上，评价学生的学习质量和学业成就，不仅要考虑"投入"或"产出"，同时还要考虑二者之间的变化幅度，体现一定的绩效性。

第二，回归评价本身，着眼学生的成长发展趋势。学生的成长是一个循序渐进的过程，学生发展不能仅看绝对值，还要看其基础如何。由于增值评价是一种相对评价和发展性评价,可以比较客观地反映学生个性化发展状况,鼓励学生不断超越自我,提高学习投入的意愿和参与度,关注学习产出。

第三,回归教育本质,激发学生学习自主性。随着社会发展和技术进步,学生学习环境也在发生变化。学生是学习的主体,只有激发学生的学习积极性和主动性,才能有效应对巨大变化所带的挑战,构建学生自身的知识结构,提升学生自身的能力和素质。"学会学习"是学生终其一生所追求的,而增值评价方式给予了学生自我评价的最佳方式。

(二)研究局限

已有关于学生发展评价的研究还存在以下三点局限。一是已有学生发展增值评价研究多局限在教育效能的单一层面,缺乏多维视角诠释;二是已有研究多关注学业成就,而对高校人才培养质量增值评价的相关研究仍显不足;三是已有研究多集中在人才培养质量增值评价"是什么",即增值评价内涵解读与方法手段分析,忽视了对"招生评价—新生评价—年级评价—毕业评价—毕业后跟踪评价—用人单位评价"全链条人才培养质量的评价,即多视角评价学生成长发展的"增值"的探索。事实上,目前高等教育领域亟须多维度测量学生成长发展的"增值",形成较为完备的学生学业、非学业增值评价指标体系。

四、结语

积极探索全链条人才培养质量评价新模式是高校面临的新课题。高校应基于增值评价,以高校学生在知识、能力和素质维度的增值情况为评价对象,采用直接评价和间接评价相结合的方式,通过横向和纵向比较,以及大数据等现代信息技术的运用,从"招生评价—新生评价—年级评价—毕业评价—毕业后跟踪评价—用人单位评价"全链条人才培养的发展性角度评价学生的综合表现、学习绩效和进步程度。

第一,强调增值评价与其他评价方式的有机结合和综合考量。新时代要特别突出人才培养质量评价的重要性,切实落实立德树人根本任务,改进结果评价、强化过程评价、探索增值评价、健全综合评价,真正发挥增值评价在评价中的相对性和发展性作用。通过增值评价与其他评价方式的有机结合,不断提高学生评价的可靠性,全方位、全生命周期性地作出合理判断。

第二,强调增值评价中定量评价和定性评价的有机结合。定量评价依据学生学习和成长发展过程中的直接数据及通过问卷调查等方式得到的间接数据,进行统计学分析,找出变量之间的相关性,特别是学生能力发展与学校、教师之间的关系。定性评价则需要通过访谈、会议等形式进行评价。定量评价和定性评价有机结合,才能更客观地反映学生"增值"情况。

第三,强调大数据、智能化等现代信息技术在增值评价中的运用。记录学生成长发展的输入、过程和输出，离不开大量的数据支撑，这需要各信息系统互联互通。并且通过有效的数据分析，可为学生学习和发展建立预警和激励机制，也可为教师教学和学校管理提供数据支持。

寻求学生最大幅度的增值是学校的使命[24]。实施教育评价改革，可促使高校达成“寻求学生最大幅度的增值”的使命，为促进学生全面而有个性化地发展作出贡献。

参考文献

[1] 中共中央 国务院印发《深化新时代教育评价改革总体方案》[EB/OL].(2021-10-13)[2023-05-13]. http://www.gov.cn/zhengce/2020-10/13/content_5551032.htm.

[2] 贾冰，蒋凤艳.基于教育增值评价理念的大学生终身学习能力测评——以广西医科大学为例[J].高等理科教育，2020(4):83-89.

[3] 刘海燕.美国高等教育增值评价模式的兴起与应用[J].高等教育研究，2021(5):83-89.

[4] MORTIMORE P. The road to improvement: reflections on school effectiveness[M]. Lisse: Swets and Zeitlinger, 1998.

[5] FALLON D. The buffalo upon the chimneypiece: the value of evidence[J]. Journal of Teacher Education, 2006, 57(2): 139-154.

[6] COLEMAN J S. Equality of education opportunity[R]. Washington D. C.: US Department of Health, Education and Welfare, 1966.

[7] HANUSHEK E A, RIVKIN S G. Generalizations about using value-added measures of teacher quality[J]. American Economic Review, 2010, 100(2): 267-271.

[8] ASTIN A W. Excellence and equity in American education[J]. Academic Achievement, 1982(11): 30.

[9] 杨立军，何祥玲.大学生发展指数:结构与水平——基于 2016 年 CCSS 调查数据的分析[J].中国高教研究，2018(12):46-52.

[10]王小青.高等教育增值评价方法的比较与应用[J].高教发展与评估，2018(5):60-72.

[11] 徐丹，牛月蕾.教育增值评价先行者:美国田纳西州教育增值评价模式解析[J].教育科学，2012,28(1):83-87.

[12] 赖寒.学校增值评价模型概述[J].教育现代化，2016(21):247-248.

[13] 程光旭.高等教育领域“四个评价”的实践逻辑[J].国家教育行政学院学报，2020(11):16-18.

[14] 吴刚.探索增值评价 驱动学校创新[J].上海教育科研，2020(9):1.

[15] 北京市教育督导与教育质量评价研究中心.增值性评价评出学校的“加工力”[J].人民教育，2016(16):59-61.

[16] 周文清.国际视阈下“四位一体”职教人才培养体系的运行保障策略[J].职教通讯，2019(24):22-26.

[17] 肖娜.增值评价在高校教师教学评价体系中的应用[J].教育与职业，2016(11):114-115.

[18] 闫宁宁.基于学生增值的高校教师教学绩效评价探索[J].黑龙江教育(高教研究与评估)，2016(12):

38-39.
[19] 汤建民. 积极推进高等教育增值评价[J]. 评价与管理,2022,20(2):120-121.
[20] 牟智佳,高雨婷,武法提. 基于证据的教师增值评价:走向智能时代的教学效能评测[J]. 电化教育研究,2022,43(5):17-25.
[21] 许海霞,王蕊,马陆亭. 教育评价改革的几个关键问题[J]. 中国考试,2020(8):20-23.
[22] 辛继湘. 增值评价:促进每一所学校可持续发展[J]. 教育测量与评价,2016(11):1.
[23] 刘进球,刘奕. 创新增值评价方式,促进学业全面发展[J]. 湖南教育(D版),2020(11):8-11.
[24] 马晓强,刘大伟,万歆,等. 坚持优先发展教育事业——习近平总书记关于教育的重要论述学习研究之九[J]. 教育研究,2022,43(9):11-21.

"一站式"学生社区综合管理模式下的学生"自我教育"研究

◎ 方雅静

摘　要　高校思想政治工作必须深入学生日常生活,"一站式"学生社区综合管理模式建设正是对这一时代命题的回应。学生社区正在从住宿空间向以思政教育功能为主的多功能社区空间转变,学生在社区中兼具教育对象和教育主体双重身份,因此,"一站式"学生社区建设与学生"自我教育"具有天然契合性。基于"以生为本"理念,"一站式"学生社区建设应当通过建队伍、搭平台、压担子来激发学生自我管理、自我引导、自我服务的潜能,从而实现社区建设和自我教育同频共振。

关键词　高校思政　"一站式"学生社区综合管理　自我教育

习近平总书记在党的二十大报告中指出:"全党要把青年工作作为战略性工作来抓,用党的科学理论武装青年,用党的初心使命感召青年,做青年朋友的知心人、青年工作的热心人、青年群众的引路人。"高校是青年群体的聚集地,做好青年的教育和引领工作是高校的重要职责,在开展青年工作的过程中相信青年是教育青年的重要基础。在以青年学生为主体的学生社区,社区思政建好机制、搭好平台,为广大青年提供参与治理、自我教育的机会和空间,既是教育引导青年的有效路径,也是提升"一站式"学生社区综合管理成效的必然要求。

一、自我教育是社区思政的必然要求

"一站式"学生社区建设是新时期进一步提升高校学生思想政治工作针对性和实效性的有力举措,生动体现了高校思政工作深入学生、贴近学生的工作要求。2019 年,教育部发布的《关于深化本科教育教学改革全面提高人才培养质量的意见》提出:"积极推动高校建

作者简介　方雅静,同济大学新生院党委副书记,副教授,博士。

立书院制学生管理模式，开展‘一站式’学生社区综合管理模式建设试点工作，配齐配强学业导师、心理辅导教师、校医等，建设师生交流活动专门场所。”但在试点阶段，相比于社区空间规划、教师队伍下沉、主题活动开展，关于调动学生在社区建设中的积极性，落实高校思想政治教育关于“自我教育”的要求，目前缺乏相关的研究和实践。“真正的教育是自我教育”，高校学生思政工作要实现“入耳、入脑、入心”，必须发挥学生的主观能动性。

（一）激发青年学生的内在潜力

习近平总书记在纪念五四运动 100 周年大会上的重要讲话中指出：“当代青年思想活跃、思维敏捷，观念新颖、兴趣广泛，探索未知劲头足，接受新生事物快，主体意识、参与意识强，对实现人生发展有着强烈渴望。这种青春天性赋予青年活力、激情、想象力和创造力，应该充分肯定。”[1]高校思政工作面对的青年群体正处于从成年走向成人，从校园走向社会的发展阶段，他们在年龄上已是成年人，要在大学中完成从依赖原生家庭到独立生活的过程，在这个过程中他们的人生观、世界观、价值观尚未完全定型，处于可塑造、可引领的状态。当代大学生的特点决定了他们不仅要接受指导和引领，也渴望参与和创造。鲁洁在《德育新论》中指出：“德育的一种方法，是在教育者指导下，受教育者在自我意识基础上产生积极进取心，为形成良好思想品德而向自己提出任务，进行自觉的思想转化和行为控制的方法。”[2]“一站式”学生社区综合管理建设是高校在育人工作中贯彻“深入青年，到青年中去”的理念的有力举措，把学生作为社区思政工作的重要主体是落实“以人为本”理念的直接体现，注重社区思政中“自我教育”力量是促进大学生成长成才的有效路径。

（二）落实高校思政的根本任务

《普通高等学校学生管理规定》“总则”第五条要求：“实施学生管理，应当尊重和保护学生的合法权利，教育和引导学生承担应尽的义务与责任，鼓励和支持学生实行自我管理、自我服务、自我教育、自我监督。”中共中央、国务院发布的《关于进一步加强和改进大学生思想政治教育的意见》指出：“思想政治教育要坚持教育与自我教育相结合，既要充分发挥学校教师、党团组织的教育引导作用，又要充分调动大学生的积极性和主动性，引导他们自我教育、自我管理、自我服务。”可见，在高校思政工作中推动“自我教育”既是文件要求，也是重要的工作内容。马克思、恩格斯在《德意志意识形态》一书中写道：“那些发展着自己的物质生产和物质交往的人们，在改变自己的这个现实的同时也改变着自己的思维和思维的产物。不是意识决定生活，而是生活决定意识。”在高校，尤其在高校社区这个最为主要的学生学习、生活、社交的场域中，学生接触什么样的环境和育人氛围，将影响他们对于集体生活、人际交往、社会规则等方面的认知和意识，从而对他们的成长成才产生综合影响，在这个场域中开展“自我教育”既有利于教育效果的实现，也是做好高校思政工作的必然要求。

（三）响应工作环境的变化趋势

“在学生社区育人场域中，学生既是思政工作的对象，又是社区建设的主体。”[3]在“一站式”学生社区综合管理模式建设中，大学生既是被教育、被服务、被管理的对象，也是开展自我教育、自我服务、自我管理的主体，同时，他们也具备担当社区思政工作重要主体的能力。2019年以来，不少试点高校在探索“一站式”学生社区综合管理模式过程中，通过学生会组织、社团组织将这一管理模式向学生社区延伸，建立学生社区管理委员会、社区学生会、楼层管理委员会等组织，鼓励学生参与社区志愿服务、勤工助学等工作，为“自我教育”的开展提供了路径和空间。在开展“一站式”学生社区建设的过程中，既要做好机制建设，围绕大学生生活实际需求整合管理和服务资源，又要通过社区建设和社区管理激发学生的“主人翁”精神、担当意识和创新活力，为学生在自我教育中成长成才提供锻炼的平台，有效发挥青年大学生作为整个社会力量中最积极、最有生气的力量在高校育人工作中的作用。

二、建设过程中存在缺位的现实表现

实施“一站式”学生社区综合管理模式建设，是深入学习贯彻习近平总书记关于教育的重要论述、提升新时代高校学生思想政治教育工作质量的重要改革举措。自2019年建设启动以来，各地各高校围绕“一站式”学生社区综合管理模式建设，在社区空间规划、教师队伍下沉、主题活动开展等方面进行积极尝试，取得了丰富的经验，但无论是相关研究还是经验总结都缺乏对“自我教育”的应用和重视，学生参与不足在多个方面有所表现。

（一）激发学生主动性不够

各地各高校普遍高度重视“一站式”学生社区综合管理模式建设，意识到学生社区在高校思政工作中的重要性，普遍把相关建设工作纳入学校整体发展规划和人才培养大局，校领导和相关职能部门纷纷深入社区基层，但在工作开展中普遍把社区中的大学生作为管理和服务的对象，存在把重心放在“解决学生学习生活问题”上的情况，在社区规划、功能设置、活动开展等方面，“自上而下”布置任务多，“自下而上”收集意见少。浙江大学在试点实践中发现：学生社区兼具学生学习生活共同体的属性，大量的学生需求并不适宜完全用行政化的方式解决。因此，在学生社区建设过程中，必然需要兼顾自上而下的公共服务体系建设和学生自我服务能力的培育[4]。开展社区思政必须把握学生思想动态，讲究方式方法，化有形于无形，特别是激发社区中最广大人群即学生自身的主观能动性。

（二）凸显学生主体性不够

多数高校“一站式”学生社区工作由学校的学生工作部门主导，虽然设置了校领导、职能部门、专业学院、专家学者进入学生社区开展教育活动的机制，但大多是以兼职或者参与活动项目的方式走进社区，缺乏和社区学生稳定、长效的联系，在队伍体系上基本形成社区工作人员从事管理与服务工作、职能部门与专业教师开展思政教育活动、学生社区辅导员和勤工俭学学生担任协助角色的结构。现有的队伍结构中没有考虑到学生以教育主体身份参与“一站式”学生社区建设工作的机制，无论是学生社区辅导员还是勤工俭学的学生对于学生社区的指导思想、整体建设目标都缺乏了解，在具体工作开展中“执行任务多，主动思考少”，无法起到“从学生中来，到学生中去”的自我教育和朋辈教育作用。事实上，在社区中，学生的学科背景、年级分布等都呈现多元化的特点，也有在思想政治教育进社区的过程中拓展社区功能、提升社区品质的需求，为学生提供更多自我教育、自我管理、自我服务的平台和空间，有助于推进“一站式”学生社区建设工作贴近学生和解决学生的实际问题，从而提高社区思政的实效性。

（三）发挥学生创造力不够

社区是大学生在课堂之外最主要的生活、学习、休闲、交友场所，社区中既有有形的功能空间，如活动室、洗衣房、厨房等，也有无形的网络空间，如宿舍群、楼层群、楼宇群等，学生在这些空间中既受到管理、接受教育、获得服务，也有所诉求、期待表达、渴望参与。《人民日报》在《聆听“年轻的声音”》中指出：“他们(青年人)有很强的权利意识、法治观念，也有着很强的社会责任感，比以往任何一代人都更有能力独立自主地认识世界。”[4] 新时期青年人的特点决定了大学生在社区中不但有意愿、有能力更好地认知周围的环境，而且有想法、有能力改造周围的环境。但“一站式”学生社区综合管理模式建设试点阶段在发挥学生的主动性、创造力方面缺乏相应的机制与路径设计，表现在社区功能空间改造、社区日常管理运行、社区各类活动组织等方面，学生主要作为受众，单方面接受通知多，反馈建设性意见少。实际上，作为社区主要居住者，大学生能够在社区自治中提出自己的想法、见解，并且能够积极地采取行动解决遇到的问题，例如新冠疫情期间部分高校宿舍楼宇进入闭环管理，订餐、物资运送、数据统计等工作都经历了从无到有的流程建设，而在这个过程中，大量学生在社区防疫一线直接发挥作用，他们既切身体会了防疫工作的不易，又起到朋辈榜样的教育作用，是生动的自我教育、自我管理、自我服务的实践。

三、多元举措促同频共振的有效落实

根据学生的特点和变化，结合工作环境的动态发展，适时创新和调整高校思政工作的场域、载体、方法是确保高校思政工作有效性的必然要求。高校思想政治教育工作应包含学生自主、积极学习的过程，在这个“自主”过程中，学生得以提高自我认知、发展自我能力。关于如何开展自我教育，苏霍姆林斯基提出了六点建议：第一，让学生在自我教育方面去实际地做一些事，让他们通过尝试做某一件事去体验自己的力量，去锻炼自己；第二，让学生去教育另一个学生；第三，要求学生自己安排自己的事情；第四，自我反思；第五，学习榜样人物；第六，关心别人。[5]在高校“一站式”学生社区建设中，若想实现学生自我教育，需要给予学生参与社区工作的机会、为学生开展自我教育提供必要的指导并且要形成朋辈教育的氛围，从而合理调动和充分发挥学生的主观能动性，这对学生理解育人目标、加强自我约束和提升综合能力都具有促进意义。

（一）建立管理下沉与学生自治相结合的队伍梯度

促进自我教育不等于“放任自流”，“大量学生社区实践的效果表明，如果缺乏适当的外部力量推动，那么学生的自我教育、自我服务、自我管理、自我监督就难以达到应有的效果，故而需要在实践中探索两类服务的平衡点，即通过适当外部力量的干预培育学生自我养成的能力，并推动两类服务之间的有机融合”[4]，要在立德树人根本目标的指导下，确保“自我教育”有指导，因此需要实现工作队伍的层次与效率并存，结构性与开放性融合，处理好师资队伍与学生队伍之间的关系。一是校园管理队伍要下沉，推动领导力量、行政力量、思政力量、服务力量有序下沉学生社区。例如，西安交通大学领导干部、专业教师、学业导师、班主任、机关职员、管理服务人员等队伍常态化进社区，专职辅导员全员入驻、全时保障，为学生提供贴身守护、贴心交流、贴近指导。[6]二是学生自治体系要清晰，开展学生社区自我管理队伍建设，建立宿舍楼长、层长、寝室长制度，学生自治队伍不但可以让学生“自己安排自己的事”，还可以协助辅导员、宿舍管理员监督执行各项制度和化解矛盾，加强学校、学院、后勤、学生之间的联系与沟通。三是多元参与机制要实施，为学生参与社区治理提供灵活、弹性、多样的途径。例如，大连理工大学将多个社区驿站作为学生自主创业基地，由学生团队自主经营管理，开展朋辈间的创新创业教育，为大学生投身大众创业、万众创新提供了学习、交流、实践的有利条件。[7]通过有体系、有弹性的工作队伍建设，为学生参与“一站式”学生社区综合管理提供指导和创新拓展的空间。

（二）拓展主题鲜明与形式多样相并存的工作载体

学生社区是大学生增长才干的“第二课堂”，这个特定空间中不仅有需要遵守的规章制度，还有多样性的生活方式，偶然性的人际互动，仅仅依靠组织管理体系、制度规范建设等行政管理方式，难以实现社区思政的育人目标，需要发展更加丰富多元、可供自主选择的工作载体，以提升学生对社区的认同感、归属感，以及主动参与社区建设的积极性。一是，将党建引领作为载体，提供学生追求理想信念的平台，发挥党员先锋模范作用，树立学生自我教育的榜样。例如，华中科技大学组织社区学生党员开展“支书达理”交流会、“弘扬伟大建党精神”系列宣讲、“听党话、感党恩、跟党走”党史故事分享会、“青春告白祖国”红色实践教育等系列活动，带动全校学生把理论知识学起来、把服务实践干起来[8]。二是，将学业发展作为载体，学习知识是大学生的首要任务，在社区搭建学业发展载体有利于扩大优良学风建设的场域，可以让大学生围绕自己的主责主业有事可做。例如，中南大学依托学习指导与发展中心，开展学业辅导课程，实施“五勤课堂”、学术论坛等优良学风实践项目100余项，开展优秀辅学案例、学霸笔记评选，举办大学生年度人物先进事迹专题展，营造浓厚尚学氛围[9]。三是，将文体交流作为载体，将社区的日常生活、娱乐休闲与德智体美劳“五育”教育相结合，促进学生的全面发展。例如，吉林大学举办“21天运动健身直播课活动”，观看人数达300余万人次。[10]

（三）坚持深入学生与解决问题相同步的育人逻辑

习近平总书记指出：“要尊重青年天性，照顾青年特点，经常到青年中去，同青年零距离接触、面对面交流，了解他们的思想动态、价值取向、行为方式、生活方式，倾听他们对社会问题和现象的看法。”[1] 在社区中，大学生对于“身边小事”更为敏感，室友关系、居住环境、生活便利性等既是影响大学生对社区生活满意度的直接因素，也是因势利导让大学生从身边事做起，开展自我教育、自我管理、自我服务的工作内容，结合学生需求开展相关活动能够促进大学生主动参与并有所收获。例如，不少高校开展以“宿舍大作战”为主题的宿舍清洁活动，该活动既能美化宿舍环境，又是集打扫、收纳、美化于一体的劳动教育，同时能使大学生直接受益——大学生收获了劳动的成就、居住环境的提升、室友协作的乐趣。

2022年4月21日，国务院新闻办公室发布《新时代的中国青年》白皮书，这是我国首次专门就青年群体发布白皮书。白皮书指出，青年的价值取向决定了未来整个社会的价值取向。青年的价值取向是不断受到其生活环境影响的，在高校“一站式”学生社区综合管理建设中，发挥学生自我教育的主观能动性，是辩证处理教育者与教育对象关系的生动体现，符合思想政治工作规律、教书育人规律、学生成长规律。

参考文献

[1] 习近平. 在纪念五四运动100周年大会上的重要讲话[EB/OL]. (2019-04-30)[2022-07-26]. http://www.xinhuanet.com/politics/leaders/2019-04/30/c_1124440193.htm.

[2] 鲁洁. 德育新论[M]. 南京：江苏教育出版社，1994.

[3] 史龙鳞. 场域理论视角下高校学生社区建设——基于教育部“一站式”学生社区综合管理模式建设试点案例分析[J]. 高校辅导员，2021(3)：59.

[4] 史龙麟，陈佳俊. 新时代高校学生社区协同育人的机制研究——基于浙江大学“一站式”学生社区综合管理模式的观察[J]. 思想教育研究，2021(3)：153.

[5] B. A. 苏霍姆林斯基. 给教师的建议[M]. 赵聪，译. 长沙：湖南人民出版社，2021.

[6] 中华人民共和国教育部. 西安交通大学积极探索“一站式”学生社区综合管理改革[EB/OL]. (2021-12-20)[2022-07-26]. http://www.moe.gov.cn/jyb_sjzl/s3165/202112/t20211220_588540.html.

[7] 中华人民共和国教育部. 大连理工大学注重发挥社区文化育人功能 拓展思想政治教育新平台[EB/OL]. [2022-07-26]. http://www.moe.gov.cn/s78/A12/gongzuo/moe_2154/201607/t20160722_272653.html.
[8] 中华人民共和国教育部. 华中科技大学积极推进"一站式"学生社区建设[EB/OL]. [2022-07-30]. http://www.moe.gov.cn/jyb_xwfb/s6192/s133/s197/202207/t20220713_645588.html.
[9] 中华人民共和国教育部. 中南大学创新思政实践资源供给体系 提升"一站式"学生社区育人实效[EB/OL]. [2022-07-30]. http://www.moe.gov.cn/s78/A12/gongzuo/moe_2154/202207/t20220701_642374.html.
[10] 中华人民共和国教育部. 吉林大学在"一站式"社区打造"抗疫育人"坚强堡垒[EB/OL]. [2022-07-30]. http://www.moe.gov.cn/s78/A12/gongzuo/moe_2154/202206/t20220615_637668.html.

新冠疫情期间大学生情绪体验过程及影响因素研究

◎ 王乐实　王佳琪　姚玉红

摘　要　本文采用问卷法调研新冠疫情闭环管理期间学生的情绪状态和内心关注事件，以期探索高校在应对突发校园事件时协助学生调节负面情绪的有效应对策略。研究结果显示：第一，学生体会到的情绪变化过程可分为5类，其中73.25%的学生的情绪变化过程属于适应型情绪，学生情绪状态总体稳定。第二，闭环管理期间印象深刻的事件回忆所反映的风险性因素和保护性因素可分为10类。其中，67.98%的学生提到的是正面事件或感受，即保护性因素。第三，6类保护性因素中，有4类都与“他人”有关，被提及频次最高的保护性因素是“参与其中，贡献自己的力量”和“感受到他人的付出”。第四，辩证看待问题的理性思考能力也是主要的保护性因素。

关键词　大学生　情绪体验　疫情影响　保护性因素　风险性因素

一、问题的提出

2022年3月，新冠疫情在上海集中暴发。为了确保学生的身体健康，各高校迅速做出反应。部分高校于2022年3月初进入闭环管理状态，而随着全市疫情的升级，高校的闭环管理更加严格，在一段时间内学生的活动空间受限，至2022年5月中旬，随着疫情形势的好转，高校的管理也逐步恢复正常。

在这个过程中，学校、家长、社会都十分关心高校的疫情防控形势。针对高校疫情闭环管理期间的研究主要集中在具体防疫政策的落实及校园防疫政策的相关管理上，如大数据应用[1]、在线教学[2]、防疫档案管理[3]等。针对疫情闭环管理期间学生情绪

作者简介　王乐实，同济大学心理健康教育与咨询中心讲师，理学硕士。
王佳琪，同济大学机械与能源工程学院讲师，哲学硕士。
姚玉红（通讯作者），同济大学心理健康教育与咨询中心教授，心理学博士。

的研究相对较少，主要集中在负面情绪的影响因素方面，如韩拓、马维冬和巩红等研究了居家隔离期间大学生的负面情绪影响因素[4]，以及特定干预方式对大学生负面情绪的改善作用方面[5-6]。而提供大学生在疫情闭环管理期间的情绪体验的一手资料的研究极少，对于大学生如何克服疫情暴发带来的冲击的相关研究更是不足。本文希望通过质性与量化相结合的研究方法，探索学生在疫情闭环管理期间所经历的情绪变化过程，分析令他们印象深刻的事件，并通过分析这些事件与情绪变化的关联关系总结出影响学生情绪感受的保护性因素和风险性因素，同时归纳出学生克服疫情闭环管理带来的困难的方法，从而为学校管理工作提供参考，也为培养学生克服困难、应对生命挫折、形成积极的生活体验提供策略和建议。

二、研究方法

（一）研究对象及问题

以上海某所“985 工程”建设高校参与某一选修课的 2 个班级的学生为研究对象，设计开放式问卷，邀请学生自愿作答。问卷主要包含 2 个问题：①可以邀请你用几个形容词描绘自己从疫情闭环管理开始(2022 年 3 月 9 日)到 2022 年 5 月 24 日心情的主要变化吗(简称“情绪过程”)？②在疫情闭环管理期间，给你带来最深刻印象的是什么事情，你当时看见/听见/感觉/联想到了什么？为什么印象会如此深刻？(简称“印象深刻事件”)。为降低学生对实名作答的敏感性，问卷只要求学生填写学号信息，其他信息为后期分析数据时的匹配补充。

研究共回收问卷 241 份。将答题时间过短、问题回答字数过少的问卷剔除，得到有效问卷 228 份。问卷有效率为 94.6%。有效问卷作答者中，男生 138 人(60.5%)，女生 90 人(39.5%)；年级主要分布在大二和大三，专业以理工科为主(75.6%)。

（二）资料编码分析

1. 关于情绪变化过程的编码

对每一份问卷中的第一个问题“情绪过程”进行一级编码，按照校园闭环管理开始(填写的第一个情绪词)、中间(处于中间的情绪词)、后期(填写的最后一个情绪词)三个时间点从原始文本中提炼其主要的情绪词；之后进行二级编码，概括性描述情绪过程；最后进行三级编码(核心编码)，归纳原始文本表达所属的情绪变化过程分类。具体编码过程如表 1 所示(部分展示)。

表 1　疫情闭环管理期间大学生情绪变化过程资料编码过程(部分展示)

原始文本表达示例	一级编码(情绪过程词提取)示例	二级编码(情绪过程总结)	三级编码(情绪过程分类)
毫无波动,和以前一样	开始:无波动 中间:无波动 后期:无波动	无影响	情绪基本未受到影响
新鲜—有些紧张—沮丧无助—埋怨愤恨—麻木	开始:新鲜感 中间:紧张、沮丧、无助、埋怨、愤恨 后期:麻木	经历波动后麻木	波动起伏,趋于稳定—消极型
平静—紧张—低落—满怀希望	开始:平静 中间:紧张、低落 后期:希望	经历波动,最后感受到希望	波动起伏,趋于稳定—积极型

2. 关于“印象深刻事件”的编码

(1) 编码的相关理论依据

本文对于“印象深刻事件”的编码借鉴生命历程理论(life course theory)与危机干预研究中的相关概念,将学生所描述的印象深刻事件抽象归纳为风险性因素和保护性因素,以此来反映学生经历了哪些事件,以及个人的心理加工过程对于学生感受这些事件所起到的正负向作用。

生命历程理论作为人类学、社会学研究中常用的理论分析视角,旨在探索社会事件和历史进程对个体生命历程的影响[7]。生命历程理论的研究对象之一即为生命过程中的一些事件和角色。其中,生命事件分为正面事件和负面事件[7-8]。但在经历相同或相似的生命事件时,不同个体作出的选择和形成的感受不同,其中有个人主动性(personal agency)的影响[9]。经过生命事件和个人主动性的共同作用,一些生命历程研究可归纳出对于个人的生命即刻体验及长远发展具有重要意义的风险性因素和保护性因素(risk factors and protective factors)[10]。在本文中,学生描述的具体事件是他们经历的生命事件,之后根据学生对事件的解读:看见/听见/感觉/联想到了什么?为什么印象会如此深刻?将学生描述的生命事件转化为抽象的“影响因素”。

而在具体的影响因素分类过程中,本文借鉴了危机干预和应激学说相关研究中对于保护性因素和风险性因素的一些研究成果。风险性因素如控制感剥夺[11]、负面情绪的传播[12]、社会信任受损[13]等;保护性因素如希望与乐观[14]、来自他人的在意和支持[15]、社会团体中被爱的感觉[16]、压力应对技巧(coping skill)[17]等。结合学生的具体描述,经过研究者的归纳进行了最终的分类编码。

(2) 编码过程

原始问卷中,回答者用较长的文字叙述了令他们印象深刻的事件。本文对这些叙述进行概括，形成较短的故事，此为一级编码；之后根据概括出的故事提炼出主要的核心信息，形成二级编码；最后归纳总结出对印象深刻事件的叙述反映出的心理影响因素，形成三级编码（核心编码）。具体编码过程如表 2 所示（部分展示）。

表 2　印象深刻事件资料编码过程（部分展示）

原始文本表达示例	一级编码（故事概括）	二级编码（核心内容提取）	三级编码（影响因素归类）
印象最深刻的事就是连续吃了两个多月×食堂的饭，都吃腻了，闭环管理结束后再也不想吃×食堂的饭	只能吃一个食堂的饭，都吃腻了	5. 饮食受限	1. 风险性因素：生活资源或行为受限
校园里晚上有人在宿舍楼窗口合唱，也有人在窗边拉小提琴。感觉同学们虽然不能外出，但心中有蓝天。看到了同学们热爱生活的一面，非常感动	宿舍楼窗口合唱、同学们热爱生活	5. 他人积极的生活态度	8. 保护性因素：他者的好心情或好品质的影响
最深刻的体验是做志愿者，我多次在楼宇内参加志愿者活动，在志愿者活动中，我体会到了志愿者在疫情防控中的重要作用，并真心觉得自己尽了一份力，很高兴，觉得实现了自我价值	自己参加志愿者活动贡献力量，觉得实现了自我价值	1. 实现自我价值	10. 保护性因素：参与其中，贡献自己的力量

（三）统计学描述

通过对原始文本进行编码，提取出情绪过程分类及重要事件所反映出的影响因素分类，分别对这两个变量进行描述性统计，呈现其各自的分布规律，并针对情绪过程分类与影响因素之间的关联进行卡方检验，讨论其显著性。

三、结果与分析

（一）应激事件中学生的情绪适应存在多种形态

将所有描述情绪的词进行频数及频率分析后，将情绪词按照总体、开始、中间及后期 4 个方面进行频数计算，如表 3 所示。

表 3　出现频率最高的 5 个情绪词（总体、开始、中间、后期）

序号	总体		开始		中间		后期	
	情绪词	频数	情绪词	频数	情绪词	频数	情绪词	频数
1	平静	95	平静	28	平静	36	平静	31
2	焦虑	44	新奇	15	烦躁	31	麻木	14

（续表）

序号	总体		开始		中间		后期	
	情绪词	频数	情绪词	频数	情绪词	频数	情绪词	频数
3	烦躁	41	惊讶	13	焦虑	27	期待	13
4	麻木	31	焦虑	12	无聊	17	希望	9
5	期待	24	紧张	9	愤怒	16	习惯	6

从表3中可以看到，“平静”不管是在总体还是在各个阶段被提及的频数均最高，即使是在情绪波动的中间时期，其被提及的频数依然排在最高位置，与“烦躁”“焦虑”等情绪被提及的频数相近。参照原始文本，学生们在中间阶段的情绪波动确实较大，“平静”作为他们自我调节的一些情绪阶段，穿插在其他情绪中，如某同学中间阶段的情绪变化为“惊慌—平静—烦躁—平静—冲突—平静”。

由频数统计还可以看出，学生们的情绪状态总体平稳，经历波动后有所下降。情绪变化过程的编码结果如表4所示。

表4　情绪变化过程的二、三级编码结果（编码类别）

三级编码（情绪过程分类）	频数	占比	二级编码（情绪过程总结）	频数
1. 情绪基本未受到影响	9	3.95%	1. 无影响	3
			2. 平静	4
			3. 无感	2
2. 陷入负面情绪	40	17.54%	1. 情绪逐渐变差	22
			2. 感受不同的负面情绪	10
			3. 负面情绪交替重复出现	8
3. 时好时坏，仍未适应	12	5.26%	1. 以负面情绪开始，中间正负波动，后期为负面情绪	5
			2. 以正面情绪开始，中间正负波动，后期为负面情绪	7
4. 波动起伏，趋于稳定——消极型	89	39.04%	1. 经历波动后麻木	15
			2. 情绪波动后恢复平静	42
			3. 经历波动后无奈接受	14
			4. 经历波动后适应	7
			5. 情绪下降后不再关心	11
5. 波动起伏，趋于稳定——积极型	78	34.21%	1. 经历波动，最后感受到希望	37
			2. 整体正面情绪较多，最后达到平静	10

（续表）

三级编码(情绪过程分类)	频数	占比	二级编码(情绪过程总结)	频数
5. 波动起伏,趋于稳定——积极型	78	34.21%	3. 经历波动,最后感受到乐观	9
			4. 经过调整,目前心情不错	19
			5. 经过波动,最后理性理解	3

学生的情绪变化基本可以分为5类:①情绪基本未受到影响;②陷入负面情绪;③时好时坏,仍未适应;④波动起伏,趋于稳定—消极型(消极型适应);⑤波动起伏,趋于稳定—积极型(积极型适应)。按照编码对应的频数做描述性统计,消极型适应占比最大。而将积极型适应和消极型适应加总后,适应型的整体占比远超其他情绪过程,占73.25%。展示出大部分学生在经过情绪调整后,可以达到一定程度的适应,使自己处在相对平静的状态。这也验证了上述频数统计中“平静”是出现频数最多的情绪词汇的研究结果。

但值得注意的是,除适应型和未受影响型外,陷入负面情绪和仍未适应的学生群体占比总和也达到了26.75%,超过1/4。考虑到综合性大学的人口基数,这个群体的心理状态非常需要得到关注。

（二）应激事件中的风险性因素集中在自我受限感及对他人的共情上

本文通过将学生叙述的印象深刻的具体事件及对疫情的感知和思考进行三级编码,归纳出不同类型的风险性因素和保护性因素,共计10类,编码结果如表5所示。

表5　印象深刻事件资料编码结果(编码类别)

三级编码(影响因素归类)	频数	二级编码(内心内容提取)	频数
1. 风险性因素:生活资源或精神生活受限	33	1. 活动空间受限	7
		2. 精神生活受限	6
		3. 生活资源受限	7
		4. 学习资源受限	2
		5. 饮食受限	10
		6. 知情权被剥夺	1
2. 风险性因素:他人情绪的渲染或感受到二次创伤	12	1. 悲惨场景带来的创伤	3
		2. 自身情绪受到他人情绪的渲染	9
3. 风险性因素:对大环境的失望、希望被打破	28	1. 担心被隔离的恐惧	2
		2. 对人性的失望	3
		3. 对社会失望	4
		4. 对学校的失望	3
		5. 对疫情发展的担忧	16

（续表）

三级编码(影响因素归类)	频数	二级编码(内心内容提取)	频数
4. 保护性因素:对自我或环境保持希望	10	1. 对未来抱有希望	4
		2. 偶尔外出时感受到自然环境的美好	3
		3. 物质满足带来的希望感	3
5. 保护性因素:自我调节能力	11	1. 调节与人的沟通方式	1
		2. 主动转移注意力	5
		3. 关注体育锻炼	1
		4. 专注于个人发展	1
		5. 专注于学习	3
6. 保护性因素:保持理智、辩证思考能力	30	1. 辩证看待当前问题	8
		2. 对过往生活的反思	2
		3. 对政策的反思	4
		4. 对大自然的思考	2
		5. 对自我的反思	6
		6. 理性对待舆论	9
7. 保护性因素:同伴陪伴	9	1. 笛声的陪伴	1
		2. 老乡的陪伴	2
		3. 室友的陪伴	4
		4. 同楼人的陪伴	2
8. 保护性因素:他者的好心情或好品质影响	22	1. 动物的积极变化	1
		2. 民族团结的精神	3
		3. 他人的创造力	5
		4. 他人高尚的品德	6
		5. 他人积极的生活态度	7
9. 保护性因素:感受到他人的帮助和付出	39	1. 保洁阿姨的付出	2
		2. 抗疫保障部门的付出	15
		3. 一线教师的付出	2
		4. 医护人员的付出	3
		5. 志愿者的付出	8
		6. 人们互帮互助	9
10. 保护性因素:参与其中,贡献自己的力量	34	1. 实现自我价值	14
		2. 体会到他人的不易	11
		3. 志愿者团队的相互感染	9

将风险性和保护性两大类影响因素分类讨论,如表 6 所示,在接受问卷调查的全部 228 名学生中,有 73 名学生(32.02%)关注的是具有风险性因素的事件,而有 155 名学生(67.98%)讲述的是让自己更稳定、更有希望、更有反思的保护性因素的事件。

表 6　影响因素列表及分布人数

风险性因素(73 人,32.02%)			保护性因素(155 人,67.98%)		
影响因素	分布人数	组内占比	影响因素	分布人数	组内占比
1. 生活资源或行为受限	33	45.21%	1. 感受到他人的帮助和付出	39	25.16%
			2. 参与其中,贡献自己的力量	34	21.94%
2. 他人情绪的渲染或感受到二次创伤	12	16.44%	3. 保持理智、辩证思考能力	30	19.35%
			4. 他者的好心情或好品质影响	22	14.19%
3. 对大环境的失望、希望被打破	28	38.36%	5. 自我调节技巧	11	7.10%
			6. 对自我或环境保持希望	10	6.45%
			7. 同伴陪伴	9	5.81%

具体来看,学生们提到的风险性因素有约 45.21%(73 人中的 33 人)集中在自身生活资源受限的问题上。而有约 54.79%的学生(73 人中的 40 人),其印象深刻的事件并非自身生活资源受限,而是对校园内、社会上发生在他人身上的事情及对疫情发展状态的失望。

(三)应激事件中保护性因素分为人际和自我两方面

6 类保护性因素中,有 4 类都与“他人”有关,其中被提及频次最高的两类保护性因素分别是“感受到他人的帮助和付出”与“参与其中,贡献自己的力量”,对应的原始文本中的主要表述为感受到志愿者、食堂阿姨、保供部门等“他人”的付出,以及自己参与志愿服务的经历。

这直接体现了在负面环境中,人与人之间的互助与连接是非常重要的正面力量。同时,在为他人服务的过程中,个体也产生了自我的价值感,以抵抗负面的外部环境对自我的消极影响,在行动中与他人产生连接。而保护性因素“他者的好心情和好品质”也体现了他人应对负面社会事件时的表现对青年人的影响,学生可以从他人身上学习到或感受到应对困境的心态与方式。而同伴的陪伴体现了朋辈支持的力量。

有 3 类保护性因素与个人特质有关,包括“保持理智、辩证思考能力”“自我调节技巧”及“对自我或环境保持希望”,分别位居组内排序的第 3、5、6 位。特别是“保持理智、辩证思考能力”这一保护性因素,对应的原始文本表达与学生应对社会新闻、舆论事件等的方式相关性极高。

(四)情绪变化适应过程与心理影响因素之间存在显著关联

对学生不同类型的影响因素(风险性和保护性)经历和情绪变化类型进行卡方检验,卡方值为 30.277,P 值<0.001,差异具有统计学意义。说明学生经历风险性或保护性影响因素对其情绪变化过程具有比较显著的影响。

如图 1 所示,在所有 228 人中,叙述风险性因素事件的学生,在情绪变化过程中"陷入负面情绪"和"消极型适应"的最多。但叙述保护性因素事件的学生,其情绪变化过程为适应型(波动起伏趋于稳定——积极型+消极型)的学生占比最大,且积极型适应与消极型适应的人数基本持平。

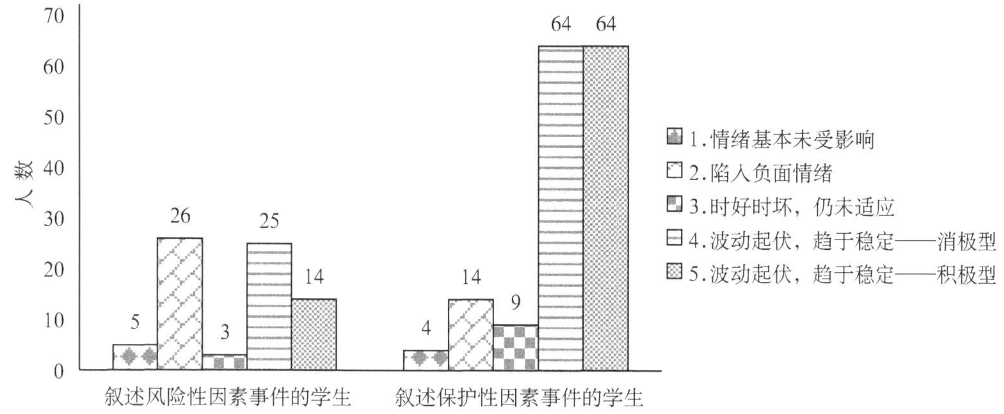

图 1　描述两大类因素事件的学生的情绪体验过程分布

四、结论与建议

(一) 大学生情绪适应过程总体平稳,但需重点关注持续感受消极的学生

本研究结果显示,在接受问卷调查的 228 名大学生中,约 3/4 的学生在经过情绪的波动后能够达到一定的平静和适应状态,其中有少部分学生的情绪基本未受影响。"平静"是被学生提及最多的情绪词,并且 70%的学生在描述疫情闭环管理期间印象深刻的事件时使用积极正面的语言,也印证了大部分学生在面对疫情闭环管理时能够保持相对稳定的心理状态。

但值得注意的是,仍有略超过 1/4 的学生经历了情绪波动后无法适应或持续处于负面情绪,如焦虑、烦躁、恐慌、失望、绝望等。在原始文本中,有学生表述了"暴躁""崩溃"等强烈的情绪。

因此,在经历社会负面事件或一些校园生活受限的危机时,学校管理部门及一线辅导员、班主任、研究生导师等,首先应保持镇定,避免过分焦虑,相信大部分学生的心理调适能力尚可。同时,应通过动态评估及时筛选出持续处于消极情绪的学生,并对其予以重点关注,防止其因情绪持续低落而受到不可消除的心理创伤。做好心理危机事件的预案工作,预防心理危机事件的发生。

（二）微小日常生活事件既是危机中的常见风险因素，也是有效应对的切入点

本研究结果显示，当学生关注的是积极正面的事件，也就是受到保护性因素的影响时，其情绪变化过程更多趋于适应当前局面，而当学生关注的是消极负面的事件，也就是受到风险性因素的影响时，其情绪更容易长期处于负面状态而无法适应环境。

因此，笔者建议高校在应对此类危机事件时，应着力减少风险性因素，帮助学生抵御大环境的负面影响。叙述风险性因素的学生中，有45%的学生叙述的是他们个人生活资源或行为受限，包括饮食、出行、学习等。这些是与学生日常生活息息相关的“小事”，但这些“小事”时时刻刻都影响着学生的主观感受，是学生负面情绪的主要来源。

学校管理部门应充分考虑特殊情况下学生的日常生活照料，增强管理弹性，在饮食、活动空间、上课要求等方面给予一定的灵活性，保证学生的基本生活秩序不被过多地打破。

对于学生提到的“他人情绪的渲染或感受到二次创伤”及“对大环境的失望、希望被打破”这两个风险性因素，学校管理部门也应予以重视。使这部分学生印象深刻的是他们对他人情绪和社会氛围的感知。值得肯定的是，这部分学生可能具有比较强的共情能力和社会责任感，但也因此更易产生心理困扰，陷入抑郁情绪或感到崩溃。学校管理部门应注重校园氛围的营造，不过多渲染紧张气氛，并且注意预防负面情绪在学生群体中蔓延，防止学生过多受到他人情绪的影响。

（三）人际保护性因素是应对危机的有效策略，应加强校园互助氛围营造

与减少风险性因素相对的是提供更多的保护性因素，帮助学生扭转心境，使其形成理性平和的感受。本文显示，学生们提到的保护性因素中有4项都与“他人”有关，或者说与“与他人的关系”有关。

排在第一位的保护性因素是“感受到他人的帮助和付出”。在原始文本中，“他人”包括“志愿者”“学校老师”“宿管阿姨”“外卖小哥”“同学”等。他人的奉献与帮助能够非常直接地安慰正经历困难的人，促进学生领悟社会支持，摆脱孤独感，感受到群体的力量，来自他人的爱与温暖构成了克服困难的勇气。

排在第二位的保护性因素是“参与其中，贡献自己的力量”。此次学校闭环管理让大学生有机会作为个体参与宏大的社会事件，为他人和集体贡献自己的力量，感受到自我价值的实现。学生在参与志愿服务时，也对他人与群体有了更多的理解和共情。在原始文本中，理解和共情常常表述为在一些比较艰苦的时刻，如“闷出一身汗”“腿酸胳膊酸”等，能够以己度人，理解他人在抗疫时的辛苦付出，以及因为在志愿服务中相互鼓励而感受到群体的温暖。

学校在面对突发事件，或面临比较严峻的形势考验时，应努力营造一个互帮互助的群

体氛围。首先,在解决学生实际困难的过程中,学校管理者、后勤服务人员等全体教职工应全力付出,使尚未成熟的青年大学生看到维护社会运转的社会人力量,学习担当、奉献与坚强。其次,应允许和鼓励学生参与秩序维护和校园管理的志愿服务,使他们能够充分参与社会事件的应对,发挥个人力量,理解他人疾苦,用社会参与的经历增强其生活的信心和个人能动性。

此外,学校在明确管理制度规范之余,也应营造珍惜生命、爱护生命的校园氛围。向校园中的一些弱势群体,如患有躯体疾病、存在心理问题或适应性困难的学生提供额外的帮助,不放弃任何一个人。并且对于学校中的其他生命,也应具有一定的爱护之心。例如,在原始文本中,有学生提到在去做核酸检测的途中看到学校里的流浪猫还活着,由此增强了对大环境的信心。

（四）高校思政教育应加强积极个人特质等保护性因素相关教育和培养

在表述保护性因素的学生中,有 33%的学生提到的是个人特质类的因素,主要涉及以下四类。①对自我和环境保持希望:不因发生的负面事情而改变,呈现出一种稳定的内心状态。②自我调节能力,包括调整对事情发展的期待、调整与他人相处的方式、调整学习方法、控制信息来源以防信息过载等,也包括一些调节心情的活动技巧,如健身、读书、演奏乐器等。③保持理智、辩证地思考,包括进行适度的自我反思、采用理性的情绪表达方式、辩证对待社会新闻等。这些个人特质是人在逆境中保持稳定平和的心理状态所需要的个性基础,甚至在未来应对日常生活的复杂与艰辛时也会起到很重要的作用。

大学作为学生寻找自我身份、确立世界观的重要阶段,可以在认知与感受上为青年人内心的成长提供有力辅助。大学的思想政治教育可以在以下三个层面发力:①积极正面的心态。②自我调节能力。③理性思辨思维。具体做法如:营造积极质朴的校园文化,增加学生的文体活动,培养学生的业余爱好。这些文体活动和业余爱好都会成为逆境中的情绪应对方式。同时,也要增加面向学生的认识自我和认识社会的心理教育,如心理团体活动、主题班会、文化活动等,增强学生理性看待自我、理解社会复杂性的思维能力。

参考文献

[1] 刘勇,郝璐瑶,赵文涛,等.基于大数据的高校疫情防控系统研究与实践[J].微型电脑应用,2022,38(5):18-21.

[2] 于歆杰.以高质量在线教学应对高校疫情防控大考[J].人民论坛,2020(10):108-109.

[3] 梁恩梅.高等院校构建新冠肺炎疫情防控机制的经验与启示——以成都大学为例[J].法制与社会:旬刊,2020(12):2.

[4] 韩拓,马维冬,巩红,等.新冠肺炎疫情居家隔离期间大学生负性情绪及影响因素分析[J].西安交通大

学学报(医学版),2021,42(1):132-136.
[5] 龚杰.后疫情时代短程团体正念认知疗法对初三学生负性情绪的干预研究[D].南充:西华师范大学,2021.
[6] 陈瑜,桑志芹,奚佩娟,等.疫情中大学生网络减压团体的干预效果[J].中国临床心理学杂志,2021,29(6):1348-1352.
[7] 江立华,袁校卫.生命历程理论的知识传统与话语体系[J].科学社会主义,2014(3):46-50.
[8] HUTCHISON E D. Dimensions of human behavior: the changing life course[M]. Thousand Oaks: Pine Forge Press, 1999.
[9] 包蕾萍.生命历程理论的时间观探析[J].社会学研究,2005(4):120-133,244-245.
[10] YOSHIOKA M R, NOGUCHI E. The developmental life course perspective: a conceptual and organizing framework for human behavior and the social environment[J]. Journal of Human Behavior in the Social Environment, 2009, 19(7): 873-884.
[11] 蒋明.控制感剥夺的基因和神经基础[D].广州:中山大学,2014.
[12] 许娜.社会安全事件的公众风险感知影响因素研究[D].上海:上海外国语大学,2020.
[13] 许玉镇,孙超群.公共危机事件后的社会信任修复研究——以突发公共卫生事件为例[J].社会科学文摘,2020(2):23-25.
[14] 刘慧婷.希望与乐观:对心理危机预警干预研究[D].西安:西安石油大学,2013.
[15] 张平,张兰鸽,涂翠平.大学生自杀行为的保护性因素分析[J].中国学校卫生,2020,41(6):939-942.
[16] HOBFOLL S E. The ecology of stress[M]. New York: Hemisphere Pub. Corp., 1988.
[17] SALLOUM A, OVERSTREET S. Grief and trauma intervention for children after disaster: exploring coping skills versus trauma narration[J]. Behaviour Research and Therapy, 2012, 50(3):169-179.

研究型大学第一代大学生学习成果的实证研究

◎ 郭　强　吴美琴

摘　要　对比分析第一代与非第一代大学生的教育增值和成长收获差异，对于全面了解大学生群体的发展特征，并据此完善高等教育的学生支持体系和促进教育公平具有重要意义。本文以同济大学为例，通过开展研究型大学本科生就读经历问卷调查，利用数据分析法考察第一代与非第一代大学生在能力发展与学习经历满意度方面的学习成果差异。研究显示，家庭内生性结构会对大学生个体产生传递作用，但这种传递作用并不绝对；大学生个体发挥的主观能动性会反作用于家庭内生性结构的制约作用；教育环境的支持性会削弱家庭内生性结构的固化作用。

关键词　研究型大学　第一代大学生　学习成果　家庭内生性结构　个体能动性

一、引言

高等教育大众化持续发展，大学生群体更加多元化和异质化，家庭第一代与非第一代大学生的差异成为重要的异质特征。《中国教育发展报告(2017)》指出："2011—2015 年间，全国本科高校中的第一代大学生，一直维持在 70%到 75%的占比水平，第一代大学生已逐渐成为本科生主体。"[1]第一代大学生由于家庭文化、经济、社会资本缺失等先赋性条件[2]不足，在入学初期处于"'不平等起点'下的'平等进入'"状态[3]，高等教育经历是否会成为改变这种失衡状态的"制衡器"？解答该问题对于提升第一代大学生的学业完成质量、完善高校学生支持体系、促进教育公平具有重要的理论意义和实践价值。目前，国内以大规模调查为基础开展的实证研究，如北京大学"首都高校学生发展状况调查"、清华大学"中国大学生学习与发展追踪研究"等，都是从宏观角度对整个大学生群体进行调查[4]，较少考虑学

作者简介　郭强，同济大学外国语学院教授，博士。
吴美琴，浙江工商大学法学院辅导员，讲师，硕士。

生群体的异质性与多样性。鉴于此，本文以同济大学本科生为调查对象，聚焦能力发展与学习经历满意度的比较分析，力图展现研究型大学第一代大学生学习成果的全景图。

二、研究背景

探讨第一代与非第一代大学生的学习成果差异，能够明确高等教育经历是否会改变家庭内生性结构特征的代际传递，为了解不同背景学生的成长过程提供实证性研究依据，亦可为促进教育公平提供新的视角。第一代大学生群体由于父母双方均无高等教育经历，不但缺失代际间对高等教育信息的传送，缺少来自父母经验层面的感性支持，而且受到家庭文化资本与经济资本的双重制约，无法受到足够的文化熏陶。内生于原生家庭的知性与情感（如人生态度、教育素质、生活方式等）结构会通过"惯习"潜移默化地传递给家庭成员[5]，并以不易察觉的方式弥散性地贯穿个体的整个成长过程，进而对个体的教育成效和学习成果产生重要影响。美国在研究处境不利的学生群体的教育公平问题时，非常关注第一代大学生群体，其对"第一代大学生"和"非第一代大学生"的界定被学界广泛接受。"第一代大学生"（first-generation）指父母双方均未获得学士学位的大学生群体，"非第一代大学生"（continuing-generation）指父母至少有一方获得学士学位的大学生群体[6]。考虑到我国高等教育发展特点，本文将第一代大学生界定为父母双方都未接受过高等教育（包括本、专科教育）的大学生群体。

现有研究多从教育机会和教育过程的角度探讨第一代大学生的教育公平问题。国外对第一代大学生的大学录取率[7]、学业保持率[8]、学位获得率[9]，以及其在教育过程中获得的经济扶持[10]、学业适应情况[11]、文化融合情况[12]、获得的就业指导[13]等方面都有广泛而深刻的探讨。美国学者盖瑞·派克（Gary Pike）在比较第一代与非第一代大学生的整体学习经历后发现，第一代大学生在学业参与度和能力发展等方面均处于劣势[14]。国内对第一代大学生的关注较少，相关研究主要聚焦两方面：第一代大学生的高等教育机会获得、升学选择[15-18]；第一代大学生群体在教育过程中的过渡适应、角色失调、心理失衡及文化排斥等[19-20]。

教育产出、学习增值、教育成效、学生收获等问题，一直是高等教育人才培养评价关注的重点。学习成果从测量内容上可分为认知成果和情感成果[21]。认知成果通常与学生知识习得、逻辑推理等高阶心理活动过程相关[21]。情感成果指学生的态度、感觉、价值观及社会和人际关系等方面的发展[21]。本文中学生的批判性思维、学术能力、基本学习技能等都属于认知成果；学习经历满意度是一种主观的教育结果指标，从中可知学生是否从教育中满足了期望、获得了某种深度的学习体验、享受了大学教育过程[22]，这方面归属情感成果[23]。比较分析第一代与非第一代大学生的能力发展和学习经历满意度，能够了解二者在受教育过程中的能力增值与主观感受差异，对于完善大学生支持体系和促进教育公平具有重要意义。

三、研究工具与方法

（一）研究工具

本文选择 SERU 国际联盟①通用的“研究型大学本科生就读经历调查问卷”作为调查工具。该调查问卷专门针对研究型大学本科生的就读经历而设计，主要采用学生自评方式，关注学生学习全过程[24]。问卷由核心问题和独立模块组成。核心问题分为两部分：从时间分配、学业投入程度、能力发展、个人规划、研究投入、学习经历满意度六个维度测量学生就读期间的学习体验；学生的背景信息与个人特征。独立模块是学校关注的教育热点问题。本研究涉及学生背景信息与个人特征、能力发展情况、学习经历满意度。考虑到大一新生入学时间短，本文以同济大学大二、大三、大四学生为调查对象，于 2017 年秋季学期采用网络普查的方式收集样本数据。此次调查的问卷回收率为 38%，剔除错漏问卷后，共得到有效问卷 1 906 份。

表 1　调查样本统计特征

第一代大学生(40.9%)			非第一代大学生(59.1%)		
分类变量	频数	占比	分类变量	频数	占比
性别			性别		
男	529	67.9%	男	602	53.4%
女	250	32.1%	女	525	46.6%
年级			年级		
二年级	146	18.7%	二年级	235	20.8%
三年级	285	36.6%	三年级	437	38.8%
四年级	348	44.7%	四年级	455	40.4%
家庭条件			家庭条件		
低收入阶层	658	84.5%	低收入阶层	359	31.9%

① 研究型大学本科生就读经验调查(Student Experience in the Research University, SERU)于 2002 年春季首次通过网络调查方式在美国加州大学圣巴巴拉分校进行。随着 SERU 调查的信度与效度得到肯定及其调查数据对加州大学管理者帮助甚大，佛罗里达大学、密歇根州立大学、明尼苏达大学、俄勒冈大学、匹兹堡大学、罗格斯大学、南加州大学、德克萨斯大学、北卡罗来纳大学共九所美国大学协会成员学校也加入 SERU 项目，进而形成了 SERU 全美调查联盟。2010 年，荷兰阿姆斯特丹大学，巴西坎皮纳斯州立大学，南非开普敦大学，中国南京大学、同济大学等校加入，SERU 遍及亚洲、欧洲、非洲、南美洲和北美洲，SERU 国际联盟(SERU International Consortium)正式宣告成立。

（续表）

第一代大学生(40.9%)			非第一代大学生(59.1%)		
中等或中等以上收入阶层	121	15.5%	中等或中等以上收入阶层	768	68.1%
专业类别			专业类别		
文科	88	11.3%	文科	161	14.3%
理工科	691	88.7%	理工科	966	85.7%

由表1可知，在所有有效填写问卷的学生中，第一代大学生占比为42.9%，远低于全国高校占比水平。总体来看，同济大学样本数据的性别、年级、家庭条件、专业类别分布情况与该校总体分布情况基本一致，又因本研究采取普查的调研方式、运用大样本调查数据，所以样本数据可以较好地反映该校本科生的整体状况。具体而言，从性别分布来看，在有效填写问卷的第一代大学生中，男性学生约占2/3，比例远大于女性；而非第一代大学生的性别分布较为均匀。这或许与第一代大学生家庭多集中在农村，深受"重男轻女"观念的影响有一定的关系。从年级分布来看，在有效填写问卷的学生中，第一代与非第一代大学生都以高年级学生居多，这或许是因为高年级学生对于就读期间的学习体验与感受最有发言权和表达欲。同时，高年级学生有充足的时间感知教育经历是如何塑造其能力发展、形成其学习经历满意度的，高年级学生居多确保了数据的有效性及研究的科学性。从家庭条件来看，在有效填写问卷的学生中，来自低收入阶层的第一代大学生占比呈压倒性；而非第一代大学生的家庭收入阶层多集中在中等或中等以上收入阶层。这表明第一代大学生不仅缺失文化资本，而且在经济资本的位置结构[25]中也处于不利地位。从学生的专业类别来看，在有效填写问卷的学生中，绝大多数第一代与非第一代大学生都倾向于选择理工科专业，非第一代大学生选择理工科专业的学生比例略高于第一代大学生。这一方面与同济大学是一所偏理工科的研究型大学有关，另一方面可能与大学生多倾向于选择实用性强、回报率高、易就业的理工科相关。总之，第一代大学生往往处于文化资本缺失、经济资本缺少、社会地位较低的劣势位置。

（二）研究方法

本文主要采用定量研究法，辅以访谈法。就具体统计分析方法而言，探索性因子分析用于简化指标，提取能力发展及学习经历满意度的因子；T检验用于两个分组样本的均值比较，考察提取的能力发展和学习经历满意度的因子是否存在显著性差异。由于样本统计量较大，进行T检验时容易达到显著性，故引入效应量测量方法(即Cohen'd)，表示不同处理方式下总体均值之间在现实意义上的差异大小。根据科恩(Cohen)测定标准，差异值为0～0.2表示差距较小，差异值为0.2～0.5表示差距中等，差异值为0.5～1表示差距较大[26]。从调查样本统计特征来看，第一代与非第一代大学生在性别比例、年级、家庭条件、专业类别上的差距相对较大，这些因素与学生能力发展和学习经历满意度都存在一定相关关系。T 检验与效应量检验只能用以说明第一代与非第一代大学生在能力发展与学习经历满意度方面是否存在显著性差异，但不能阐明这种差异的形成机制。因此，本文在 T 检验的基础上还采用回归方程分析方法，探讨是否为第一代大学生与其能力发展、学习经历满意度差异是否显著相关。

四、研究分析

（一）能力发展差异分析

1. 因子分析

能力发展能够直接反映学生感知的教育增值情况，是大学生学习成果的重要体现。本研究采用李克特六级量表，通过 16 道测量学生能力发展状态的题目搜集数据。能力发展调查问卷采用“追溯性前测”设计[27]，要求学生自评入学初期的能力发展水平，以便简捷地了解大学生就读期间的能力发展和教育增值情况。为便于对数据进行统计分析，对调查数据做了编码处理（1＝非常差；2＝差；3＝一般；4＝好；5＝很好；6＝优秀），并将目前得分与入学初期得分相减，构造出一个新的变量——学生能力增值变量。

为探索学生能力发展结构并简化其发展指标，本文采用方差最大化正交旋转法，分别对学生入学初期和目前能力发展两组数据进行探索性因子分析，以表明学生入学初期和目前能力发展的两组数据具有共通的结构效度。对学生入学初期的能力发展进行因子分析，KMO 的统计量为 0.899，Bartlett 球形假设检验的统计量为 15 889（$df=190$），$P=0.000$（$P<0.001$），即 Bartlett 球形假设被拒绝，说明学生入学初期的能力发展样本数据适合进行探索性因子分析。对学生目前能力发展数据进行因子分析，KMO 的统计量分别为 0.931，Bartlett 球形假设检验的统计量为 13 280（$df=190$），$P=0.000$（$P<0.001$），即 Bartlett 球形假设被拒绝，说明目前能力发展样本数据适合进行探索性因子分析。分析结果还表明，两组样本数据矩阵结构中的因子负荷聚合情况较为清晰一致，可以提取相同的三个特征值大于 1 的主成分因子，这三个因子能累计解释 58.08％的方差变异情况，超过了累计方差贡献率的可接受范围值（50％）。

本文结合探索性因子分析的因子负荷聚合情况对提取的因子进行命名[27]。因素 1 包括的题目主要涉及学生的阅读、写作、分析及表达能力等问题，因此将其命名为“核心素养能力”；因素 2 包含的题目主要反映学生的学术资源查阅、搜索等能力发展，因此将其命名为“学术研究能力”；因素 3 包含的题目涉及学生欣赏艺术作品、理解与认同文化多样性等能力，因此将其命名为“文化与文艺欣赏能力”[28]。为确保指标建构的科学性，在分析能力发展指标结构效度的同时，还对提取的因子进行了内部信度检验(Cronbach's Alpha)。分析结果表明，这三个因子的信度系数都超过了0.8，表明本研究建构的学生能力发展指标具有良好的信度和效度[29]。能力发展因子分析与信度分析结果如表2所示。

表2　能力发展因子分析与信度分析结果

因子命名	题项数目	题项示例	特征值	累计解释方差	信度系数
核心素养能力	9	分析和批判性思维能力	6.76	23.826%	0.856
学术研究能力	4	图书馆资源的查阅能力	1.16	50.823%	0.807
文化与文艺赞赏能力	3	认同文化多元性和全球多样性能力	1.37	58.08%	0.853

2. *T*检验和效应量分析

本文采用*T*检验和效应量的分析方法，测量有效填写问卷的第一代与非第一代大学生能力发展的差异情况。由表3可知，第一代大学生入学初期的各项能力水平显著低于非第一代大学生，特别是在文化与文艺欣赏能力方面(达到中等差异程度)；第一代大学生的能力发展水平也显著低于非第一代大学生，且二者的核心素养能力、文化与文艺欣赏能力的差距都达到了中等差异水平；从学生能力增值水平来看，第一代与非第一代大学在核心素养能力、学术研究能力增值上无显著差异，而第一代大学生文化与文艺欣赏能力的增值水平要显著低于非第一代大学生，但二者差距较小。

表3　第一代与非第一代大学能力发展差异比较

维度	时间	第一代大学生		非第一代大学生		*T*	sig	Cohen'd
		平均数	标准差	平均数	标准差			
核心素养能力	入学初期	3.089	0.627	3.267	0.711	4.942	0.000	0.183
	目前	3.765	0.645	3.970	0.684	5.712	0.000	0.214
	增值	0.681	0.671	0.695	0.668	0.398	0.691	—
学术研究能力	入学初期	2.474	0.712	2.641	0.746	4.343	0.000	0.156
	目前	3.929	0.703	4.087	0.727	4.290	0.000	0.156
	增值	1.475	0.814	1.447	0.813	0.645	0.519	—
文化与文艺赞赏能力	入学初期	3.005	0.829	3.405	0.902	8.782	0.000	0.305
	目前	3.808	0.855	4.086	0.907	6.077	0.000	0.216
	增值	0.807	0.744	0.677	0.768	−3.369	0.001	0.123

*T*检验分析结果表明，第一代大学生入学初期的能力水平和目前能力发展水平都显著低于非第一代大学生；从能力增值角度来看，第一代与非第一代大学在核心素养能力、学术

研究能力增值上并无显著差异。然而，T 检验只能说明第一代与非第一代大学生在能力发展方面是否存在显著性差异，并不能解释差异产生的原因。

3. 回归分析

学习成果由学生的输入变量和学校环境变量两方面共同影响和决定[23]。对学生背景特征与能力发展进行回归分析，有助于我们理解变量间的作用机制。学生背景特征（包括性别、年龄、种族、住所、是否为第一代大学生、是否转学等）是输入变量的重要组成部分，会对学生的学习能力发展产生直接影响，并通过学生参与的中介效应对学生的能力发展产生间接影响[30]。为明确学生背景特征对学生能力发展的具体影响作用，本研究采用线性回归方程，将学生的性别、年级、专业、家庭条件等个人背景特征作为控制变量纳入回归方程模型，考察是否为第一代大学生对学生入学初期的能力水平、目前能力发展水平及能力增值水平的具体影响作用。回归分析结果如表 4 所示。

表 4　第一代大学生学习能力回归方程分析结果

被预测变量	回归方程变量	β	t 值	P	n	R^2
入学初期核心素养能力	第一代大学生	−0.09	−2.38	**0.02**	1 705	0.04
	男性	−0.02	−0.58	0.56		
	低收入	−0.19	−5.03	**0.00**		
	理工科专业	−0.06	−1.68	0.09		
	四年级	0.07	1.57	0.12		
	三年级	−0.02	−0.67	0.51		
入学初期文化与文艺欣赏能力	第一代大学生	−0.22	−4.50	**0.00**	1 705	0.09
	男性	−0.21	−4.65	**0.00**		
	低收入	−0.25	−5.15	**0.00**		
	理工科专业	−0.16	−3.12	**0.00**		
	四年级	0.10	1.81	0.07		
	三年级	0.09	1.93	0.05		
入学初期学术研究能力	第一代大学生	−0.10	−2.36	**0.02**	1 705	0.03
	男性	−0.04	−1.00	0.32		
	低收入	−0.20	−4.82	**0.00**		
	理工科专业	−0.04	−1.00	0.32		
	四年级	−0.03	−0.67	0.50		
	三年级	−0.06	−1.46	0.15		
目前核心素养能力	第一代大学生	−0.06	−1.74	0.08	1 705	0.05
	男性	0.08	2.36	**0.02**		

（续表）

被预测变量	回归方程变量	β	t 值	P	n	R^2
目前核心素养能力	低收入	−0.24	−6.45	**0.00**	1 705	0.05
	理工科专业	−0.06	−1.53	0.13		
	四年级	−0.15	−3.57	**0.00**		
	三年级	−0.09	−2.58	**0.01**		
目前文化与文艺欣赏能力	第一代大学生	−0.14	−2.89	**0.00**	1 705	0.06
	男性	−0.17	−3.64	**0.00**		
	低收入	−0.18	−3.71	**0.00**		
	理工科专业	−0.24	−4.71	**0.00**		
	四年级	−0.07	−1.16	0.25		
	三年级	−0.03	−0.55	0.59		
目前学术研究能力	第一代大学生	−0.05	−1.14	0.26	1 705	0.04
	男性	−0.04	−0.98	0.33		
	低收入	−0.19	−4.86	**0.00**		
	理工科专业	0.01	0.18	0.86		
	四年级	−0.23	−4.99	**0.00**		
	三年级	−0.14	−3.61	**0.00**		
增值——核心素养能力	第一代大学生	0.02	0.63	0.53	1 705	0.02
	男性	0.10	2.79	**0.01**		
	低收入	−0.05	−1.31	0.19		
	理工科	0.01	0.15	0.88		
	四年级	−0.22	−4.89	**0.00**		
	三年级	−0.07	−1.80	0.07		
增值——文化与文艺欣赏能力	第一代大学生	0.08	1.82	0.07	1 705	0.02
	男性	0.05	1.15	0.25		
	低收入	0.07	1.64	0.10		
	理工科专业	−0.08	−1.83	0.07		
	四年级	−0.17	−3.39	**0.00**		
	三年级	−0.12	−2.83	**0.00**		
增值——学术研究技能	第一代大学生	0.05	1.10	0.27	1 705	0.01
	男性	0.00	0.04	0.96		
	低收入	0.01	0.13	0.90		

（续表）

被预测变量	回归方程变量	β	t 值	P	n	R^2
增值——学术研究技能	理工科专业	0.05	1.03	0.30	1 705	0.01
	四年级	−0.20	−3.61	**0.00**		
	三年级	−0.08	−1.76	0.08		

注：表中黑体字数据表示相应变量与被预测变量间存在显著相关关系。

回归分析结果表明，总体而言，是否为第一代大学生与学生的能力发展存在显著相关关系。具体而言，就入学初期的能力水平来说，是否为第一代大学生与能力发展的各项指标都有显著相关关系；就目前能力发展水平来说，文化与文艺欣赏能力与是否为第一代大学生存在显著相关关系，而核心素养能力与学术研究能力与是否为第一代大学生无显著相关关系；就增值能力发展水平而言，是否为第一代大学生与能力发展的各个指标均无显著相关关系，而与年级有显著相关关系。

综上所述，第一代大学生入学初期的能力发展水平显著低于非第一代大学生。可从两方面加以剖析导致这种状况的原因：从家庭内生性结构来看，第一代大学生的家庭经济、文化资本积累不足，家庭内生性结构特征的继承性"惯习传递"会在入学初期弱化其效能信念及成功预期[31]，这无形中会降低其校园活动参与度、学术投入度，进而影响其能力发展；从第一代大学生自身来看，由于缺乏代际间对高等教育信息的传送，缺失来自父母经验层面的感性支持，缺少对高等教育基本规范的熟悉感，第一代大学生群体在入学初期场域转换时多面临着学业适应能力弱、心理失衡、文化排斥、角色失调、自我规划障碍等问题[19]，这必然会影响其能力发展。

就目前学生能力发展水平而言，第一代大学生的能力发展水平显著低于非第一代大学生，但差异产生的原因并不完全归结于是否为第一代大学生。这说明高等教育经历会在无形中削弱"惯习传递"的固化作用。学生适应了场域转换后，家庭内生性结构特征的"惯习传递"作用会逐渐减弱。学生能力发展已不再取决于其家庭内生性结构特征的"惯习传递"，而与学生在教育过程中逐渐形成的效能信念、成功预期、学术投入等相关。从能力增值角度来看，第一代大学生并不处于绝对弱势地位，是否为第一代大学生与学生能力发展无显著相关关系，而年级与学生能力发展的各项指标有显著相关关系。这表明，高等教育经历的确发挥了"制衡器"作用，改善了第一代大学生"不平等进入"状况。

第一代大学生在先赋性条件不足的情况下，在受教育过程中依然可以通过提高学术参与度、改善学业投入度等方式，弱化"惯习传递"的制约作用，提高自身能力发展水平。笔者曾深入访谈过部分第一代大学生，发现他们不但能充分认识自身的位置结构，并能够以此鞭策自己增强行动能力。正如其中一名受访者所言："刚进校的时候，我确实很自卑，感觉自己处处不如人，特别是在大一上学期的时候，过得很不开心。后来，我慢慢适应了大学的环境，意识到自怨自艾没有任何作用，我没有办法选择自己的父母和出生环境，只有努力学习,多学点东西,才能改变后代的起点,我的孩子才不至于像我这样。"这说明,在接受高等教育的过程中,第一代大学生的家庭内生性结构特征虽然会对他们产生一定的消极影响,但他们可以通过发挥个体能动性提升自己的能力水平。当然,非第一代大学生的能力发展起点较高,增量空间较小。受到起点影响的增量难以预测,因此本文暂未考虑。

(二)学习经历满意度差异分析

1. 因子分析

学习经历满意度是指学生对所受教育情况的一种反馈,也是一种重要的学习成果形式。[23] 本文采用李克特六级量表,通过 20 道测量学生学习经历满意度的题目收集数据。学生对各个指标的满意程度分为"很不满意""不满意""较不满意""较为满意""满意""很满意"六个等级。为便于统计分析,为这六个满意度等级分别赋值 1～6 分。

为使学习经历满意度指标简单化,本文首先对学习经历满意度的各项指标进行探索性因子分析。分析结果表明,KMO 的统计量为 0.928(KMO＞0.6),Bartlett 球形假设检验的统计量为 18 165(df＝190), P＝0.000(P＜0.001),即 Bartlett 球形假设被拒绝,说明学习经历满意度的样本数据适合进行探索性因子分析。笔者采用方差最大化正交旋转法提取了四个特征值大于 0.9 的因子。根据阿斯汀"满意度测量与评估"划分理论[23]及因子负荷聚合情况,将四个因子分别命名为就读经历的总体满意度,课程质量满意度,教师、专业、学校指导满意度及教学质量与学习机会满意度。这四个因子累计解释 61.7%(＞50%)的方差变异情况。为确保提取因子的内部结构信度,本研究对学习经历满意度的样本数据进行了内部信度分析。数据分析结果表明,用来表征学习经历满意度的四个因子的信度系数分别为 0.773、0.785、0.897 和 0.849,这说明本研究建构的学习经历满意度指标具有良好的信度和效度。学习经历满意度因子分析及信度分析结果如表 5 所示。

表 5　学习经历满意度因子分析及信度分析结果

因子命名	题项数目	题项示例	特征值	累积方差	信度系数
就读经历的总体满意度	4	总体的社会实践满意度	0.96	4.65%	0.773
课程质量满意度	3	通识课程或满足知识广度要求的课程丰富性	0.95	11.75%	0.785
教师、专业、学校学习指导满意度	3	教师给的学术方面的建议	1.21	19.80%	0.897
教学质量和学习机会满意度	10	参与科研活动的机会或制造创意产品的机会	8.43	61.60%	0.849

2. *T* 检验分析

为进一步了解研究型大学第一代与非第一代大学生情感层面的学习成果差异，本文对研究对象的学习经历满意度样本数据进行 *T* 检验分析。因 *T* 检验分析结果表明第一代与非第一代大学生的学习经历满意度不存在显著差异，故未进行效应量检验。由表 6 可知，从均值来看，第一代与非第一代大学生学习经历满意度各指标的均值都超过了中等强度 3.5，徘徊在 3.7 至 4.4 之间，这表明二者的学习经历满意度都达到了“较为满意”的程度。从 *T* 检验分析结果看，第一代与非第一代大学生在学习经历满意度的四个指标上均不存在显著性差异($P>0.05$)。

表 6　第一代与非第一代大学生学习经历满意度差异分析

维度	第一代大学生		非第一代大学生		*T*	*P*
	平均数	标准差	平均数	标准差		
就读经历的总体满意度	3.753	0.827	3.793	0.838	0.962	0.336
课程质量的满意度	4.192	0.889	4.163	0.899	−0.595	0.552
教师、专业和学校指导的满意度	4.017	0.837	4.021	0.832	0.104	0.917
教学质量和学习机会满意度	4.368	0.754	4.315	0.762	−1.329	0.184

3. 回归分析

根据上述研究，第一代与非第一代大学生在学习经历满意度方面无显著性差异。但通过文献研究发现，学生背景特征与学习经历满意度存在一定相关关系。有研究者在研究学生背景特征、学生参与、学生成绩与满意度间的关系时发现，学生的背景特征(包括性别、年级、学生入学前的成绩)会对学生满意度产生一定影响作用[32-33]。为进一步探究学生背景特征与学习经历满意度的相关性，本文采用回归方程研究法，将学生性别、年级、专业、家庭条件等个人背景特征作为控制变量纳入回归方程模型，分析是否为第一代大学生对学习经历满意度的影响。学习经历满意度回归方程数据分析结果如表 7 所示。

表 7　学习经历满意度回归方程分析结果

被预测变量	回归方程变量	β	t 值	*P*	*n*	R^2
就读经验总体满意度	第一代大学生	0.00	−0.08	0.94	1 021	0.04
	男性	0.00	−0.07	0.94		
	低收入	−0.13	−2.80	**0.01**		
	理工科专业	−0.09	−1.87	0.06		
	四年级	−0.27	−4.52	**0.00**		
	三年级	−0.20	−4.48	**0.00**		

（续表）

被预测变量	回归方程变量	β	t 值	P	n	R^2
课程质量满意度	第一代大学生	−0.07	−1.34	0.18	1 021	0.02
	男性	−0.08	−1.48	0.14		
	低收入	0.00	−0.04	0.96		
	理工科专业	0.15	2.55	**0.01**		
	四年级	−0.08	−1.20	0.23		
	三年级	−0.11	−2.16	**0.03**		
教师、专业和学校学习指导满意度	第一代大学生	−0.01	−0.21	0.83	1 021	0.02
	男性	−0.08	−1.73	0.08		
	低收入	−0.04	−0.72	0.47		
	理工科专业	0.14	2.70	**0.01**		
	四年级	−0.11	−1.70	0.09		
	三年级	−0.13	−2.62	**0.01**		
教学质量和学习机会满意度	第一代大学生	−0.03	−0.79	0.43	1 021	0.01
	男性	−0.09	−2.08	**0.04**		
	低收入	0.01	0.27	0.79		
	理工科专业	0.02	0.54	0.59		
	四年级	−0.11	−2.00	0.05		
	三年级	−0.07	−1.78	0.08		

注：表中黑体数据表示相应变量与被预测变量间存在显著相关关系。

从回归分析统计结果可知，是否为第一代大学生与学生的学习经历满意度的各项指标均无显著相关关系。具体而言，就读经验的总体满意度与学生家庭收入和年级显著相关；课程质量满意度及教师、专业和学校学习指导满意度都与年级和专业显著相关；教学质量和学习机会满意度与学生性别显著相关。

综合 T 检验和回归分析结果可知，第一代与非第一代大学生的学习经历满意度都维持在较高水平；第一代与非第一代大学生的学习经历满意度并无显著差异，第一代大学生学习经历满意度的某些指标还略高于非第一代大学生；是否为第一代大学生与学生的学习经历满意度无显著相关关系。第一代大学生的学习经历满意度水平较高可能有如下原因：其一，同济大学作为国内重点研究型大学，政府扶持力度大、经费支出高、基础设施好，学生科研参与度、学业研究资源的可及性普遍高于普通院校；其二，第一代大学生从家庭所属的封闭狭隘的场域转换到现代城市场域[34]，对现代文明的接触，对发展迅速的现代社会的感知，必然会反映到学生的学习经历满意度上来；其三，从以应试教育为中心的中学场域过渡到创造知识、传播文明的大学学术场域[34]，接受学识渊博教师的指导、领略较为先进的课程设计及教学方式，第一代大学生体会到了学术盛宴带来的震撼。

第一代大学生在适应了双重场域转换后，家庭内生性结构特征的“惯习传递”的影响作用会逐渐减弱，高等教育经历会弥补因家庭结构性不平等而缺失的文化熏陶。第一代大学生可以在现代城市场域和大学学术场域中，通过体验多元文化形式、增加与同辈的交流频率、提高学业参与程度等方式，接受因家庭结构性不平等而缺失的文化熏陶，削弱家庭内生性结构特征的制约作用。在此过程中，第一代大学生必然会比从小接受优秀文化、现代文明辐射的非第一代大学生有更深的体会，导致其学习经历满意度略高于非第一代大学生。从这个角度来说，高等教育经历的确发挥了“制衡器”作用，有助于改变家庭结构性不平等导致学生处于“不平等起点”的失衡状态的状况。

五、结语

研究发现，第一代大学生在认知成果上显著低于非第一代大学生，大学生入学初期的能力发展水平与其是否为第一代大学生显著相关；第一代大学生在情感成果上与非第一代大学生相差无几，是否为第一代大学生与学习经历满意度无显著相关关系。研究表明，家庭内生性结构与学生的学习成果存在一定的联结机制，这对于完善学生支持体系，促进教育公平具有重要的启示意义。

（一）家庭内生性结构会产生传递机制

家庭内生性结构会通过潜移默化的“惯习”产生传递机制，对个体的学习成果产生重要影响。第一代大学生由于家庭文化、经济、社会资本缺失，往往在“惯习”传递和价值形塑中处于弱势，这不仅意味着学生反哺家庭的责任更重，也影响学生争取、利用平台及资源的主动性和学生的成功预期、效能信念等[35]。因缺乏代际间对高等教育信息的传递、缺失成功期望在代际间转化的自然生成机制，第一代大学生可能会在入学初期场域转换时出现心理失衡、文化排斥、角色失调等问题，从而影响自身的学习成果和教育增值。

第一代大学生作为“隐性的、不易被察觉的弱势大学生”群体[36]，应得到更多关注与重视。我国高校现行人才培养模式多存在较为突出的同质化现象，忽视学生的群体特质。鉴于家庭内生性结构对学生产生的继承性传递作用，高校有必要在教育过程中了解学生的家庭结构特征，明晰“不平等进入”对学生个体产生的重要影响。融入家庭溯源的个性化教育会有效提高人才培养质量，促进教育公平。

（二）个体能动性会反作用于制约机制

家庭内生性结构产生的传递机制虽然会对个体产生制约作用，却不必过分强调结构性不平等,而忽视学生作为受教育主体的能动性,忽略个体行动能力对家庭内生性结构的反作用力。家庭内生性结构虽不能为个体自主选择,却不是一成不变的。个体仍然可以在家庭内生性结构特征的限制下,通过提升行动能力、增强行动策略、改变行为结构[37]反作用于既定家庭内生性结构的传递机制,削弱家庭内生性结构的固化效应。

学生个体能动性会反作用于家庭内生性结构产生的传递机制。第一代大学生由于资本缺失、位置区隔的双重制约,往往处于竞争弱势地位。但他们可以通过提高学术参与度、改善学业投入度及增加社交活动融合度等方式,挑战甚至逆转原生家庭的结构特征的继承性惯习传递。因此,鼓励学生冲破继承性家庭结构特征的桎梏,充分发挥个体能动性对于提高教育质量、促进教育公平具有重要意义。为此,国家需要加大经济帮扶力度,帮助第一代大学生摆脱在文化资本及经济资本积累中所处的弱势地位,同时,高校可以根据学生个体家庭内生性结构特征,针对不同类型、不同特质的学生群体,建构多元化、个性化的学生指导体系。

(三)教育环境支持性会削弱固化机制

除个体能动性的发挥会反作用于家庭内生性结构产生的传递机制外,建构良好的教育支持环境也不失为良举。目前,高校在教育环境支持性,特别是针对学生的群体特质提供支持方面还有很大的进步空间。高等教育发展的最终目的在于为多元化的学生群体提供更好的个人发展。高校既无法左右学生的先赋性条件,也无法控制学生的自致性过程,却可以通过提高教育环境支持性,引导学生充分发挥个体能动性,削弱家庭内生性结构特征的继承性惯习传递,缩短学生场域转换的适应期,促使学生实现教育增值,促进教育公平。

为此,高校需要根据学生的异质特征建构集针对性、操作性与系统性于一体的学生支持体系。例如建立相似家庭背景学生群体的朋辈组织,通过增进了解、加强沟通、分享经验,促进相互之间的互动与交流,增强他们对大学的归属感;搭建不同家庭背景学生群体间的沟通平台,促进相互了解,削弱学生间的区隔;创建具有约束和激励机制的教师评价体系,鼓励教师积极主动地与学生交流,特别是引导教师对社会经济地位相对低、文化资源相对较少的第一代大学生群体给予更多支持;建构不同学生群体的引导机制,倡导学生多元发展。

参考文献

[1] 21世纪教育研究院. 中国教育发展报告2017[EB/OL]. (2017-04-20)[2017-10-14]. http://www.cssn.cn/zk/zk_zkbg/201704/t20170420_3493022.shtml.

[2] 周怡. 布劳—邓肯模型之后:改造抑或挑战[J]. 社会学研究,2009,24(6):206-225,246.

[3] 夏高发. 基于起点不平等事实的高等教育公平[J]. 宜宾学报,2011(1):113-114,121.

[4] 史静寰,文雯. 清华大学本科教育学情调查报告 2010[J]. 清华大学教育研究,2012(1):4-16.
[5] 周菲. 家庭背景如何影响大学生的学习经历[J]. 高等教育研究,2016(7):61-71.
[6] PELCO L, BALL C, LOCKEMAN K. Student growth from service-learning: a comparison of first-generation and non-first-generation college students[J]. Journal of Higher Education Outreach and Engagement, 2014, 18(2): 49-66.
[7] RICHARD C, RICHARDSON J R, SKINNER E F. Helping first-generation minority students achieve degrees[J]. 1992(80): 29-43.
[8] ISHITANI T T. Studying attrition and degree completion behavior among first-generation college students in the United States[J]. The Journal of Higher Education, 2006(77): 861-885.
[9] ENGLE J, TINTO V. Moving beyond access: college for low income, first-generation students[EB/OL]. (2008-04-19)[2017-10-25]. http: //files. Eric. Ed. gov/fulltext/ED504448. pdf.
[10] NORA A, HORVATH F. Financial assistance: minority enrollment and persistence[J]. Education and Urban Society, 1989, 21(3): 299-309.
[11] RIEHL R J. The academic preparation, aspiration, and first-year performance of first-generation students[J]. College and University, 1994, 70(1): 14-19.
[12] STRIPLIN J J. Facilitating transfer for first-generation community college students[J]. ERIC Digest, 1999, 6: 2.
[13] MOUW T. Social capital and finding a job: do contacts matter? [J]. American Sociological Review, 2003, 68(6): 868-898.
[14] PIKE G R, KUH G D. First-and second-generation college students: a comparison of their engagement and intellectual development[J]. The Journal of Higher Education, 2005, 76(3): 276-300.
[15] 沈艳,张恺. 家庭背景对我国高等教育入学机会的影响——基于 2013 届高校毕业生调查的实证分析[J]. 教育学术月刊,2015(5):30-36.
[16] 杨倩. 家庭背景对高等教育入学机会的影响[J]. 现代教育管理,2011(7):22-24.
[17] 杜桂英. 家庭背景对我国高等教育入学机会的影响——基于 2009 年高校毕业生的调研报告[J]. 国家教育行政学院学报,2010(10):78-84,5.
[18] 鲍威. 第一代农村大学生的升学选择[J]. 教育学术月刊,2013(1):4-11.
[19] 鲍威,陈亚晓. 经济资助方式对农村第一代大学生学业发展的影响[J]. 北京大学教育评论,2015(2):81-96.
[20] 鲍威. 未完成的转型——普及化阶段首都高等教育的人才培养与学生发展[J]. 北京大学教育评论,2010(1):27-44,189.
[21] ASTIN A W. Achieving educational excellence[M]. San Francisco: Jossey-Bass Publishers, 1985: 133.
[22] 郑雅君,牛新春. 家境越好对大学越满意? ——双因素激励理论视域下学生满意度与家庭背景之间的非线性关系[J]. 教育发展研究,2016(17):43-51.
[23] ASTIN A W. Assessment for excellence: the philosophy and practice of assessment and evaluation in

higher education[M]. New York: Macmillan Publishing Company, 1991: 61-64.
[24] 程明明,常桐善,黄海涛.美国加州大学本科生就读经验调查项目解析[J].清华大学教育研究,2009(6):95-103.
[25] 安东尼·吉登斯.社会的构成[M].李康,李猛,译.北京:生活·读书·新知三联书店,1998.
[26] 吕林海,郑钟昊.中韩研究型大学本科生学术经历满意度研究——基于南京大学和首尔大学的问卷调查[J].教育发展研究,2013(1):34-42,54.
[27] 陆根书,胡文静.师生、同伴互动与大学生能力发展——第一代与非第一代大学生的差异分析[J].高等工程教育研究,2015(5):51-58.
[28] 李玉倩.基于结构方程模型的高等教育学生满意度研究[J].高教探索,2017(2):45-50.
[29] 赵晓阳.基于学生参与理论的高校学生发展及其影响因素研究[D].天津:天津大学,2013.
[30] PIKE G R, SMART J C, ETHINGTON C A. The mediating effects of student engagement on the relationships between academic disciplines and learning outcomes: an extension of Holland's theory [J]. Research in Higher Education, 2012, 53(5): 550-575.
[31] 周菲.家庭背景如何影响大学生的学习经历[J].高等教育研究,2016(7):61-71.
[32] 石军霞.高校学生满意度调查研究[D].苏州:苏州大学,2008.
[33] PIKE G R. The effect of background, coursework and involvement on students' grades and satisfaction[J]. Research in Higher Education, 1991, 32(1): 15-30.
[34] 秦惠民,李娜.农村背景大学生文化资本的弱势地位——大学场域中文化作为资本影响力的视角[J].北京大学教育评论,2014(4):72-88,185.
[35] 廖青.精英大学中农村学生的学习经历——对再生产理论的省思[J].高等教育研究,2016(11):77-84.
[36] 黄雅荣.台湾第一代大学生的背景和特质[J].师大学报(教育类),2007,53(2):111-130.
[37] 熊静.第一代农村大学生的学习经历分析——基于结构与行动互动的视角[J].教育学术月刊,2016(5):74-81.

高校如何为返校复学退伍大学生纾困

◎ 朱力晴　徐汉明

摘　要　本文通过对同济大学2017—2021年应征入伍的282名大学生进行问卷调研，探究应征入伍大学生退伍返校后面临的现实困难及希望获得的帮助。针对退伍大学生在退伍返校的再适应、本科期间的学业成绩、退伍优待政策的落实情况及本科毕业去向方面遇到的困难，分析相应对策，从而进一步提出从高校武装部、学生所在基层学院及学校三个层面助力退伍大学生全面发展的建议。

关键词　退伍大学生　服务管理　纾困

在党的十九大报告中，习近平总书记明确提出："组建退役军人管理保障机构，维护军人军属合法权益，让军人成为全社会尊崇的职业。"同济大学自2001年成为高校大学生征集兵员的试点单位以来，已经历21余年，先后有600余名学生被光荣批准入伍，被多次评为上海市征兵工作先进单位。同济大学参军入伍学子中1名荣立二等功、20余名荣立三等功。

大学生士兵在部队服役期间强健体魄、磨练意志，退伍返校后继续学业，有部分学生因为部队服役的经历及身份的快速转变，存在融入困难、心理困扰、学业困境、发展困惑等问题。高校需要整合优势资源，通过高校武装部、学生所属学院及高校各相关机构的协调与配合，构建"全员"育人机制，为退伍大学生的个人成长提供更好的平台，助力退伍大学生全面发展。

为探究应征入伍学生退伍返校后的再适应问题，通过对2017—2021年入伍的282名学生做问卷调查的形式，找到退伍学生返校复学后所面临的现实困难，以期提出有助于退伍学生成长成才的有效措施。调查收回了有效问卷277份，其中有167份问卷显示学生退伍后面临多种困难，希望获得学校更多的支持和帮助。

作者简介　朱力晴，同济大学武装部副主任科员。
徐汉明，同济大学武装部副部长。

一、退伍大学生返校复学后面临的困难

（一）退伍复学后的再适应困惑

退伍大学生经历两年部队的磨练，具有忠诚、执着、勇敢、坚韧的意志品质，有强烈的大局意识、服务意识。目前因为退伍时间与开学时间基本重合，退伍学生返校后直接开始上课，有些延迟退伍的学生甚至在学期中返回学校，在适应校园生活、学习等方面出现了一系列困惑。

表示退伍后面临困难的调查对象中约17.9%(32人/167人)提到需要学校提供适应性教育。退伍大学生普遍比同班同学年龄更大，加上在部队封闭环境下生活两年，在与同学存在代沟，较难融入新班级，缺乏对新班级的集体归属感。

（二）退伍复学后的学业困难

有一部分学生参军入伍的原因是在学业上遇到了困难，想要改变自己的不良学习习惯和生活习惯。然而在部队服役期间，大学生士兵忙于高强度的军事训练，对于大学里专业知识的学习出现了断层。虽然大学生士兵退伍后确实在生活习惯、意志品质、自我管理方面得到了很大提升，然而在对专业知识的掌握方面还存在很大的需要填补的空间。

表示退伍后面临困难的调查对象中约43.1%(72人/167人)的退伍大学生表示退伍后的最大困难是学业压力。经过统计发现，在入伍前绩点低于3.0的学生中，退伍返校后绩点仍低于3.0的学生约占35%，退伍后退学的学生为8人(8人/282人)。

他们在部队时，被贴上“大学生士兵”的标签，被认为是部队的精英，退伍后又被贴上“退伍大学生”的标签，学业上的短板暴露，居于人后，这使他们有很大的心理落差，从而加深了对学习的排斥和抵触，由此引发的心理问题也不容忽视。

（三）退伍复学后的优待政策落实瓶颈

退伍安置优待政策是鼓励大学生应征入伍的重要抓手，同济大学有关学业优待政策主要包括针对大一、大二学生的转专业政策及士兵计划读研的政策。2017—2021年享受退伍后政策转专业的退伍大学生有62名，享受士兵计划升学的退伍大学生有119名。表示退伍后面临困难的调查对象中约11.9%(20人/167人)的退伍大学生希望可以在退伍优待政策落实方面获得帮助。

除了部分学业确实十分困难的学生外，大部分享受学业优待政策的退伍大学生都能够完成新专业及更高层次学历的学习。同时，也有许多在全校层面起到榜样作用的优秀退伍大学生，有经过遴选成为同济大学优秀大学生报告团成员的，也有获得过市级、校级优秀学生干部荣誉称号的。

然而,目前也有少部分退伍大学生在学业优待政策的落实过程中确实遇到不少阻碍。阻碍的来源主要是"退伍大学生学业中断两年,会影响其学业水平"等刻板印象。有些阻碍虽然最终消除了,但是耗时很长,有些阻碍直至学生毕业也无法消除。优待政策落实的瓶颈问题在一定程度上影响了相关学生的学业。

(四)退伍复学后的就业困境

部分退伍大学生返校后直接进入毕业年级,对于秋招毫无准备,由于自身两年未接触专业知识,部队从军经历又不占优势,在择业过程中屡屡碰壁,对未来的发展比较迷茫。而很多其他非应届毕业年级的退伍大学生在之后的择业过程中也没有发挥自己服役经历的优势。在问卷调查中,有 12.5%(21 人/167 人)的退伍大学生希望可以在就业方面获得更多有针对性的指导。

二、退伍大学生返校复学后面临困难的对策

(一)退伍复学后的再适应教育

大一新生入学的第一周,部队中的新兵连时期,都是很好的适应新身份的过程。武装部作为负责大学生应征工作的职能部门,对于应征大学生的全过程服务责无旁贷。大学生入伍前,同济大学采取封闭预训方式,帮助学生从生活作息、体能储备等方面尽快适应部队生活;退伍后,武装部也应牵头,联合各基层学院及相关职能部门对退伍大学生开展适应性教育,帮助退伍大学生更快更好地完成身份角色的转变。基于退伍学生的切实需求,学校制订了《退伍大学生返校适应性教育方案》,详情见表 1。

表 1 退伍大学生返校适应性教育方案

		第一天	第二天	第三天	第四天	第五天
上午	内容	退伍学生座谈会	办理退伍相关手续	辅导员见面会	优秀退伍大学生分享会	职业生涯规划
		讲解退伍后学校安置优待政策 统计退伍学生转专业、保研信息 统计退伍学生重考、缓考成绩信息	武装部协调各相关部门帮助退伍大学生办理相关手续	各学院辅导员与退伍学生见面,辅导员开展入党启蒙教育/入党考察衔接、讲解培养计划的调整、协助选课等。 交流退伍学生遇到的困难和对重返校园的期待	新退伍大学生与优秀在读的退伍大学生共建活动,分享退伍大学生返校后的历程经验,让新退伍大学生能尽快融入学校紧张、团结的学习生活中	了解退伍大学生的所需所求,精准导向、精准服务,提前在职业发展上为他们提供学校支持和社会支持

（续表）

		第一天	第二天	第三天	第四天	第五天
上午	牵头部门	武装部、本科生院	武装部	武装部、各学院辅导员	武装部、各学院	武装部、就业指导中心
下午	内容	适应性心理辅导	武装部协调各相关部门帮助退伍大学生办理相关手续	班级见面会	重识校园	校友企业见面（应届退伍大学生）
		对于退伍返校后可能遇到的问题和会产生的心理落差提前预警，帮助退伍学生更快做好心理调适		退伍学生班级召开班会，与新班主任及新同学见面，欢迎退伍学生返校，帮助退伍学生尽快融入新班级	参观校园，重新认识离开两年的学校，了解两年来学校的发展	邀请优秀校友来校交流、座谈，分享当前企业未来发展，把应届退伍大学生向优秀的校友企业推荐，给予实习、见习和录用的机会
	牵头部门	武装部、心理咨询中心	武装部	各学院班级	武装部、学研工部	武装部、就业指导中心、校友会

（二）学业困难退伍大学生的帮扶措施

少部分退伍大学生，虽然在学业上存在困难，但是经过部队的历练，具备吃苦耐劳的精神。对他们的学业帮助主要由学研工部及所在学院承担。可借鉴部队的“三人互助小组”模式，设立三人学习小组，通过小组成员相互学习、相互监督、共同提高，助力退伍大学生解决学习困难的问题。可发挥朋辈导师作用，开展学业咨询，解决学习方法等方面存在的问题。

（三）退伍大学生优待政策的有效落实

同济大学 2017—2021 年享受退伍后政策转专业的退伍大学生有 62 名，其中 31 名学生在入伍前绩点低于 3.0，其中转专业后绩点高于或等于 3.0 的为 23 名。退伍大学生转专业政策给了成绩不理想的学生一个重新选择的机会，使他们通过政策转专业后进入适合自己的专业学习，成绩有所提升。帮助退伍大学生落实转专业政策有助于其顺利完成本科阶段的学业。

在 2017—2021 年享受士兵计划升学的 119 名退伍大学生中，有 17 名学生在入伍前绩点低于 3.0，这 17 名学生通过部队两年的锻炼及退伍后自身的努力提高了成绩，从而顺利获得了退役大学生士兵专项硕士研究生招生计划升学资格。这也为退伍大学生升学深造多提供了一条路。

因此，有效落实优待政策对于退伍大学生的学习和发展都是有益的。在政策落实的过程中，首先要做好政策落实的前置服务，武装部做好预统计及协调工作，帮助学生理性选择专业；其次要做好政策落实过程中的沟通工作，各相关学院及职能部门通力合作，解决接收转专业及升学的退伍大学生过程中出现的问题；最后要做好政策落实后的跟踪工作，相关基层学院及时了解转专业及升学学生后续的学习情况，武装部与相关学院做好联动，跟踪记录学生情况，为后续的政策调整做资料储备。

（四）退伍大学生就业指导

退伍大学生作为一个特殊群体，为国防事业献身两年，这样的独特经历理应作为他们在退伍后就业道路上的优势和闪光点。要发挥就业指导中心的作用，为退伍大学生提供创业就业培训，帮助他们明确职业生涯规划。通过开设讲座、实地考察等方式引导退伍大学生明确奋斗目标。如解读公务员、选调生、大学生村官的选拔政策，鼓励退伍大学生参加“志愿服务西部计划”和“三支一扶”计划；对于想自主创业的退伍大学生，安排指导老师，结合退役军人创业相关优惠政策为他们的创业过程进行指导。

三、退伍大学生服务管理保障建议

（一）武装部做好全过程跟踪服务

1. 健全完善政策机制

学校武装部会同学校相关部门修订现有文件，出台可操作性强的优待政策，以制度为约束，保障退伍大学生权益。特别是学业优待相关政策的落实，在关键时间节点提前做好相关数据统计，“一人一策”地跟进。

2. 优化服务保障措施

入伍前，对于预征对象逐一谈话，激发他们的参军热情，鼓励他们在部队中建功立业；入伍后，做好跟踪服务，及时开展“故乡指导员”工作，了解学生在部队的服役情况，根据部队反馈的实际表现给予针对性的帮助和指导，并及时与其家长沟通，共同做好服役大学生的关心关爱工作；退伍后，帮助退伍大学生办理相关复学手续，与其所在学院及时沟通，共同帮助其顺利度过返校适应阶段。

3. 继续发挥退伍大学生优势

继续做好具有同济特色的军政训练工作。选拔退伍大学生担任军训教官，将团结实干、雷厉风行的部队精神传递给参训学生。选拔退伍大学生在国旗护卫队中担任教员，以朋辈的角色在学生中传递爱国主义精神。在征兵动员工作中，选取优秀的退伍大学生典型案例，制作宣传手册、组建宣讲团等。

（二）学院构建精准帮扶体系

1. 关心关爱退伍大学生

学院需要精准掌握退伍大学生名单，定期组织召开退伍大学生座谈会，及时了解他们的生活状态，帮助他们明确角色定位，顺利完成由士兵向学生的转变，尽快融入大学生活。给予退伍大学生更多机会，续写部队荣光。鼓励他们担任学生会干部及班干部，在学生日常事务管理中尽快实现角色转变，增强其获得感。

2. 对退伍大学生进行心理疏导

学院需要与退伍大学生深入沟通交流，发挥心理辅导员的作用，针对退伍大学生的个性特点、心理状态与现实困境，做到精准疏导。

3. 菜单式精准服务

学院应根据每个退伍学生的个体发展特点，提供菜单式的精准服务，在菜单之外退伍大学生也可提出自己的需求，让每个退伍大学生得到自己需要的服务与帮助。

（三）学校搭建平台助力退伍大学生全面发展

退伍大学生比普通大学生思想更加成熟，意志更加坚定，作风更为严谨。学校可为退伍大学生搭建锻炼平台，从而提升退伍大学生的组织管理能力与沟通协调能力。

1. 校园公共空间管理

退伍大学生士兵经过部队的磨炼，服从意识应变能力强，能在校园安全文化建设方面发挥重要作用。可以由学校保卫处牵头，为退伍大学生设立志愿服务岗，让他们参与校园公共空间的监察与督导工作，为平安校园建设保驾护航。

2. 宿舍文化创建

退伍大学生在军队中形成了良好的卫生习惯与生活规律，安全意识、统筹意识较强。可以由学研工部、社区管理中心共同组织在学生社区设立由退伍大学生担任的勤工助学岗位，进一步发挥退伍大学生在宿舍管理育人工作中的积极作用。

3. 构建实践平台

可以由各学院组织退伍大学生走进共建街道社区，参与社区共建与社区各类志愿服务活动，发挥退伍大学生“退伍不褪色”的热情，展现退伍大学生优良的精神风貌；由学校团委组织退伍大学生实践团队走进农村，提升退伍大学生的综合素质；由就业指导中心、校友会组织退伍大学生走进社会企业参观学习，加强校企合作，根据退伍大学生的个性特点，为其就业寻找合适的“目标市场”，使其尽早明确未来的奋斗方向。

参考文献

[1] 熊耀林，何玮，李梦轩. 人的全面发展视角下退伍大学生“四维培育”立体化成长路径研究[J]. 当代教

育理论与实践,2020,12(2):107-112.
[2] 姜森,杨彦华.退伍大学生士兵管理与服务机制研究[J].边疆经济与文化,2018(12):74-76.
[3] 王楷烁,林锐浩,陈家豪,等.退伍大学生职业生涯规划的研究与探索[J].科教文汇,2021(15):5-8.

“失陪”与“缺位”:“重要他者”在农村第一代大学生的教育路径中扮演了怎样的角色*

◎ 叶林欣

摘　要　进入高等教育普及化时代,大学生群体日渐多元,农村第一代大学生作为其中的一个亚群体,近年来在学界和社会中均获得越来越多的关注。家庭—父母、学校—教师在农村第一代大学生的教育路径中所扮演的角色还有待深入探究。本文选取高考与填报志愿、进入大学、考研或择业三个“重要抉择”作为分析的着力点,基于质性研究尝试探索作为“重要他者”的父母与教师在农村第一代大学生的教育路径中扮演了怎样的角色。研究发现:父母与教师在农村第一代大学生的重要抉择上,时常处于一种“失陪”和“缺位”的状态,在高考与志愿填报上农村第一代大学生往往处于一种“自主选择”的模式;在大学阶段,父母的作用逐渐“隐形”,而教师也呈现出一种“被动式陪伴”的状态;在考研或就业的选择上,父母与教师往往对此“不置褒贬”。“重要他者”的“失陪”与“缺位”可能会使农村第一代大学生的教育路径遭遇诸多挫折与迷茫。

关键词　农村第一代大学生　“重要他者”　教育路径

一、研究背景与研究问题

2019 年,我国高等教育毛入学率首次超过 50%,达到了 51.6%,这标志着我国高等教育进入普及化阶段。高等教育普及化时代,大学生群体日渐多元,其中,来自农村的大学生(简称农村大学生)成为一个广受关注的群体。实际上,虽然农村大学生的人数逐年增多,但在高等教育入学机会质量上,城乡差距仍然明显,同时,高等学校的层级越高,对学生的能力要求越高,出身对学业的影响也越强。城乡、家庭、阶层等诸多因素对农村大学生的教

* 本文为上海市哲学社会科学规划教育学青年项目“‘文化失配’视阈下农村家庭第一代大学生的考研动因研究”(项目批准号:B2022002)的阶段性研究成果。

作者简介　叶林欣,同济大学高等教育研究所硕士研究生。

育路径产生着复杂的影响。有学者指出,"家庭因素对高等教育入学质量有显著影响"。

欧美学者的诸多研究深刻揭示了家庭、阶层和教育之间存在着的紧密联系。在《不平等的童年》(*Unequal Childhoods*)中,安妮特·拉鲁(Annette Lareau)提炼了两种不同的家庭教养模式,不同阶层的家庭符应着不同的教养模式,不同的教养模式可能导向不同的教育和成长成效。保罗·威利斯(Paul Willis)在《学做工——工人阶级子弟为何继承父业》(*Learning to Labour: How to Working Class Kids Get Working Class Jobs*)揭示了工人阶层子弟的"反学校文化"将他们引向了文化再生产和子承父业的路径。

在我国教育情境中,也同样有相关研究表明,家庭因素对子女的教育存在某种深刻的影响。"家庭原因直接造成他们的自我认同困惑;从而生成学业失败者的自我认同。"除了家庭阶层的影响之外,城乡差异也在其中起着交织性的作用。"在家庭资本的参与下,城市学生与农村学生高考志愿填报上存在差异,城市学生在就读地域、就读学校和专业选择上更加理性和积极,农村学生则相对审慎保守。"高考志愿填报是家庭文化资本、社会资本等发挥作用的重要场景,但家庭的影响不会在高考填报志愿之后终止,而是会延续到大学阶段甚至延续终生。"在进入大学后,由于城乡二元结构的存在和城乡生活环境的差异,农村大学生在由农村向城市的社会流动过程中,存在着'先天性'的瓶颈和结构性障碍。"

除家庭父母因素外,学校教师在农村子弟的教育路径中肩负着重要的教育责任。在乡土文化空间中,学校教师一直都扮演着某种权威性的角色,受到家长和学生的高度尊重;同时,在事关学生的教育方面,学校教师也被家长和学生赋予了高度的寄托,在学生的教育路径乃至人生路径上扮演着举足轻重的角色。家庭父母与学校教师在某种程度上可被视为农村大学生教育路径中的"重要他者",父母是家庭场域中的"重要他者",教师则是学校场域中的"重要他者",学生正是在家庭与学校两个场域中来回切换,父母与教师成为建构学生的生长与教育的重要力量。

当前,农村大学生与城市大学生在接受高等教育尤其是优质高等教育方面仍然存在结构性差异与差距,大城市中产阶级家庭子女入学质量可能高于农村家庭子女,并且大城市中产阶级家庭子女在学业道路上更容易"走捷径"并获得巨大的优势。而与大城市中产阶级家庭子女更容易"走捷径"相反,农村大学生在受教育历程中可能更容易"走弯路",这种"弯路"突出体现在农村大学生在面对某些重大抉择时,包括在孩童时代、中高考时期、大学生活时期、考研时期等处于相对弱势的地位。

农村大学生的这种"弱势地位"与其家庭的文化资本、经济资本等密切相关。调查显示,我国农村大学生中很大一部分是"第一代大学生","'第一代大学生'中,来自农村的占69.7%左右"。"'第一代大学生'即父母未接受过高等教育的大学生。"这些来自农村的第一代大学生,由于其父母在经济资本和文化资本上的弱势,以及其父母缺乏高等教育的直接经验,可能会对他们的教育历程和大学阶段的学业表现产生某种影响甚至某种制约。当前,农村大学生及农村第一代大学生在我国接受高等教育的学生中占很大比重,他们的学业发展可能会直接影响我国高等教育质量和人才培养质量，因此这个群体及其教育与发展值得深入研究。

据此，本文以“农村第一代大学生”（即来自农村，且父母未接受过高等教育的大学生）为研究对象，尝试探究从高考到考研结束这段历程中农村第一代大学生在面临“关键抉择”时“重要他者”在其教育路径中所扮演的角色和发挥的作用，以期通过研究更具体地揭示“弱势群体”在教育场域中的心路历程，为教育改革与实践提供有益启发。

二、研究方法

本文采用“第一代大学生”的基本释义，即父母及直系长辈未接受过高等教育的大学生；“农村第一代大学生”则是指上大学之前家庭居住在农村地区且父母及直系长辈未接受过高等教育的大学生。本文中的“重要他者”主要指在大学生的教育历程中理应起到重要作用的人物，主要指农村大学生的父母及农村大学生在求学道路上遇到的老师。

本文选取符合上述定义的“农村第一代大学生”为访谈对象，通过多次深入的口述史访谈（即让被访谈者充分地陈述其成长历程与教育历程），从而收集丰富的有关个体成长历程与教育历程的第一手资料。访谈对象基本信息如表 1 所示。

表 1　访谈对象基本信息

访谈对象	性别	家庭所在地区	父母学历	父母职业	本科学校类型	读研学校类型
Lin	女	四川省农村	父亲：初中 母亲：初中	在外务工	“双非”一本	“双非”一本
Piao	女	贵州省农村	父亲：小学 母亲：小学	临时工	“双非”一本	未考研
Zhen	男	湖南省农村	父亲：初中 母亲：初中	在县城务工	“985”高校	“985”高校
Li	女	河南省农村	父亲：中专 母亲：小学	在村里开诊所	“双非”一本	“985”高校

三、分析结果

（一）人生第一个岔路口：高考与志愿

1. 高考“无为而治”

“我妈妈、叔叔婶婶等人都比较支持自己的孩子多上学，但我有好多堂哥堂姐上完初中就去读职高了。他们那个时候，可能迷上了某种游戏，也可能就是单纯地不喜欢学习。我

弟弟也是单纯地不喜欢学习,就不去上学了,而是去打工。"(Lin)

"我弟读完了初三,但是他没有参加中考,我妈让他去中考但他就是不去考,让他去找个职业学校去念书他也不去,最后我爸妈没有办法,只能尊重我弟的想法。"(Piao)

农村家庭父母的教育观念和城市家庭父母的教育观念存在的差异,大致可以分为三种:一部分农村家庭父母认为读书无用,对子女上大学持否定态度;另一部分农村家庭父母则认为上大学是必要的,但是其没有能力为子女教育提供较多帮助;还有一部分农村家庭父母对子女上大学持保留态度,既不支持也不反对子女上大学,将决定权交予子女,这一类农村家庭父母看起来尊重子女的选择,但实际透露出的是父母对自身的不自信,认为自己没有能力给予子女有效支持,实际上这同样可能会对子女的教育产生消极影响。

高考被视为中国学生的"必修课",很大一部分学生认为高考是"人生的转折点",对于农村大学生来说,这也是一个离开农村、进入城市的机会。然而,不同家庭子女在面临高考时所拥有的资源和资本是不同的,这将在他们的高考与志愿填报中产生直接影响。

"在发达的城市,学生的父母可能会觉得子女不仅要学好文化课,还要有几项特长,例如弹钢琴、跳舞、下围棋……但是我家所在的农村本身就没有培养子女特长的风气,我父母也没有想到培养我的特长。"(Piao)

有些体育特长生、艺术特长生可通过加分政策进入大学,城市一些生活条件较好的家庭的父母从子女小时候便会培养其特长爱好,这种特长爱好的培养需要消耗一定的资本。农村地区由于环境限制,很少有培养学生发展特长的场地,同时,大部分农村家庭的父母经济条件不足以支付子女特长培养费用,再加上农村大学生在没有长辈指引的情况下对高考加分政策也了解甚少,即便有体育或艺术天赋也可能被埋没。

此外,高昂的"补课费"也是大多数农村家庭的父母难以负担的,很多城市家庭的高考生父母在发现子女学习成绩不佳后及时采取措施,为子女报名一些"名师补习班",在高考之前临时抱佛脚,因此时常能看到一些平时学习不好的学生高考却考得很好,这和家长的付出也有密切关系。而这种"补课费",动辄一小时几百元,甚至几千元,一些普通家庭尤其是农村家庭的父母难以承受,农村学生的教育主要依赖学校教师施教,而缺乏家庭的有效帮扶与支持。

相比于城市家庭的父母在子女教育上经济的、文化的巨大资本投入,以及对与高考有关的信息和政策的高度关注与及时把握,农村家庭的父母在子女的教育和高考上则相对"无为",他们在经济上、文化上的匮乏,使得他们更多地将子女的教育和高考交由学生自己负责或者依赖学校和教师,然而,学校和教师面向的是学生群体,他们的帮助与支持很难覆盖每一个体。

2. 志愿"自主选择"

高考志愿看起来仿佛只是勾上几笔,但实则暗藏玄机,没有正确的志愿填报指导,高考高分也可能会被浪费,志愿的填报过程充分展示了学生及其家庭在经济资本、文化资本、社会资本等方面优势和劣势,这种优势或劣势在志愿填报这样的关键抉择中很可能会对学生的教育路径乃至人生道路产生重大影响。

“985”“211”高校几乎是每一个高考生追求的高校类型，对于很多家庭来说，孩子考上了“985”“211”高校就相当于对子女的教育取得了成功，很多企业也将“985”“211”高校学历背景设为招聘门槛，其重要性不言而喻。但是一部分考生却对这一“报考常识”知之甚少。“填报志愿的时候我觉得‘985’‘211’什么的不重要，然后来了这个学校(已录取的学校)才知道其实是重要的。”(Lin)访谈对象Lin来自四川省农村家庭，父母都是初中学历，并且在外务工。Lin的高考分数足以上一所四川省内的“211”高校，她却表示高考报志愿的时候并不知道“985”“211”有那么重要，因而报了一个“双非院校”，结果来到这所“双非院校”后才清楚“985”“211”的重要性，但已无济于事。

“我填志愿的时候没有好好查过它(本科就读院校)到底是怎样一所院校，我那时候没有特别地去关注‘211’的标签。”“我记得当时，一些‘211’高校我都没有看中，现在就超级后悔当时没有选一所‘211’高校，但是当时我没有重视这个问题。”(Piao)

Piao同学与Lin同学情况类似，在报考过程中对填报的院校知之甚少，并且对报考的常识性问题也有所忽视。

“我现在就读的这个专业其实是填报高考志愿时随机选的。报志愿的时候我爸爸想让我学医，但是我对医学不感兴趣，也不知道自己该选什么专业，于是就翻看报考书，排除了一些自己不想学的基础学科，然后选出看着比较有意思的专业名，再用百度搜一下就自己填报了，其实当时自己根本不了解这个专业到底要学什么，也没考虑过这个专业的就业前景是什么样的。”(Li)

因为农村高考生父母在报志愿上无法为子女提供太多建议，所以一部分农村考生完全自主填报志愿，这导致其中一部分农村考生志愿填报“翻车”，还有一部分考生在没有父母援助的情况下求助外援，最普遍的就是寻求高中老师的建议。

“我填报志愿的过程比较简单，父母也没有参与，就是我自己先选，选完之后就去问高中的副校长，因为我和他熟一点，他告诉我哪几个志愿需要修改，我自己修改后最终确定。”(Zhen)

“我填报志愿时找的是我的高中班主任，我问他应该怎样填报志愿，他跟我说先根据我想学的专业去挑，把所有有这个专业的学校挑出来，然后按照学校在报考书中的位置从前往后依次排列，最后挑选排在前面的学校。当时，我把所有有我想学的专业的学校排出来了之后，就把这所学校(受访者所在本科学校)勾出来了……我的班主任建议我选择这个专业，但是我填志愿的时候没有认真查过它到底是一所什么样的院校，我那时候没有特别地去关注‘211’的标签。”(Piao)

农村第一代大学生在志愿填报的过程中往往会寻求教师的帮助，但是教师能够提供的信息可能并不全面，农村第一代大学生填报志愿的过程相对比较简单，有较大的自由性和自主性，其选择是不够成熟的，这也容易导致他们后来会对志愿填报后悔，甚至导致其在大学学习中对所学专业产生厌恶情绪，从而影响其大学阶段的学习乃至未来的发展。

(二)展开新的篇章:进入大学

1. 家庭在子女大学阶段逐渐“隐形”

农村大学生父母在子女大学阶段逐渐“隐形”,并非因为父母对子女毫不干涉,而是父母没有足够的资本在子女大学阶段发挥建设性的作用,从而呈现出一种“隐形”的状态。

有研究表明,农村第一代大学生多数集中在普通高校,并且普通高校的文化再生产机制相较于精英高校更加明显,选择性淘汰机制则相对弱化。因此,在再生产机制的强烈作用下,“依靠家庭”的成分在大多数农村第一代大学生的竞争中可能更加凸显。

然而,农村家庭“隔代教育”现象显著,农村学生父母教育责任缺失,长期以来对子女的教育重视程度不高,这使得农村学生自孩童时代便在学习上依靠“自觉”,并且这种影响一直延续到大学阶段,而这种“自觉”却往往是一种“有限的自觉”。

“感觉自己以前(上大学之前)对学习没怎么上过心,不过学习进度也挺好的,但是上了大学我就觉得自己的学习状态不行了,上大学后真的缺乏自制力。”(Piao)

“从学习上来说,父母没有给我太大压力,和我说尽力了就可以了,但是我的困扰也在于此。他们太过于放纵我,‘放养’也会使我感到一定的困扰。”(Lin)

由于第一代大学生在农村大学生中占一半以上,作为家庭中甚至村里唯一的大学生,父母往往持满意、骄傲的态度,农村大学生在考上大学后也更容易产生自满、懈怠的心理,导致农村大学生学习上的“自制力”甚至还不如上大学之前。而且,大学生竞争的不只有学习成绩,还有综合能力,包括人际交往、特长等。但是农村大学生在综合能力竞争中却心有余而力不足。

“在发达的城市,学生的父母可能会觉得子女不仅要学好文化课,还要有几项特长,例如弹钢琴、跳舞、下围棋……但是我家长对特长培养这方面不重视。”(Piao)

在大学阶段,农村家庭在很多领域都对子女爱莫能助,能满足子女的更多是生活日常开销。对于农村大学生来说,日常开销外的支出可能就要精打细算。

“我上大学之后开始觉得自己的英语水平很低,大一或大二那会儿我想报名英语课外培训班,但后来我觉得培训费用太贵了,我家的经济条件不足以支撑我去报这种班,后来我就没有报。”(Piao)

Piao 同学因为经济原因放弃补习英语,上学期间在外兼职补贴日常花销等都表现出了农村大学生经济支援的不足。来自家庭的经济支持的不足,可能会给农村第一代大学生带来一定的焦虑和压力,使得他们会将部分时间和精力用于赚取生活费和学费(因而可能会导致他们在学业上的时间精力投入减少);此外,经济条件的局限及由此带来的自卑心态,可能会限制他们参与更丰富的校园活动。

农村大学生家庭支持的“隐形”是从根上开始蔓延的,从观念上对子女的“放养”,到行为上对子女素质教育的无意识,再到经济上对子女的支持的不足,等等,都限制了农村大学生在大学场域中的发展。

2. 教师的“被动式陪伴”让农村大学生负重前行

对于城市学生来说，上大学或许只是单纯的升学；但是对于农村大学生来讲，上大学不仅是从高中到大学，也是从农村到城市，两种场域切换可能使得农村大学生相较于城市大学生有着更多的不适应。

农村大学生父母受限于自身的经济和文化条件，难以为其子女的大学生活提供实质性的指导和帮助，而教师作为农村大学生发展过程中的另一个“重要他者”，似乎也没能帮助农村大学生在大学阶段运行一个完整的“方程式”。农村第一代大学生的父母均未接受过高等教育，没有大学就学的直接体验，对大学校园的学习和生活都缺乏了解，因而他们难以给予子女有效的建议。相比之下，许多非第一代大学生，尤其是来自城市的非第一代大学生的父母受教育程度更高、文化水平更高，能够给予他们的子女很多适应大学学业和生活的有益建议。

“我只有在课上和任课教师交流课程内容的经历，没有在课下和任课教师交流适应大学学业和生活方面问题的经历。”(Piao)

“我会避免与老师私下交流，只有在上课的时候和老师交流。我觉得大学老师和小初高的老师不一样，感觉大学老师只是做一份工作而已，就是上班，学生有什么问题大学老师来解答，下班了就谁也不要找谁。”(Li)

大学教师呈现出一种“被动式陪伴”状态，除上课时间外，他们很少主动与学生沟通，这也是他们与小初高教师很不一样的地方，小初高教师会对学生的学业更加上心，时刻鞭策学生，但是大学教师则不同，就好比 Li 所说的“只是做一份工作而已”。从高度依靠教师到失去权威人物的关怀，农村大学生面对这样的落差往往感到十分迷惘。

大学就像一个工厂，有自己的规则、体制，进入大学的每一名学生都在高校严密的体制下运行，城市中产阶级家庭的子女在大学入学之前便受到家庭严格的文化规训，提前适应了大学的“主流文化”，进入大学后很快熟悉了高校的体制、规则，懂得如何与大学教师互动，如何与权威人物打交道。相反，农村第一代大学生在大学入学之前未受过严格的“文化训练”，与“主流文化”距离更远，成为高校的部分“边缘群体”，长期处于不受关注的“角落”。

（三）毕业的不同抉择：考研或择业

1. 父母与教师的“不置褒贬”：“考研热”下的“沉静”

“考研热”是近几年教育领域的热门话题，但农村第一代大学生对待考研会更加“冷静”。

考研包含着大量时间成本、机会成本与经济成本。时间成本上，考研需要经历漫长的备考，并且随着考研竞争加大，备考战线越拉越长。如果第一次考研失败，还要准备第二次考研，花费的时间十分漫长，如果第一次失败后选择放弃，那么之前付出的时间就付之东流了。机会成本上，选择考研也可能会耽搁了就业，以致错过一些就业机会。经济成本上，报名培训班、购买考研资料等都会耗费很多经济成本。考虑到诸多方面的成本,当农村大学生面临考研的抉择时,可能会陷入犹豫、迷茫等困境,可能不如家庭条件更优渥的城市学生那般从容地做出抉择。农村大学生父母对于子女考研常常持一种“佛系”的态度,他们也会有经济、就业等诸多方面的顾虑,可能更希望子女尽早工作,缓解家庭经济窘境。

“我对父母说如果我保不上研,我就去工作,我父母对此比较‘佛系’,没有和我说一定要读研,我说要直接去工作,他们也不反对。”(Li)

在学习上,农村大学生父母会尽可能地支持子女的学业,但是对于读研这样一件看似“锦上添花”的事,农村大学生父母可能会出于经济等原因“不支持也不反对”。尽管他们表示尊重子女的选择,但是在子女考研的道路上,他们在无形中给子女施加了压力。

“我觉得这次考研的过程中我有这种感觉:考得不好就对不起父母。”(Lin)

考研对于农村第一代大学生来说,不仅仅是考试这么简单,在这个过程中,他们要承担来自家庭的压力。考研更多是一种“没有底线”的选择,一旦失利,就会浪费经济成本、机会成本等。

“我选择考研是因为自己没有想好以后的路该怎么走,所以就想先去读研,觉得之后可能会想得更明白一点吧。在大四学年刚开始的时候我突然意识到其他人有的保研了,有的找到工作了,只有自己还在奋力地学习准备考研,这时我的心态有一点变化,但是后来仔细想想,都准备了半年多这么久,这时候放弃也不太合算,索性就继续准备考研。”(Zhen)

“我在经济上没有太大的负担,但是父母也不会给我过多的支持,我曾考虑过出国留学,我的绩点也没有问题,但父母觉得出国留学花费太高了,并不支持。我觉得我父母会给我选择,但是选择项可能不多。”(Li)

对于农村第一代大学生来说,考研在某种程度上也是一种“逃避”,他们在选择项较少、不知道如何选择的情况下走上了“被迫的”考研之路。

2. 择业选择:“有限控制”下的“谨小慎微”

“高考填报志愿时,这个专业选得有点随机,我根本不了解这个专业到底要学什么,也没考虑过这个专业的就业前景是什么样的。”(Li)

“大学快毕业时觉得自己处于一种前途未卜的状态,所以就想先找到一条路试着走一走,虽然不知道这条路怎么样。就业时发现没什么与自己所学专业相关的、工资高的好工作。”(Zhen)

某种程度上,在择业方面,农村第一代大学生已经输在了起跑线,从高考志愿填报到大学生活结束,农村第一代大学生往往与“迷茫”相伴,Zhen同学用“前途未卜”来形容自己面临毕业时的处境。而在择业方面,父母和教师能为农村第一代大学生提供的帮助也微乎其微。

“我父母觉得收入高的工作就是好的,稳定的工作就是好的,但没有考虑个人发展空间。”(Piao)

在择业方面,农村大学生父母呈现出谨小慎微的态度,偏向让孩子找稳定的如公务员之类的“铁饭碗”工作，很少考虑子女的兴趣及其未来的发展空间等问题，这使得农村大学生在择业方面更加谨慎，更加偏向稳妥的、更容易快速取得成就的岗位。

对于很多农村第一代大学生来说，“毕业即失业”，在城市生存就要面对极大的生存压力，在城市安家并不容易。步入社会后的农村大学生脱离家庭和学校，“谁也不认识”的处境让农村第一代大学生产生了强烈的“局促感”。成为一个全新的“城市社会人”，对于农村第一代大学生来说是一种挑战。而在这种抉择压力下，农村第一代大学生的父母和教师往往也无法提供多少实质性的帮助。

四、结语

（一）解释框架

本文以农村第一代大学生为研究对象，从侧面探究影响其教育历程的“重要他者”——父母与教师具体扮演了怎样的角色，研究发现，二者在农村第一代大学生的“关键抉择”中往往处于“失陪”与“缺位”的状态。

农村第一代大学生父母的“失陪”是一种被动的状态，具体体现为：父母在子女高考过程中对子女的帮助较少，在志愿填报方面由于无力提供有效指导而让子女自己完全自主抉择；父母在子女大学阶段对子女学业、生活的参与逐渐减少；父母在子女大学毕业后在其考研或就业的选择方面给予的建议与帮助较少。即便父母想要给子女更多的关怀与帮助，但在行动上更多地表现为爱莫能助。

对于农村第一代大学生来说，教师的“缺位”相较于父母的被动“失陪”呈现出一种主动的状态：高中阶段的教师对学生的关注可能并不到位，无法顾及每一名学生；在志愿填报时，高中教师可能只是泛泛地提出建议，仍将最终选择权交给对大学和专业以及自身的未来不甚明了的学生。大学阶段的教师将视野集中于一些会主动与自己沟通的、适应能力强的学生（这些学生往往是熟悉大学场域规则的中产阶级家庭子女），而不会主动与一些初来乍到、常常带着自卑感和局促感、不懂与大学场域中的权威人物互动的方式方法的农村第一代大学生沟通；在考研或就业的选择上，大学教师无法给出精准的建议，更多地关注学生的考研结果或学生最终选择了怎样一份工作，对学生的考研择业过程却缺乏有效的指导和支持；教师可能在帮助学生上存有余力，但是在行动上却表现为“主动性”缺位。

如图1所示，大学场域是一个比中学场域更大、更复杂的场域，而且二者的场域规则也不尽相同，二者的评判体系所依赖的资本也存在差异：相较于中学场域中以学习成绩为主要评价标准，大学场域中学习成绩固然重要，但其评价标准更加多元，学生不仅需要努力学习以维持较好的学习成绩，同时也要善于与人交往、参与各类活动，提升个人的综合能力，从而为进入社会这个比大学场域更加复杂的场域做准备。在中学场域中，学生与教师的互动可能比较直接(图1中以实线表示),而与父母的互动可能比较间接(图1中以虚线表示),相比之下,父母的在场性表现得更弱(图1中以虚线框表示)。一方面,农村第一代大学生的父母往往学历较低,文化水平有限,而高中课程较有难度,因此他们在子女高中期间的学业上呈现"隐形"状态。另一方面,农村学生在高中阶段往往会去城市上学,通常离家很远,并且农村学生家庭经济收入较低,其父母一般要外出打工或在家乡务农,这使得农村父母陪读的成本很高,因而农村父母陪读的可能性也较小,这导致农村父母在农村学生高中期间的生活上也呈现"隐形"状态。此外,在高考后的志愿填报方面,农村父母很少能为子女指明方向,偏向让子女自主选择。因此,在整个高中阶段,无论是在生活还是学习上,父母对农村第一代大学生的影响都比较弱(图中以虚线框表示)。在大学期间,大学教师与农村第一代大学生的互动可能更为间接(图1中以虚线表示),大学教师的在场性表现也可能更弱(图1中以虚线框表示),对于农村第一代大学生而言,大学教师实际上有能力提供学业支持、文化支持,但农村第一代大学生可能相对缺乏与大学教师积极交往的主动性,以致大学教师与农村第一代大学生的互动也可能较弱。在大学期间的学业方面,农村第一代大学生的父母因为没有大学就读经验,很难给予学历比自己高的子女学业上的帮助。并且在生活中,大学的规章制度往往使得农村第一代大学生的父母与子女的生活圈子更加疏远,即便父母有心提供帮助,也常常感到无能为力。因此,与高中期间相同,在大学期间,父母对农村第一代大学生学业和个人发展的支持力度也可能比较弱。

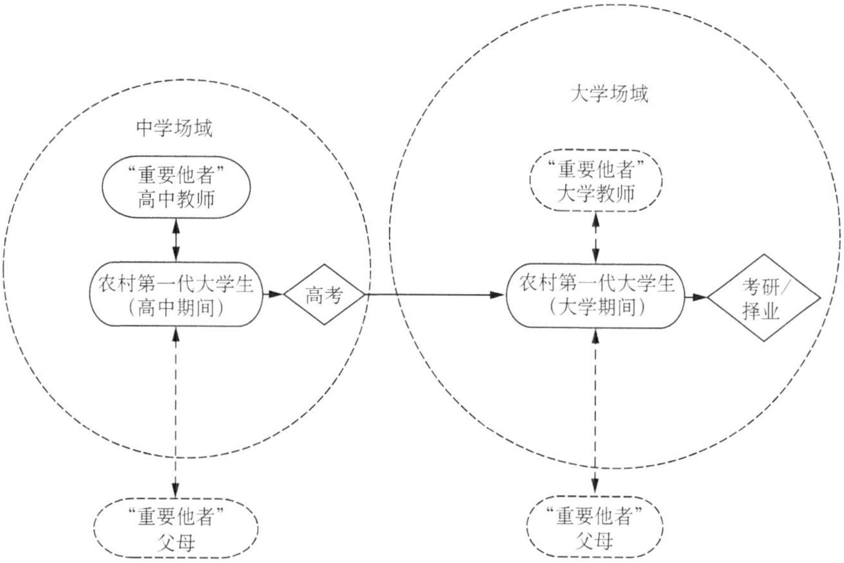

图1　农村第一代大学生及"重要他者"

(二)理论对话

在《不平等的童年》中,安妮特·拉鲁阐明了中产阶级家庭与工人阶级家庭及底层家庭在教育子女方面存在两种不同的文化逻辑：中产阶级家庭采用“协作培养”的文化逻辑；而工人阶级与底层家庭则采用“成就自然成长”的文化逻辑[4]。本文发现，这种“成就自然成长”的教养模式在子女的“关键抉择”上仍有所体现，这也导致农村家庭父母在子女整体教育路径上处于一种“失陪”状态。

家庭出身是难以选择的，因此，学校教师对于农村第一代大学生而言非常重要。然而，不仅“父母”在农村第一代大学生的“关键抉择”上“失陪”，另一个“重要他者”——教师，也在农村第一代大学生的“关键抉择”上呈现“缺位”的情况。

中产阶级家庭教养孩子的方式与学校“主流文化”相符合，而农村家庭教养孩子的文化方式却倾向于一种“反学校文化”。因而，对于没有提前适应“主流文化”的农村家庭子女来说，其进入学校后面对家庭和学校两种文化的冲突会产生某种紧张感与局促感，在与学校权威人物的互动方面会显得生疏与被动。然而，学校教师在底层教育文化中被视为一个具有“权威性”的符号，在农村学生成长道路中扮演着“指路人”的重要角色。

“上小学的时候，大部分同学是把作业带回家做，但是我一般会在学校里把作业做完再回家。那时有个比较年轻的语文老师看着我做语文作业，遇到不会的题我就问他，有时候我可能做到比较晚。”(Zhen)

“我很感谢我的初中班主任，我觉得她真的很好，她帮我提高了语文成绩，我上小学的时候语文基本上只能考三十多分，遇到她之后，我基本上能考七十多分。”(Piao)

童年阶段，农村学生的学业成就甚至生活习惯的养成都与教师的“主动陪伴”和指点密不可分，农村学生对教师或许已产生了“依赖性”，但是在某些关键抉择上教师的陪伴却并非主动的，无论是在人生中重要的大学阶段还是考研、择业阶段，教师都以被动陪伴的“旁观者”姿态出现。在缺少“引路人”的情况下，有些选择或许只有在做了之后才会意识到选错了，“走弯路”似乎成为农村第一代大学生的“宿命”。

可以发现，很多农村第一代大学生最初的专业选择都与其最后的选择相违背。例如，Lin同学最初报考新闻专业是因为她想毕业后当记者，但是在大学毕业后她却想做教师，不谙世事时的理想之火最终被现实浇灭，而如果她最初报考自己当时能考上的本地“211”师范高校，那么她目前可能正从事着她理想中的教师工作。但由于家庭经济、文化等方面的局限性，来自父母有效指导和支持的缺位，以及自身视野的相对狭窄等困境，农村第一代大学生在教育路径乃至人生道路上往往会走不少“弯路”，甚至错失诸多重要机会。

不可否认的是，大学教师会在农村大学生危难关头伸出援助之手，教师的“缺位”并非根本上的“缺位”，而是表现为一种“选择性的缺位”。一方是对大学场域中的文化与规则缺乏了解的农村第一代大学生，另一方是象征权威地位的“重要他者”，农村第一代大学生往往与大学场域中的权威人物(如教师、辅导员、学校管理者等)较为疏离，这种疏离并非一定来自权威人物对农村第一代大学生的某种拒斥，而可能来自农村第一代大学生的自我疏离，这种疏离可能源于家庭窘境导致的内在的自卑感与局促感。大学阶段是人生的重要关键期,这一阶段的学生更需要教师的指点,教师的主动指点或许可以在一定程度上减弱农村第一代大学生的心理落差感,从而使其更从容地融入大学场域,并使自身获得良好发展。

(三)"贵人"相助

学生的学习与发展除了依赖其自身的自觉努力之外,也高度依赖"重要他者"的指导与支持,这正是教育的意义之所在,因为无论是家庭教育还是学校教育,都需要外在于学生个体的他者构建某种教育情境、提供某种教育内容、开展某种教育指导,只有这样才能促进学生在家庭和学校中获得积极正向的发展。这些"重要他者"对于学生来说是人生路上的"贵人",尤其是在人生关键抉择上给予了学生重要指引,这种"贵人"的指引往往会对学生的发展起到"四两拨千斤"的重要作用。

然而,由于经济资本、文化资本、社会资本等方面的局限性,农村第一代大学生的父母更多是在基本的物质需求上给予学生有限的支持,除此之外,他们很难在学业上为学生提供足够的实质性指导和帮助,他们更多地将子女的教育托付给学校和教师。因而,对于农村第一代大学生而言,学校教师在他们的教育路径中实际上扮演着更为重要的角色。城市中产阶层家庭子女有较为优渥的经济和文化支持,即使缺乏学校教师的指导,他们也能获得良好的学业与人生方面的指导和帮助;而农村第一代大学生倘若缺乏学校教师的有效指导,则往往需要依赖自身的摸索,而其自身的知识、视野、认识都具有一定的局限性,因而他们在教育路径和人生道路上也往往会走更多的弯路。

因而,对于农村第一代大学生而言,学校教师是其弥补家庭经济和文化资本不足的"重要他者"和"贵人",农村第一代大学生应更加积极主动地向学校教师寻求指导和帮助,学校教师也应给予农村第一代大学生更多的关注和支持。然而,现实中存在的悖论是,城市中产阶层出身的大学生往往熟谙大学场域的文化与规则,更加积极主动地与大学教师互动并寻求教师的指导和帮助;而实际上更需要教师指导的农村大学生,反而往往由于不熟悉大学场域中的文化和规则,缺乏与权威人物打交道的意识和能力,或者由于自卑而缺乏与他者积极交往的主动性,从而错失许多重要机会,制约了自身的发展。

很多大学都同时设有辅导员和班主任,然而,实际上此二者可能更多的以学生工作为主要出发点,对学生个体的境遇缺乏足够的关注,因而很难为学生个体的教育和发展提供精准的指导。在这种情境下,学校教师作为重要的施教者,某种程度上应扮演积极主动的角色。教师应强化以人为本的理念,在学业和生活中给予农村第一代大学生等相对弱势群体积极的关注和支持。高校应重构培养逻辑和育人理念,构建一个和谐、温暖的育人环境,让各类学生都能卸下不必要的心理包袱,更加从容、自信、主动地与教师交流与互动,促进教师和学生积极的双向互动,促进学生获得良好的教育体验和人生发展,真正地构建有温度的教育。

参考文献

[1] 中华人民共和国教育部. 2019年全国教育事业发展统计公报[EB/OL]. (2020-05-20)[2023-03-27]. http://www.moe.gov.cn/jyb_sjzl/sjzl_fztjgb/202005/t20200520_456751.html.
[2] 乔锦忠. 高等教育入学机会的城乡差异[J]. 教育学报,2008(5):92-96.
[3] 刘精明. 能力与出身:高等教育入学机会分配的机制分析[J]. 中国社会科学,2014,224(8):109-128,206.
[4] 汪雅霜,矫怡程. 高等教育入学机会质量获得影响因素研究[J]. 江苏高教,2016(3):31-35.
[5] 安妮特·拉鲁. 不平等的童年[M]. 宋爽,张旭,译. 北京:北京大学出版社,2018:3-4.
[6] 保罗·威利斯. 学做工——工人阶级子弟为何继承父业[M]. 秘舒,凌旻华,译. 南京:译林出版社,2012:67-69.
[7] 徐清秀."读书有用论"下的辍学迷思——基于自我认同视角[J]. 北京社会科学,2020(9):43-54.
[8] 杨秀芹,吕开月. 社会分层的代际传递:家庭资本对高考志愿填报的影响[J]. 中国教育学刊,2019(6):24-29.
[9] 马道明. 输在起点的流动:农村大学生的城市之路[J]. 中国青年研究,2015(10):56-60,65.
[10] 张华峰,郭菲,史静寰. 促进家庭第一代大学生参与高影响力教育活动的研究[J]. 教育研究,2017,38(6):32-43.
[11] 郭娇. 基于调查数据的家庭第一代大学生在校表现研究[J]. 中国高教研究,2020(6):13-19.
[12] 任可欣,郭仕豪,吴奇艳. 向上流动意味着向下放弃吗?——农村大学生与父母间的情感关系研究[J]. 复旦教育论坛,2022,20(4):59-66,105.
[13] 汪卫平,袁晶. 向上流动的心理代价:农村大学生的情感体验研究[J]. 重庆高教研究,2020,8(3):25-37.
[14] 廖青. 精英大学中农村学生的学习经历——对再生产理论的省思[J]. 高等教育研究,2016,37(11):77-84.
[15] 胡雪龙,康永久. 主动在场的本分人:农村学生家庭文化资本的实证研究[J]. 全球教育展望,2017,46(11):104-116.
[16] 程猛,康永久. 从农家走进精英大学的年轻人:"懂事"及其命运[J]. 中国青年研究,2018(5):68-75.
[17] 刘云杉,王志明,杨晓芳. 精英的选拔:身份、地域与资本的视角——跨入北京大学的农家子弟(1978—2005)[J]. 清华大学教育研究,2009,30(5):42-59.
[18] 谢爱磊,洪岩璧,匡欢,等."寒门贵子":文化资本匮乏与精英场域适应——基于"985"高校农村籍大学生的追踪研究[J]. 北京大学教育评论,2018,16(4):45-64,185.
[19] 费孝通. 乡土中国[M]. 上海:华东师范大学出版社,2018:32.
[20] HERRMANN S D, VARNUM M E W. Integrated social class identities improve academic performance, well-being, and workplace satisfaction[J]. Journal of Cross-Cultural Psychology, 2018(4): 10-19.
[21] DELIMA D G. Making a case for a funds of knowledge approach to teaching and learning for first-generation college students[J]. College Teaching, 2019(4): 7-13.

教学研究

Python 课程数字化故事叙述教学设计*

◎ 罗 薇 李君丽

摘 要 随着现代信息技术的发展，计算思维成为计算机课程培养的重要目标，计算思维如何赋能教育成为高校课程改革的重点内容之一。在高校中，Python 课程作为一门程序设计课程，可以有效地培养学生的计算思维能力。但在外语院校，计算思维的培养在 Python 课程教学目标中却常常被忽略，这不仅不利于学生适应信息化的社会，也不利于学生全面发展。故事叙述作为一种传统的叙事方式，能很好地吸引学生的注意力，在教育数字化过程中，数字化故事叙述教学方式也逐渐应用于课堂。因此，文章依托某外语院校 Python 课程，结合问卷调查法，探索数字化故事叙述方式和 Python 课程结合的思路，并设计出以计算思维为培养目标的教学案例。收集到的学生对该教学案例的态度普遍是积极态度，证明设计出的教学案例具有一定应用价值。

关键词 计算思维 数字化故事叙述 Python 课程 外语院校

引 言

2020 年 11 月 3 日，教育部新文科建设工作组协同全国有关高校和专家共同发布《新文科建设宣言》，提出新时代文科教育要融入现代信息技术，加快创新发展[1]。由于文科专业自身性质和特点限制，如何推进文科教育和计算机课程的融合、如何在计算机课程中强化计算思维的培养成为文科课程改革的难点。2020 年以来，将计算思维赋能教育作为课程改革工作的思路，推进大学计算机基础课程教学改革，培养计算机创新人才成为高校课程改

* **基金项目**：本文为 2021 年上海市计算机教学改革项目“新文科时代外语类高校计算机公共课综合改革实践模式研究”（项目编号：41004485）的阶段性研究成果。

作者简介 罗薇，同济大学硕士研究生，研究方向为成人教育。
李君丽，上海外国语大学新闻传播学院计算机教研室主任，副教授，博士，研究方向为计算传播学、人工智能教育应用、全球传播。

革的重点内容[2]。

计算思维(Computational Thinking, CT)自提出以来便受到广泛关注,不同学者就计算思维的定义并未达成一致意见,但都认同计算思维的培养能提高学生解决问题的能力。从计算机科学领域中派生出来的计算思维,最先被应用到 STEM 教育领域,之后其应用领域不断拓宽,和批判思维一样可以用来解决生活中遇到的各种问题。在我国,计算思维被看作计算机科学领域的核心技能之一,成为编程课程教学的重点培养目标。在基础教育阶段,计算思维的培养多以信息技术课程为依托,在课程学习中融入计算思维的教学。在高等教育阶段,大学计算机基础课程成为计算思维进阶培养的载体,遵循由易到难的培养学生计算思维的规律。其中,编程课程对计算思维的培养作用尤其显著,不同学者也由此对大学编程课程(如 Java 课程、C 语言课程、Python 课程等[3])如何培养学生的计算思维做了许多研究,并探究了不同教学方式对计算思维培养的效果。作为现代三大科学思维之一,计算思维在当代的重要性愈发显著。

一、相关概念界定及国内外研究现状

(一) 计算思维

对于计算思维的定义,学术界普遍认同的观点是,计算思维最早由美国卡内基·梅隆大学计算机科学系主任周以真教授[4]在美国计算机权威杂志《ACM 会刊》(*Communications of the ACM*)上提出,是运用计算机科学的基础概念进行问题求解、系统设计及人类行为理解等涵盖计算机科学之广度的一系列思维活动。

计算思维这一概念提出后,众多学者不断丰富发展了计算思维的内涵。国外学者普遍引用的计算思维的定义有 Barr 和 Stephenson[5]提出的计算思维包括抽象、问题分解、算法和程序、测试和验证四要素;美国国际教育技术协会(International Society for Technology in Education, ISTE)和计算机科学教师协会(Computer Science Teachers Association, CSTA)提出的计算思维操作性定义,即计算思维包含六大特征(形成问题、组织和分析数据、表征数据、自动化解决方案、分析和实施解决方案、迁移)和九项核心技能(数据收集、数据分析、数据表征、问题分解、抽象、算法和程序、自动化、模拟、并行化[6]);Shute、Sun 和 Asbell-Clarke[7]提出的计算思维包括抽象、算法思维、问题分解、调试、重复和概括化六要素。总体来说,国外对计算思维的定义整体上可以分为两大类:一类是把计算思维看作思维过程的一般性定义,另一类是计算思维模型所包含要素的描述性定义。

国内学者对计算思维的定义也有着不同的理解,但多从计算思维所要求的技能维度出发提炼出计算思维的要素,如柳青[8]提出计算思维包含一系列方法:问题的约简、关注点分离、仿真、启发式推理、递归思维、回推等。宋建萍、李雪娇和郑晓东[9]提出计算思维包含

“问题分解、算法、抽象和自动化”等要素。

为众多学者所共同认可的描述性定义认为，计算思维所包含的共有要素有抽象、算法思维、问题解决、问题分解、概括化和调试等[10]。

国外计算思维培养主要依托编程类实践。Zhang 和 Nouri[11]的研究证明了 Scratch 编程可以有效地培养计算思维中的多项能力，回答了计算思维教学“教什么”和“学什么”的问题。Romero、Lepage 和 Lille[12]证明了在高等教育中运用 Scratch 设计创意编程活动可以培养学生的计算思维能力。多项研究表明，依托编程课程能有效地提高学生的计算思维能力，这为计算思维能力培养的教学提供了一条可行路径。

国内计算思维的培养方式主要是结合程序设计课程，提供教学设计思路并设计相关教学案例。如杨小莹和张万礼[13]提出了基于计算思维的问题教学模式并设计了相关教学案例，结果证明该教学模式能有效地提高学生的计算思维能力。张敏和贾强[3]借助 Python 课程，根据课程特点提出了培养计算思维的案例设计原则和思路，并设计出了多个以培养计算思维为目的教学案例。

（二）数字化故事叙述

数字化故事叙述(Digital Storytelling, DST)最先由阿奇利(Dana Winslow Atchley)提出[14]。和传统的故事叙述不同，数字化故事叙述和现代技术联系紧密，是一种将现代信息技术和故事化叙事相结合的叙事方式。靳薇[15]认为 DST 是通过以数字化为核心传播媒介的现代媒体进行相关学科教学内容讲解的一种教学思路或具体教学方法。蔡荣华和陈链[16]认为 DST 是传统故事艺术与现代数字媒体相结合的一种故事表达方式，是以图像、音频、视频及动画等数字多媒体形式将传统故事表述为数字化作品的过程。

国外研究积极探究将不同学习方式应用于计算思维的培养，如 Hsu、Chang 和 Hung[17]认为项目式学习、问题解决式学习、故事叙述式学习都可以和计算思维的培养相融合；其中，数字化故事叙述方式作为一种将现代信息技术和故事化叙事相结合的设计型学习活动，在当代也越来越受到学者关注。Gwan 和 Han[18]的研究证明了使用编码工具进行数字化故事叙述教学有利于提高学生的分解、模式识别、抽象和算法等计算思维的核心能力。Kim 和 Hee-Jin[19]从理论上论证了编程教育和数字化故事叙述的相容性，即大多数编码内容安排也遵循故事的基本叙事结构，如“角色、环境、故事”等，而且这种结合可以有效地发展学生的批判性思维、自我指导和创造性的问题解决技能等计算思维能力的各方面。Lin 和 Chang[20]在计算机科学系的一门专业课中改革了教学方法，将数字化故事叙述方法应用于教学中，研究证明这种方法能有效培养学生的计算思维能力。这些研究为编程课程的教学课程内容设计提供了新的思路和方法。

国内计算思维和 DST 的结合相关研究目前较为有限。其中，蔡荣华和陈链[16]对如何利用数字化故事叙述设计教学来进行计算思维的培养进行了初步探讨，其将数字化故事叙述创建过程进行阶段划分，并提出各个阶段分别有助于计算思维培养的某一或几个维度，对数字化故事叙述和计算思维的结合做了理论上的设想。

二、计算思维与数字化故事叙述融合路径

（一）计算思维要素

为了量化计算思维能力，本文参考了多个计算思维评估量表[21-22]。最终将计算思维能力划分为八大方面：态度、合作、评估、批判思维、算法思维、问题分解、抽象、概括。

（二）数字化故事叙述流程

作为一种将传统的讲故事方式和现代化信息技术相融合的叙述方法，数字化故事叙述既具备了故事的基本要素，即人物、环境、情节等，兼顾开端、发展、高潮和结局等故事的基本结构，又同时引入了数字媒体手段将故事生动地呈现出来，其主要构建流程为主题选定、情节构建、故事开发、可视化呈现、评估和改进[15]。

选定一个明确的主题是进行教学的首要步骤，主题是贯彻故事始终的一条明文线索，故事的环境设定、人物、情节最终都为这一主题服务，主题能引领故事进行的方向，教师不仅需要确定大主题，同时也要确定大主题下的各个子主题，使主题线清楚明确。确定主题后，就需要建构故事情节，故事的背景可以和实际生活相联系，让学生在故事中有代入感。在此阶段，教师可以根据子主题设计出相应的情节，而子主题的合成又指向大主题，这也符合计算思维的培养中按步骤解决问题的思路。子主题之间并不是绝对独立的，而是互相联系的，前一个子主题情节的构建可以为下一个子主题奠定一定的基础，由浅入深慢慢地将故事情节展开，即是将教学内容一步一步地传授给学生的过程。大主题、子主题和情节已经分别构建完成，接下来就是详细的故事脚本撰写过程，即故事开发阶段，在此过程中，教师需要帮助学生梳理出故事的发展脉络，引导学生有机地将背景、人物、环境、情节融合在一起，构建一个个完整的场景和事件，补全场景和事件的细节，并按照故事的发展脉络安排场景和事件出现的合理顺序，最终产出完整的故事。故事变得完整后，接着需要将其呈现给观众，即可视化呈现阶段，这一阶段学生需要根据故事脚本出现的场景和事件选择呈现手段并评估呈现效果，教师可以提供一些多媒体文件成品作为参考依据，同时，因为场景和事件的呈现方式比较多元化，学生可以以小组为单位开展组内讨论交流，发挥小组的合力，为每一个场景和事件选定最佳呈现方式，并通过代码实现数字化故事作品的可视化呈现。最后一个阶段为评估和改进阶段，此时学生可以以小组为单位展示出各自的数字化故事作品，教师按照一定的标准对学生的成果进行评估，以此来判断学生对该内容的掌握情况。同时，组间和组内也可以同伴评估，分析各自的数字化故事作品的优劣势，取长补短，反思

不足,共同改进成果。

(三)二者相结合的教学模型

根据计算思维要素和数字化故事叙述特征,结合数字故事运行基本流程,将计算思维有机地嵌入数字化故事叙述[23]。本文提出的整合计算思维的数字化故事叙述教学模型如图1所示。该教学模式的核心是计算思维、数字化故事叙述和 Python 课程内容三者的结合。其中,计算思维的培养整合贯穿数字化故事叙述的各个环节,整个过程中教师和学生共同参与,互动交流反馈。

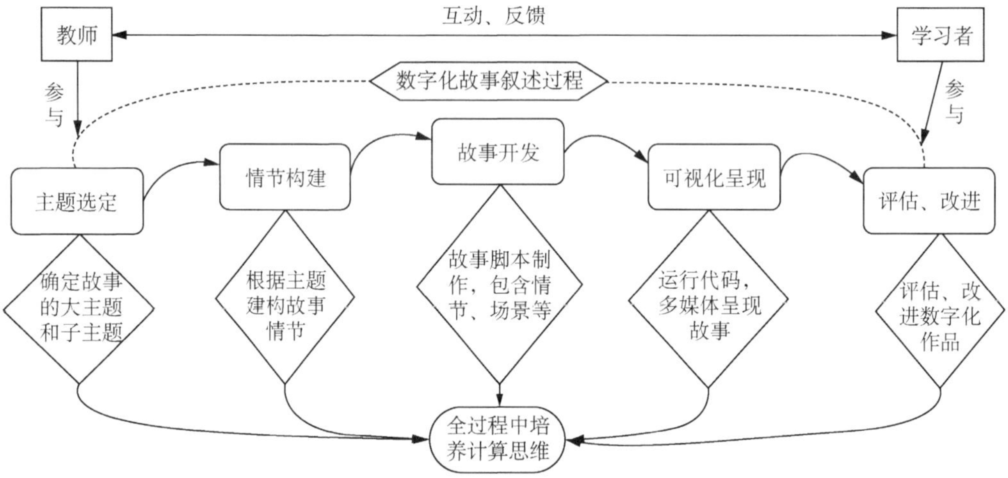

图1 整合计算思维的数字化故事叙述教学模型

三、教学案例设计

(一)教学内容与教学目标分析

以普通高等教育"十三五"规划教材,由李东方、文欣秀和张向东主编的高等学校通识教育阶段计算机程序设计课程教材《Python 程序设计基础(第2版)》为参考教材,以该教材的基础章节"文件与基于文件的数据分析"为主要教学内容,分两课时依次展开以文本处理、内容读取、词频分析为主要内容的教学,学生学完这两课时的内容后可以掌握文件的读写操作,同时能够对文本进行数据分析,并可视化呈现分析结果。

(二)学习者特征分析

外语院校学生的外语水平基础良好,但在数学等逻辑学科上能力略显薄弱,大多数学生接触编程的机会较少，计算机知识基础薄弱，且对 Python 编程课程有一定畏难心理。因此，教师在授课过程中可以适当地采用英语单词来表达比较抽象的程序语言，同时将那些较抽象的教学内容用生活化、情境化的故事叙述方法传达出来，使教学内容易于理解，让学生体会到编程语言的趣味性，调动他们学习的积极性。

（三）教学策略选择和设计

课程主要采用有意义的讲授和合作学习相结合的教学方法，教学先通过创设的故事情境引出情境问题，激发学生学习兴趣；在教学中教师讲授教学内容，讲授完成后再引导学生合作完成小组任务，并在全过程中给予学生一定的引导与帮助；各小组的数字化故事作品创作完成之后，教师组织学生进行展示、评价、交流等。

（四）教学环境及资源准备

教学环境：多媒体教室。

教师准备：课件、耳麦、数字化故事作品示例。

学生准备：待处理的文本资料、可视化手段相关学习资料，同时，学生在课前组成 4～5 人小组，以小组为单位创建小组成员喜欢的英文演讲的文本格式。

（五）教学过程

1. 主题选定阶段

故事引入：外星文明对于我们人类而言就像是一个神话般的存在，从古至今，人类对于外星生命的探寻从未停止过。经过近五百年的努力，2500 年，中国航空学家终于在空间站内首次收到了来自外太空的音频信号，那么该如何破译这段音频信号呢？

教师活动：教师播放空间站的视频，接着播放一段英文音频（以葛底斯堡演讲英文文本[24]为例），即对应故事中收到的来自外太空的音频信号。

学生活动：引导学生观看视频和音频，让学生将自己代入故事情境中，积极调动学生情绪。

设计意图：一开始就确定了文本分析的几个方面，分别为文本处理、内容读取和词频分析，即确定了故事的大主题和子主题，加上有趣的故事情境引入，增强学生的学习兴趣。

2. 情节构建阶段和故事开发阶段

数字化故事叙述的情节构建阶段和故事开发阶段的发生顺序是相继的，二者融合在一起能更好地展示教学效果。其中，故事发展和子主题是相呼应的，即故事发展 1 对应子主题 1。

故事发展 1：科学家们使用语音解析器解析音频后，得出一大段夹杂着乱码符号的加密文本，经过严密的人工智能分析处理，发现出现未知符号是由于该段音频信号不稳定，间或夹杂着噪声，那么如何处理这些乱码符号呢？

教师活动:教师给出这段音频的文本,文本中夹杂着一些乱码符号,教师鼓励学生想出去除这些乱码符号的方法。学生思考完成后教师进行子主题 1——文本处理的教学,即教师进行文本读取处理的基础代码教学,接着教师编写一段代码,运行代码后乱码符号被去除。

学生活动:学生小组间思考讨论如何去除这些乱码符号。教师进行教学示范后,学生理解教师教授的代码的原理,并对自己课前准备的待处理文本资料进行乱码符号的去除操作。

设计意图:将文本的分析过程放入一定情景中,使故事呈一个沿着故事发展脉络向前延伸的状态,多个子主题逐一发展完成,即教学内容的展开过程,故事情境结合代码教学,让学生理解抽象的代码、算法逻辑。

故事发展 2:去除乱码符号后,科学家们得到了干净整洁的加密文本,用文本结构处理器对文本进行分析后,科学家们发现该文本结构酷似英文文本的结构,即文本的主题、作者都写在文本的前两行,而每个段落的总结句都分布在段落的第一行。

教师活动:教师进行子主题 2——内容读取的教学,教师进行文本信息的定位读取教学示范,先编写一行一行读取文本的代码,运行后输出结果,再进行文本的精准定位读取代码的教学示范。

学生活动:教师把该文本共享给学生,让学生练习文本的读写,要求是对文本的第一和第二行内容进行读取和输出操作。

设计意图:代码教学遵循循序渐进原则,加深学生对内容的理解。

故事发展 3:虽然对加密文本进行了基础信息的读取,但对于文本的破译,只靠对基础信息进行读取是远远不够的,一名参与其中的语言学家提议可以找出文本中出现频率较高的词汇,进而对这些词汇进行针对性破译。

教师活动:教师进行子主题 3——词频分析的教学。教师编写一段代码,先去除加密文本的一些虚词后,再编写统计词频的代码,运行代码后将加密文本中出现的词按照出现次数进行排序输出,同时教师以词云的方式将这些词呈现给学生。同时,教师引导学生思考子主题 1 和子主题 2 及子主题 3 的逻辑关系。

学生活动:学生理解教师编写的代码,发现虚词的去除操作和子主题 1 的操作是类似的。同时,学生以小组为单位思考子主题 1、子主题 2 和子主题 3 之间的关系。

设计意图:故事开发从 3 个子主题入手,每个子主题分别对应一个情景,一个情景完成一个完整的代码操作流程,同时,前两个子主题即文本处理和内容读取为后一个子主题即后续词频分析打下一定基础,符合一步一步循序渐进按步骤解决问题的思路,承上启下。

3. 可视化呈现阶段

教师活动:教师对 3 个子主题的相关结果进行设计并用多媒体手段进行呈现,将设计好的数字化故事作品示例展示给学生,并引导学生处理并呈现自己选择的文本。该环节自由度较高，子主题 1 可以通过代码将文章以句子为单位拆分开，给文字设置相应的背景、颜色、字号等，使文章便于阅读。子主题 2 可以将读取到的信息插入表格中，并根据文字内容搭配相应的图片、音频、视频等。子主题 3 则可以通过第三方库 wordcloud 根据词频生成词云，凸显文章主题和关键词等。

学生活动：学生以小组为单位对各自的文本进行分析，并选择恰当的呈现方式进行设计。

设计意图：可视化呈现能生动形象地展示代码运行后的结果，让学生充分认识到自己写的代码能实现何种效果，理解代码的实用性。

4. 评估和改进阶段

教师活动：教师评估各小组数字故事成品，并引导组间进行作品共赏。

学生活动：在课前已组成 4～5 人小组，在教师教学示范后小组成员以小组为单位开始分析各小组收集好的文本，根据文本的不同特点进行适应性分析，并将分析结果可视化呈现，即生成各小组的独特的数字化故事。同时评估其他小组的数字故事作品，思考本组数字故事作品的优势和不足，对作品进行改进。

设计意图：学生在接受教师和其他组成员的评估后，可以更好地取长补短。

故事结局：解密学家通过分析文本，得到了该加密文本的一些基本信息和高频词，对这些信息进行解密后发现这是一段友好的打招呼的音频，于是科学家们制作并生成了回应的音频，表达了期望再次收到对方的回应心愿。

（六）计算思维培养

在教学过程中，每个阶段设计的教学活动不尽相同，其要培养的计算思维的目标也不一样(图 2)。在主题选定阶段，基于教学目标和学生特点，选定了故事的主题，这一阶段主要的计算思维培养目标为学生的态度。情节构建阶段和故事开发阶段是数字化故事叙述中故事的主体部分，主要的计算思维培养目标是抽象、算法思维、批判思维，以及问题分解能力。可视化呈现阶段属于故事的输出阶段，图表作为一种直观的呈现信息的方式在此阶段得以发挥有效作用，学生以小组为单位进行合作学习，根据各组故事的不同内容和特质选择适应性呈现方式，因此，这一阶段计算思维的培养目标为算法、概括、问题分解和合作能力。评估与改进阶段作为互动交流阶段，主要是对故事进行评估，助力故事的改进，这一阶段计算思维的培养目标为评估和批判思维能力。值得注意的是，本文强调的是在数字化故事叙述全过程中培养计算思维，即计算思维贯穿整个学习过程，图 2 列出的各阶段计算思维培养目标为该教学案例设计中重点培养的计算思维目标，并不是表明在某一阶段只培养对应的计算思维目标。此外，根据不同的故事和教学内容的设计，各阶段的计算思维培养目标也会有所差别，因此，整合计算思维的数字化故事叙述教学模型具有一定灵活性。

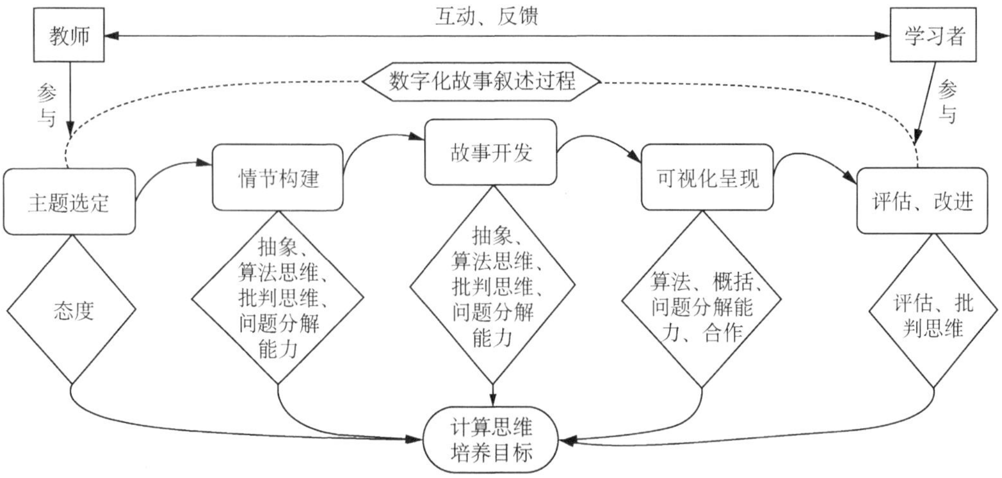

图 2　计算思维培养目标

四、学生评价

(一) 问卷调查基本情况

采用半开放式问卷收集大二已学习过 Python 课程的学生对该数字化故事叙述教学案例的看法,发放题为"Python 课程数字化故事叙述教学案例看法"的调查问卷,共回收有效问卷 62 份。问卷主要收集学生对教学目标设计、教学活动设计、教学过程设计的态度和看法,问卷采用李克特五级量表形式,利用 SPSS 计算后该问卷的信效度良好。其中各项目汇总得分的平均分如表 1 所示。

表 1　学生各项目得分平均分总表

项目	数量	平均分	标准差
教学目标	62	4.252 7	0.608 64
教学活动	62	4.193 5	0.611 21
教学过程	62	4.350 8	0.569 84
Valid N (listwise)	62	—	—

(二) 单样本 T 检验

通过 SPSS 数据分析软件对教学目标、教学活动、教学过程进行单样本 T 检验,结果如表 2 所示,设定的检验值为 3(即平均值),结果显示双尾数据都小于 0.05[Sig. (2-tailed=

0)],即和检验值 3 具有显著差异,表明学生对教学案例中的教学目标、教学活动和教学过程的总体评价为良好。

表 2 学生各项目得分 *T* 检验结果

单样本 *T* 检验						
	Test Value=3					
	t	*df*	Sig.(2-tailed)		5%的显著性水平	
				平均差	最小值	最大值
教学目标	16.206	61	0.000	1.252 69	1.098 1	1.407 3
教学活动	15.376	61	0.000	1.193 55	1.038 3	1.348 8
教学过程	18.665	61	0.000	1.350 81	1.206 1	1.495 5

(三)性别对评价的影响

为了进一步探究影响学生对教学案例的评价的因素,将性别作为一个变量进行各项目平均值比较(表 3),相较于女生,男生在教学目标、教学活动、教学过程中的评价得分较高,但由于男生个案数为 12,女生个案数为 50,二者数量相差较大,得分数据差异不具有较高代表性。

表 3 不同性别学生各项目得分平均分

项目	性别	数量	平均分	标准差	标准误
教学目标	男	12	4.388 9	0.488 93	0.141 14
	女	50	4.220 0	0.633 92	0.089 65
教学活动	男	12	4.277 8	0.632 99	0.182 73
	女	50	4.173 3	0.610 71	0.086 37
教学过程	男	12	4.416 7	0.417 42	0.120 50
	女	50	4.335 0	0.603 16	0.085 30

问卷同时设置了开放性问题,旨在探究在开放性问题中男生和女生看法是否会有较大差异,结果如表 4 所示。可以看出,男生和女生较为共通的一点是都关注教学案例设计中的可实践性,即较为接受"做中学"的学习方式。同时,女生也更多地担心教学内容的难度,尤其是对 Python 课程中的代码教学有畏难心理,担心其抽象难懂。总体上来说,性别对教学设计接受度差异的影响不显著。

表 4 不同性别学生的关注点

项目	男生建议	女生建议
教学目标	清楚明确	清楚明确

（续表）

项目	男生建议	女生建议
教学活动	实践性、深入性	难度性、趣味性
教学过程	无	难度性、实践性

五、结语

本文在综合国内外文献的基础上提出了以计算思维为培养目标的 Python 课程数字化故事叙述教学模型，教学案例参考该教学模型进行教学设计，通过面向学生的问卷调查发现学生对设计出的以计算思维为培养目标的数字化故事叙述教学案例的态度整体上是积极的，证明了学生对数字化故事叙述方式和计算思维培养相融合的教学案例的可接受性，为外语院校的 Python 课程教学改进提供了一定启示。

但本文也存在很多局限和不足：其一，国外已有实证研究证明数字化故事叙述应用于编程课程可以培养学生计算思维能力，但在国内，数字化故事叙述的实践应用还较多集中在其他学科领域如英语学科[25]，将数字化故事叙述应用在计算机领域尤其是 Python 课程中是否能获得好的教学效果还有待验证。其二，本文对教学案例中的数字化故事叙述各阶段的计算思维培养目标做了具体划分，但是，计算思维作为一个发展中的概念，其涉及的维度较多，因此，如何有针对性地对某个维度进行培养和评估是本文并未深入考虑的方面。

未来，期待数字化故事叙述方式和计算思维的融合能够有效助力 Python 课程教学实践。

参考文献

[1] 中国教育网.《新文科建设宣言》[EB/OL].(2020-11-03)[2020-11-03]. https://www.eol.cn/news/yaowen/202011/t20201103_2029763.shtml.

[2] 西南财经大学. 第三届计算思维与赋能教育改革发展论坛暨第十届大学计算机课程教学改革研讨会举办[EB/OL].(2021-07-24)[2021-08-07]. http://www.cqwendeng.com/xncjdx/xxgg/448.html.

[3] 张敏，贾强. 基于计算思维的 Python 程序设计课程教学案例设计[J]. 微型电脑应用，2021，37(3)：48-50，62.

[4] WING J M. Computational thinking[J]. Communications of the ACM, 2006, 49(3): 33-35.

[5] BARR V, STEPHENSON C. Bringing computational thinking to K-12: what is involved and what is the role of the computer science education community? [J]. ACM Inroads, 2011, 2(1): 48-54.

[6] CSTA & ISTE (2011). Operational definition of computational thinking for K-12 education[EB/OL]. [2022-04-25]. https://cdn.iste.org/www-root/ct-documents/computational-thinking-operational-definition-flyer.pdf.

[7] SHUTE V J, SUN C, ASBELL-CLARKE J. Demystifying computational thinking[J]. Educational Research Review, 2017(22): 142-158.
[8] 柳青.以计算思维能力培养为核心的经管类专业程序设计课程的教学实践[J].福建电脑,2016,32(1):79-80,91.
[9] 宋建萍,李雪娇,郑晓东.以计算思维能力培养为核心的案例式程序设计教学探索与实践[J].电脑知识与术,2021,17(18):155-157.
[10] CHEN G, SHEN J, BARTH COHEN L, et al. Assessing elementary students' computational thinking in everyday reasoning and robotics programming[J]. Computers & Education, 2017(109): 162-175.
[11] ZHANG L, NOURI J. A systematic review of learning computational thinking through Scratch in K-9[J]. Computers & Education, 2019(141): 103607.1-103607.25.
[12] ROMERO M, LEPAGE A, LILLE B. Computational thinking development through creative programming in higher education[J]. International Journal of Educational Technology in Higher Education, 2017, 14(1): 42.
[13] 杨小莹,张万礼.程序设计基础课程中计算思维的培养[J].赤峰学院学报(自然科学版),2021,37(3):76-79.
[14] 必应词典. Digital-Storytelling[EB/OL]. [2023-05-30]. https://cn.bing.com/dict/Digital-Storytelling.
[15] 靳薇.数字化故事叙述(digital story telling)的评价研究[J].时代文学(上半月),2015(12):222-223.
[16] 蔡荣华,陈链.面向计算思维培养的 DST 教学设计流程构建[J].中国教育信息化,2021(15):89-93.
[17] HSU T, CHANG S, HUNG Y. How to learn and how to teach computational thinking: suggestions based on a review of the literature[J]. Computers & Education, 2018(126): 296-310.
[18] GWAN, SUN H. Digital storytelling strategy for enhancing computational thinking[J]. The Journal of Education, 2017,37(3):1-27.
[19] KIM M, HEE-JIN C. The study of features and implications of coding education contents for kids based on digital storytelling[J]. Journal of the Korean Society of Design Culture, 2017(23):21-31.
[20] LIN C H, CHANG Y Y. A progressive digital narrative teaching method to improve learning motivation as a lifelong learning skill[J]. Sustainability,2021(13):23.
[21] KORKMAZ Ö, ÇAKIR R, ÖZDEN M Y. A validity and reliability study of the computational thinking scales (CTS)[J]. Computers in Human Behavior, 2017(72): 558-569.
[22] 陈兴冶,马颖莹.本土化计算思维评价指标体系的构建与探索——基于 1410 名高中生的样本分析与验证[J].远程教育杂志,2020,38(5):70-80.
[23] 钱玲,张小叶,郝争.数字化故事叙述在初中英语课程中的设计与应用[J].中国电化教育,2010(8):105-108.
[24] 百度百科.葛底斯堡演说[EB/OL].[2023-05-30]. https://baike.baidu.com/item/%E8%91%9B%E5%BA%95%E6%96%AF%E5%A0%A1%E6%BC%94%E8%AF%B4/9524243?fr=aladdin.
[25] 张晓霞.高中英语教学中数字化故事叙述应用的要点分析[J].基础教育论坛,2022(5):42-43.

新商科专业特色发展路径研究

——基于创新创业的产教融合视角*

◎ 李　刚

摘　要　针对新商科的发展，2019年教育部发布了《关于深化本科教育教学改革全面提高人才培养质量的意见》，要求深化科学技术与教育应用的融合，新专业发展需要高水平的科学技术支持。从新商科专业与创新创业的产教融合理论及现实基础两个方面，阐述了基于创新创业角度发展新商科专业的理论依据和现实要求。本文以新商科专业——零售业管理专业为例，利用量化分析方法，提出假设，并进行假设验证。从产教融合建设目标、实施路径、具体内容等方面，详细论述新商科专业与创新创业的产教融合是新商科专业发展的有效路径，也从整体角度对新商科专业未来发展进行合理规划。

关键词　新商科　创新创业　产教融合

一、引言

2019年教育部发布《关于深化本科教育教学改革全面提高人才培养质量的意见》，要求"以新工科、新医科、新农科、新文科建设引领带动高校专业结构调整优化和内涵提升"。新文科建设过程中，为了更好地建设具有鲜明特色的新商科专业，高等院校新商科建设与国际化联盟建议新商科的发展，可以参照教育部提出的新文科发展指导意见：推动新商科专业服务国家战略需求，完善关键领域。建立高水平的师资队伍，通过培育引进并举吸收人才。深化科学技术与教育应用的融合，新专业发展需要高水平的科学技术支持。加强学校

* 本文为教育部产学合作协同育人项目（项目编号：202102022032）及哈尔滨剑桥学院校级教学改革项目（项目编号：JQJG20220111）的阶段性研究成果。

作者简介　李刚，哈尔滨剑桥学院工商管理学院零售业管理教研室主任，副教授，管理学硕士，研究方向为新商科专业建设。

和企业之间的沟通，形成一个互利合作整体。教育部也针对新商科专业特色发展方面提出了具体内容和要求，包括人才培养理念先进、人才培养方案科学、师资队伍和教学团队优秀、实验实习条件满足教学需要、课程资源完备、生源质量和就业质量不断改善。在专业具体发展方面，应用型高校主要从人才培养、课程建设、实验室建设、实践基地建设等方面着手。

以2017年教育部设置的零售业管理专业为新商科专业的代表，零售业管理专业的设立是为了满足当前经济社会中新零售发展的要求，自教育部设立该专业以来，全国已有5所高校开设该专业，各高校一直在探索新商科专业特色发展路径。哈尔滨剑桥学院于2019年设立零售业管理专业，该专业作为应用型高校新商科专业的代表，自成立以来一直在寻找适合专业发展的道路。几年的实践证明，新商科专业与创新创业教育产教融合是较为适合新商科专业的发展路径。

目前新商科专业的主要问题是学生缺乏创新能力，创新方法掌握水平差，创新业务开拓能力弱，创新工程实践少。商科的创新与理工科的创新有所不同，理工科的创新是基础理论和技术方法上的学术创新，因此培养理工科学生的创新思维要注重系统性的学术创新训练，而商科的创新在很大程度上依赖于在商业实践中发现问题、总结经验并探索突破现有商业模式的瓶颈的新方法。这就要求商科学生既要有较好的商学理论基础，又要有充足的社会实践机会，积累商业实践经验，并在实践中激发创新思维。显然，我们没有为商科学生提供高质量的实践教学服务，没有为学生在实践中培养创新思维提供足够的机会。这与数字经济时代新技术日新月异，新业态、新模式异彩纷呈的形势是极不相称的。

二、新商科专业与创新创业的产教融合理论及现实基础

（一）新商科专业与创新创业的产教融合理论基础

新商科专业发展主要是解决专业建设过程中，专业的人才培养是否满足经济社会的需要，人才培养方案设计是否符合人才培养目标，师资队伍和教学团队、实验实习条件、课程资源是否能够满足教学需要，以及招生质量和就业质量是否提高等问题[1]。采用投入和产出理论可以对专业建设过程进行理论指导，将教学团队建设、课程建设、实验室建设、实习实训基地建设等作为投入因素，学生培养质量作为产出的关键因素，可以不断地增加投入因素来观测产出因素的变动情况，也可以不改变投入因素，即依靠内涵式建设或内生式发展来测量产出因素的改变情况[2]。在高等教育强调内涵式建设的前提下，利用现有资源实现最大产出的方法成为当前高等教育专业特色发展路径研究的主要方向[3]。应当走新商科专业与创新创业的产教融合发展路径，从育人结果产出角度，创新创业可以为专业学生未来发展提供更多支持；从教育转化角度，创新创业可以增加专业发展成果；从产教融合角度，创新创业也是校企合作育人的有效方式[4]。

（二）新商科专业与创新创业的产教融合现实基础

从专业课程设置的角度考虑，零售管理专业课程与创新创业教育课程有交叉和重叠，这为零售业管理专业进行创新创业产教融合提供了充足的课程支撑。以人才培养目标为例，零售业管理专业旨在基于区域经济发展和新零售需要培养具有创业精神、创业素质的新零售人才，这与学校培养双创人才的定位具有高度一致性。从具体的创新创业过程来看，以创业企业项目的策划与运营为例，整体项目策划、创业项目选择、市场调研、市场定位、目标群体分析和零售实体操作都需要从市场调研和预测、管理学、市场营销学、营销策划等零售业管理专业相关课程中得到直接有效的支撑。从项目后期运营角度看，创新创业项目的路演、品牌推广也与零售业管理专业课程教学内容息息相关，包括品牌营销与新媒体推广、推销与谈判，也包括新零售的相关知识。通过人才培养目标和课程设置，利用零售业管理专业和创新创业二者之间高度的相关性，作为新商科专业代表的零售业管理专业得以提供有效的教学载体，培养创新创业人才。

当前经济社会高质量发展，对创新创业人才的需求量不断加大，新商科专业以市场需求为导向，根据市场对人才的需求来设定人才培养目标。对于创新创业人才的培养，一直是新商科专业人才培养目标中的重点因素，因此将人才培养与创新创业技能培养有机结合是新商科专业发展的特色之一[5]。零售业管理专业的教育特点，是培养创造性人才，将人才创新能力作为新商科人才培养目标之一，对于人才培养定位和人才培养模式的探索有着较大的意义。

从宏观角度考虑，大众创新、万众创业的社会现实使社会对商科人才的需求转型，需求类型从商科专业人才向兼具商科专业知识和双创能力的复合型人才转变，这对新商科专业人才的培训提出了新的需求[6]。作为新商科专业的零售业管理专业在人才培养目标设置、课程设置、教学过程实施、人才培养达成度方面均需要考虑贴合市场。社会对商科人才的需求始终处于变革中，在变革的过程中，选择最有效的商科人才发展路径，构建新商科专业的特色发展道路，既要考虑人才的专业性也要考虑人才未来的发展[7]。商科专业未来发展的路径之一是创新创业，显而易见，新商科专业与创新创业的产教融合是有效路径[8]。

三、新商科专业创新创业发展实证研究

新商科专业设置是否能够有效提升应用型高校创新创业能力？根据新商科专业人才培养的人力资本投入和教育金融资本投入，可以进一步分析新商科专业满足创新创业需要的实际资本投入量，从硬件角度为新商科专业创新创业提供数据支撑。本文采用实证研究验证以下两个假设。假设1：应用型高校人才培养模式适用于提升创新创业实施效果，应用型高校人才培养从人力资本投入和教育金融资本投入两方面满足创新创业的需要，新商科

专业创新创业发展需要的资源条件充足。新商科专业设置是否能够有效提升应用型高校的创新创业能力，一定程度上与应用型高校课程体系和师资队伍建设水平有关，新商科专业相关课程体系建设与师资队伍建设可以有更多的创新。假设2：应用型高校课程体系和师资队伍适用于创新创业。下面对上述两个假设进行验证。

（一）新商科专业创新创业投入产出状况评价

首先，根据新商科专业创新创业状况，考虑构建创新创业数据计量模型 $C_i=\beta_1+\beta_2Y_t+\beta_3W_t+\mu_t$，基本思路是基于投入产出理论的模型分析，其中，$C$、$Y$、$W$ 分别表示创新创业实施效果、人力资本投入与教育金融资本投入。

通过投入与产出状况的量化评分，可以对新商科专业创新创业状况进行精准评价。评价过程中，选择某省10所代表性应用型创新创业高校，并收集其创新创业投入数据，通过专家评审得出创新创业实施效果综合评分，具体数值如表1所示。

表1　某省10所代表性应用型创新创业高校创新创业投入与实施效果统计表

样本	C 创新创业实施效果(评分)	Y 人力资本投入(万元)	W 教育金融资本投入(万元)
1	77.25	387	803
2	67.30	407	1 031
3	97.00	444	1 011
4	85.10	434	1 314
5	86.20	454	1 578
6	85.30	473	1 731
7	90.50	496	1 146
8	78.60	444	1 108
9	78.40	434	1 306
10	87.40	451	1 411

使用EViews软件对表1中的数据进行回归分析。主要识别出创新创业实效效果、人力资本投入、教育金融资本投入之间的相关系数、标准差等描述性统计数值。具体数值如表2所示。

表2　创新创业实施效果、教育金融资本投入与人力资本投入的回归分析统计表

变量	相关系数	标准差	t 统计值	概率
C	24.33	6.18	3.87	0.06
W	−0.03	0.03	−1.16	0.18
Y	0.87	0.31	1.77	0.01
R^2	0.96	因变量均值		71.00

根据表 2 的数据，回归得到的方程为：$\hat{Y}_i = 24.34 - 0.03\hat{W} + 0.87\hat{Y}$。通过回归方程的回归系数可知，应用型高校人力资本投入和教育金融资本投入与创新创业实施效果之间存在相关性，特别是教育金融资本投入与创新创业效果呈正相关。人力资本投入也是创新创业实施效果的重要影响因素。因此，假设 1“应用型高校人才培养模式适用于提升创新实施效果”基本得到验证。但两个变量的系数不显著，说明变量之间具有多重共线性。

根据表 3，人力资本投入、教育金融资本投入之间存在线性相关关系，即教育金融资本投入会引发人力资本投入的改变，二者之间存在相关关系。需要通过独立性判断去除二者之间存在的相关关系，减小研究误差。

表 3　创新创业实施效果、人力资本投入分布统计表

变量	相关系数	标准差	t 统计值	概率
C	14.45	6.413	3.81	0.05
Y	0.50	0.03	14.14	0.00

当教育金融资本投入引发人力资本投入的改变时，人力资本投入对创新创业实施效果的影响程度下降，去除单一变量(人力资本投入)线性相关的影响后，获得表 4。

表 4　创新创业实施效果、教育金融资本投入分布统计表

变量	相关系数	标准差	t 统计值	概率
C	16.45	8.44	3.13	0.01
W	0.04	0.04	10.57	0.00

投入变量包括人力资本投入和教育金融资本投入，不管是否带上常数项，R^2 的值都非常大(>0.98)，而且 Y 的系数都通过显著性检验，说明 W 和 Y 存在高度的共线性。针对人力资本要素和教育金融要素进行自回归研究，并进一步消除二者之间的共线性。识别出二者在投入过程中一方不因自身发生改变，而连续带动另一方发生改变，即两个要素分别独立投入，对创新创业效果产生的影响程度。具体消除共线性后，得到再次回归分析统计表，如表 5 所示。

表 5　创新创业实施效果、教育金融资本投入、人力资本投入再次回归分析统计表

变量	相关系数	标准差	t 统计值	概率
C	4.3	2.18	7.87	0.96
W	3.36	73.70	−0.04	0.98
Y	10.37	0.41	15.15	0.97
R^2	0.98	因变量均值		70.00

根据表 5 中再次回归分析统计结果，人力资本投入和教育金融资本投入推动创新创业发展，新商科专业发展建设投入了人力资本和教育金融资本，这些资本与创新创业发展需要的资本完全一致。假设 1“应用型高校人才培养从人力资本投入和教育金融资本投入两方面满足创新创业的需要，新商科专业创新创业发展需要的资源条件充足”得到验证。

（二）新商科专业创新创业过程因素实证评价

针对创新创业投入内容进行分析，利用回归分析得出投入要素对创新创业效果产生较大影响，而具体创新创业实施效果，无法被简单地定量评价。构建创新创业实施效果评价模型，对于不能被定量化评价的效果，使用调查问卷进行定性研究。评价方式使用文义转化分析模型，针对不同的评价文义设定不同的评价分数，从而评价创新创业实施过程。设定以下评价指标体系，效果评价模型 Y——创新创业效果，X_1——硬件软件设施，X_2——教学管理制度，X_3——人才培养模式，X_4——选课系统及课程体系，X_5——师资队伍，X_6——创新创业发展阶段。对于不能定量化评价的问题，进行文义阐释及转化研究，利用调查问卷调查 100 所已经实施创新创业的中国高校。根据被调查高校所在区域、院校类型、现有规模等因素，采用分组抽样调查方式，获得变量数据。

被调查人员主要为高校教务管理人员。表 6 给出了 2022 年中国高校创新创业实施情况的数据，其中数值为调查数据的平均值，波动明显的特殊数值被剔除。

表 6　新商科专业创新创业过程因素样本统计表

样本	Y	X_1	X_2	X_3	X_4	X_5	X_6
1	71.00	69.00	70.00	73.00	77.00	89.00	79.00
2	78.00	67.00	70.00	73.00	83.00	85.00	81.00
3	73.00	72.00	71.00	71.00	94.00	78.00	85.00
4	87.00	73.00	75.00	77.00	83.00	86.00	86.00
5	85.00	74.00	76.00	71.00	84.00	66.00	85.00
6	99.00	78.00	77.00	70.00	85.00	71.00	88.00
7	90.00	79.00	79.00	81.00	87.00	75.00	91.00
8	91.00	81.00	78.00	83.00	85.00	77.00	96.00
9	95.00	77.00	76.00	87.00	71.00	75.00	98.00
10	89.00	82.00	79.00	70.00	91.00	78.00	95.00

表 6 中存在不同数量级的各种变量，所以我们一般采用对数线性回归模型进行回归分析。如果逻辑回归模型包含所有的解释变量，可得到表 7 的结果。

表 7　回归分析统计表

变量	相关系数	标准差	t 统计值	概率
C	3.15	19.11	0.17	0.86
X_1	1.79	0.87	1.05	0.06
X_2	2.32	0.76	1.14	0.13
X_3	−4.10	1.59	−1.56	0.01
X_4	1.11	1.15	1.69	0.11
X_5	−0.03	0.11	−0.14	0.80
X_6	0.17	1.03	0.13	0.89
R^2	0.85	因变量均值		72.00

表 7 中，$R^2=0.85>0.80$，X_4、X_5、X_6 都不能通过 0.10 的显著性检验。从涉及人才培养模式的变量方面，假设 1“应用型高校人才培养模式适用于提升创新创业实施效果”基本得到验证。同时，我们可以得出结论，各变量之间存在多重共线性。

因为有 6 个解释变量，可以删除部分解释性变量估计参数，得到正确的回归方程，由此得到第一个解释变量之间的相关系数矩阵(表 8)。

表 8　相关系数统计表

	X_1	X_2	X_3	X_4	X_5	X_6
X_1	1	0.57	0.86	0.81	0.51	0.87
X_2	0.67	1	0.77	0.72	0.83	0.57
X_3	0.88	0.73	1	0.88	0.54	0.86
X_4	0.88	0.57	0.88	1	0.46	0.87
X_5	0.51	0.86	0.54	0.46	1	0.56
X_6	0.87	0.83	0.86	0.87	0.53	1

根据表 8 可知，只有 X_5 和其他变量的相关系数较低，其他几个变量之间的相关系数很高(>0.95)，所以我们认为 X_5 是可以纳入模型的，而其他几个变量的选择问题将进一步考虑模型的实际经济意义和经济变量之间的关系。

下面探究假设 2“应用型高校课程体系和师资队伍适用于创新创业”是否能够得到验证。利用保留的 X_1、X_5、X_6 来估计模型(表 9)。

表 9　硬件软件设施、师资队伍与创新创业发展阶段的回归分析统计表

变量	相关系数	标准差	t 统计值	概率
C	3.15	19.11	0.17	0.86
X_1	−1.03	0.33	−3.14	0.05

（续表）

变量	相关系数	标准差	t 统计值	概率
X_5	−0.19	0.07	−4.01	0.01
X_6	3.14	0.08	3.71	0.01
R^2	0.86	因变量均值		9.10

提取涉及课程体系与师资队伍的变量，判定其与创新创业的关系，发现 $R^2=0.86>0.80$，基本可以确定假设 2“应用型高校课程体系和师资队伍适用于创新创业”得到验证。

根据 2017—2022 年某高校新商科专业创新创业产教融合发展的实际情况（表 10），可以对未来的发展情况进行预测和判断。

表 10　某高校新商科专业创新创业统计表

年份	X_1	X_2	X_3	X_4	X_5	X_6
2017 年	84.00	90.00	71.00	81.00	73.00	79.00
2018 年	92.00	91.00	86.00	86.00	70.00	89.00
2019 年	85.00	86.00	74.00	74.00	86.00	90.00
2020 年	83.00	85.00	76.00	87.00	96.00	95.00
2021 年	80.00	81.00	85.00	84.00	77.00	97.00
2022 年	82.00	84.00	84.00	71.00	83.00	89.00

利用已经构建的回归分析模型，针对表 10 数据进行回归分析，识别出过程性因素对创新创业实施效果评价的影响。具体回归系数如表 11 所示。

表 11　回归系数检验和置信区间

模型	系数值	标准差	P 值	下限 90.0%	上限 90.0%
常数项	−3.41	1.82	0.12	−7.52	0.71
X_1	−0.23	0.22	0.21	−0.81	0.41
X_2	0.64	0.21	0.92	0.22	0.12
X_3	−0.73	0.84	0.43	−0.81	0.41
X_4	0.82	0.83	0.52	0.52	0.01
X_5	−0.01	2.72	0.41	−8.21	7.22
X_6	1.61	2.31	0.81	−4.81	7.91

通过整理回归系数获得以下回归方程：

$$y=-3.41-0.21\times x_1+0.62\times x_2-0.71\times x_3+0.83\times x_4-0.01\times x_5+1.62\times x_6$$

根据回归结果和回归系数可以发现，过程性因素对创新创业实施效果的影响较大，正相关的解释变量可以提升创新创业实施效果，负相关的解释变量会抑制创新创业实施效果。X_2、X_4、X_6 三个变量均为创新创业教学管理中制度约束和教学的实施过程，这些因素会促进创新创业教育的实施，最终反馈到创新创业的效果上。X_1、X_3、X_5 三个变量为创新创业的基础，这三个因素的投入如果达到一定的标准，将能保障创新创业实施效果，而一旦投入不达标，将会抑制创新创业实施效果。

四、新商科专业特色发展路径研究

通过新商科专业创新创业现状和过程因素实证评价，发现新商科专业特色发展可以依托创新创业产教融合，这对新商科专业发展来说是一种新的探索。

（一）零售业管理专业产教融合建设目标

根据新兴商业模式变革与零售业管理专业人才培养目标要求，在移动互联网时代，新商业模式不断涌现，商业从业者与零售业从业者均须变革现有商业模式，这需要零售业管理专业毕业生和其他新商科毕业生不断把握经济社会变革形势，能够独立完成商业模式创新，并将新商业模式与创业活动相结合，形成新产业、新企业和新岗位。

当前环境下，各类企业面临的发展环境变化更快，各类企业对复合型创新创业型营销人员的需求更迫切。企业需要在不断竞争的环境中取得竞争优势，零售业从业人员也需要不断创新以适应市场消费趋势的变化。对于应用型新商科专业而言，创新创业教育与专业知识教育深度融合是适应当前形势的最佳路径，将创新创业教育融入零售业管理专业人才体系已成为新商科专业的专业建设和专业改革的一项重要任务。

（二）零售业管理专业产教融合建设的实施路径

首先，应正确定位创新创业教育在零售业管理专业教育中的地位，这是培养零售业管理专业学生独立进行创新创业的立足点。在实施专业课教育过程中融入创新创业教育，可以通过产教融合教育促进大学生在校期间最大限度实现自我价值，通过课堂教育培养出的大学生实践能力也可以在大学生毕业后的就业过程中创造独特的价值。

其次，在进行专业课创新创业教育时，不能仅单纯地开展创业技能训练，而应开展创新思维、创新技术等创业综合素质教育，将培养重心由一部分学生的自主创业转变为全体学生的岗位创业，因为创新创业能力是所有学生未来必须具备的技能。将创新创业教育的具体实施过程与商业模式的变革、新技术创新应用结合起来，零售业管理专业是服务于新零售形成的新专业，新零售是将新技术、新思维、新模式与传统零售结合起来形成的新的商业模式。

再次，以课程建设为具体的落脚点，将创新创业教育与专业知识教育融合，其既不是专业课程与双创课程的叠加，也不是课程内容的简单相加，而是通过专业知识教育，让学生掌握零售行业和零售企业的经营情况，融合创新创业教育，让学生把握零售行业和零售企业的发展趋势。使学生理念创新、思维创新、行为创新，同时具有较强的创业实践执行力。

最后，做好学生创业教育的价值引领，从创办一个新的企业到改变一个商业模式，从创造一个新兴的岗位到影响一个新兴的行业，使创业由微观操作层面向中观和宏观操作层面大幅度跃进。将创业商业模式扩展到学生整个专业课学习过程，使创新创业知识学习过程基于投入产出导向，用创新创业产生的实效激励零售业管理专业学生的学习。

（三）零售业管理专业产教融合建设的具体内容

零售业管理专业产教融合建设具体可以从以下三个方面展开。

首先是面向零售业管理专业全体学生，旨在培养学生创新创业意识，激发学生创新动力。通过设置一些通识课程，将通识课程与专业课程结合起来，一部分通识课程培养学生的意识，一部分专业课程培养学生的创业能力。同时面向有较强创新创业意愿和潜质的学生，通过开设选修课程，逐步增加学生创新创业的知识、技巧、技能。教师通过选修课开展差异化的专业知识的讲授，在专业课程中融入创业知识技能和技巧，满足这类学生的需要。

其次是将创新创业教育中学习能力较强，能够独立完成创业活动的学生作为零售业管理专业课程教学中双创活动的榜样，以榜样的力量带动其他学生。可以通过精准画像方式，识别出双创能力较强的学生所具有的专业知识、创新创业素养和实际创业能力。在大规模的专创融合课程中展示该类别学生的画像，对其他学生进行引导，促使所有学生都具备相同的知识能力和素养。

再次是在教育过程中引导学生关注相关专业领域、行业领域发展趋势，由企业导师、创业榜样学生将创新创业教育理念和方法融入全体学生的创新创业专业教育过程。以现身说法方式培养学生的创新思维、创新意识，由学生带动学生更好地适应创变环境，创新创业的具体案例也可以通过创新创业教育融合课程展示，并带动专业课程的学习。

参考文献

[1] 石伟平，郝天聪．从校企合作到产教融合——我国职业教育办学模式改革的思维转向[J]．教育发展研究，2019，39(1)：1-9.

[2] 马树超，郭文富．高职教育深化产教融合的经验、问题与对策[J]．中国高教研究，2018(4)：58-61.

[3] 柳友荣，项桂娥，王剑程．应用型本科院校产教融合模式及其影响因素研究[J]．中国高教研究，2015(5)：64-68.

[4] 杨善江．产教融合：产业深度转型下现代职业教育发展的必由之路[J]．教育与职业，2014(33)：8-10.

[5] 陈年友,周常青,吴祝平.产教融合的内涵与实现途径[J].中国高校科技,2014(8):40-42.
[6] 顾明.基于慕课高职课程纯在线教学的实践与研究——以“电子商务概论”为例[J].遵义师范学院学报,2022,24(3):116-119.
[7] 张甲秀.数学线上教学问题分析及嵌入路径探究[J].遵义师范学院学报,2022,24(3):120-123.
[8] 程媛媛,胡延龄.基于 OMO 实践式育人模式打造思政金课路径探究[J].遵义师范学院学报,2022,24(2):132-135.

地方师范院校教师教育的困境与路径*

◎ 张　磊　左崇良

摘　要　近年来地方高师院校积极探索教师教育新模式，教育改革进程中蕴含了机遇，同时也存在了一些挑战。面对挑战与机遇，地方师范院校应及时调整思路，在教育理念、培养模式、课程体系和实践教学等方面整体推进，构建教师教育协同机制，促进区域经济社会与教育协调发展。卓越教师培养计划 2.0 时代，地方师范院校必须与时俱进，加强师资队伍建设，重视课程建设，推进信息化教学，完善 UGS 协同育人模式，提高教师教育的专业化水平，提升教师教育的品质，重构中小学教师的教学理念、知识结构、综合能力等核心素养，提高教师培养质量。

关键词　教师教育　地方师范院校　乡村学校　协同机制　教师培养策略

地方师范院校是我国高等学校的一种特殊类型，重心低，依托地方，以师范教育为主，并与基础教育具有十分密切的联系。随着社会经济的快速发展和城乡一体化战略的实施，地方师范院校面临着来自乡村振兴、基础教育改革、中小学教师专业发展诸方面所带来的挑战。为了适应地方经济社会发展的需要，培养高素质的中小学教师，地方师范院校主动进行教育教学改革成为当务之急。

一、地方师范院校面对的挑战与机遇

回顾我国教师教育的过去，思考教师教育现实中的问题，展望教师教育发展的未来走向，对于教师教育改革与发展具有积极的意义。

---

* 本文为湖南省大学生创新训练项目“地方高师与乡村学校的双向渗透协同育人模式探究”（项目编号：S202110546012）、湖南省“十四五”教育科学研究基地 2022 年度重点资助课题“基于教育公平的教师教育协同治理体系及其运行机制研究”（项目编号：XJK22ZDJD13）的阶段性成果。

作者简介　张磊，衡阳师范学院本科生，研究方向为教师教育。
左崇良（通讯作者），衡阳师范学院教科院副院长，副教授，教育学博士，主要研究领域为高等教育管理。

（一）地方师范院校面对的挑战

当前，我国地方师范院校的教师教育改革面临着一些新的挑战。其中，外显度较高的四个难题是：教育理念偏差、课程结构不合理、师范院校转型发展十分艰难、教师教育专业化程度明显不足。

1. 教育理念偏差，教师教育一体化受阻

教育理念是教育行动的先导。就教师培养培训目标的设定而言，一个普遍的问题是教育观念落后，人才培养目标错位，教师培训标准落后。在培训方式上，存在教师培训模式单一、与社会需求脱节、职前教育与职后培训不协调等问题。在课程建设方面，课程体系没能与时俱进，课程结构缺陷和课程要素缺失并存；在教师资格证书制度方面，存在教师资格证书分类不合理，教师资格认定标准偏低，教师资格证书有效期长，资格证书组织体系不完善等问题。在许多高等学校中，师范生技能和知识的培训仍然仅限于教师在台上讲、学生在台下听的这种简单的授课模式。2015 年，顾明远对我国教师制度进行了反思："近几年来师范教育的机构改革进行得非常神速，而教师专业化水平并未有多大提高。"我国教师教育转型改革至今仍未达到预期效果，反而在一定程度上削弱了师范教育体系，降低了教师专业化水平[1]。随着教师专业化理念的提出，我国开始着手提高教师的学历，以提升教师的文化素养和专业化水平。在这种时代背景下，一场有关师范教育的变革开始了，师范教育由封闭型向开放型转变。但在变革开始时，师范教育的转型在理论研究和科学决策上都缺乏必要的准备，使我国教师教育的改革走了一段弯路。曾被誉为"中国基础教育的功臣"的中等师范学校退出了历史舞台，许多地方的教育学院与师范高等专科学校升级为师范学院后，中小学教师的职后培训并未得到加强。事实证明，我国教师教育一体化改革进程中存在着诸多困难与障碍。

2. 课程结构不合理，实践教学效果不理想

2011 年 10 月教育部颁布了《教师教育课程标准（试行）》（简称《标准》），标志着我国教师教育进入新的发展时期。《标准》旨在规范和引导教师教育课程建设与教学，促使教师教育一体化、教师教育开放化、教师职业专业化。但是，我国地方师范院校的课程设置普遍存在以下问题：教育类课程偏少、课程内容陈旧、课程结构不合理、课程实施效果不佳。

我国高师院校经历了一段反复起落的历程。长期以来，高师院校的课程体系一直以学科为中心，其中很大一部分是关于"教什么"的专业课程。高校侧重于提高学生的学科知识水平，但是，他们对教学法、心理学和其他教育实践课程没有给予足够的重视。这些课程在课程体系中所占的比例太小，尤其是综合实践课程。目前，中小学能从事全面实践活动的教师短缺，从事科学、历史和社会、艺术和心理健康教育的教师短缺，这反映出师范院校专业和课程设置不合理。政府组织实施的国培和省培计划过分强调教育理论，缺乏实际内涵和培训方法"不扎实"，对中小学教师的吸引力不大，这也导致中小学教师的专业发展不足。

教师职业具有很强的实践性,但是地方师范院校师范生实践教学的效果并不理想。地方师范院校实践教学的不足和偏差主要表现在:①地方师范院校的教育经费不足,教学软硬件落后,而且缺乏稳定的实践教学基地和高水平的实习指导教师。②地方师范院校与中小学的合作存在现实困难,中小学对师范生的教育见习和实习存在消极的抵制思想和行为,导致师范生难以得到有效的指导。③实践教学程序化,教师按照固定的套路教授学生教学程序和方法,师范生只是机械地照搬指导教师的教学程序和方法,很少深入思考程序和方法背后的原理,由此获得的技能难以迁移,年轻的师范毕业生遇到新的教育教学问题时会表现得手足无措。

3. 师范院校转型发展十分艰难

我国教师教育发展历程分为初创、制度化、再制度化和专业化四个阶段。21 世纪以来,国家鼓励综合性大学和非师范类高校参与中小学教师的培养培训,以进一步提高教师队伍的建设质量。于是,师范教育转变为教师教育,"大学+教育学院""综合大学+专业化教师教育"的教师教育模式在中国出现。历史上一直承担着师范生培养任务的师范院校,尤其是地方师范院校受到前所未有的挑战。

在国家主导的教师教育改革中,我国师范教育已从单一的封闭型转变为开放型。一些师范院校相继增设非师范专业,并以不明确的目标开始了转型发展。面对"为什么要转变""向什么方向转变"和"如何实现转变"这样的问题,没有做出系统的顶层设计。教育管理部门、学校领导、教学单位和教师对此有不同的理解,导致分步行动不一致。此外,转型发展的条件和保障不足,许多改革难以推进,现实中的种种困难严重阻碍了师范院校的转型发展。

4. 教师教育的专业化程度明显不足

我国教师教育模式的设计与实施中存在着两难现象:教师职业的社会需求在质与量方面存在反差、教师教育者专业化水平与教师教育专业化要求之间存在落差、学术性与师范性存在冲突、系科独立建制与教师教育双专业性不匹配[2]。这些两难现象困扰着我国师范教育的发展,各师范院校对质与量、学术性与师范性的要求不平衡,专业教育与师范教育难以齐头并进,教师教育的专业化水平不高。

21 世纪以来,我国教师教育体系逐步开放,师范院校和非师范院校共同育人,竞争活力不断增强,但部分高校办学还不规范,教师准入门槛不升反降,教师质量得不到保障。我国教师教育一体化培养模式,是在传统的教师教育模式发展无力和教师短缺现状的背景下应运而生的。我国地方师范院校在教师教育改革进程中出现了一些新情况,暴露了一些新问题,主要表现在:开放化背景下教师教育的质量评估和监管缺乏制度依据;综合化背景下的教师教育特色亟待强化;高校综合化背景下,部分院校存在着师范和非师范专业的培养方案趋同,教师培养目标不够明晰,教师教育特色不够鲜明的现象;内涵式发展背景下,地方师范院校的发展方向迷失,其教师教育改革亟待引导。

二、地方师范院校教师教育的新路径

高师院校作为教育事业的“母机”，在教育综合改革的背景下凸显出战略意义，提升教师教育品质是其使命所在。探索一条适应基础教育发展需要的教师教育创新之路，构建现代教师教育制度，是当前高师院校教育教学改革的方向。

（一）构建地方师范院校与乡村学校的协同模式

引领地方基础教育改革，培养实用型乡村教师，服务乡村教育发展，是师范院校在制定转型发展战略中应坚持的基本原则。现阶段我国中小学教师队伍建设的一个重点是农村学校师资队伍建设，应基于“下得去、留得住、有发展”的三维目标，大力推进农村小规模学校的教师队伍建设[3]。面对教师教育转型的机遇与挑战，地方师范院校必须明确服务乡村教育的办学思路，找准自身定位，积极主动地回应乡村发展对教师教育人才培养的新要求，将教师教育做强做好，这既是更好地服务乡村教育的需要，也是自身生存和发展的需要。

大学—地方政府—中小学（University-Government-School, UGS）模式是高校、中小学的协同育人模式，政府在其中起规范指引和牵线搭桥的作用。高校与中小学的合作是一种治理形式，师范生培养模式改革，需要建设“共建、共享、共研、共育”的校校合作形式，提高运行效果。中小学与高校合作，具有多种形式。①从课题上合作。中小学教师和高校教师对教育热点进行行动研究。②资源共享。高校与中小学共建实践教学基地，深度合作。③校校合作，校地合作。地方政府和中小学对此具有较高程度的积极性，乐于参与师范生培养。实现这些合作有两种途径：中小学教师去高校，高校实习生来本地。高校与地方政府、中小学校“三位一体”教师教育协同机制中，地方师范院校拓展学校与中小学的联系，争取地方政府的支持，不断完善“U-G-S”卓越教师协同培养模式。师范教育除加强师范生专业知识训练外，还需更多地给予师范生教学技能培训，加强师范生实践能力训练，以教学实践为主、理论课程为辅，切实提高师范生的教学技能。

（二）建立师范院校分类评价机制

目前我国高校办学水平评价以综合性评价为主，指标适用于综合性院校，不利于师范院校聚焦师范教育主业。为此，顾明远呼吁改革教师评价制度，重建师范教育体系。

为了让师范院校坚守师范教育阵地，必须进行教育体制改革。①建立师范类院校分类评价内容机制，突出师范院校育人特色；针对师范院校建立单独的指标体系，突出对师范教育的教育教学水平要求，突出师范育人特色，减少、弱化综合性评价，如弱化科研进校经费、省部级以上科研项目，省部级以上三大科技奖励等指标，激励师范院校集中人力、物力、财力办好现代师范教育。②加强教师教育学科教学论队伍建设，安排学科论博士专项招聘计划。③有序推动师范类专业认证工作。强化师范生职业技能训练，明确技能训练的内容、安排和考核标准。进一步明确师范类专业认证标准的导向，明确“毕业生就业”在其中的地位。

（三）深入实施教师教育一体化发展策略

教师教育是教师培养和教师培训的总称，其实质是实现教师的职前培养和职后培训一体化。教师教育一体化发展是我国教育改革与发展的战略主题之一。在全面推进教师教育职前培养和职后培养一体化发展过程中，其相应的体制机制创新是深化改革的关键。教育部门应通过明确统筹主体，统筹规划教师专业发展目标，建立制度规范，形成协同机制，共建共享优质资源，搭建共生发展平台，完善评价与问责制度等，进一步促进教师教育一体化发展的制度创新。

教师教育的改革要真正取得实效，必须在教师专业化发展的理论指引之下，从目标、内容、模式到资格证书制度整体推进：在培养目标的制定上更新教育理念，建立科学的教师专业标准体系，并制定具有可操作性和指导性的职前培养目标；教师培养模式应具有前瞻性、针对性、可控性、灵活性、多元性、连贯性，以及职前培养与职后培训一体化等特点；在培养内容上应改变教师教育课程体系的横向结构与纵向结构，增加与师范生专业素养紧密相关的教育专业课程，并对教育实习的内容和实施方式进行全面的改革；在教师资格制度上应增强教师资格融通的合理性，提高教师资格认定标准，落实教师资格定期注册的配套服务措施，增强教师资格认证机构的专业性。

（四）建设教师教育品质保证制度

地方师范院校的教师教育改革，有三道重要的程序。其一，改变教师授课方式，提高教师授课质量，以研究性学习为主，传统授课为辅；其二，考试应以过程性考试与终结性考试相结合的方式进行，适当的笔试也很重要；其三，关于师德师风的教育可以增加，关于教育心理的课程可以改进。只有真正的课堂实践才能让一个教师尽快成长起来。只有兼顾师范教育的理论教学与实践教学，才能取得好的效果。

从宏观体系层次视角看，教师教育教学质量分为中职、大专、本科、研究生教学质量，任何层次的教师教育教学质量都包括教学决策质量、教学实施质量和教学结果质量三个结构要素[4]。在我国，建立校地合作的教师专业发展学校，实现教师教育一体化，完善教师资格证书制度，实行教师教育认可制度，都有一定的价值，但要实现高品质的教师专业发展，需要更完善的资源保障和制度保障。教师教育的品质保证在一定程度上取决于教师教育学科制度的建立，具体从教师教育的院校性质、专业逻辑、组织体系与结构、教育学科定位、师资、课程设置与实施等方面进行制度建设。目前，教师教育进入内涵式发展阶段，但由于目前出台的标准及意见多是总体要求或者指导文件，能否对各主管部门的教育投入形成有力导向，能否在具体的教师教育机构中得到有效落实，能否在课程与教学层面得到切实践行，能否最终实现用优秀的人培养出更优秀的人，是品质保证的核心问题。

参考文献

[1] 顾明远，沈笑英.新时代教师队伍建设改革的问题与展望——著名教育家顾明远先生访谈[J].教学月刊：中学版(教学管理)，2022(7)：3-7.

[2] 龙琪.教师教育专业化背景下职前教师培养中的两难现象[J].教育理论与实践，2013(32)：32-34.

[3] 刘善槐，王爽，武芳.我国农村小规模学校教师队伍建设研究[J].教育研究，2017(9)：109-115.

[4] 谷陟云，李森.教师教育教学质量：文化内涵与层次结构[J].2020(4)：24-30.

留学生“讲好中国故事”人才培养模式创新

◎ 程　妤

摘　要　“对中国的认识和理解”是来华留学高等教育的重要人才培养目标，留学生能讲、会讲并讲得好中国故事是检验这一培养目标是否实现的标准。同时，外国留学生在讲中国故事上又具有先天优势，可以成为我国文化国际传播的后备力量。同济大学将“讲好中国故事”的主题融入来华留学生教育，以“核心价值引领、品牌课程支撑、专业问题为纲、分区多层覆盖、媒体互动实践”为内容，实现了“价值导向・多元耦合・精准传播”的留学生“讲好中国故事”人才培养模式创新，为实现新时代高质量留学生教育与国家战略需求有机对接探索了“同济方案”。

关键词　来华留学教育　中国故事　人才培养模式

“讲好中国故事”立足展现“真实、立体、全面的中国”[1]，是提高文化软实力的国家重大战略要求和部署。来华留学生既有海外成长经历、又有中国生活体验，还有国际人际关系和跨文化交流经验，他们是中国故事的承载者，也是中国故事的“讲述者与国家形象宣传员”[2]。

同济大学留学生“讲好中国故事”人才培养模式，经过三年设计与建设、十年实践与完善，针对在来华留学生教育中融入“讲好中国故事”的主题，以培养全面发展、了解中国共产党与新时代中国特色社会主义、能成长为我国国际传播后备力量的高素质留学生为目标，以“核心价值引领、品牌课程支撑、专业问题为纲、分区多层覆盖、媒体互动实践”为解决方案，探索建立了留学生“讲好中国故事”的人才培养创新模式。

一、背景

当今世界“中国威胁论”等不实观点仍大有市场，西强我弱的舆论格局并未发生根本性

作者简介　程妤，博士，同济大学国际文化交流学院副教授，硕士生导师。

的变革，中国仍处于“有理说不出”“说了传不开”的境地[3]，同时，有关留学生“讲好中国故事”能力培养的探索尚处于起步阶段，大部分的研究止步于宏观，提出具体指导建议的微观研究比较欠缺[4]。

（一）国际传播声源有待多样化、精准化

目前，“讲中国故事”的研究总体上注重宏观论述，政策解读大于专业研究，只谈“要做什么”，不谈“怎么做”，欠缺实践的可执行性、可操作性。我国国际传播声源相对单薄，未足够重视留学生这一重要的后备力量。加强国际传播、提升对外话语能力需要高质量的人才资源支撑、需要与传播对象更加接近的传播主体参与，不断生产出基于中国发展、融入国际视野的中国好故事。

（二）留学生教育有待于系统性融入“讲好中国故事”的理念、教学体系与实现机制

《来华留学生高等教育质量规范（试行）》明确要求，来华留学生应当熟悉中国国情和文化知识，了解中国政治制度和外交政策。但综观当前来华留学教育全局，在多维度、立体化、全面性地将中国国情与文化融入留学生教育方面存在不足，国情教育与中国共产党历史成就讲授传播脱节。课程设置“重语言、重中国文化知识，轻中国国情、中国政治制度和外交政策”；文化体验多，实践教学结合少。教学内容讲中国传统故事多，当代故事少；传递的中国传统价值观多，当代中国价值观少；中国国情讲得不全面，中国共产党历史讲得不深入。

（三）留学生“中国理解”课程内容有待发展与提升

目前，针对留学生“多元文化背景下的中国理解”的教育内容单一、未成体系、未实现与时俱进，未能多维度、立体化、全面性地将中国国情与文化融入留学生教育；一流大学的品牌课程、知行合一的实践平台及“督”“导”并举的培养质量保障机制都不足；新时代中国特色社会主义价值融入也处于探索过程中，不能为留学生“讲中国故事”提供充足的理论支持与实践线索。

二、创新培养模式内容

同济大学“讲好中国故事”人才培养模式在来华留学生教育理念、对接国家战略需求的实现机制、培养模式构建等方面进行了有益探索，在留学生“讲好中国故事”的传播成果、课程体系的建设成果、教学研究的理论成果等方面也有所积淀。以留学生“讲好中国故事”、红色文化国际传播为核心的实践成果获“互联网＋”大学生创新创业大赛上海赛区金奖、全

国铜奖,"挑战杯"大学生课外学术科技作品竞赛上海市特等奖;出版了《国际学生讲中国故事》《来华留学生视野中的"一带一路"倡议》等文集;建成了教育部来华留学品牌课程"当代中国"系列课程等精品课程;就留学生感悟中国课堂教学案例、留学生感悟中国第二课堂等相关主题出版研究专著;近年来,团队成员及相关教师承担国家级、省部级研究项目多项,发表教学研究论文20多篇,媒体文章90多篇;并在全国范围内首创留学生"行走看中国"故事班,把论文写在中国大地上。

经长期实践,同济大学凝练出的"讲好中国故事"人才培养模式如图1所示。

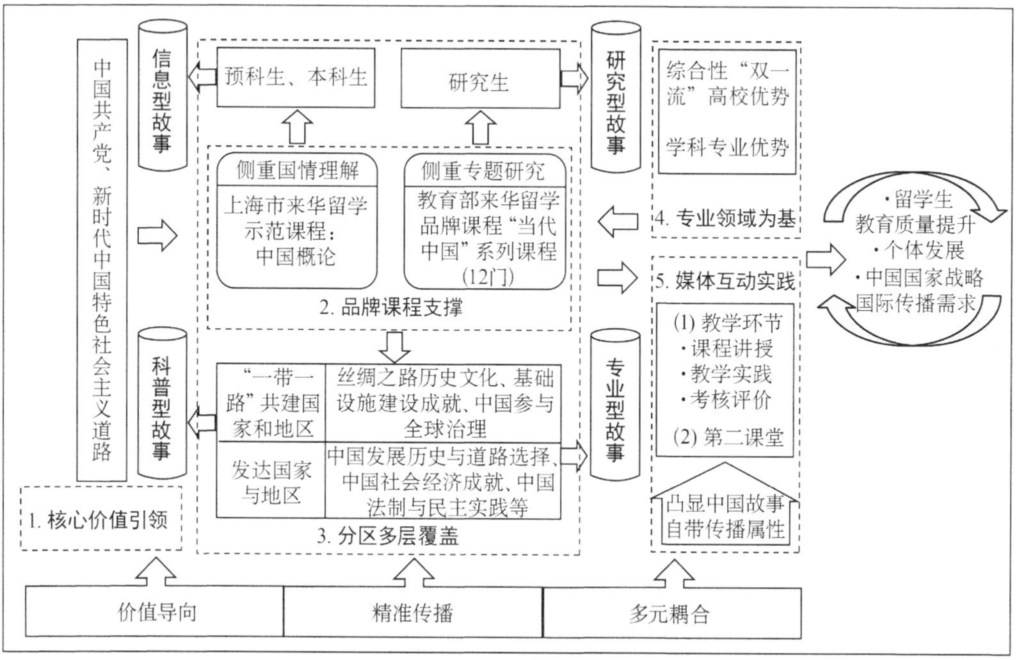

图1　同济大学"讲好中国故事"人才培养模式

（一）核心价值引领

以习近平新时代中国特色社会主义思想为引领,在课程教学与实践内容中融入中国共产党历史,特别是党带领中国人民实现民族独立的近代史、实现民族富强的当代史,引导留学生理解中国发展道路,深化对中国共产党、新时代中国特色社会主义道路的认识。落实习近平总书记关于"加强对中国共产党的宣传阐释,帮助国外民众认识到中国共产党真正为中国人民谋幸福而奋斗"的要求。将留学生教育质量提升、留学生个体发展与中国国家战略与国际传播需求全面对接,在留学生教育领域实现人才培养与国家发展需要相结合的目标。

（二）品牌课程支撑

围绕"中国发展与崛起的历史道路、中国新发展理念及专业领域的建设成就"等内容,构建了12门全英文“当代中国”系列课程；其中2门中国概况类课程针对本科留学生，作为本科留学生的公共必修课，围绕“讲好中国故事”的内容与技术组织教学活动、设计课程作业。引导留学生在世界文明的大视野中理解中国文化、在全球发展格局中思考中国发展，对中国形成客观、全面、科学的认知，同时在明晰差异性的基础上提升国际传播能力。

（三）分区多层覆盖

针对不同留学目标、不同学历层次、不同专业方向的留学生，引导其形成对新时代中国特色社会主义新发展理念的多领域认知、分层次理解，构建了“本科生认识整体中国”“研究生理解多维中国”的课程格局，优化精准传播方式，推进中国故事和中国声音的全球化表达。同时根据课程对象的主要来源国家与地区进行分区域、多层次、全覆盖的“讲好中国故事”教学内容设计。例如，面向来自“一带一路”共建国家和地区的学生，加强丝绸之路历史文化、基础设施建设成就、中国参与全球治理等内容教学；面向来自发达国家的学生，加强中国发展历史与道路选择、中国法制与民主实践等内容的教学等。

（四）专业领域为基

本培养模式在培养计划中发挥同济大学综合性高校的学科专业优势，以习近平社会主义经济思想、法治思想、生态文明思想、外交思想为引领，形成了社会经济、知识产权保护、环境保护、城乡建设、外交与国际关系等若干专业维度，在传授科技知识与专业技能的同时，引导留学生有能力、有兴趣讲好中国科技发展故事、中国社会发展故事、中国经济发展故事，与我国的发展观、文明观、安全观、人权观、生态观、国际秩序观和全球治理观紧密结合起来，提升留学生在不同领域中“讲中国故事”的知识与能力。

（五）媒体互动实践

本培养模式充分发挥我国教育信息化的资源优势，利用媒体资源，实现课程教学、社会实践、考核评价等教学环节的媒体互动，开发了在线学习云端课堂与网课资源，设置了线上教学实践，采用发布短视频、发表媒体文章、参与中国主题竞赛等多元评价方式，实现了基于新媒体的多元耦合升级效应；同时，应用新媒体技术与平台，将教育目标延伸至第二课堂，为留学生“讲中国故事”以进一步地锻炼能力创造机会。

三、创新培养模式特征

依托综合性“双一流”高校优势，对接留学生教育中“读懂中国”的教育目标，回应我国国际传播声源单薄、世界需要了解中国共产党等现实问题，同济大学“讲好中国故事”人才培养模式实现了“价值导向 · 多元耦合 · 精准传播”的留学生“讲好中国故事”人才培养模式创新，为实现新时代高质量留学生教育与国家战略需求有机对接探索了“同济方案”。

（一）更新理念与目标，以国际传播的国家战略需求赋能留学生教育，升级新时代留学生教育的新内涵

将中国国家战略、国际传播需要与国际学生教育需求对接，“最好的学习方法是教会别人，最高的理解程度是高质量分享”，以提升留学生讲好中国故事的知识与能力为培养目标，在留学生教育领域实现人才培养与国家发展需要相结合。课程体系坚持反映中国与世界共同的核心价值追求，站在国际话语体系中介绍当代中国发展情况；实践活动体现国际视野又突出中国特色；课程评价考核留学生“知华、友华、国际沟通能力与理解能力”；社会影响彰显留学生“讲好中国故事”的能力。

（二）创新教育路径与手段，落实留学生教育中理解中国共产党、理解新时代中国特色社会主义的要求

依照留学生高等教育质量标准、国际传播与对外话语体系构建的质量要求，对培养体系设计、课程教学内容、社会实践平台进行统筹设计与分层对接；以跨院系师资队伍建设和教学质量评价体系为突破，构建学校平台协调的教学绩效激励机制和资源配置机制，调动教师积极性和创新性；完善新媒体、新技术、新平台赋能的学生多维考核评价方式，注重留学生“中国理解教育”的实效性。

本培养模式落实了习近平总书记 2021 年 6 月给北京大学留学生回信中有关“读懂今天的中国，必须读懂中国共产党”的要求。在课程教学和社会实践中融入新时代中国特色社会主义前进道路中科技、行业发展的中国故事，以及近现代民族独立、当代民族富强的党史故事，引导留学生在丰富的课程教学实例与多维的实践路径中，逐步理解“中国共产党为什么能、中国特色社会主义为什么好”。

（三）创新教育方法，充分发挥新媒体、新技术、新平台赋能作用，拓宽教学实践路径，优化留学生教育实效

在授课、实践、作业、反馈的教学全过程中发挥新媒体、新技术、新平台的赋能作用，打造线上精品课程，引入线上创意产业园参观、线上浦东开发开放展参观等线上教学实践，将制作“讲中国故事”短视频、参加中国主题竞赛和专业竞赛等多元化考核评价方式纳入课程考核体系，优化留学生讲好中国故事的教育实效。

四、应用效果

该人才培养体系应用以来，取得的成效体现在如下几个方面。

（一）留学生“讲中国故事”成果形式多样

1. 短视频“讲中国故事”

作为课程作业或实践活动，留学生拍摄制作自己的“中国故事”视频，向世界展示真实中国。其中系列视频“熊猫叨叨”获评第七届中国国际“互联网”大学生创新创业大赛上海赛区“青年红色筑梦之旅”赛道金奖、“中央党史办首个大学生公益项目”等。在脸书、爱中文海外平台、油管等平台上传200多个短视频，点击率超过1.7亿次，粉丝遍布五大洲185个国家，成为国际传播的优秀典型案例。2024年，“熊猫叨叨——国际学生讲中国非遗故事”荣获2024“全球世界遗产教育创新案例奖”。

2. 学术论文“讲中国故事”

留学生研究生培养以“中国故事”的专业研究为导向，例如由70多名留学生牵头的研究小组，从“一带一路”周边国家的国情、舆情入手，收集和分析“一带一路”倡议实施的环境情况，最终结集出版。《人民日报(海外版)》评论员文章对此发表评价：“(同济大学)引导留学生就中国和自己祖国的关系进行思考。有深度，有创意，是一次来华留学生社会实践活动的成功尝试，值得肯定和借鉴。”

3. 媒体文章“讲中国故事”

预科生、本科生培养以看中国、讲自己的中国故事为主题写作文章，结集出版《国际学生讲中国故事》，全书收录192篇国际学生在中国的故事，作者覆盖90多个国家，内容涵盖日常生活、新农村建设、共享经济、新冠抗疫行动、中国红色历史及中国共产党的领导等。另有28名留学生的对中国文化的理解的文章发表于《人民日报(海外版)》，马来西亚留学生蒋征玲获得“My E Chinese”挑战中国通有奖征文活动优秀奖等。

4. 学生榜样“讲中国故事”

培养“讲中国故事”的国际使者。例如，来自多哥的亚历山大(又名：天赐)2022—2024年在校期间，获得首届“悦读中国”国际学生讲中国故事邀请赛优秀奖等相关奖项9项，包括5个国家级奖项、1个省级奖项、3个校级奖项。韩国留学生崔美玲获得2022年“Z世代青年学生讲好上海故事”短视频征集公益活动优秀奖。2021年12月，刚果(布)留学生王子、马伟和日本留学生种奈奈子合作完成的课程作业《废旧油墨材料的回收利用》获得“智慧城市”国际大学生邀请赛二等奖。

（二）课程与教材建设成果推广应用效果

课程体系先后荣获“教育部来华留学英语授课品牌课程”“上海高校外国留学生英语授课示范性课程”“上海市高校示范性全英语课程”等称号。课程学分得到欧洲、北美洲、大洋洲、亚洲的250所高校认定；与日本京都大学、芬兰阿尔托大学、德国柏林工业大学等34个QS排名前200位高校交流了课程设置；330名来自QS排名前200位高校的学生获得了本课程学分;上海交通大学、复旦大学、华东师范大学、华中理工大学等40余所国内高校来校调研。

课程体系建设团队编写出版"当代中国"系列教材4种,"当代中国"丛书2种,获得上海市优秀教材奖,选题与学术水平受到业界与读者肯定。

(三)教育研究成果推广应用效果

教师开展留学生"讲中国故事"教学研究成果凸显。围绕相关议题主持国家社会科学基金、教育部人文社会科学、国家语委、中国高等教育学会等课题近10项;出版"同济大学国际学生感悟中国"丛书,设计课堂教学案例与第二课堂活动等,介绍推广同济经验;相关教学研究论文获得中国高等教育学会"来华留学教育优秀科学研究成果奖"等多个奖项。

同济大学留学生"讲中国故事"人才培养模式,在来华留学生教育理念、对接国家战略需求的实现机制、培养模式构建等方面均有所收效,使留学生"讲好中国故事"的能力显著提升,同时在课程体系建设成果与教学研究理论成果等方面亦取得成效,形成了显著的社会辐射效应。

参考文献

[1] 新华社.习近平主持中共中央政治局第三十次集体学习并讲话[EB/OL].(2021-06-01)[2021-07-30].https://www.gov.cn/xinwen/2021-06/01/content_5614684.htm.

[2] 马春燕.来华留学生:中国故事讲述者与国家形象宣传员[J].社会科学论坛:学术评论卷,2017(12):220-229.

[3] 王馨.新时代视域下讲好中国故事研究[D].上海:东华大学,2023.

[4] 胡晓慧,过文英,吴剑.外国留学生讲好中国故事的理论探索与实践[J].国际学生教育管理研究,2022(1):12-21.

研究生教育

综合性大学研究生导师指导质量满意度研究
——基于理、工、文、医四个学科大类

◎ 江　慧　樊晓杰　于鲁江　赵钦佩

摘　要　导师在研究生培养过程中起着举足轻重的作用，直接关系到研究生培养质量和学生满意度。通过调查T大学的1 378名在校研究生发现，导师指导对理、工、文、医四个学科大类的研究生满意度有显著影响，同时，影响导师指导质量满意度的因素的确存在明显的学科差异。理学和文科的研究生最看重导师的指导水平，且其满意度仅与导师的指导水平显著相关；医学研究生对导师指导质量满意度还与课题影响因素显著相关，工学研究生对导师指导质量满意度还受导师精力投入和指导方式的显著影响。据此提出建议，根据四个学科大类的特点，采取普遍性与针对性相结合的举措，进一步提升综合性大学的研究生培养质量。

关键词　学科　导师指导满意度　研究生培养

一、引言

研究生导师是研究生学术道路、价值观塑造的重要引路人和第一责任人。国家要求导师根据研究生的培养需求，积极为研究生的学习成长创造条件。这不仅需要学校因类施策，制定不同学科研究生的培养目标和培养方案，更需要导师因学科而异，采用合理科学的培养方式，提升指导质量。

为了保障和提升综合性大学不同学科的研究生培养质量，本文以国内综合性大学T大

作者简介　江慧，同济大学人才中心科员。
樊晓杰，上海师范大学师资博士后。
于鲁江，同济大学发展规划与学科建设部科员。
赵钦佩，同济大学软件学院副教授。

学为例，调查了理、工、文、医①等四个学科大类的研究生对导师指导质量的满意度状况，探索这四类学科研究生的导师培养和指导规律，分析其指导质量的影响因素及差异，进而提出针对性的导师指导改进建议。

二、理论基础

顾客满意的概念最早出现在市场营销领域，顾客满意度是对顾客满意程度的量化描述，无论是对产品或服务的直接评价，还是对产品或服务的实际感知与预期对比后的差异感受，都是主观评价，体现了个体对产品或服务的价值判断；作为一种量化指标，顾客满意度在一定程度上反映了产品或服务质量的水平，是衡量产品或服务质量水平的重要标志[1]。随着经济社会的发展及对高等教育水平评价需求的日益增加，顾客满意度被引入高等教育领域，并且衍生出“学生满意度”“学生对导师指导质量的满意度”等概念或提法。研究生作为高等教育培养活动的参与者、教育质量的体验者，在对导师指导质量是否满意方面拥有绝对的发言权。本文中的“研究生导师指导质量满意度调查”借鉴顾客满意度相关理论，认为研究生对导师的满意度是指研究生在接受导师指导和培养后，对比实际体验的教育指导与事前所期望的教育指导的差异从而做出的感知评价，若实际感知效果高出期望值则倾向于满意，反之则倾向于不满意[2]。

三、文献综述和研究问题

（一）研究生导师指导质量满意度影响因素的学科差异

已有研究表明，研究生导师的培养指导方式具有明显的学科差异。对于理科研究生的学术发展来说，导师对实验室成员的指导频率、内容及方式发挥着重要作用，尤其是随着研究的深入，导师提供的指导与支持越来越多；学术会议的参加次数和程度也与博士生的学术发展密切相关[3]。

对于工科研究生的培养来说，面对面的交流是决定培养质量的重要因素；团队指导模式和学业指导是提高培养质量的有效举措和有力保证，导师应创造条件让研究生更有效地参与课题研究[4]。在地方的工科院校中，影响研究生对导师指导质量满意度评价的因素包括导师工作态度，生师比，研究项目，导师指导规模、方式和频率等[5]。

导师因素对于综合性大学人文社会科学类研究生创新能力总体上存在正向的预测作

① 该分类以教育部和国务院学位委员会颁布的《学位授予和人才培养学科目录》为依据，结合 T 大学的实际情况进行的大致划分：其中理学大类包括理学门类下的相关学科，工学大类包括工学门类下的相关学科，文科大类包括哲学、经济学、法学、教育学、文学、管理学、设计学门类下的相关学科，医学大类包括医学门类下的相关学科。

用,主要包括指导人数、指导时间、指导频率等[6]。也有研究发现导师指导满意度受导师学术水平、导师道德修养、导师指导的频次与时长、导师指导水平、导师生活上给予的关心等因素的影响[7]。而特色型高校文科研究生对导师在教学中的作用满意度主要受到导师学术水平、教学能力、责任意识、投入的时间与精力、指导方式等因素的影响[8]。

对于医学研究生来说,专注一项国家级科研课题更有利于发表高水平的学术论文,导师建立了固定的国际交流平台的研究生的学术表现更优秀;导师职称类别及等级、导师类型、导师行政任职情况、导师学术任职等基本情况对学生的学术表现无影响[9]。

整体来看,导师培养方式直接影响学生对其培养满意度,但由于学科差异,导师指导时长、指导频率、指导水平、学术要求,以及学生参与导师课题、参加学术交流等因素的影响也不尽相同。而且,目前已有研究主要将一所或多所高校的研究生作为一个整体,选取单一学科的研究生进行导师指导质量满意度分析。但综合性大学或者多科性院校是目前我国最为重要的研究生培养主体,更需要考虑学科差异对研究生导师指导质量满意度的影响。

(二) 研究问题

本文对国内综合性高校 T 大学的在校研究生展开了导师指导质量满意度调查,尝试对以下问题做出解答:在综合性大学中,不同学科的研究生在评价导师指导质量满意度时会受到哪些因素的影响? 这些因素发挥作用的情况和影响程度如何? 是否存在共性和个性因素? 如果存在,又有哪些规律可以遵循?

四、问卷及样本数据

(一) 问卷情况

基于目前已有研究,结合对在校研究生的访谈和专家咨询结果设计调查问卷,编写出“T 大学研究生导师指导质量调查问卷”。该问卷调查研究生对导师指导质量的满意度和影响研究生满意度的 9 个因素,即导师周均指导时长、导师周均指导频次、参与导师的课题研究总数、导师经费支持学术交流次数、指导方式预期和实际的符合度、导师指导程度(学生对于导师指导是否过多或者不足的感受)、在导师课题中发挥作用重要程度、参与的课题与学位论文之间的相关度、导师的学术要求程度。本文将上述 9 个因素作为自变量,将“对导师指导质量的总体满意程度”作为因变量。

经过小范围的测试和完善,形成了最终的“T 大学研究生导师指导质量调查问卷”。为了保证数据的有效性及得出结果的可靠性,本文对问卷的质量进行检验。运用 SPSS 进行信度检验后显示克隆巴赫系数为 0.767,说明各因素具有内在一致性,问卷的可靠性可以被接受。

（二）样本收集情况

本文采用分层抽样和简单随机抽样相结合的方式，通过"问卷星"调查平台向 T 大学在校研究生发放问卷，受访者分布于 T 大学的 46 个二级学科，以临床医学、口腔医学、马克思主义理论、土木工程、交通运输工程、环境科学与工程、设计学、管理科学与工程等学科为主，涉及理、工、文、医四个学科大类。回收问卷 1 381 份，剔除逻辑错误和信息不全的问卷 3 份，得到有效问卷 1 378 份，问卷有效率为 99.78%。1 378 名受访者中，理学研究生 62 人，工学研究生 566 人，文科研究生 380 人，医学研究生 370 人。各变量的数据统计情况详见表 1。

表 1　各变量数据统计表

变量	整体（样本量 1 378）		理学（样本量 62）		工学（样本量 566）		文科（样本量 380）		医学（样本量 370）	
	均值	方差	均值	方差	均值	方差	均值	方差	均值	方差
指导方式预期和实际符合度*	4.3	3.37	4.02	2.94	4.03	3.35	4.48	3.32	4.56	3.51
导师周均指导时长(小时)	2.67	2.28	3.06	2.57	2.47	2.33	2.52	2.01	3.06	2.36
导师周均指导频次(次)	1.93	1.7	2.32	2.01	1.78	1.59	1.71	1.51	2.31	1.9
导师指导程度*	5.22	2.89	5.31	3.01	4.59	3.06	5.65	2.65	5.71	2.66
参与导师课题研究总数(个)	1.96	1.9	1.85	1.68	2.14	1.98	1.56	1.83	2.11	1.83
在导师课题中发挥作用重要程度*	4.34	3.18	4.02	3.08	4.72	3.18	3.11	2.97	5.08	3.06
参与的课题与学位论文之间的相关度*	5.28	3.63	6.15	3.72	5.38	3.6	3.92	3.53	6.39	3.31
导师经费支持学术交流次数(次)	1.26	1.42	1.47	1.43	1.05	1.19	0.97	1.4	1.86	1.56
导师学术要求程度*	6.78	2.37	7.31	2.05	6.5	2.58	6.86	2.28	7.06	2.12
对导师指导质量的总体满意程度*	7.68	2.62	8.08	2.13	6.95	3.03	8.12	2.28	8.29	2.03

注：标 * 的标量为主观评价性的变量，分值范围为 0～10。

主观评价性变量包括导师指导质量的总体满意程度等六项，反映的是被调查者的主观体验和感受，采用分级量表的形式进行评价，数值范围为 0～10，被调查者给出的数值越高，说明其对该项因素的评价越高。①从研究生对导师指导质量的总体满意程度来看，医学的平均分遥遥领先，理学和文科比较接近，而工学则明显落后；工学的方差明显大于其他三个学科大类，表明工学学科的受访者对导师指导质量的总体满意程度存在较大的波动。②从指导方式预期和实际符合度来看，医学的受访者预期的导师指导方式和实际的导师指导方式符合程度最高，其次是文科，而理学和工学的符合程度较低；医学的方差最大，工学和文科次之，理学最小。因此，与另外三个学科大类相比，医学学科的受访者在这一问题上的感受存在较大的波动。③从导师指导程度来看，医学、文科和理学的均值相对较高，而工学明显偏低；工学和理学的方差明显大于另外两个学科大类，尤以工学为甚，表明工学的受访者对于导师指导程度的评价相互之间存在较大的偏差。④从在导师课题中发挥作用重要程度来看，医学的均值遥遥领先，工学次之，理学和文科分列第三、四位，且四个学科大类存在比较明显的梯次分布；四个学科的方差从大到小依次是工学、理学、医学、文科，相互间差异比较小。⑤从参与的课题与学位论文之间的相关度来看，医学和理学的均值遥遥领先，工学次之，文科与前三者差距较大；四个学科的方差从大到小依次是理学、工学、文科、医学，但相互间差异比较小。医学均值最高且方差最小，表明医学学科的受访者参与的课题与学位论文之间的相关度高，且对该因素的感受整体上比较一致。⑥从导师学术要求程度来看，四个学科大类存在比较明显的梯次分布，其中理学的均值遥遥领先，医学次之，文科和工学分列第三、四位；方差从大到小依次是工学、文科、医学、理学。理学均值最高且方差最小，说明理学的导师学术要求普遍比较高；工学均值最低且方差最大，说明部分工学导师的学术要求存在相对“极端化”的情况，且学术要求偏低的情况比较常见。

客观描述性变量主要调查了导师指导时长和频次等四项，被调查者根据实际情况填写相应数字。①从导师周均指导时长来看，理学和医学的导师周均指导时间相对较长，工学和文科相对较短；理学学科的导师在周均指导时长上波动程度最大，方差达到 2.57，医学和工学次之，文科导师在周均指导时长上波动程度最小。②从导师周均指导频次来看，理学和医学的导师周均指导频次略高，工学和文科略低，这一点与“导师周均指导时长”的情况类似；理学和医学的方差也相对较大，说明二者的导师的周均指导频次较工学和文科存在更大程度的波动。③从参与导师课题研究总数来看，工学和医学遥遥领先，理学和文科相对较少；工学的方差也相对较大，文科和医学次之，理学的方差较小，表明工学的受访者在参与导师课题研究数量上相互间存在较大的偏差。④从导师经费支持学术交流次数来看，医学的受访者参加学术交流次数最多，理学次之，工学和文科相对较少且比较接近；医学、理学、文科三者的方差相对较大，工学的方差则明显较小，说明工学受访者参与导师经费支持学术交流次数的波动程度最小。

五、实证分析

（一）影响导师指导质量满意度的因子分析可靠性检验

对影响导师指导质量满意度的因素进行因子分析。根据巴特利特(Bartlett)和 KMO

球形度检验来判断原始变量(即影响导师指导质量满意度的各项因素)是否适合用于做因子分析。KMO 值越接近 1,说明原始变量的相关性越强,偏相关性越弱,越适合用于做因子分析。检验结果显示 KMO 值为 0.755,大于 0.7,样本效度较好。巴特利特球形检验的显著性 P 值为 0.000,小于 0.001,表示各个原始变量之间彼此相关,达到显著性水平,适合做因子分析。

由表 2 可知,提取的 5 个公共因子总方差贡献率为 82.248%,即这 5 个公共因子能够解释 9 项因素 82.248%的信息,比较全面和完整地反映了这 9 项因素的内容。

表 2　特征值和方差贡献率

成分	初始特征值			提取载荷平方和			旋转载荷平方和		
	总计	方差百分比	累积	总计	方差百分比	累积	总计	方差百分比	累积
1	3.268	36.309	36.309%	3.268	36.309	36.309%	2.016	22.396	22.396%
2	1.494	16.601	52.910%	1.494	16.601	52.910%	1.995	22.166	44.562%
3	0.996	11.062	63.972%	0.996	11.062	63.972%	1.394	15.494	60.057%
4	0.873	9.704	73.676%	0.873	9.704	73.676%	1.006	11.173	71.229%
5	0.772	8.572	82.248%	0.772	8.572	82.248%	0.992	11.019	82.248%
6	0.585	6.499	88.747%	—	—	—	—	—	—
7	0.455	5.054	93.801%	—	—	—	—	—	—
8	0.289	3.213	97.015%	—	—	—	—	—	—
9	0.269	2.985	100%	—	—	—	—	—	—

建立因子分析模型的目的不仅是提取公共因子,更重要的是知道公共因子的意义,以便对实际问题进行分析。经过因子旋转,每一个公共因子只对少数几个变量具有高载荷,其余载荷很小;每一个变量也只在一个公共因子上具有高载荷,其余载荷都很小,也就是说旋转之后公共因子的含义较之前更为清楚。本文运用方差极大的正交旋转法进行因子旋转,旋转在 5 次迭代后收敛。详见表 3。

表 3　旋转后的成分矩阵

影响因素	成分				
	1	2	3	4	5
参与导师课题研究总数	0.793	—	—	—	—
在导师课题中发挥作用重要程度	0.867	—	—	—	—
参与的课题与学位论文之间的相关度	0.747	—	—	—	—
导师周均指导时长	—	0.895	—	—	—

（续表）

影响因素	成分				
	1	2	3	4	5
导师周均指导频次	—	0.886	—	—	—
导师指导程度	—	—	0.605	—	—
导师学术要求程度	—	—	0.862	—	—
指导方式预期和实际的符合程度	—	—	—	0.996	—
导师经费支持学术交流次数	—	—	—	—	0.959

结合表2和表3，影响导师指导质量满意度的9项因素最终体现在5个公共因子上，本研究将5个因子分别命名为：课题影响、精力投入、指导水平、指导方式、交流机会，这5个公共因子的方差贡献率分别为36.309％、16.601％、11.062％、9.704％、8.572％。

1. **课题影响**

课题影响是指参与课题的情况对研究生评价导师指导质量的影响。让研究生参加课题研究并在实践过程中对其进行指导，是导师指导研究生最重要的途径。课题影响公共因子在“参与导师的课题研究总数”“在导师课题中发挥作用重要程度”“参与的课题与学位论文之间的相关度”三个变量上载荷系数很高，可以充分反映这三个变量的作用情况。本文中研究生参与导师课题的平均数为1.96个，充分表明导师通过课题指导研究生的普遍性；“在导师课题中发挥作用重要程度”和“参与的课题与学位论文之间的相关度”给出的均值分别为4.34和5.28，在一定程度上反映出受访者比较注重在课题研究过程中作用的发挥和对研究成果的总结。

2. **精力投入**

精力投入是指导师在指导研究生的过程中所花费的时间和精力，一般来说，导师的精力投入与学生对导师指导质量的满意度存在比较明显的正相关关系。精力投入公共因子在“导师周均指导时长”和“导师周均指导频次”两个变量上载荷系数较高，基本可以反映导师的时间投入和指导频率情况。单次指导时间过长或过短，以及指导的频率过低或者过高，都会对研究生评价导师指导质量产生影响。本文中，导师平均每周指导1.93次，每周指导时长2.67小时，时长和频率比较符合导师学术“引路人”的角色定位。

3. **指导水平**

指导水平是导师培养理念、学术水平、指导能力等多方面因素的综合体现。相较于“放养”学生的导师，学术要求严格，同时能够有效地引导和帮助学生解决学术研究中的困难的导师，更能获得研究生对其指导质量的认可。指导水平公共因子在“导师指导程度”和“导师的学术要求程度”两个变量上载荷系数较高，可以准确反映这两个变量的作用情况。本研究中“导师指导程度”和“导师学术要求程度”均值分别为5.22和6.78，表明学生对于导师的指导水平还是比较认可的。

4. 指导方式

导师用不同的方式去指导同一个研究生会产生不同的成效，所以改善导师的指导方式，用学生最期待的或者最适合学生的方式去指导，才能有效提高研究生对导师指导质量的满意度。指导方式公共因子在“指导方式预期和实际符合度”这一变量上载荷系数较高(0.996)，全面反映了指导方式的作用情况。本文中“指导方式预期和实际符合度”均值为4.30，表明指导方式因素对研究生对导师指导质量满意度有不可或缺的影响。

5. 交流机会

研究生学术交流是激励研究生创新的主要途径，是研究生培养的重要组成部分。交流机会公共因子在“导师经费支持学术交流次数”这一变量上载荷系数较高(0.959)，非常好地反映了交流机会的作用情况。本文中，导师经费支持研究生学术交流次数均值为1.26次，充分表明学术交流在研究生培养过程中发挥着一定的作用。

（二）回归分析

为了进一步探究影响导师指导质量满意度的各项因素的情况，本文进一步做了回归分析，详见表4。

表4　多元线性回归

	整体	按学科大类			
		工学	文科	医学	理学
样本数	1 378	566	380	370	62
课题影响	0.014	0.044	0.008	0.124**	0.062
精力投入	0.173***	0.364***	0.038	0.083+	0.105
指导水平	0.641***	0.593***	0.645***	0.499***	0.515***
指导方式	0.138***	0.173*	0.134+	0.066	0.238
交流机会	0.036*	0.045	0.046+	−0.014	−0.007
常数	3.057***	2.346***	3.642***	4.260***	3.981***
R^2	0.438	0.452	0.413	0.425	0.463

注：“***”表示 $p<0.001$，“**”表示 $p<0.01$，“*”表示 $p<0.05$，“+”表示 $p<0.1$。

整体来看，公共因子较好地解释了研究生对导师指导质量满意度情况。其中，指导水平、精力投入、指导方式这三个公共因子与导师指导质量满意度之间存在显著相关，交流机会因子也与导师指导满意度相关，而课题影响的对导师指导满意度的影响整体并不显著。值得注意的是，导师指导水平显著影响了不同学科研究生的满意度，这也印证了学生学术观的形成是深受导师个体素养影响的，特别是文科和理学导师指导水平是影响学生满意度的最重要的因素。

值得注意的是医学和工学两大学科。对医学学科来说,除指导水平外,课题影响也显著影响导师指导质量满意度,说明医学学科对于通过课题来强化理论和实践的结合有着独特的要求。对于工科学科来说,除指导水平外,精力投入和指导方式是工学学科特有的存在显著影响的因子,表明工学学科受到导师个体因素的影响更加明显。

六、结论与建议

(一) 主要结论

通过对 T 大学导师指导质量满意度影响因素的分析发现,课题影响、精力投入、指导水平、指导方式、交流机会是影响研究生对导师指导满意度的五大主要因素。整体来看,导师指导质量满意度与精力投入、指导水平、指导方式和交流机会四个公共因子显著相关,其中导师指导水平显著影响了不同学科研究生的满意度,影响程度最明显。

影响导师指导质量满意度的因素的确存在明显的学科差异。理学和文科的研究生最看重导师的指导水平,且其满意度仅与导师的指导水平显著相关;除指导水平因素外,医学学科研究生对导师指导质量满意度还与课题影响因素显著相关,工学学科研究生对导师指导质量满意度还受导师精力投入和指导方式的显著影响。

(二) 相关建议

通过上述分析可以看出,研究生对导师指导质量的满意度受多个因子的影响,并且对不同的学科大类来说,影响因子和影响程度也存在较大的差异。因此,提升研究生导师指导质量满意度,既要考虑具有普遍影响力的因素,制定宏观的制度和政策,也要针对不同的学科特色,采取个性化的举措。

1. 增强导师指导的有效性,提高导师指导水平

“指导水平”反映导师学术要求程度和指导程度,是影响导师指导质量满意度最为关键的因素。衣学磊和蒋承指出,加强导师与研究生的交流,及时对研究生的学习、生活进行指导,有利于研究生高效率、高质量地完成学习[10]。为了提升导师指导水平,一方面,要加强导师团队建设,明确导师权责,支持导师“高标准、严要求”。以文科和医学为例:文科的学术研究主要依赖大量的文献阅读、问卷访谈、讨论思辨等,导师持续的学术引导和严格的学术要求在这个过程中至关重要;医学学科特性及学生未来的职业性质决定了学术研究过程容不得丝毫瑕疵,必然要求导师严格进行学业管理。另一方面,要进一步引导和鼓励导师更加“到位”地指导学生。如果导师能够及时指导学生,并且帮助学生发现问题、分析原因,进而有效地解决问题,必然可以提升学生对导师指导水平的满意度。

2. 对各学科大类的针对性建议

(1) 对于工学学科来说，导师指导质量满意度还与导师的“精力投入”和“指导方式”显著相关，“精力投入”反映的是“导师投入了多少精力”，“指导方式”反映的是“导师如何投入精力”，所以对于工学学科来说，还要在导师精力“投入多少、怎么投入”上提出针对性的方案。

在导师精力投入方面，学校应强化导师资源的“供给侧改革”，合理控制每个导师指导的学生数量，实现导师资源的优化配置，确保导师有足够的时间指导每名学生。电子科技大学李雪梅研究发现，大多数学生认为导师在校培养学生数量过少不利于师生开展学术合作与交流，过多则会导致导师精力分散，指导力度不够[11]。此外，应进一步优化导师评价机制，实现科学研究与人才培养的有机结合，引导和鼓励导师在指导学生方面投入更多的精力，尤其是要结合学科特点给予学生有针对性的指导。

导师指导方式在导师指导质量满意度评价中的作用不可忽视。晋素灵认为，影响学生对导师满意度评价的因素中，指导方式重要程度最高[12]；徐婷婷认为，导师的指导方式、频率、内容和训练机会都会影响研究生对导师的满意度，其中指导方式发挥着关键的作用[13]。本研究发现 T 大学中“当面一对一交流”和“组会”是最受工学学科研究生欢迎的指导方式，但是完全采用学生期望的指导方式并不现实，而且指导方式也因人而异，采用何种指导方式，既要考虑学生的期望和接受程度，也要考虑导师时间分配的可能性；此外，对学生的培养不仅仅是学术上的，如果能在交流表达、组织协调、沟通合作等诸多方面为学生提供锻炼的机会，可能会收获更好的效果。

(2) 医学学科的导师指导质量满意度还和“课题影响”显著相关。课题影响因子主要涉及“参与导师的课题研究总数”“在导师课题中发挥作用的重要程度”“参与的课题与学位论文之间的相关度”三个因素。参与课题研究是将理论知识加以应用的必要途径，但如果导师安排学生参与的课题研究过多，会使学生认为自己是导师的“廉价劳动力”而徒增怨言，建议建立更加良性互动的师生关系，在研究生“参与导师的课题研究总数”上有所控制，与其安排学生在多个课题上浅尝辄止，不如让其在一个课题中“刨根问底”，通过深度参与获得成就感。

美国著名教育家约翰·杜威(John Dewey)认为，学习是基于导师指导发现，而不是信息的传递[12]，理论要与实践有机结合。“参与的课题与学位论文之间的相关程度”强调了导师指导与学生实践的统一，反映的正是这一理念。范皑皑和沈文钦也提出，与导师课题相联系的指导方式更能提高研究生学位论文的质量，从而提升导师指导效果[14]。因此建议在医学学科研究生的培养上，要进一步注重通过课题研究加大学位论文的指导力度。

参考文献

[1] 闫娇娇. 基于学生满意度视阈下的高职院校教学质量提升策略研究[D]. 西安：西安建筑科技大

学,2018.
[2] 钟定国,王璞,刘选会,等.研究生对导师满意度影响因素的因子分析[J].高教学刊,2020(5):22-26.
[3] 李永刚.成为研究者——理科博士生素养与能力的形成[D].上海:华东师范大学,2018.
[4] 黄明福,王国玉.新形势下工科研究生与导师的关系研究——以北京理工大学为例[J].学位与研究生教育,2015(8):31-35.
[5] 张静雅.地方工科院校研究生教育质量评价体系研究[D].哈尔滨:哈尔滨理工大学,2014.
[6] 李苗.综合性大学社会科学类硕士研究生创新能力影响因素及提升策略研究——以南昌大学为例[D].南昌:南昌大学,2020.
[7] 张苏芹."双一流"建设高校文科硕士研究生教育满意度研究[D].无锡:江南大学,2020.
[8] 周书成,林丽梅,戎芳.省属农林院校文科硕士生教学效果满意度影响因素分析[J].河北农业大学学报(农林教育版),2016(3):14-19.
[9] 谭晓敏.临床医学学术型硕士优秀学术水平相关因素研究——以广东省某医科大学为例[D].广州:南方医科大学,2019.
[10] 衣学磊,蒋承.研究生学业满意度的实证分析——基于不同学位类型的比较[J].学位与研究生教育,2014(5):42-46.
[11] 李雪梅,王秉中,甘国龙.博士生导师人才培养质量评价体系研究——基于理工科博士生学术成果质量的视角[J].学位与研究生教育,2017(5):28-33.
[12] 晋素灵,韩映雄.全日制专业学位研究生导师满意度评价研究[J].教师教育研究,2013(2):25-28.
[13] 徐婷婷.研究生对导师满意度的调查研究[J].教育与考试,2015(1):67-70.
[14] 范皑皑,沈文钦.什么是好的博士生学术指导模式?——基于中国博士质量调查数据的实化分析[J].学位与研究生教育,2013(3):45.

研究生学术领导力概念及培养路径研究

◎ 陈　迅　黄雨昕　陈　寅

摘　要　研究生教育是高等教育结构中的最高层次，在培养创新人才、提高创新能力、推进国家治理体系和治理能力现代化方面具有重要作用。研究生在接受教育、服务社会的过程中，都有可能成为特定情境下的领导者。本文在界定学术领导力的概念基础上，对研究生学术领导力培养的必要性和实施路径进行了探讨。

关键词　研究生　学术领导力　培养路径

一、前言

"教育、科技、人才是全面建设社会主义现代化国家的基础性、战略性支撑。必须坚持科技是第一生产力、人才是第一资源、创新是第一动力，深入实施科教兴国战略、人才强国战略、创新驱动发展战略，开辟发展新领域新赛道，不断塑造发展新动能新优势。"[1]实施科教兴国战略，强化现代化人才支撑，研究生教育是不可忽视的重要部分。

研究生(特别是博士研究生)的特点在于其已经接受过大学本科教育和基本的专业训练，具备一定的学术能力[2]。这些特点决定了研究生教育与其他教育阶段有显著区别，其中重要的一点就是培养学生的"学术性"。从研究生接受教育的过程看，学生可通过多种形式参与大学治理，这对学生的领导力水平提出新要求；同时，从研究生毕业后的职业发展情况来看，研究生学历的就业者在职业发展中往往会获得更为丰富和持久的发展潜力和机会，甚至成为未来各行业的领军人才，职业发展前景广阔[3]。研究生是社会主义现代化建设的骨干力量，在研究生的培养过程中注重塑造研究生的"学术领导力"，有利于学生后期的职业发展能力和潜力的提升。

作者简介　陈迅，同济大学经济与管理学院副教授，职业发展中心主任。
黄雨昕，同济大学经济与管理学院硕士研究生。
陈寅，同济大学艺术与传媒学院硕士研究生。

二、学术领导力的研究现状

国内关于学术领导力的研究仍处于起步阶段,近些年才有研究逐渐涉及学术领导力,且多为理论研究。而国外关于学术领导力的研究起步较早,同时有相关理论研究与案例研究。现有的学术领导力相关研究对象多为大学校长、院长或系主任、学科带头人、教师等群体,而鲜少关注研究生的学术领导力。[4-5]

在理论研究层面,国外研究多探究"学术领导力"的影响因素与评价模型,多数采用定性研究的方法(包括半结构化访谈、问卷调查、案例分析等),针对特定群体的学术领导力进行分析。Ngowi[6]通过构建与制定能力模型对博茨瓦纳大学的 7 位院长进行评价,结果表明:根据适当的模型招募和发展学术领袖会带来有效的学术领导;建立有效的能力评价模型能够针对性地为学术领袖制定相关的培训计划,最大可能地提升其领导力水平。Rathmell、Brown 和 Kilburg[7]通过单案例研究表明了个性化领导力指导的方法对于参与者提升学术领导力的有效性。Hays、Crockett 和 Michel[8]运用扎根理论,根据对 20 名有学术经验的教育工作者的访谈研究建立了学术领导力参与的理论模型,其中影响因素包括大学领导力教育、个人与职业的匹配性等多个方面。

在学术领导力的提升与应用层面,Friesen[9]的研究强调领导力的多学科性与交叉性,学术领导者需要具备从整体角度思考问题的能力,并且认为领导力的跨学科性对于教师的职业生涯具有重要价值。Soderhjelm、Bjorklund 和 Sandahl 等[10]通过访谈、观察、问卷调查等方法开展了对整个领导团队的领导力研究,即发展与培训的重点并不单独针对领导者个人,结果表明:让整个团队都参与领导力的发展计划对团队的发展有积极作用。Gerashchenko[11]的研究则表明学术带头人的成就对于该带头人所在的领域会有积极影响。Dinh、Zhu 和 Nguyet 等[12]探究了基于慕课形式的学术领导力培训的有效性,结果表明学习者感知到的知识和技能与其对领导力课程的满意度水平之间有显著关系。对于在线领导力项目或课程而言,最重要的是课程的内容,而不是简单提供培训的材料,同时应建立互动机制,使学习者有机会与同伴交流。

第三类研究针对不确定性冲击(如新冠疫情)下的学术领导力展开。Fernandez 和 Shaw[13]提出了在不可预测的适应性挑战下三种最佳的学术领导力实践。Dumulescu 和 Mutiu[14]通过对罗马尼亚一所大学中院长的半结构化访谈,探究了危机挑战下的学术领导力,强调了团队中去权力化及团队内部团结的重要性。Lalani、Crawford 和 Butler-Henderson[15]的研究表明领导风格与领导环境之间存在相互影响,发展交叉性的领导行为能够更好地为应对不确定性作准备。在面对不可预测的冲击时,有关学术领导力的研究更多考虑的是大学中实际职位上及学术团队中的领导人的领导行为,尚未涉及研究生群体在此情境下对于学术领导力的看法及应对方法。

三、研究生学术领导力的概念界定

要理解研究生学术领导力，首先需要对“领导力”作出解释。“学术领导力”作为“领导力”的下位概念，具备“领导力”的一些特征。从“领导力”一词的概念来看，“领导力”是领导者在特定的情境中吸引和影响被领导者与利益相关者并持续实现群体或组织目标的能力[16]，而领导者不一定是实际职位处于领导地位的人。在不同情境下，任何组织成员都可以加入领导者行列[17]。只要能成功地影响他人的行为，就可以被认为发挥了领导力[18]。因此，领导力通常包括发挥影响力、在组织中发挥作用，以及实现组织的共同目标[19]。

从组织行为域的理论视角观察，学术领导力是情景化的。现代大学正在向“参与式大学”转变，通过学术指导、学术的社会渗透、向社会提供合格的人才等多种方式参与社会治理[20]。学术领导力是一种高度情景化的现象[21]，大学与社会无法分隔开，大学学术对现实的社会问题进行引导，学术领导力的本质是“实现学术研究的科学责任和社会责任的统一”[20]。在如今中国高等教育体制改革的新形势下，学术领导力多被认为是“一种率领并引导大学多元主体通过参与、互动、耦合形成共同学术愿景并推动大学成员为实现这个共同学术愿景不断前进的影响力”[22]，也有学者认为学术领导力是一种发展驱动力[23]，能够对职业个体与群体产生多维影响。

人们往往认为学术领导力有具体的承担者，与大学治理的主体相似，主要包括以校长为代表的行政管理者、以教授为代表的教师群体、以政府为代表的职能部门等。学界关于学术领导力的论述有的以校长、大学教师为主体，也有的主体多元化。在多元主体论中，强调多方群体互动、共同参与形成合力，以推动大学的发展[22]。同时，学术领导力的承担者也并不总是领导或管理职位上的个体，在分布式领导的视域下，学术领导力的主体会随任务情境改变而发生变化，学术领导力主体会根据任务情境对领导者的需求，主动承担领导者角色[17]。在多元主体的治理框架下，除行政管理者、教师等角色外，研究生群体作为大学中不可缺少的一部分，其个体或组织均可参与大学的行政管理活动和学术活动，也是学术领导力的主体之一。

基于现有文献对于学术领导力内涵与主体分析，本文以研究生为学术领导力的承担和培养主体，将“研究生学术领导力”概念界定为：研究生学术专业性主导下的对组织实现目标的影响力和创新的驱动力。

四、研究生学术领导力培养的必要性

从学术领导力的研究层面分析，针对研究生群体的学术研究并不多见。但是，由于研究生群体在大学治理中的潜在能力，以及其本身在专业素养引导下的影响和创新能力，有必要在现有概念界定下进一步厘清研究生学术领导力培养的必要性。

1. **研究生学术专业性对于组织实现目标的影响力**

从大学层面而言，研究生学术领导力有利于推动学生权力与学术权力的落实，进一步保障研究生的利益与诉求，推动大学治理能力的现代化。在科学研究的前沿，全国 55.7 万名研究生导师带领与指导 333 万名研究生奋斗在科研的第一线，他们也是推动大学科研成果产出、国家创新能力发展的重要力量[2]。

从社会经济发展层面而言，研究生学术领导力的培养与科教兴国战略、人才强国战略高度契合。全面建成社会主义现代化强国离不开强有力的人才队伍支撑，党的二十大报告指出："教育、科技、人才是全面建设社会主义现代化国家的基础性、战略性支撑。"研究生学术领导力的培养有利于培养出高水平领军人才，推动高质量的人才队伍建设。从 2022 年我国 A 股上市公司高层管理人员的教育背景来看，有 40%的高管具有研究生学历①，研究生教育背景对于企业绩效提升也有一定意义。2022 年以来，已有 60 多万名博士毕业生和 650 多万名硕士毕业生进入社会，为经济社会发展提供强有力的人才支撑[2]，其对于企业本身及社会发展的影响力不容忽视。

2. **研究生学术专业性对于创新的驱动力**

研究生教育阶段(特别是博士研究生阶段)的基本特质是研究和创新，培养的关键是创新能力的提高[2]。研究生教育强国的一大特征就是"对经济社会发展和人类进步作出卓越贡献"[24]，研究生是促进社会经济发展的重要力量。习近平总书记在对研究生教育工作的指示中强调，研究生教育在培养创新人才、提高创新能力、经济社会发展、推进国家治理体系和治理能力现代化方面具有重要作用。研究生教育提倡探索与创新，而知识与创新也是社会进步的主要动力，因此，研究生是未来知识创新的主力军。具有优秀的学术品质、科研潜力与创新素质的高质量研究生，不仅能积极投身科学研究，从社会发展的角度来看，更是企业、社会需要的未来领导人才。以同济大学为例，2021 届硕士毕业生从事软件和信息技术服务业的比例最高(11.25%)，博士毕业生从事教育行业的比例高达 31.57%[25]，表明社会对于高科技人才的需求极大，尤其是从博士毕业生的就业选择来看，他们未来将是科研与创新的主要领导者和中坚力量。

研究生是社会主义现代化的未来建设者，对该群体学术领导力的培养应与国家战略、社会发展、个人提升等多方面相适应。研究生学术领导力不仅体现在高等教育的学校或机构中，以更长远的眼光来看，这样的领导力会在学生向社会人转变的过程中逐渐迁移到工作环境与社会服务方面，在不同阶段、不同环境中发挥重要作用。因此在研究生教育阶段进行学术领导力的培养具有合理性与必要性。

① 该数据来自 CSMAR 数据库。

五、研究生学术领导力培养实施路径

研究生学术领导力的培养有利于学生整体素质与应变复杂问题的能力的提升。以商学院高等教育为例,正经历从"以教师为中心"到"以学生为中心"的范式转变。在2022年举办的上海地区商学院(管理学院)院长联谊会上,有专家指出:"商学院应培养具有国际视野和可持续发展理念的人才,加强学生的跨文化沟通能力和领导力,使学生在复杂多变的社会中坚守共享价值观。"[26]在全球治理不确定性突出的背景下,要求商界领袖拥有更强的综合能力,包括学习能力、沟通能力和与社会互动的能力,因此商学院在对人才的培养上更加重视对能力和素养的提升。从分布式领导的特征来看,领导者与追随者依据情境的转变动态转换各自的身份角色,是一种协同性行为[17],研究生在接受教育、服务社会的过程中,都有可能成为特定情境下的领导者,发挥学术领导力,尤其在真实的商业情境中,领导者往往会随着项目特征而发生改变,具备学术领导力将有助于其在未来应对各种复杂环境,提升解决问题的能力。

具体来看,可从以下三方面设计研究生学术领导力的培养路径。

1. "学术领导力"课程体系设计

完善的课程体系是最为系统与直接的教育方式。可在当前我国高校大学生领导力培养的相关教育活动中就学术领导力进行细化研究并设置课程。课程体系应结合我国高等教育人才培养的目标与使命,课程设计有特色、有针对性、全校普及。

进行学术领导力培养的初期,首先应加强对学生的理论教育,包括学术领导力的内涵、意义与作用、基本方法等多个方面,提升学生对学术领导力培养的认识,明确培养的必要性。尽管在培养过程中应重视学生个性化的发展,但在此之前也应使学生具备一定的理论知识,从心理层面与知识层面认可学术领导力教育。同时在系统的课程学习过程中,也能够让学生对个人能力、专业水平等有全面的评估,为学术领导力的进一步发展确定方向。

2. "学术领导力"发展项目构建

学生职业发展教育的重要职责就是为学生提供个性化的发展指导,职业发展教育是学生取得职业认知的途径之一。高校职业发展中心可通过构建学术领导力发展项目进行个性化、专业化的教育与培养。在具备系统的理论知识后,学生需要在项目中巩固专业知识,发挥专业特长,完善学术领导力的发展。领导力发展项目有助于营造领导力培养的氛围,使学生更加充分地了解学术领导力的作用,进一步提升自身领导力。

在构建学术领导力发展项目时,首先应了解与评估学生的学术领导力水平,明确培养目标与学生现有水平之间的差距,进而有针对性地进行项目的开发。可以通过发放量表、问卷等形式收集数据,为项目的构建提供可靠依据,依据学生个体发展不同的需求与特点,在项目的内容与形式上有所侧重。例如,可以开展"学术领导力训练营""学术领导力培训"

等活动，在活动中培养研究生的领导力意识，在团队任务中锻炼学生的创新能力、协作能力、交流能力等与领导能力相关的能力素养，在多任务、多变化的复杂情境中得到学术领导力的全面培养和提升。

高校可联合其职业发展中心为研究生开展“朋辈讲堂”系列讲座，让专业领域杰出人士分享其经验并与研究生近距离交流，从而为研究生提供专业化与个性化的指导。除此之外，高校应定期开展就业技能训练营，使研究生在真实案例与培训体系中进一步全方位发展学术领导力。高校之间可以通过合作，共同搭建学术领导力项目，利用院校间的互补优势为研究生提供多角度、多方面的培训与指导，使研究生在与学术领导者和同伴的互动中，丰富核心理论，增加学术领导力的实践经验，明确个人发展路径与发展战略。

3. **学术领导力综合实践**

要真正使学术领导力的培养成果有效落地，需要让研究生在实战中去运用、去体验、去提高。学术领导力的培养应当重视强化研究生的实践体验环节，让研究生获得在真实职场情境中的工作体验，提升职业感受度，将学术领导力的理论培养与发展训练融入工作场景。

高校与企业可联合搭建校企合作交流平台，建立长期的战略合作，在此过程中为学生提供实习岗位，使学生在合作企业中进行有效的实践；甚至可以在实践过程中为学生匹配适合的企业导师，进一步对学生学术领导力的发展成果进行评价与指导，弥补学校所学与企业所需之间的差异。学生在实践过程中能够逐步认识到自身优势与不足，了解岗位需求与行业发展状况，进而形成更加清晰的与个人能力相匹配的职业规划。在实际工作中，能有效地锻炼学生的适应能力、人际交往能力、创新能力、决策与执行能力等多种学术领导力素质。

有效的综合实践是促进人才全面发展的重要途径。在较为长期且深入的职业综合实践中，学生能够在真实的工作场景中巩固与锻炼学术领导力，同时也为毕业后更好地适应职场奠定基础。高校可通过校企合作、联合培养平台共同推出“前沿课程”，分享业界前沿实践，通过产教融合、校企合作的方式，将人才培养与市场需求对接，携手培养未来人才精英。企业参访、职场体验日等活动也可使学生近距离感受职场氛围、体验职场环境，在商业环境中获取知识、锻炼综合能力。

六、结语

在研究生教育阶段，发展研究生学术领导力至关重要，尤其是在提高人才综合素养、推动经济社会发展、推动大学及国家治理能力现代化等多方面都具有重要意义。研究生作为未来社会主义现代化建设的主要力量，在接受教育、服务社会的过程中，很有可能成为特定情境下的领导者。研究生学术领导力的培养须落实理论与实践相结合，综合推进学生学术领导力的发展。要将提高研究生研究与创新能力作为研究生人才培养的任务，在此基础上落实和完善学术领导力培养路径的各个环节，促进学生与学院、学校、企业等多方的交流与合作，最终实现研究生学术领导力的全面发展。

参考文献

[1] 新华社. 习近平：高举中国特色社会主义伟大旗帜　为全面建设社会主义现代化国家而团结奋斗——在中国共产党第二十次全国代表大会上的报告[EB/OL]. (2022-10-25)[2023-02-24]. http://www.gov.cn/xinwen/2022-10/25/content_5721685.htm.

[2] 赵沁平，马永红，别敦荣，等. 面向新时代的研究生教育和研究生教育研究(笔谈)[J]. 学位与研究生教育，2022(10)：1-11.

[3] 胡萍. 应届生就业呈现新趋势[N]. 金融时报，2021-07-05(6).

[4] 王丽坤. 国外大学学术领导力现状及其启示[J]. 教育评论，2015(10)：161-164.

[5] 王浩霖，汪雯. 国内外大学学术领导力研究综述[J]. 江苏科技信息，2019，36(4)：53-55.

[6] NOGWI A. Recruiting and developing academic leaders[C]. Seoul: World Engineering Education Forum / Global Engineering Deans Council, 2016: 82-91.

[7] RATHMELL W K, BROWN N J, KILBURG R R. Transformation to academic leadership: the role of mentorship and executive coaching[J]. Consulting Psychology Journal-Practice and Research, 2019, 71(3): 141-160.

[8] HAYS D G, CROCKETT S A, MICHEL R. A grounded theory of counselor educators' academic leadership development[J]. Counselor Education and Supervision, 2021, 60(1): 51-72.

[9] FRIESEN K L. Considerations for collective thinking about academic leadership programs[J]. Journal of Leadership Studies, 2018, 12(2): 49-52.

[10] SODERHJELM T, BJORKLUND C, SANDAHL C, et al. Academic leadership: management of groups or leadership of teams? A multiple-case study on designing and implementing a team-based development programme for academic leadership[J]. Studies in Higher Education, 2018, 43(2): 201-216.

[11] GERASHCHENKO D. Academic leadership and university performance: do russian universities improve after they are headed by top researchers? [C]. Leuven: 18th International Conference on Scientometrics and Informetrics, 2021: 435-445.

[12] DINH N B K, ZHU C, NGUYET D A, et al. Uncovering factors predicting the effectiveness of MOOC-based academic leadership training[J]. Journal of Computers in Education, 2022.

[13] FERNANDEZ A A, SHAW G P. Academic leadership in a time of crisis: the coronavirus and COVID-19 [J]. Journal of Leadership Studies, 2020, 14(1): 39-45.

[14] DUMULESCU D, MUTIU A I. Academic leadership in the time of COVID-19-experiences and perspectives[J]. Frontiers in Psychology, 2021(12): 648344.

[15] LALANI K, CRAWFORD J, BUTLER-HENDERSON K. Academic leadership during COVID-19 in

higher education: technology adoption and adaptation for online learning during a pandemic[J]. International Journal of Leadership in Education, 2021.

[16] 中国科学院“科技领导力研究”课题组,苗建明,霍国庆. 领导力五力模型研究[J]. 领导科学,2006(9):20-23.

[17] 陶小草. 分布式领导视域下的高校学术领导力内涵探析[J]. 教育现代化,2018,5(10):194-196.

[18] 李林,童新洪. 基于项目绩效的领导力模型[J]. 现代管理科学,2005(9):65-67.

[19] NORTHOUSE P G. Leadership: theory and practice[M]. 9th ed. Thousand Oaks: Sage Publications Inc., 2021.

[20] 卢盈. 一流大学学术领导力:基本特征、层级扩散与实现策略[J]. 教育发展研究,2021,41(9):29-36.

[21] SCOTT G, COATES H, ANDERSON M. Learning leaders in times of change: academic leadership capabilities for Australian higher education[M]. Melbourne: Acer, 2008.

[22] 王丽坤. 基于大学章程建设的学术领导力研究[J]. 教育评论,2015(2):9-11.

[23] 鲁烨. 学术领导力:重构现代大学治理体系的逻辑起点[J]. 高教探索,2016(6):34-38.

[24] 洪大用. 扎根中国大地加快建设研究生教育强国[J]. 学位与研究生教育,2019(3):1-7.

[25] 同济大学学生就业指导中心. 同济大学 2021 届毕业生就业质量报告[EB/OL]. (2022-02-21)[2023-02-24]. http://xxgk.tongji.edu.cn/index.php?classid=11616&newsid=14028&t=show.

[26] 朱贝尔. 如何应对商学院教育范式转变? 上海 50 多位管理院校院长齐聚中欧国际工商学院[EB/OL]. (2022-10-28)[2023-02-24]. https://j.021east.com/p/1666953682030191.

新时代研究生思想政治教育的价值意旨、问题归因和实践路向

◎ 蔡艳丽　蔡三发

摘　要　研究生思想政治教育是研究生教育的重要组成部分，加强和改进研究生思想政治教育是提升研究生教育质量的重要内容。做好新时代研究生思想政治教育，要坚持目标导向，把握新时代研究生思想政治教育的价值意旨；要坚持问题导向，明确新时代研究生思想政治教育的问题归因；要坚持结果导向，找准新时代研究生思想政治教育的实践路向。

关键词　研究生　思想政治教育　价值意旨　问题归因　实践向度

党的二十大报告首次将教育、科技、人才进行统筹部署、整体谋划，从基础性、战略性支撑的角度强调教育、科技、人才一体发展[1]。研究生教育作为国民教育的顶端和国家创新体系的生力军，是拔尖创新人才培养的重要渠道，是国家人才竞争和科技竞争的重要储备。研究生思想政治教育是研究生教育的重要组成部分，事关研究生教育高质量发展、德才兼备的高层次人才培养等重大命题。新时代背景下，国际国内形势深刻变化，经济产业发展新样态层出不穷，不同思想文化交流交融交锋，社会思潮多元多样多变，使得研究生成长成才环境的不确定性不断增加，也使得加强和改进研究生思想政治教育更为迫切。

一、新时代研究生思想政治教育的价值意旨

（一）根本要求：坚持党的领导，遵循基本方略

党中央、国务院历来重视研究生教育工作。党的十八大以来，以习近平同志为核心的

作者简介　蔡艳丽，同济大学学生处讲师，硕士，研究方向为大学生思想政治教育。
蔡三发，同济大学发展规划与学科建设部部长，研究员，博士，研究方向为高等教育管理、运营与供应链管理、创新与技术管理。

党中央将保障中国特色社会主义事业后继有人的高校工作作为一项重大战略任务，突出强调党对高校工作的领导，明确“加强党对高校的领导，加强和改进高校党的建设，是办好中国特色社会主义大学的根本保证”[2]。研究生教育是国民教育的重要组成部分，是教育强国建设的引擎，在培养高层次创新人才方面具有既直接又基础的重要意义。2020年，全国研究生教育会议召开，释放出党和国家在培养创新人才、提高创新能力、服务经济社会发展、推进国家治理体系和治理能力现代化等方面对新时代研究生教育的期盼和要求，将研究生教育上升到优先发展的位置[3]。党的二十大报告在结构布局上作出一项十分重要而鲜明的调整，首次把教育、科技、人才进行一体部署，并且单独列章阐述，极具战略意义和深远影响，无论是科技的创新、还是经济的繁荣，其重要的因素——人才是关键。研究生教育是科技第一生产力、人才第一资源、创新第一动力的最关键“结合部”，推进中国式现代化、实现中华民族伟大复兴，亟须推动科技创新、经济繁荣、人才强国，这些都与研究生培养有着强关联。因此，落实党的二十大精神，推进新时代研究生教育改革创新，必须全面贯彻党的教育方针，深刻认识研究生教育关键“结合部”属性和对于教育强国的支撑逻辑，回应国家创新体系建设对于研究生教育的战略需要，围绕人才、科技、创新融合发展，旗帜鲜明地擦亮研究生思想政治教育的政治底色。

（二）价值归宿：坚持立德树人，遵循根本任务

推进中国式现代化，“培养什么人、怎样培养人、为谁培养人”的问题事关全局、关乎长远。立德树人是教育的根本任务，是高校的立身之本。党的二十大报告强调指出：“育人的根本在于立德。全面贯彻党的教育方针，落实立德树人根本任务，培养德智体美劳全面发展的社会主义建设者和接班人。”[1]这是党对新时代人才培养提出的明确任务，更是做好新时代研究生思想政治教育的根本遵循。因此，立德树人是新时代研究生教育改革必须解决好、完成好的重大课题。在目前的研究生思想政治教育中，不同程度地存在“重教书轻育人”“重智育轻德育”“重科研轻教学”等导向。加强新时代研究生思想政治教育，必须切实回归育人本位，把将广大研究生培养成为中国特色社会主义合格建设者和可靠接班人，培养成为担当民族复兴大任的时代新人作为研究生思想政治教育的价值旨归，必须坚持用习近平新时代中国特色社会主义思想凝心铸魂，回答好研究生教育中“培养什么人、怎样培养人、为谁培养人”的重大理论和现实问题，为以中国式现代化全面推进中华民族伟大复兴提供更雄厚人才基础和更强大战略支撑。

（三）核心要义：坚持以人为本，遵循成长规律

习近平总书记指出：“思想政治工作从根本上说是做人的工作，必须围绕学生、关照学生、服务学生，不断提高学生思想水平、政治觉悟、道德品质、文化素养，让学生成为德才兼备、全面发展的人才。”[4]在研究生思想政治教育中，应注重把握研究生的特点和关切，突出

强调研究生的主体性地位，把调动受教育者的主观能动性、实现受教育者的主体化贯穿研究生思想政治教育工作的全过程[5]。随着研究生招生制度改革的深入，生源渠道不断拓宽，研究生群体构成更加复杂，研究生年龄跨度、生活阅历与思维意识发展程度的内部差异更为凸显。与本科生相比，研究生由于学历层次高、知识积累丰富，在思想上更独立和成熟，已经具备较强的自我组织、自我管理和自我教育能力，在价值选择、价值评判、价值实现等方面自主成长的诉求更为强烈，通过观照现实，研究生多方面的差异性与统一培养的目标还存在冲突，研究生的自主成长与规范引领还存在矛盾[6]。因此，新时代加强和改进研究生思想政治教育要遵循研究生的成长成才规律，坚持因事而化、因时而进、因势而新，不断增强研究生思想政治教育的亲和力、针对性和获得感。

二、新时代研究生思想政治教育的问题归因

（一）专业教育与思政教育交融渗透不够

从受教育者层面来看，一方面，与本科生群体相比，研究生群体所处的年龄阶段跨度更大，求学动机更加多元，存在着更多的情感困惑和发展诉求，传统意义上单一的思想政治理论课不能完全满足研究生多元的价值诉求与现实困惑；另一方面，研究生在求学过程中，以专业课程和学术研究为导向，将多数时间花在专业理论学习和研究上，其学习兴趣、治学态度和价值观也主要在专业课程学习中显现，高校将思政教育与专业课程有机融合，能够有针对性地面向不同的专业、不同背景的学生，在潜移默化中引发学生对于所学专业学科体系、科学道德及专业价值等问题进行主动思考。因此，课程思政的隐性教育手段能够更好地弥补思政理论课与研究生需求之间的空白，是课堂主渠道作用发挥的重要动力来源。但是，目前专业课程、学术研究和思想政治教育的融合及科研中思想政治教育元素的挖掘不够深入，专业研究与思想政治教育“两张皮”的现象依然存在，“科研至上”的理念依然存在并发挥主导作用，弱化了研究生思想政治教育元素在专业研究中的渗透性。调研发现，部分研究生专业课程中的隐性思想政治教育资源尚未得到充分挖掘，近 50%的受访研究生表示其所上的专业课“偶尔才会涉及课程思政相关内容”。由此可见，学术科研等专业性教育与思想政治理论课同向而行的协同育人能效还未充分释放，专业教育的“广泛性”“接续性”“稳定性”等优势尚未完全转化为思想引领的实效性。

（二）全面育人与全程育人横纵贯通不够

习近平总书记强调：“要坚持把立德树人作为中心环节，把思想政治工作贯穿教育教学全过程，实现全程育人、全方位育人，努力开创我国高等教育事业发展新局面。”[7]这从时间和空间维度上为增强思想政治教育时效性提供了基本思路。从时间维度上来说，研究生的

学制较短，通常是2.5～3年，除了在第一年安排通识课和专业课，有成绩、学分监测，毕业时有学分和论文要求外，期间从课程学习到毕业论文写作，从科研训练到社会实践或出国(境)交流，再到完成论文答辩的整个培养过程，都缺乏动态的、客观的、有效的评价标准。研究生群体培养方式的多元化，极易造成研究生思想政治教育的“断点”。从空间维度来说，要将思想政治教育贯穿研究生教育的方方面面，除第一课堂外，还要在网上网下开展第二课堂，要构建一套适用于研究生的思想政治教育体系。就高校的校园环境而言，无论是实体空间、网络空间，还是文化环境，对于本科生和研究生两个群体的教育场域边界的界定是模糊的，这为分类指导、因材施教、精准思政带来了挑战。因此，如何处理好教育普适性和个性化需求之间的关系，如何针对研究生特点，挖掘教育载体、教育资源、教育场景等，破解研究生思想政治领域存在的不平衡不充分问题，提升研究生思想政治教育精准性，是需要进一步探讨的。

（三）专业教师与思政队伍协同联动不够

研究生教育处于大学教育的最高层次，因此，实施思想政治教育的主体要有较高的理论水平和专业水平。根据《关于全面落实研究导师立德树人职责的意见》等文件要求，导师作为研究生培养的第一责任人，要全面关心研究生的成长，导其学、导其志、导做人、导规划。现有的研究生导师制培养模式决定了导师开展研究生思想政治教育的天然优势，研究生导师的学术权威为其履行立德树人职责提供了“高势位”，高频、多样的学术交流活动为立德树人实践提供了丰富的“附着物”和“全天候”土壤。而从调查结果来看，不尽然。大部分研究生认为，导师是现阶段对研究生思想、行为影响最大的人，其相关比例远高于辅导员、任课教师等其他思政工作者，而仅10%的受访研究生将“导师引导”视为其最认同的思想政治教育形式。一方面，导师认知误区依旧存在，一部分导师对自身育人职责的认知还停留在对研究生的学术思维和科研能力的训练上，在进行研究生综合评价时，片面追求科研能力和科研成果，存在一定程度的“唯论文”现象；另一方面，导师工作考核侧重于科研产出与学术成果，有关研究生思政教育的考评机制不完善，无法通过有效的“指挥棒”对导师形成硬性约束，调动导师育人的积极性。而从不同教育主体的功能发挥来说，导师作为研究生思想政治教育工作队伍力量之一，很难做到系统掌握思想政治教育的规律，更多的是通过学识、治学态度、道德观念和处事风格对研究生进行熏陶，更加系统的思想政治教育还得依靠辅导员。但是，从辅导员队伍建设实际来看，一线研究生辅导员忙于各种事务性工作，无暇深入思考开展研究生思想政治教育的方式方法，部分专职辅导员与其辅导的研究生年龄相仿、经历相似，其圈层属性一定程度上窄化了辅导员开展研究生思想政治教育的工作通道。另外，导师与辅导员双方的工作职责、内容、重点等尚未被明确界定，缺失沟通机制，协同联动发力点难以定位，制约了二者在研究生思想政治教育工作中协同作用的发挥。

三、新时代研究生思想政治教育的实践路向

(一) 向“共治”要能效:加强队伍建设,让协同育人的合力持续提升

根据研究生的特点和教育规律,建立以研究生导师、辅导员、班主任和兼职辅导员为主体的研究生思想政治教育队伍,为加强和改进研究生思想政治教育提供组织保证。

1. 强化导师第一责任人作用发挥

完善研究生指导教师职责与工作规范,强化研究生导师对“导师是研究生思想政治教育的首要责任人”的认识,引导导师定期了解学生思想动态,将对学生的思想引领融入研究生的学术培养过程。开展“我心目中的好导师”评选、“卓越”研究生导学团队评选和示范建设活动,挖掘、选树和宣传研究生导师教书育人的先进典型,强化示范引领。搭建师生对话互动平台,依托驻楼导师工作站,开展驻楼导师讲座、午餐沙龙等,引导研究生导师深入研究生思想政治工作一线。面向研究生导师开展立德树人专题沙龙、培训等,提高导师“第一责任人”的主体意识,充分挖掘研究生导师自身职业道德素养与专业能力中蕴含的育人效能,构筑“专业+思政”的强大磁场,让学生在专业培养全过程中润物细无声地接受主流价值观念的熏陶。

2. 提升专职队伍的育人水平

强化研究生班主任和辅导员的育人主体责任意识,明确研究生辅导员和研究生班主任的工作职责和工作要求,推进工作职责落实、制度保障和考核约束,引导研究生辅导员和班主任在解决研究生成长发展过程中实际问题的同时,触动学生、感动学生、带动学生,实现对学生的思想引领。建立研究生辅导员、班主任定期培训制度,围绕研究生思想政治教育、心理健康教育、突发事件处置、校园文化建设、管理和服务育人、创新创业教育、辅导员队伍建设等方面,举办“研究生德育工作论坛”,着力提升工作队伍的思想政治素质和业务工作水平。

3. 加强研究生“三自”教育本位意识

坚持研究生党建与思想教育、专业教育相结合,加强研究生党支部建设,优化研究生党支部设置,探索推行在学科点、实验室、课题组等学术团队建设支部,发挥党建引领在改革研究生思想政治教育中的独特功能。加强研究生会、研究生社团等学生组织建设,加大对学生组织的投入,在人力、物力和财力各个方面给予学生组织更大力度的支持,为研究生搭建良好的自我成长平台,促进研究生根据自身发展需要完成自我成长。选聘博士研究生担任兼职辅导员,参与学生思想政治教育与日常管理,与专职辅导员、班主任、导师协同开展育人工作,发挥研究生在思想政治教育工作中的朋辈作用,强化研究生的自我教育、自我管理和自我服务。

（二）向“提质”要实效：拓展育人途径，让全面育人的张力持续增强

聚焦新时代研究生培养目标，整合多方资源，协同多种要素，深化工作举措，以教育供给提质助力研究生思想政治工作实效提升。

1. 健全教育体系

观照“精准思政”这一新时代思想政治教育工作创新发展的新样态，出台研究生思想政治教育质量提升行动计划，围绕“协同育人能力提升”“党建引领”“创新与生涯规划能力提升”“积极心理品质培育”“综合素养课程建设”“实践能力提升”“网络思政提效”“社区思政育人功能提升”等，提出行动目标和行动内容，针对研究生的特点，依托各类开展研究生思想政治教育的重要抓手和平台，丰富和拓展研究生思政工作阵地，强化研究生思想政治教育工作体系。

2. 规范教育内容

遵循研究生成长成才规律，密切结合研究生培养发展特点和学习生活实际需求，构建研究生主题教育内容体系，包括理论素养教育、学术科研能力培养、压力管理、情感人际关系管理、生涯规划教育、网络安全素养教育、政策解读、校史校情教育、创新与实践能力提升，形成研究生综合素养提升精品课程素材库，通过入学教育和主题班会等模块化、动态化的主题教育平台，将思想政治教育渗透到研究生培养的各个环节。

3. 强化品牌建设

围绕学术道德与学风建设、科研方法与学术规范指导及导学团队建设，四史教育、形势政策教育及国情社情、校史校情教育等，社会实践能力、志愿服务意识及创新创业与就业能力提升，积极心理品质培育、艺术素养和人文素养提升及高雅情趣养成等，拓展研究生思想政治教育阵地，形成研究生思想政治教育品牌，以品牌建设统揽教育资源，把思想政治教育品牌的“名气”转化为学生喜闻乐见的“人气”，切实增强研究生思想政治教育实效。

（三）向“立制”要长效：健全工作机制，让制度保障的效力持续显现

完善的研究生教育管理体制机制是研究生思想政治教育有效运作的关键所在。要加强研究生思想政治教育顶层设计，挖掘育人元素，凝聚育人合力，创新育人途径，不断强化研究生思想政治教育开展落实的体制机制保障。

1. 完善工作治理体系

把研究生思想政治教育纳入学校学生思想政治教育整体规划，统一部署、统一实施、统一检查和评估。加强统筹协调，建立校党委统一领导、相关部门分工负责、相关人员协同参与的责任体系，完善学校党委统一领导、党委研究生工作部和研究生院协力共抓、学院党委履行主体责任的三位一体纵向机制，建立科研管理部、人事处、团委、保卫、后勤等各部门协同共管的横向机制，一体化、长效化构建领导坚强、责任清晰、保障有力的思想政治教育领

导体制和管理机制。

2. 建立常态化工作制度

完善研究生思想政治工作考核方案,把研究生思想政治工作成效纳入研究生教学状态评估,纳入相关部门及学院年度考核内容,制定详细的考核指标。建立研究生导师与辅导员、班主任的沟通衔接渠道与机制,通过经验交流会、工作座谈会等形式多样的载体和平台,共同探讨研究生思想政治工作的现实困境与解决路径,做到思想政治教育与业务培养紧密结合,通过适时交流,互通有无、互为补充、相互促进,实现共同育人、合力育人,形成协同互补的育人格局。

参考文献

[1] 习近平.高举中国特色社会主义伟大旗帜 为全面建设社会主义现代化国家而团结奋斗——在中国共产党第二十次全国代表大会上的报告[J].党建,2022,419(11):4-28.

[2] 习近平就高校党建工作作出重要指示 坚持立德树人思想引领 加强改进高校党建工作[N].人民日报,2014-12-30(1).

[3] 习近平对研究生教育工作作出重要指示强调 适应党和国家事业发展需要 培养造就大批德才兼备的高层次人才[J].中国研究生,2020(8):1-2.

[4] 习近平.习近平谈治国理政:第二卷[M].北京:外文出版社,2017.

[5] 高松.新时代高校研究生思想政治教育:理论遵循·价值旨归·实践路向[J].湖北社会科学,2018(12):178-181.

[6] 蒋晓倩,胡晓梅.新时代研究生思想政治教育的理论逻辑与实践向度[J].湖北文理学院学报,2021,42(9):30-35,39.

[7] 吴晶,胡浩.习近平在全国高校思想政治工作会议上强调 把思想政治工作贯穿教育教学全过程 开创我国高等教育事业发展新局面[J].中国高等教育,2016(24):5-7.

同济大学研究生教育信息化的实践与思考

◎ 张晓奥　李　庆

摘　要　本文结合同济大学研究生教学管理信息系统的建设实践，回顾了信息化建设的历程，通过系统分析，总结当前研究生教育信息化建设工作过程中存在系统建设的目标定位不明确、业务管理人员对信息化认识不足、缺乏顶层设计等问题。结合研究生信息化建设现状提出坚持以人为本、转变管理理念、加强顶层设计、数据引领服务等建议，以期为研究生教育信息化建设的未来发展提供参考，进一步推动信息技术与高校立德树人根本任务深度融合，让信息化真正做到润物细无声。

关键词　研究生　信息化　管理信息系统　多样化服务

近年来，人工智能、大数据、深度学习等新兴技术的迅猛发展为人类社会带来了一系列变革，教育教学方式也紧跟时代的潮流发生了翻天覆地的变化，逐渐由支撑保障向引领变革的方向转变。2020 年以来，有关方面对教育信息化建设提出了新的要求。高等教育信息化的发展受到新兴技术和教育变革的双重影响，信息化建设是一项系统且复杂的长期工作，是信息技术与教学管理逐步实现协调融合的过程[1-2]。我国高校信息化建设经过多年的积累和发展，取得了长足进展。

一、研究生教育信息化建设历程回顾

研究生教育信息化以建设研究生教学管理信息系统为主要工作内容，研究生教学管理系统涵盖学籍、注册、教学、科研、答辩、毕业及学位授予等培养环节全流程，是高校最重要的系统之一。张辉、刘明利和生玉海等与徐鹏、罗念龙和钟晓征将北京大学研究生教育信息化建设历程划分为初始—零散、初始—集成、发展完善和更新再设计四个阶段[2-3]，从同

作者简介　张晓奥，同济大学本科生院通识教育管理中心副主管。
李庆，同济大学研究生院信息化办公室主管。

济大学近年来的信息化建设实际情况来看，同济大学研究生教育信息化建设也已进入第四阶段。

2010年以来，研究生教育信息化建设发生了巨大的变化，技术架构从单体架构向SOA、微服务转变，系统数据结构由独立数据库转变为依托学校数据仓库及数据交换平台，建设理念也逐渐由管理型向服务型转变，业务管理教师也从用单纯用户转变为系统设计者，大部分的业务都从线下转移到了线上，信息化无形中渗透到高校工作的方方面面。

二、研究生教育信息化建设现状与问题

随着新兴技术的不断更新换代，信息化教育发展看似前途一片光明，然而在信息化时代背景下，教育领域的变革往往存在盲目性，师生对信息化的诉求与信息化现状之间的矛盾也日益凸显。

1. 系统建设的目标定位不明确

研究生教学管理系统所辖业务包括研究生在校期间课程学习和科研等全过程管理，以及与研究生教育管理相关的支撑业务(图1)，研究生信息化建设围绕这些业务展开。经过多年信息化建设积累，虽然教学管理系统基本满足日常业务需求，但是研究生教学管理系统是以业务主管职能部门来划分模块和设计流程的，没有充分考虑到师生的实际需求和使用体验，没有把"以人为本"的管理理念落实到系统建设中。

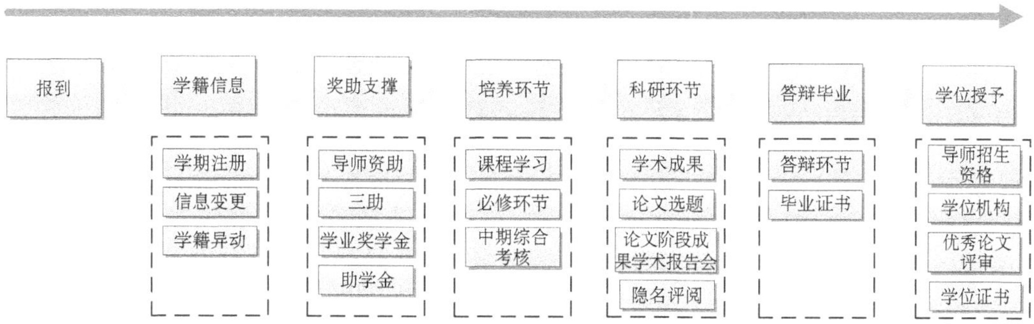

图1　研究生培养过程模块

2. 业务管理人员对信息化认识不足

在系统建设和使用过程中，业务管理人员既是系统流程的建设者，也是业务系统的主要使用者。设计系统时，业务管理人员难免优先把自身的利益放在首位，存在免责为先的管理理念，把系统当成推进业务实施的工具和抓手。管理和信息化二者没有达到相互融合促进的目标。

3. 缺乏顶层设计

教学管理信息系统建设需要相当长的时间，初期一般会得到领导的重视和参与，但是

随着信息系统建设的推进,领导参与度逐渐变小,甚至退出。技术人员和业务管理人员主要承担信息系统建设工作,当二者意见产生冲突时,建设工作往往根据二者之间的博弈情况开展,缺乏统一的顶层规划。信息系统建设虽然是管理和技术相结合的产物,技术人员和业务管理人员承担主体工作,但是离不开领导对系统建设的全局把握和协调,因为系统不仅将线下工作移植到线上,实现办公自动化,而且关系到提高工作效率和提升管理水平的校级层面的流程再造[4]。

三、对研究生教育信息化的建议与思考

1. 坚持以人为本,遵循教育初心

目前,从同济大学教学管理信息系统的菜单模块划分,可以看出职能部门的组织架构及业务分工,也不难看出,当前教学管理信息系统仍是"重管理、轻服务",没有真正做到以师生为中心来设计教学管理信息系统。所以,我们应该遵循教育的初心,重新审视教育信息化的使命,结合同济大学研究生教育信息化建设现状,重新梳理、整合、优化现有业务流程,同时依托人工智能技术,以师生真实需求为核心,推出更为人性化的服务,进一步提高行政效率,提升管理服务质量,从而达到管理与服务的和谐统一,实现服务师生与提升管理效能相平衡。

2. 转变管理理念,提升信息化素养

一个好的教学管理信息系统应将管理和信息技术相结合,其中,信息技术是手段,管理是基础,而人又是管理的核心。新形势对管理人员的信息处理和数据分析能力提出了更高的要求,因此,管理人员必须提升自身信息化素养。

利用信息系统提高工作效率的同时,我们必须得接受信息化对传统管理工作及岗位职责的改变。这就要求管理人员不断地重新思考业务管理规则的合理性,不能被现有规则所困,而要利用信息技术找到新的突破点,从而不断地推动管理模式的创新。这也对管理人员综合能力提出了更高的要求:既要具备归纳抽象业务的能力,又要顺应时代潮流不断学习信息化新知识,接受变化、拥抱变化,提升信息化素养。

3. 加强顶层设计,筑牢系统根基

师生对信息化的诉求与现实的管理系统之间的差距日益增大,这也成为现在信息化建设的主要矛盾。教学管理信息系统如果承载了过多的管理目的,必然会偏离师生的真实需求,而业务管理又是系统的基石,如何平衡业务管理和师生需求之间的关系、如何把"业务驱动"转变为"服务驱动"是值得我们深思的问题。

研究生教育业务管理系统的架构犹如金字塔(图 2),基础资源及核心模块是"金字塔"的基础,所以二者对稳定性要求极高。"金字塔"的中层是主干业务流程,这些流程是以基础资源及核心模块为基础建立起来的,体现了业务管理系统由管理型向服务型转变,所以

我们在业务流程重整时，要重点关注服务，也要兼顾稳定性问题。“金字塔”的顶端是多样化服务，可以利用大数据及人工智能等新技术尝试建设一些新功能、新服务。

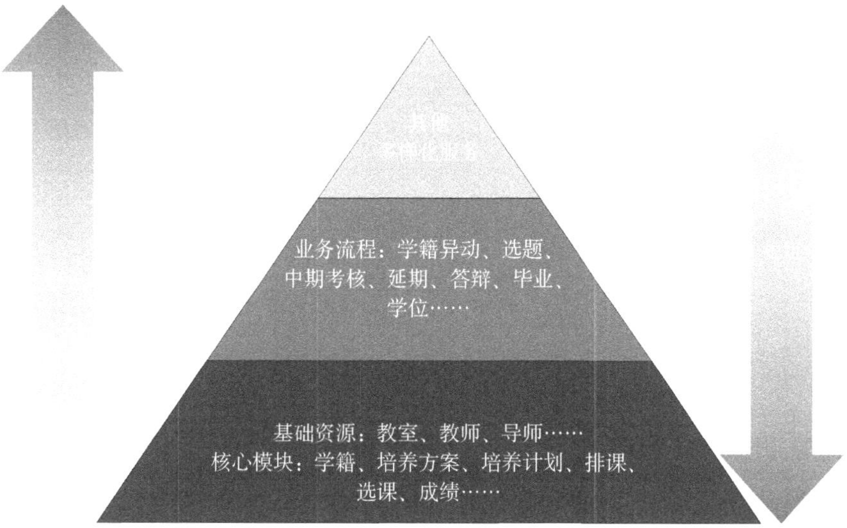

图 2　研究生教育业务管理系统的架构

总之，万变不离其宗，教学管理业务系统是信息化的基础，只有在坚固的基础之上，才能提供诸如教学评估、预警提醒、自助办理等其他多样化的业务服务。而业务系统的建设也必须由管理型向服务型转变，同时兼顾稳定性要求。

4. 数据引领服务，探索融合创新

经过多年信息化发展，即使再优化现有的业务流程，也无法使所有用户都满意。梳理需求、制定解决方案时，如果没有基于大数据分析而直接人工判断，很可能出现“拆东墙补西墙”的情况，解决一个眼前问题，整个业务系统的其他问题又随之出现。这就要求今后的信息化建设思路要坚持数据驱动、探索信息技术与教育教学深度融合的应用服务。

通过对教育资源信息的不断深挖和分析，我们构建了今后研究生教育信息系统的建设模型(图 3)，该模型重点强调在分析现有业务数据和重构现有业务流程的基础上，以师生真实需求为核心，为师生推出更加多元化、个性化的服务。

四、结语

研究生教育信息化建设是长期的、呈螺旋式发展的不断探索的过程。随着社会的发展，研究生教育涉及的业务范围不断扩展，教育理念和管理模式也发生了很大的变化，同时信息技术也日新月异，这些都对研究生教育信息化建设提出了更高的要求。

图3 研究生教育信息系统的建设模型

虽然研究生教育信息化建设的工作理念已经逐渐由管理向服务转变,但常态化教学培养过程仍是基础,没有稳定的业务系统作为支撑,多元化的服务将成为空中楼阁。鉴于此,后续研究生教育信息化发展的方向是在稳固的基础服务上,进一步推动信息技术与高校立德树人根本任务深度融合,让师生可以享受到无感知的信息技术服务,让信息化真正做到润物细无声。

参考文献

[1] 袁莉萍.研究生培养管理信息化的实践与思考[J].中国管理信息化,2017,20(3):241-242.

[2] 张辉,刘明利,生玉海,等.研究生教育管理信息化建设的实践与认识——以北京大学为例[J].学位与研究生教育,2013(5):36-40.

[3] 徐鹏,罗念龙,钟晓征.探索以科学研究为主导的研究生培养信息系统[M].长沙:国防科技大学出版社,2014.

[4] 沈培华,王映雪,武海平,等.教育管理现代化与信息系统建设[J].清华大学教育研究,2000(1):138-142.

数字化伴随下研究生学术能力监测模式的转变与思考*

◎ 谭　钦　刘春路

摘　要　在高校数字化转型的大力推进之际，高校研究生培养与管理面对着新的机遇与挑战，如何改进研究生学术能力的数字化监测模式以实现研究生成长的数字化伴随已成为高校亟须思考的新议题。基于此，本文对研究生学术能力的内涵与结构进行了梳理，并立足高校数字化监测现状探讨了其在监测指标框架、信息化主体、监测信息源方面亟须实现的三大转变，以期为高校实现数字化监测，赋能研究生人才评价与高质量人才培养提供思路借鉴。

关键词　研究生学术能力　数字化监测　数字化伴随

2021年7月，教育部印发《关于推进教育新型基础设施建设构建高质量教育支撑体系的指导意见》，要求以信息化为主导，聚焦信息网络、平台体系、数字资源、智慧校园等方面构建新型高校基础设施体系，作为呼应，大数据技术的发展、各类数据平台的建立，为高校的研究生管理服务提供了丰富的数据源。然而，目前的研究生培养体系未深度挖掘相关的数据价值，使之直接为师生服务。因此，在新时代的高校管理中，应调动这些数据，构建面向研究生培养全过程、服务全方位、数据多模态的监测体系，关注研究生个人的学术能力发展，凸显以人为本的高校管理服务观念。

一、研究生学术能力内涵与影响因素

当前，学界尚未对"学术能力"作出明确一致的定义，在阅读并整理相关文献后发现，当

---

* 本文为同济大学研究生教育研究与改革重点项目"学生学术能力监测与提升的数字化伴随"（项目编号：2022ZD08）与同济大学创新创业教育研究与改革项目"校企合作机制下学生创新创业素养提升路径研究"（项目编号：2023SC006）的阶段性研究成果。

作者简介　谭钦，同济大学高等教育研究所硕士研究生。
刘春路，同济大学高等教育研究所硕士研究生。

下学者们对学术能力与科研能力二者的定义存在重合模糊的部分，尤其是对研究生学术能力的定义上。学术能力普遍被认为是一项在科研过程中的综合能力，包括科研素养、学术实践能力等，由此引出了对科研能力的解释。学界一般以较小的切口对科研能力进行阐述，但对科研能力的定义总体上与对学术能力的定义类似。此外，由于创新能力在科研学术中发挥着重要作用，部分学者着重研究了科研创新能力，认为科研创新能力是科研能力核心。

影响学术能力的因素也是当下学界的一大研究热点，基于班杜拉的三元交互决定论，研究生的学术创新能力会受到个体、行为、环境三者的共同影响[1]。基于此，影响研究生学术能力的因素可分为外在因素与内在因素。在众多的外在因素中，导师对研究生的支持是最关键的一环，导师的学术能力、模范作用、指导行为会极大影响研究生学术水平[2]，而导师的督导情况会显著影响研究生学术创新能力绩效[3]。同时，良性的师生关系对研究生的科研创新能力和学术能力起显著正向作用[4]。此外还有一些其他的外在因素会对研究生的学术创新能力产生影响，如教育制度、课程设置等[5]。内在因素中，个人的学术兴趣与学术基础是影响学术能力提升的重要因素。学术兴趣在学术能力提升中起到中介变量作用[4]，研究生对某个主题兴趣强烈会提升自身内部动机，从而有效提高自身学术创新水平[6-7]。除此之外，研究生个人的学术基础(如外语基础、图书资料检索能力)也会对其学术能力产生影响[8]。

二、研究生学术能力结构与数字化监测现状

对研究生学术能力的测量与评价多从能力结构和科研过程两个视角出发。从能力结构视角出发，学者认为可以将研究生的学术能力看作一种涵盖多维度的综合能力，较早的研究成果如孟万金提出基本的学术能力应包含创新能力、言语表达能力、语言理解能力等[9]，许鹏奎认为学术能力包括学习能力、研究能力和创新能力，且三者依照基础—重点—关键的逻辑顺序递进[10]。虽然不同学者对学术能力覆盖的具体维度的阐述仍有较大差异，但经过整理后不难发现学者们所划分的维度可总结为知识、素养、能力，朱志勇根据这三个维度构建了涵盖学科、研究、实践三方面学术能力的立体模型[11]。从科研过程视角出发，学者认为学术能力可以通过科研过程各环节的具体能力表现，如胡军华总结了科研能力的三大组成:发现与凝练问题的能力、科学设计并提出解决方案的能力、成果转化的能力[12]，路鹏将学术能力总结为学术交流、发现问题、提出问题、解决问题[13]，笔者整理文献后认为学术能力可大致分为学术行动、学术技能、学术表现三大方面。

高校进行数字化转型以来，研究生培养体系的基础数据建设逐步健全，各高校逐渐形成了本校的数据体系。然而，各高校对于数据的挖掘仍然主要围绕业务侧，对于研究生学术能力的监测仅限于对某些传统指标的描述性统计，如课程成绩、论文成果等级与数量等，

而未能真正深入挖掘校内丰富的数据资源，并将其用于更具全面性、动态性的监测分析与可视性呈现，从而无法达到以数字化监测赋能研究生人才评价与高质量人才培养的效果。

三、数字化伴随下的研究生学术能力监测模式转型

在教育领域数字化变革的新时代，数字技术为教育监测新功能的拓展提供了可能，教育监测也因此需要发挥更大的价值。在此背景下，高校亟须通过整合现有数据资源，提高数据可用性，数字伴随学生成长，而对于研究生培养来说，学术能力监测模式的迭代与发展是极为重要的一个环节。基于此，本文从监测指标框架、信息化主体与监测数据源三个维度出发，对高校数字化建设如何进一步推进研究生学术能力监测进而实现数字化伴随进行探讨。

（一）监测指标框架：单次单一指标到持续多元指标

在我国高等教育实现跨越式发展的当下，教育目标愈发转向追求对学生的“全人教育”“差异化教育”。新的教育目标要求教育监测提供更为精准、细节性的评估，不止于结果，应下沉到教与学的过程，以颗粒度更细的微观数据，拓展教育监测新领域。[14]基于此，研究生学术能力的培养及所需进行的监测是一项系统且复杂的长期工作，监测点需要更加持续化、多元化：对学术研究知识掌握程度的衡量需要涵盖学科专业课程的学习、导师的学术研究指导、自主学习等多渠道；除结果指标外，也应关注过程性的数据指标；除论文成果等硬性产出外，也需要关注研究生在科研工作、学术活动、实践活动等方面的软性收获等。

综上所述，构建研究生学术能力的监测指标框架需要从多个方面进行全面而细致的考虑。从研究生学术能力的科研过程视角出发，本文尝试将学术能力的监测框架分为三层——学术行动、学术技能、学术表现。认知结构包含知识内容、知识组织方式、信息加工模式三方面[15]。在本文中，知识内容指研究生学术知识，具体体现为研究生的学术表现情况；知识组织方式代表学术知识如何被组织起来，以及可以通过何种方式被学习者获取，具体可体现为学术技能；信息加工模式是指研究生通过何种行为获取、应用、总结学术知识，具体体现为研究生学术行为。在一一对应后，同时考虑影响研究生学术能力的内外部因素，构建基本的研究生学术能力监测模型，如图 1 所示。

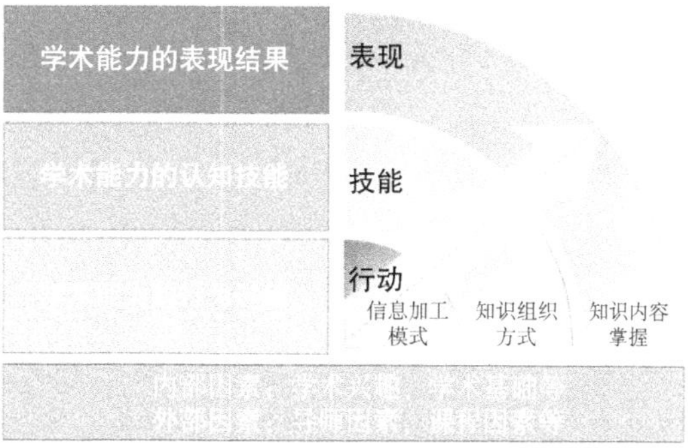

图 1　研究生学术能力评价模型

（二）信息化主体：从管理端到学生端

在高等教育信息化的发展过程中，高校对于研究生学术行为、成果与能力的监测评估系统一直是基于管理端的视角设计和运行的。然而，随着时代的发展和技术的进步，研究生对自我监测与自我评估的需求日益增长，高校也同样需要更加注重学生的个性化发展，以满足社会的人才需求。因此，从管理端到学生端的转变，是高校信息化发展的必然趋势。管理端主要关注学校层面的大数据管理和整体分析，以确保研究生的整体培养质量。而学生端则更加注重个体发展的客观情况与相对水平，以满足研究生自我监测与自我评估的需求。因此，从管理端到学生端的转变，实际上是从以学校为中心到以学生为中心的转变。

高校需要重新审视现有的信息化系统，了解其是否能够满足学生的自我监测需求与自我评估需求，并根据需求进行再设计和再开发，更加注重学生的个体差异和个性化需求，提供更加灵活和多样化的监测评估方式。例如，高校可采用可视化的手段在相关系统内呈现研究生的个人学术能力评价模型图。学术画像作为一种可视化学习分析技术，具有标签化、实效性、动态性三大特征[16]，可以有效整合大量数据，并通过标签化的形式呈现结果[17]，为研究生提供实时的学术能力自我监测与评价服务，实现研究生能主观感知到的数字化伴随。

此外，高校还需要加强对学生信息化素养的培养，提高学生获取、处理和应用信息的能力，以使其更好地适应新的数字化伴随系统，实现学术能力自我监测与评价。

（三）监测数据源：从“信息孤岛”到互联共通

当前高校信息化建设虽然取得了一定的成果，但在数据采集方面仍然存在一些问题。其中数据共享性与移动性的不足导致“信息孤岛”现象在高校内部各部门间广泛存在。[18]由于高校各部门的信息化建设相互独立，缺乏整体性与统筹性，高校内部的信息化系统体系往往呈现架构冗杂且效率低下的状态。数据的重复采集、核心数据的缺漏、数据使用的权限冲突等问题不仅会导致校内信息化管理进展缓慢，同时也阻碍着研究生学术能力监测的数字化伴随建设。

随着研究生学术能力评价理念的发展，研究生学术能力的监测点与监测指标愈发多样化，而相关监测数据却分散在不同的职能部门与信息管理系统中。同时，在进行研究生学术能力评价时，学生画像的构建逻辑应遵循“三步法”[19]：多种方式采集多维信息——开展数据处理与分析——画像呈现与应用。因此，对研究生的学术能力进行监测和评价需要多个维度、多个职能部门的数据支持。而各数据库与系统架构呈现出来的“信息孤岛”态势导致构建效果不佳。

为了解决这一问题，研究生学术能力监测模式构建在数据源层面亟须实现各相关部门系统数据库互联共通。教学管理系统、学工系统、图书馆系统等需要一同为研究生学术能力监测与评价提供底层数据依托。通过实现数据共享和增强数据移动性，消除“信息孤岛”现象，提高校内信息化管理效率，并为研究生学术能力监测与评价提供更准确、全面的数据支持。

因此，在进行数字化伴随建设时，高校首先需要加强顶层设计，制定全校性的信息化建设规划，确保各部门间的信息化建设能够相互协调、标准统一。其次，高校应加强数据治理，建立统一的数据管理平台，以便对数据进行集中存储、处理和分析，确保数据的易得性、一致性、准确性和完整性。此外，高校还应加强数据安全保障，确保数据在合理范围内互联共通，同时不被泄露或滥用。

参考文献

[1] 金凌志，王小敏. 基于三元交互决定论的博士生创新能力培养[J]. 高等教育研究，2011，32(4)：49-53.

[2] 罗建国，谢芷薇，莫丽荣. 导生交往模式与研究生学术能力发展——基于扎根理论的质性分析[J]. 学位与研究生教育，2021(3)：15-20.

[3] 陈万明，李玉倩. 不当督导对研究生科研创新绩效的影响：师生关系视角[J]. 研究生教育研究，2018(5)：29-36.

[4] 马永红，吴东姣，刘贤伟. 师生关系对博士生创新能力影响的路径分析——学术兴趣的中介作用[J]. 清华大学教育研究，2019，40(6)：117-125.

[5] 刘雷. 我国高校学术型硕士研究生创新能力评价研究[D]. 武汉：华中师范大学，2018.

[6] FREDRICKS J A, ALFELD C, ECCLES J. Developing and fostering passion in academic and nonacademic domains[J]. Gifted Child Quarterly, 2010, 54(1): 18-30.

[7] MENG Y, TAN J, LI J. Abusive supervision by academic supervisors and postgraduate research students' creativity: the mediating role of leader-member exchange and intrinsic motivation[J]. International Journal of Leadership in Education, 2017, 20(5): 1-13.

[8] 朱萍，巩雪. 来华留学研究生学术能力影响因素分析及应对策略[J]. 江苏高教，2016(5)：96-99.

[9] 孟万金. 研究生科研能力结构要素的调查研究及启示[J]. 高等教育研究，2001(6)：58-62.

[10] 许鹏奎. 普通高校硕士研究生学术能力及水平提升之策略[J]. 学位与研究生教育，2014(10)：40-44.

[11] 朱志勇，崔雪娟. 研究生学术能力：一个基于政策文本分析的理论框架[J]. 清华大学教育研究，2012，33(6)：92-99.

[12] 胡军华，郑瑞强. 学术型研究生科研能力结构、约束性因素与促进机制[J]. 教育学术月刊，2020(12)：74-80.

[13] 路鹏，翟轩艺. 基于 OBE 理念的设计学研究生学术能力培养与提升研究[J]. 包装工程，2022，43(S1)：387-390，407.

[14] 徐瑾劼，张民选. 教育监测数字化变革的全球观察及其启示 [J]. 中国教育学刊，2023(7)：34-39.

[15] 胡艺龄，顾小清. 基于学习分析技术的问题解决能力测评研究[J]. 开放教育研究，2019，25(2)：105-113.

[16] 宋美琦,陈烨,张瑞. 用户画像研究述评[J]. 情报科学,2019,37(4):171-177.

[17] KEIM D A, MANSMANN F, SCHNEIDEWIND J, et al. Visual analytics: scope and challenges [M]. Heidelberg: Springer, 2008.

[18] 孙智慧,刘壮. 高等教育信息化的发展历程及存在问题的探讨[J]. 印刷与数字媒体技术研究,2023(4):1-9,46.

[19] 崔佳峰,阙粤红. 智能技术支持下的学生数字画像:困境与突破[J]. 当代教育科学,2020(11):88-95.

思政建设

高水平对外开放背景下铸牢“Z世代”的中华民族共同体意识*

◎ 赵佳丽　卢锦鹏　李　宁

摘　要　随着经济全球化的加速和信息技术的快速发展，高水平对外开放已成为中国发展的重要战略。高水平对外开放对于“Z世代”①的中华民族共同体意识产生了深远的影响。这一社会背景不仅使“Z世代”更加开放、包容、自信、勇敢，也让他们更加深刻地意识到自己的责任和使命。在全球化的时代背景下，中华民族共同体意识也将继续强化和发展，为中华民族的繁荣和发展注入新的活力和动力。通过旅游、留学、工作等方式，“Z世代”能够接触到不同文化、不同价值观的人们，了解外部世界的多元性和复杂性。这种接触不仅使“Z世代”能够更好地认识自己的国家和文化，也使他们更加开放、包容，更加尊重和欣赏不同的文化和价值观。

关键词　中华民族共同体意识　高水平对外开放　“Z世代”

习近平总书记在党的二十大报告中强调：“推进高水平对外开放。依托我国超大规模市场优势，以国内大循环吸引全球资源要素，增强国内国际两个市场两种资源联动效应，提升贸易投资合作质量和水平。”这一重要论述，为新时代新征程进一步推进高水平对外开放指明了前进方向。习近平总书记深刻指出：“站在新的历史起点，中国开放的大门只会越开越大。”作为全球化时代的年轻人，“Z世代”需要具备更广泛的视野和更多元的能力。高水平对外开放不仅为“Z世代”提供了更多的机会，也让他们更加自信、勇敢地面对挑战和竞

* 本文为山西省教育科学“十四五”规划2022年度一般规划课题“习近平总书记历史教育思想研究 ”(项目编号:GH-220368)的阶段性研究成果。

作者简介　赵佳丽，吕梁学院历史文化系助教，硕士，研究方向为中华民族共同体意识研究；
卢锦鹏，西藏自治区日喀则市拉孜高级中学历史教师，研究方向为中华民族共同体意识研究；
李宁，吕梁学院历史文化系副教授，博士，研究方向为中学历史教育研究。

① “Z世代”是指1995—2009年出生的人，作为与互联网相伴而成长起来的一代新人，“Z世代”数量极为庞大，生长环境和受到的影响，迥异于之前所有世代的人群，他们的思想对当今时代的社会制度、价值观念、生活态度与行为方式等产生重要影响。

争,这种自信和勇气也为他们的中华民族共同体意识注入了新的活力和动力。随着中国的崛起,作为新一代的年轻人,“Z世代”需要承担更多的社会责任和国家使命。高水平对外开放为“Z世代”提供了更广泛的平台和更多的机会,让“Z世代”能够在全球化的舞台上发挥自己的才华和作用,为中华民族的繁荣和发展作出自己的贡献。

一、中国对外开放的历史、现状和未来

改革开放政策的实施标志着中国进入了对内改革和对外开放的历史新时期。改革开放初期,中国主要采取“引进外资”“出口导向”等政策,吸引外资进入中国市场,促进了对外贸易发展增速。随着改革开放的深入,中国逐渐放宽了对外开放的限制,吸引了更多的外资和外商投资。在此基础上,中国逐步建立了一系列高水平对外开放的法律和制度,吸引了大量国际企业和机构进入中国市场。这些措施为中国的经济发展奠定了基础,也加强了中国与其他国家的联系和合作,使中国的对外开放取得了显著的成果。中国已成为全球最大的制造业基地和出口国之一。中国的经济实力得到了显著提升,国际地位也得到了提高。同时,中国也积极参与国际事务,为维护国际和平与稳定作出了贡献。

近年来,全球化进程遭遇了一些国家的反对和质疑,其中最引人注目的就是美国的反全球化。美国政府采取了一系列措施,试图削弱全球化的影响力,保护本国的利益。这些措施包括退出《跨太平洋伙伴关系协定》(*Trans-Pacific Partnership Agreement*)、对中国等国家加征关税、限制移民,等等。这些措施不仅破坏了全球经济的稳定和发展,也影响了世界各国之间的合作与交流。中国在面对美国的反全球化时,采取了一系列积极的应对措施。中国坚定维护全球化,积极推进经济全球化,加强与各国的合作,努力打造开放型世界经济。中国还加强了与其他国家的贸易合作,推动建立更加公平、开放、透明、包容的国际贸易体系。中国也加强自身的改革开放,提高自身的竞争力,推动经济高质量发展,为全球经济的发展作出了积极的贡献。

在当前的全球化时代,中国高水平对外开放的步伐仍在加快。中国正在推进更高水平的开放型经济,积极参与全球经济治理,推动建设更加开放、包容、平衡、普惠的世界经济,如积极推进共建“一带一路”,加强与共建国家的贸易往来和投资合作,提高中国在全球经济中的影响力和地位。中国还加强与世界各国的交流合作,推动建立更加紧密的人类命运共同体。中国的高水平对外开放是一个不断发展和完善的过程。中国将继续推进高水平对外开放,积极参与国际合作,为全球经济发展和国际和平稳定作出更大的贡献。高水平对外开放已经成为中国发展的重要组成部分。未来,中国将继续推进高水平对外开放,加强与各国的经济、贸易和投资合作,共同推动全球经济的发展。全球化是不可逆转的趋势,是所有国家共同面临的挑战和机遇。中国将继续积极参与全球化进程,坚定维护全球化,推动全球化进程朝着更加开放、公平、包容、普惠的方向发展,为全球经济的发展作出更大

的贡献。

二、中国“Z 世代”的特点

习近平总书记强调，我们的教育要善于从五千年中华传统文化中汲取优秀的东西，同时也不摒弃西方文明成果，真正把青少年培养成为拥有“四个自信”的孩子。中国“Z 世代”是在信息技术高度发达的时代成长起来的，具有独特的价值观和行为特点。“Z 世代”是“数字原住民”，他们从小就接触互联网和智能手机等数字设备，对于信息和技术的应用非常熟练。他们习惯通过社交媒体和在线平台获取信息、社交和娱乐，对于传统媒体的接受度较低。“Z 世代”具有较强的自我意识，他们注重自我表达和个性化，追求独特的生活方式和价值观。他们不愿意被传统的社会规范和价值观所束缚，更愿意在自己的生活中寻找自身的价值和意义[1]。“Z 世代”在经济上具有较强的独立意识，他们习惯通过网络平台和共享经济等方式获取资源和服务，更注重个人价值和效率。他们更倾向于选择自己喜欢的工作和生活方式，而不是为了追求经济利益作出妥协。中国“Z 世代”对于多元文化的认同度和接受度较高，他们习惯于接触不同地区和文化背景的人，愿意尝试并接受不同的文化和价值观。他们更愿意在多元文化环境中寻找自己的身份认同和价值观。“Z 世代”具有较强的社会责任感，他们关注社会公正和环境保护等社会问题，愿意通过自己的行动和言论为社会作出贡献。他们更注重社会价值和责任，更愿意选择具有社会意义的工作和生活方式。他们是中国未来发展的重要力量，需要引导和培养[2]。

随着中国的发展，“Z 世代”的中华民族共同体意识也在逐渐加强。这种意识是指对中华民族共同体的认同和归属感，是一种集体意识和国家意识的体现。随着中国经济的快速发展，“Z 世代”的生活水平得到了极大的提高。这种提高不仅体现在物质方面，还体现在文化、教育、科技等各个方面。这使得他们更加自信和自豪，更加认同自己的国家和民族。同时，他们也更加关注国家的发展和未来，更加愿意为国家的繁荣和强大作出贡献。随着信息技术的发展，“Z 世代”的交流和互动更加频繁和广泛。这种交流和互动有助于增进他们彼此之间的了解和认同，也有助于传递中华民族共同体的价值观和理念。例如，中华民族的历史、中华优秀传统文化等都是中华民族共同体的重要组成部分，也是“Z 世代”民族认同感的重要来源。中国的教育体系注重培养学生的爱国主义精神和民族精神，这使得“Z 世代”在学校和社会中接受了大量的关于中华民族的宣传和教育[3]。这种宣传和教育不仅有助于培养他们的爱国主义精神和民族精神，也有助于传递中华民族共同体的价值观和理念。随着社会的发展，人们的社会责任感也不断提高。“Z 世代”在追求个人价值的同时，也更加关注社会的发展和未来。他们认为自己是中华民族的一分子，有责任为中华民族的繁荣和强大作出贡献，这种责任感使得他们更加愿意为中华民族的共同利益而奋斗。“Z 世代”的中华民族共同体意识在不断加强，这是中国发展的必然结果，也是中国特色社会主义的重要组成部分。随着这种意识的不断加强，中国将更加团结和强大，也将更加引领世界的发展。

三、高水平对外开放对“Z 世代”中华民族共同体意识的正面影响

习近平总书记强调：“青年强，则国家强。当代中国青年生逢其时，施展才干的舞台无比广阔，实现梦想的前景无比光明。全党要把青年工作作为战略性工作来抓，用党的科学理论武装青年，用党的初心使命感召青年，做青年朋友的知心人、青年工作的热心人、青年群众的引路人。广大青年要坚定不移听党话、跟党走，怀抱梦想又脚踏实地，敢想敢为又善作善成，立志做有理想、敢担当、能吃苦、肯奋斗的新时代好青年，让青春在全面建设社会主义现代化国家的火热实践中绽放绚丽之花。”

（一）高水平对外开放增进了中国“Z 世代”的文化自信

随着国际化的推进，越来越多的外国文化元素进入中国，而中国的文化也逐渐走向世界。这种文化交流和融合，使得中国“Z 世代”更加了解和尊重其他国家的文化，同时也更加自信地传承和展示中华优秀传统文化。在全球化的当下，文化交流和文化传承变得尤为重要。“Z 世代”生活在信息高度互联的时代，他们可以通过互联网、社交媒体等渠道接触世界各地的文化，这也使得他们更加开放和包容，更加愿意了解和尊重其他国家的文化[4]。

中华民族是一个多民族、多文化的大家庭，只有了解和尊重不同民族的文化，才能更好地促进不同民族、不同文化之间的交流和融合，从而形成中华民族共同体意识。中华优秀传统文化是中华民族的瑰宝，代表着中华民族的智慧和精神。“Z 世代”应该积极学习和传承中华优秀传统文化，展现中华优秀传统文化的魅力和价值，让中华优秀传统文化在当代焕发新的生命力和活力。文化自信不仅包括对优秀传统文化的自信，也包括对当代文化的自信。“Z 世代”应该积极参与当代文化的创造和传播，展现其创造力和创新能力。同时，“Z 世代”也要将中华优秀传统文化与当代文化相结合，创造出更具中国特色和中国风格的当代文化作品，让世界更好地了解和认识中国文化。此外，“Z 世代”应该在学习和传承中华优秀传统文化的同时，学会尊重和欣赏其他国家的文化，借鉴其他国家文化中的优秀元素，将其融入自己的生活和文化中。这样一来，“Z 世代”在了解和尊重其他国家的文化的同时，也能更加自信地展示和传承中华优秀传统文化。这样树立起来的文化自信，不仅可以促进不同民族、不同文化之间的交流和融合，也可以增强中华民族的自信心和凝聚力，让中国文化在世界上更加闪耀。

（二）高水平对外开放为中国“Z 世代”带来了更广阔的发展机遇

随着全球化不断推进，中国逐渐成为备受瞩目的投资目的地，越来越多的国际企业和

投资者涌入中国市场，不仅为中国带来了大量的资金和技术，也为中国各个领域的发展提供了基础条件。例如，一些国际企业在中国建立了工厂和研发中心，为中国提供了大量的就业机会和技术支持，推动了中国制造业的转型和升级。同时，国际投资者的涌入也为中国的金融市场提供了强有力的支持，使得中国的金融市场更加开放和稳定[5]。国际企业和投资者的涌入让中国“Z世代”更加有信心和决心为中华民族的繁荣发展贡献自己的力量。

中国作为一个拥有14亿人口的大国，市场潜力巨大。随着中国的经济发展，国际企业和投资者也愈发认识到中国市场的重要性。同时，国际企业和投资者也将更加积极地参与中国的公益事业，为中国的社会发展作出更多的贡献。中国政府一直以来都非常重视外商投资的发展，积极为外商投资提供更加优惠的政策和环境。例如，中国政府出台了一系列的外商投资法规，为外商投资提供更加便利的投资环境。同时，中国政府还积极推进“一带一路”等重大国际合作项目，为国际企业和投资者提供更多的发展机遇。在中国政府的不断努力下，在国际企业和投资者的积极参与下，中国的未来一定会更加美好，“Z世代”的发展机遇一定会更加广阔。

（三）高水平对外开放开阔了中国“Z世代”的国际视野，增强了其责任感

随着全球化的进程加速，中国“Z世代”参与国际事务的机会日益增多。这种参与不仅仅是一种机会，更是一种责任和使命。通过参与国际事务，“Z世代”的国际视野得到了拓展，这有助于他们更加深入地理解和认同中华民族共同体意识。一方面，通过参与国际事务，“Z世代”可以更好地了解和认识世界各国的历史、文化和社会制度。他们可以通过互联网、社交媒体等渠道了解不同国家的风俗习惯、政治制度和社会结构，感受不同国家的文化氛围和社会氛围。这样一来，他们的国际视野得到了拓展，对世界的认识也更加全面和深刻。另一方面，在参与国际事务的过程中，他们会发现中华民族的历史、文化和传统在世界范围内有着广泛的影响力和认可度。他们会更加深刻地认识到中华民族的伟大历史和文化底蕴，从而更加珍视和维护中华民族共同体意识。在国际事务中，他们不仅仅是观察者和参与者，更是中华民族的代表和使者。他们要以中华民族的形象出现在国际舞台上，表达中华民族的声音，为中华民族争取更多的尊重和认可。这样一来，他们的责任感和使命感会得到极大的提升，他们维护中华民族共同体意识的决心和信念会更加坚定。随着中国在国际舞台上的影响力越来越大，“Z世代”也更多地关注和参与国际事务。他们具有强烈的责任感和使命感，深入理解和认同中华民族共同体意识。他们将为中国在国际事务中的话语权和影响力提升贡献自己的力量，为中华民族的繁荣和发展作出自己的贡献[6]。

（四）高水平对外开放增强了中国“Z世代”的民族认同感和归属感

随着中国的强大和国际地位的提升，中国“Z世代”的民族认同感和归属感也不断增强。

首先,中华人民共和国成立特别是改革开放以来,中国在经济实力、科技实力、国际地位等方面都有了长足的发展。这些成就的取得让许多“Z 世代”感到自豪和骄傲,他们认为这些成就的取得是中华民族的集体智慧和努力的结果。其次,中国文化软实力的提升也在一定程度上促进了“Z 世代”民族认同感和归属感的增强。中国在优秀传统文化传承、现代文化和流行文化等方面都有了很大的发展,这不仅让中国更加有声望,也让更多的人了解和认同中华民族的文化底蕴。最后,相比于前几代人,“Z 世代”接受了更多的国际化教育,他们更加了解和认同世界各地的文化和价值观。而随着他们的成长和经历的增加,他们更加深入地意识到中华民族的独特性和文化价值,这进一步增强了他们的民族认同感和归属感。这种趋势对“Z 世代”有着深远的影响,使他们能够更加深入地理解和认同中华民族共同体意识。这种共同体意识不仅可以促进中国的国家团结和发展,也可以促进全球文化多样性的保护和发展。因此,我们应该鼓励“Z 世代”继续弘扬中华优秀传统文化,为中华民族的繁荣和发展作出更大的贡献[7]。

四、高水平对外开放对部分中国“Z 世代”的负面影响

随着中国对外开放水平的不断提升,越来越多的外来文化和价值观涌入中国,对中国“Z 世代”产生了一定的负面影响。对外开放使大量的外来文化和价值观涌入,这些文化和价值观与中国传统文化和价值观的差异很大。这些外来文化和价值观的传播可能会导致一些年轻人对中华优秀传统文化和社会主义核心价值观的认同度降低,从而影响他们对中华民族共同体意识的形成和铸牢。随着对外开放的加速,越来越多的外国媒体和社交网络进入中国,对部分“Z 世代”的思想产生了影响。部分“Z 世代”开始怀疑中国的社会和政治制度,认为这些制度不符合现代社会的要求,这对他们中华民族共同体意识的形成产生了负面影响。

“Z 世代”对中国传统文化和价值观产生怀疑,对中国的历史和传统文化的认同感下降的情况在高校和城市中尤为明显,因为这些地方更容易接触到外来文化和价值观。一些“Z 世代”的价值观开始与中华民族共同体意识产生分歧。随着现代科技的发展,人们的生活方式和价值观念也发生了很大的变化,传统文化在这个过程中逐渐被边缘化。部分“Z 世代”认为,传统文化已经过时,无法满足现代人的需求和追求,因此对其产生了怀疑。部分“Z 世代”受到外来文化的影响,认为外来文化更加现代、前卫、国际化,与传统文化相比更加符合现代人的审美和需求。中华民族共同体意识强调集体主义和家庭观念,而在现代社会中,随着外来文化和价值观的渗透,个人主义的价值观越来越受到部分“Z 世代”的追捧,一些“Z 世代”开始质疑传统的家庭观念和集体主义,这对中华民族共同体意识产生了负面影响。

对外开放给“Z 世代”带来了更多的机会和选择,但同时也导致部分“Z 世代”对中国的

国家认同感下降。随着对外开放的推进，市场竞争加剧，一些企业和商家为了迎合消费者的需求，不惜采用低俗、庸俗的营销手段，甚至借助外来文化和价值观来博取眼球。这种商业行为可能会对“Z世代”的价值观产生负面影响，使他们逐渐远离中华民族共同体的价值观和精神文化。由于对外开放，越来越多的外国品牌和产品进入中国市场，导致部分“Z世代”开始追求外国品牌和产品，而不再关注中国自主品牌和产品。这种情况在一些高收入人群中尤为明显，他们更愿意花更多的钱去购买外国品牌的产品，而不是支持中国自主品牌的产品。高水平对外开放的推进也吸引了大量的外籍人士，这些外籍人士的存在和活动，可能会给部分“Z世代”带来一定的文化冲击和身份认同方面的困惑。这些外来人士带来的文化和价值观与中国的传统文化和价值观存在较大的差异，这可能会导致部分“Z世代”的中华民族共同体意识受到影响。

对外开放也导致了部分“Z世代”忽视中国的历史和传统文化。部分“Z世代”对传统文化的认知和理解存在误区。由于传统文化的复杂和深奥，很多人只是从表面上了解传统文化，缺乏对传统文化的深入理解和体验。部分“Z世代”对传统文化的认知只停留在表面的礼仪、文化符号等方面，缺乏对其内涵和价值的深入理解，从而对其产生了质疑。由于对外开放，越来越多的外国文化和艺术形式进入中国，这导致部分“Z世代”开始关注外国文化和艺术形式，而忽视了中国的历史和传统文化，缺乏对中国历史和传统文化的了解，对中华民族共同体的认同感下降。在过去，传统文化一直是中华民族共同体意识的重要组成部分，但随着外来文化的渗透，部分“Z世代”开始对传统文化产生怀疑和质疑，从而对中华民族共同体意识产生了负面影响。这些“Z世代”更倾向于接受西方文化和价值观，从而导致他们与中华民族共同体意识相脱离。

五、深化高水平对外开放大背景下铸牢中国“Z世代”中华民族共同体意识的路径和策略

习近平总书记强调，“我们的现代化既是最难的，也是最伟大的”，“我国14亿多人口要整体迈入现代化社会，其规模超过现有发达国家的总和，将彻底改写现代化的世界版图，在人类历史上是一件有深远影响的大事”。他在谈到中国式现代化的本质要求时，提出这是“人类文明新形态”。随着中国经济的快速发展和高水平对外开放的持续推进，中国已成为世界上最重要的经济体之一。这一过程也使得中国与世界各国的联系更加紧密，加深了中国与其他国家之间的合作与交流。当前社会，“Z世代”是未来社会发展的重要力量，他们的中华民族共同体意识的形成对于国家的未来发展具有重要的意义。因此，铸牢“Z世代”的中华民族共同体意识的路径至关重要。习近平总书记勉励教育工作者“要善于从五千年中华传统文化中汲取优秀的东西，同时也不摒弃西方文明成果，真正把青少年培养成为拥有‘四个自信’的孩子”。新时代青年要坚持中国特色社会主义道路自信、理论自信、制度自

信、文化自信，坚持党的基本路线不动摇，不断推进中国特色社会主义伟大事业。

（一）中国经济繁荣是中国“Z世代”的中华民族共同体意识继续增强的基础

党的二十大报告强调：“以铸牢中华民族共同体意识为主线，坚定不移走中国特色解决民族问题的正确道路，坚持和完善民族区域自治制度，加强和改进党的民族工作，全面推进民族团结进步事业。”“当代中国青年生逢其时，施展才干的舞台无比广阔，实现梦想的前景无比光明。”这既是对新时代青年踔厉奋发实现中华民族伟大复兴的中国梦提出的更高要求，也为他们注入了强劲的精神力量和文化动力。中国经济繁荣是中国“Z世代”的中华民族共同体意识继续增强的基础。随着中国经济的快速发展和国际地位的提升，越来越多的人开始认识到中国的重要性和影响力。随着社会的不断发展，经济的繁荣为“Z世代”提供了更多的就业机会和创业机会，让他们能够更好地实现自我价值。同时，经济的发展也为“Z世代”提供了更好的生活条件和消费环境，让他们能够更好地享受生活。在中国经济腾飞的过程中，各个地区之间的文化交流和融合也越来越频繁。“Z世代”通过各种渠道了解和学习不同地区的文化，增进了对中华民族共同体的认知和意识。同时，中华优秀传统文化也在经济发展的推动下得到更好的保护和传承，从而使“Z世代”能够更好地了解和认识中华文化的魅力。经济的发展为社会提供了更多的资源和保障，减少了社会的不稳定因素[8]。同时，经济的发展也为社会带来了更多的机会和可能性，让社会更加公平和有序。这样的社会环境让“Z世代”更加有信心和动力去为中华民族的发展作出贡献。作为中华民族的一员，“Z世代”对中国的发展和未来充满信心，中国的崛起不仅仅是经济增长的结果，更是实现中华民族伟大复兴的历史进程。“Z世代”深知，中国经济的繁荣，能够为中华民族伟大复兴奠定坚实基础。在中国经济发展的同时，“Z世代”也在积极探索和发掘中华优秀传统文化和创新文化，创造了新的文化形式，如网络文学、短视频等。这些新兴文化形式不仅具有强烈的时代感和流行性，更是对中华民族文化的传承和创新，为中华民族共同体意识的增强提供了新的动力和可能。经济的发展为“Z世代”提供了更多的机会和选择，促进了文化的交流和传承，稳定了社会环境，同时也为“Z世代”提供了更多的发展空间和平台。这些因素共同作用，让“Z世代”更加认同和关注中华民族共同体意识，为中华民族的发展和繁荣作出更多的贡献[9]。

（二）教育质量是中国“Z世代”的中华民族共同体意识继续增强的支柱

习近平总书记高度重视筑牢少年儿童的理想之基，强调“革命事业要一代一代传下去”“多了解中国革命、建设、改革的历史知识，多向英雄模范人物学习”“从小坚定听党话、跟党走的决心”。教育是铸牢“Z世代”中华民族共同体意识的重要途径。教育部门可以通过课程设置、教学方法改革等方式，引导“Z世代”了解中华民族的历史文化、传统美德、民族精神等方面的知识，培养他们对中华民族的认同感和归属感。同时，教育部门也可以通过组织学生参加文化、艺术、体育等方面的活动，让他们更深入地了解和体验中华民族的文化和传统。要在深化高水平对外开放大背景下铸牢“Z世代”中华民族共同体意识，必须加强中华民族文化教育，提高教育质量。教育部门可制定相关政策，加大对中华民族文化教育的投入，推广传统文化知识和价值观念，让“Z世代”更好地了解中华民族的历史文化，增强其民族凝聚力和自豪感。随着中国高水平对外开放的不断深化，中国已成为世界经济的重要一员[10]。在这个过程中，我们也需要铸牢“Z世代”中华民族共同体意识，这是中华民族的历史责任和必然选择。在这个日益开放的时代，我们需要更加注重中华优秀传统文化的传承和发展，通过各种方式传承中华优秀传统文化，包括文化遗产保护、文化产业发展、文化交流等，以此来提高我们的文化软实力。同时，我们需要加强中华优秀传统文化教育，提高教育质量，注重教材的编写、教学方法的改进、师资队伍的培养等。我们也需要注重中华优秀传统文化教育的普及度，让更多的人能够接受中华优秀传统文化教育，通过各种途径来让更多的人了解中华民族文化。

（三）媒体宣传是中国“Z世代”的中华民族共同体意识继续增强的手段

习近平总书记在党的二十大报告中强调：“全党要把青年工作作为战略性工作来抓，用党的科学理论武装青年，用党的初心使命感召青年，做青年朋友的知心人、青年工作的热心人、青年群众的引路人。”加强媒体宣传，塑造正面形象是深化高水平对外开放大背景下铸牢“Z世代”中华民族共同体意识的重要途径。媒体可以通过报道正面新闻和事件，展示中国的形象和实力，让“Z世代”更好地了解中国，增强其民族凝聚力和自豪感。同时，也可以通过宣传中国在科技、文化艺术等方面取得成就，让世界更好地了解中国，促进中外文化交流。

2016年4月19日，习近平总书记在网络安全和信息化工作座谈会上强调，网络空间是亿万民众共同的精神家园。“网民来自老百姓，老百姓上了网，民意也就上了网”，网络空间天朗气清、生态良好，符合人民利益，网络空间乌烟瘴气、生态恶化，不符合人民利益。媒体作为信息传播的重要渠道，在“Z世代”的成长过程中扮演着重要的角色。加强媒体宣传，塑造正面形象，可以让“Z世代”更加深入地了解中华民族的历史和中华优秀传统文化，增强他们的文化认同感和民族自豪感。同时，通过媒体宣传，可以向“Z世代”青年人传递正确的价值观和社会道德观，引导“Z世代”树立正确的人生目标和人生追求，培养他们的创新精神和实践能力[11]。“Z世代”是知识更新最快的群体，他们对事物的认知和态度会随着时间的推移而发生变化。因此，有关部门必须根据“Z世代”的特点和需求，制定适合他们的媒体宣传策略。例如，可以通过社交媒体、短视频、直播等方式，让“Z世代”了解国家的发展和变化，从而更好地参与国家建设。“Z世代”是一个充满朝气和活力的群体，他们对美好的事物和正能量的内容更加敏感。在媒体宣传中，相关机构应该注重传递积极向上的信息，塑造正面的形象，让“Z世代”感受到国家发展和变化的积极影响，从而更好地融入中华民族共同体。

参考文献

[1] 陈建清,张彩云. 习近平法治思想融入大中小学思政课一体化教学的研究[J]. 福建教育,2023(4):28-32.

[2] 李美玲. 习近平总书记关于新时代青年工作的重要论述研究[J]. 湘潭大学学报(哲学社会科学版),2023,47(1):118-126.

[3] 崔贤,连冬花. 习近平总书记关于红色文化重要论述的思想内涵及其实践路径[J]. 长江师范学院学报,2023,39(1):47-54.

[4] 张果. 当代青少年民族精神培育研究[D]. 重庆:西南大学,2012:12.

[5] 王永明. 铸牢中华民族共同体意识视阈下西部民族地区地方政府能力建设研究[D]. 呼和浩特:内蒙古大学,2022:8.

[6] 骆郁廷,王巧. 铸牢青少年中华民族共同体意识[J]. 中南民族大学学报(人文社会科学版),2022,42(4):20-27,182.

[7] 政和. 深化各族青少年学生交往交流交融　铸牢中华民族共同体意识[J]. 青海教育,2022(Z1):27.

[8] 顾超. 西北地区中华民族共同体意识培育研究[D]. 兰州:兰州大学,2020:6.

[9] 叶辅靖,李大伟,杨长湧. 促进经济高质量发展的高水平对外开放战略研究[J]. 开放导报,2019(2):7-14.

[10] 彬彬,孔凡哲. 铸牢青少年中华民族共同体意识路径研究——基于教育资源开发利用的视角[J]. 中国德育,2023(1):39-42.

[11] 曾素君,赵丹. 脱贫攻坚精神融入高校铸牢中华民族共同体意识教育的理路解析与实践探索[J]. 新生代,2023(1):74-80.

职业技术教育专业硕士实习实践中的课程思政：原理、价值与行动路径*

◎ 王婷婷

摘　要　职业技术教育专业硕士(简称职教专业硕士)最主要的就业选择是成为中等职业技术教育学校专业教师,因此,职教专业硕士不仅要理解课程思政,更要在未来践行课程思政。职教专业硕士在实习实践中开展课程思政时,首先要明白课程思政的原理和教育逻辑,才能准确把握其规律;其次要了解课程思政的价值尺度,才能充分发挥好其育人成效;最后要根据在中职课堂上开展思政教育时发现的主要问题,进行方法变革和路径创新,充分发掘和应用社会资源,让课程思政渗透到学生的生活之中。

关键词　职教专业硕士　课程思政　原理　价值　行动路径

职教专业硕士教育中的课程思政一直广受关注,其中,实践类课程因其实践性、活动性成为落实课程思政目标的重要场域[1]。在实践类课程中融入课程思政,一方面需要广泛的、高质量的社会网络,包括职业院校、高校、企业合作网络;另一方面,社会实践难免存在参差,应引导学生面对社会现实的阴暗面、复杂性,在纷繁复杂中持续发展并保持教育情怀。实践类教学受实践学校资源的限制及教学观察主题丰富多样性的影响,对教师的专业学养提出了较高要求。《高等学校课程思政建设指导纲要》明确要求教师使学生在专业实践课程中做到学思结合、知行统一,增强勇于探索的创新精神、善于解决问题的实践能力。但是,目前在中职课堂上开展思政教育存在三个主要问题:第一,教师知道开展课程思政,但是不知道利用哪些要素开展课程思政;第二,教师机械、形而上地理解课程思政,侧重课程思政而弱化了课程实施,把专业课程上成了思政课程,不符合“盐溶于水”的要求;第三,教师为了应付检查,强制性地进行课程思政,没有做到“润物细无声”。因此,职教专业硕士

* 本文为2021年同济大学课程思政示范课程基金项目“职业教育专业研究生实践类课程”(项目编号:2021KCSZKC17)的阶段性研究成果。

作者简介　王婷婷,同济大学职业技术教育学院硕士研究生。

在实习实践中开展课程思政时,要充分利用周围的环境和校本资源,把思政融入专业知识传递过程,不生搬硬套,同时激发学生上课的主动性、参与性,让学生在无形之中融入课程思政的氛围。

一、职教专业硕士实习实践中开展课程思政的原理

(一)“教书就要育人”:学校教育的道德性和课程思政的时代性

首先,职教专业硕士在实习实践中要帮助学生明晰课程思政的意义。一种常见的错误观念是将课程思政的“底层逻辑”理解为“政治+任务”,作为职教专业学生,修订这一错误有明显的专业基础和优势。专业教学中,有很多机会可以帮助学生理解课程思政的“教育逻辑”,通过强调“教书就要育人”这一普遍性原则,可以帮助学生较为便捷地理解课程思政的实质:它是学校教育的道德性这一基本教育原则在当今时代的体现,是教育教学中“一般性教育目标”与“专业教学目标”有机融合的中国方案。赫尔巴特(Herbart)早在 19 世纪就提出了“教育性教学”思想:“不存在无教学的教育,不承认无教育的教学。”[2]所有国家的教育都要面对三个问题:培养什么人? 如何培养人? 为谁培养人? 而当前的课程思政正是基于“问题逻辑”,针对当前教育中存在的两大问题(一是专业课中“只教书、不育人”,二是思政课程“太空洞、不鲜活”)提出解决方案。课程思政源于对实践的反思,源于基本的教育性原则,并不是自上而下的“新政策”。因此,师生都需要深刻理解社会主义核心价值观的丰富内涵,准确把握其精神实质。课程思政要强调以马克思主义理论思想为引领,让马克思主义在专业学科中发声[3]。职教专业硕士在实习实践中还需要帮助学生克服另一种常见的错误,即把课程思政的运行机制分解为“课程+思政”,既要排除理念层面的“怀疑论”,因为其可能会阻碍专业课的学习;更要帮助学生克服“万通论”的简单化思路,避免学生给课程思政扣上“假思政”的帽子。

其次,职教专业硕士在实习实践中要明确课程思政的时代性。课程思政源于上海高校思想政治教育综合改革实践。2014 年起,在教育部指导下,上海市率先开展“课程思政”试点工作,加快推进由“思政课程”走向“课程思政”的教育教学改革,让所有课都上出“思政味”,所有任课教师都挑起“思政担”,探索构建全员、全课程的大思政教育体系。2018 年 9 月 17 日,教育部印发《关于加快建设高水平本科教育 全面提高人才培养能力的意见》,强调推动高校全面加强课程思政建设,逐步形成制度化,教书一定要育人。

(二)“教育就要立德树人”:职教专业硕士实习实践中课程思政的教育逻辑

教育要做到立德树人,职教专业硕士在实习实践中需要遵循课程思政的教育逻辑,即在宏观方面要实现立德树人的社会目标,在中观方面要实现教书育人的教育目标,在微观

方面要实现有效教学的课堂目标。立德树人是思想政治工作的总规律,要以它为指导,同时在教书育人过程中,也要遵循学生身心发展的阶段性规律;教师在实现有效教学的课堂目标时,同样也要遵循课堂教学的规律。作为未来的教育工作者,职教专业硕士要落实好课程思政,不能排斥课程思政或使其形式化,同时也要明确三个重点:在教育方面,要教书,更要育人;在时代方面,要知道时代选择人,人注释时代精神;在工作方面,要明确学校教学与管理是职责,更是一份能够给人带来成就感的工作。

课程思政的载体是课程,通过课程教学来实现知识传授;课程思政的关键是思,通过思想魅力进行价值引领;课程思政的重点是政,强调意识形态问题,培养人的能力。教师通过开展课程思政促进学生成长、实现教化、培养人的价值,努力完成立德树人这一教育的根本任务。

(三)“知识才能育人”:职教专业硕士实习实践中课程思政的知识价值

教育学领域曾出现了几个关于知识价值的经典命题。斯宾塞(Spencer)曾提问什么知识最有价值。如今科学知识最有价值,它需要通过专业课程或者专业实践来获得,并在专业实践中运用,这样学生才会有真正的收获,否则就变成了单纯的说教。美国课程理论专家 W. E. 多尔(W. E. Doll)曾经指出知识达成价值的三重结构路径:科学性(Science)、叙事性(Story)与精神性(Sprit)。首先,科学性是基本要求,要求揭示课程知识所隐藏的原理与思维方式;其次是叙事性要求,即注重课程过程中的经验参与和情境依赖;最后是精神性要求,学生通过反思、感悟与觉醒等意义建构的过程获得课程知识内隐的精神和文化意义。[4] K. 艾根(K. Egan)在《深度学习》(*Learning in Depth*)一书中探讨了深度学习的原则和路径,提出了深度学习的三个标准——知识学习的充分广度、充分深度和充分关联度,以对应知识的符号表征、逻辑形式和意义系统三个组成部分[5]。扩展知识学习的广度和深度,使深藏于知识的表层符号和内在结构之下的道德和价值意义与学习者的个人经验、生命体验建立深层关联,挖掘知识所凝结的思想要素与德性涵养,通过转化促进学习者个体的精神发育。

阿普尔曾提问谁的知识最有价值[6]。这其实是一个意识形态的问题,在我们社会主义国家,以马克思主义哲学为核心的知识最有价值。在课堂上开展思政知识,一方面需要帮助学生扩展内容维度,不断挖掘“思政价值”,不断延伸层次和广度,实现层级深入、广度扩展:空间维度,延扩主体,不断扩大主体群体数量,由教室向生活工作区延扩,由学校内部向外部实习基地延扩,由学校向社区延扩;时间维度,从学习、工作时间向其他时间段延扩,从青年时期向全生命周期延扩。另一方面,更要从认识论和方法论角度帮助学生理解专业教学中课程思政的终极要义,帮助学生对学科知识进行更高、更深层次的加工,充分发现学科知识的育人价值,用学科知识的“真善美”来进行价值观教育。[7] 课程思政的终极要义在于在价值传播中凝聚知识底蕴,在知识传播中实现价值引领[8]。

迈克·扬(Michael F. D. Young)在此基础上进一步提问什么知识最有力量[9]。在当今时代红色知识,国家、民族的知识最有力量。第一,要让学生逐步领会课程思政之道:价值观、爱国主义、思想政治、人文素养。第二,整合价值链,实现知识模块重组、广度延伸、深度解读、德育内涵发掘。由一个“知识-思政”点,发展到多个“知识-思政”点;由多个“知识-思政”点,形成一条“思政线”;由多条“思政线”,形成一个“思政面”,与专业理论和知识融为一体。[10]第三,引出方法论,认识论、自然辩证法的思路,引导学生建立思维方式。

二、职教专业硕士实习实践中课程思政的价值尺度

(一)职教专业硕士实习实践中课程思政的理想特征

基于教育学的学科特征,着重帮助学生从教与学的理论角度理解课程思政的几个根本原则、方向和固有之义。课程思政的几个根本原则和方向为:政治性和学理性相统一,价值性和知识性相统一,建设性和批判性相统一,理论性和实践性相统一,统一性和多样性相统一,显性教育和隐性教育相统一,历史脉络与现实担当相结合,中国立场与国际视野相结合[11],要达到“盐溶于水”“润物细无声”的标准。它们具有丰富的理论内涵和严谨的逻辑结构,是长期以来思想政治理论课教育教学经验的系统总结,是思想政治理论课教育教学规律的集中体现,对于推进新时代党和国家意识形态工作,特别是思想政治理论课教育教学工作具有重要的指导意义,同时也是思政课教育教学研究的重大创新,我们要全面分析并加以把握。

上述“八个原则和方向”是新时代思政课创新发展的科学指针。党的十九大的召开,标志着中国特色社会主义进入新时代,在这样的历史阶段,高校思政课建设不能满足于以往取得的成就,而是必须面对新时代的实际和要求,把教育教学提到更高水平。习近平总书记在学校思想政治理论课教师座谈会上的重要讲话,特别是关于“八个统一”的论述,为我们抓好思政课建设和搞好思政课教学提供了理论遵循和实践指导。我们要深刻认识上述八个原则和方向的理论意义和实践价值,将其运用到实际的教育教学活动中,充分发挥其理论和实践的指导作用,把思政课办得越来越好。

同时我们要准确把握课程思政的内涵,理想的课程思政课应该是有故事、有韵味,使学生有兴趣的;有思想、有情怀,使学生有渴望的;有方向、有内涵,使学生有收获的;有价值、有成长,使学生有担当的。判断课程思政有效的标准:学生能自然接受,认为就是课程的一部分;能够引起学生的情感共鸣;能够有效地激励学生产生学习内动力;能够有效促进学生对课程知识的理解、掌握、拓展与深化;要像盐溶于汤中,要产生化学反应,不要物理焊接,更不要堆砌。我们要以此为标准,在职教专业硕士实习实践中把课程思政开展得更好。

(二)职教专业硕士实习实践中课程思政的价值转向

从全面育人、全程育人的高度领会课程思政目标指向的六个“转变”与“实现”。在教育

理念上:全面育人,全程育人,知行合一,以知促行;在教育方式上:尊重学生,尊重差异,注重唤醒,注重引领,相信学生,依靠学生;在教学方式上:把时间、课堂、学习还给学生,引领学生独立思考、形成深度思维、走向深度学习;在学习方式上:自主、合作、探究,乐学、善学、乐行、善行、能行;在评价方式上:注重过程性评价,注重综合性评价,注重激励性评价,注重基于标准的评价;在教师素养上:政治要强、情怀要深、思维要新、视野要广、自律要严、人格要正[12]。职教专业硕士在实习实践中要充分理解并贯彻实施课程思政的价值转向,全面育人。

(三)职教专业硕士实习实践中课程思政的育人成效

深化职业理想和职业道德教育,帮助学生了解相关专业和行业领域的发展态势,了解国家发展战略和行业需求,增强职业责任感,教育引导学生准确理解并自觉践行各行业的职业精神和职业规范。引导学生将事业理想和道德追求融入国家建设,将社会主义核心价值观内化为精神追求,外化为自觉行动[13]。培养学生的家国情怀、对中华优秀传统文化的认同感,使学生坚守道德情操,形成健全人格。而这一直以来都是教师教育的难点。高校教师需要帮助未来职教教师逐步在"道德规范"维度、"从教意愿"维度、"乐于教研"维度和"仁爱之心"维度形成教育情怀和职业认同感[14]。职业认同感对于教师队伍稳定具有极其重要的意义。对于职教专业硕士来说,只有形成职业认同感,从心底真正热爱职业教育工作,才能把职业教育当作要为之奋斗终身的事业,才能拥有学习的激情和热情,为将来的教育工作做好准备。

三、职教专业硕士实习实践中课程思政的行动路径

(一)职教专业硕士实习实践中课程思政的方法变革

深入推进课程思政的方法就是在课堂上实现知识传递与价值引领,在课堂上开展思政以传授专业知识为载体,所以教师在知识逻辑上要贴近学生的思想特点,实现方向性培育;在教育逻辑上要贴近学生精神诉求,遵循时代性培育原则,打造学生的价值世界;在生活逻辑上要贴近现实需求,遵循科学性与整体性培育原则。如今教师在课堂上开展思政教育,可以通过讲解知识点的形式,如大师成长道路、学科发展史、教师个人经历等,从中发掘价值观;可以通过案例,多维度分析对学生心理和情感产生影响的因素,提高学生的辨识能力和社会责任意识;还可以以针对性问题为线索,提出当前的热点、难点问题,激发学生的思考。总之,教师可以利用多元化的教学方法,组织和引导学生积极参与和体验。学生德育的培养侧重情感体验和行为锻炼,所以要让学生亲身参与其中。教师也可以拓展教学时间与空间,在课堂内外、学校内外、线上线下充分发掘和应用社会资源,让课程思政渗透到学

生的生活之中。

(二)职教专业硕士实习实践中课程思政的路径创新

引导学生通过观察、尝试和反思发现课程中思政的萃取思路、熔合思路与隐喻思路。从知识的性质、有意义的学习如何发生等专业角度,帮助学生理解专业教学中课程思政的原理。知识不是客观事物,而是一个实践过程,且知识本身就是有思政意义的。扩展知识学习的广度与深度,将深藏于知识的表层符号和内在结构之下的道德和价值意义与学习者的个人经验、生命体验建立深层关联,挖掘知识所凝结的思想要素与德性涵养,通过转化促进学习者个体的精神发育。

首先,应要求学生对课堂进行有意识的观察与记录。教育实践类课程中,学生通常需要观察并开展职业学校中的教育教学实践活动。具体而言,涉及课堂观察、教学试讲和班级管理等具体活动。例如,学生在课堂观察中发现并记录到:会计专业课中,教师将诚信原则随时嵌入各个任务细节;营销专业课中,教师分析现代营销观念带来的社会问题,引出社会营销观念,升华到个人社会责任感;国际货运代理专业课中,教师补充中国港口群分布内容,让学生更深入地了解中国港口的壮观和强大,激发学生的自豪感和爱国心,开拓学生的国际视野,培养学生对我国海运强国战略的认同感。更有学生在听课过程中对教师的课程思政教学提出建议:讲授国际金融组织相关内容时可以加入课程思政元素,例如中国的国际话语权不断增强,中国国际地位不断提升,根据世界银行的减贫效果列表明晰中国的减贫效果等,可能会使课程更加立体一些。

其次,学生在自己的专业教学实践中,积极尝试并探索将专业教学目标和思政的一般性教育目标相结合的切入点和具体路径。在教辅活动中,深入观察并体会全员、全方位、全过程育人的“三全育人”方针。在班级管理中,理解社会主义核心价值观在班级文化建设中的具体运用与落实。学生在教学设计过程中,也都会有意识地营造学生积极主动参与学习情景,在教学过程中肯定鼓励学生,加强学生责任意识,并发挥班委的榜样示范作用,开展自律教育。例如,设计一些动手操作环节,制作一些能让学生看得见、摸得着的产品,并在此基础上进行理论梳理。采用学生感兴趣的电影话题,选取抗美援朝主题电影《长津湖》,吸引学生注意力的同时融入课程思政元素。通过引导学生设计《长津湖》电影票,培养学生对信息技术的浓厚兴趣,增强学生爱国主义情怀。

最后,组织职教专业硕士研究生和职教一线教师展开专题讨论,研究专业课程思政的思路问题。一线教师与来自高校的人员,相互跨入对方的领域,共同合作。在参与者行动和互动中出现的社会-文化(社会规范、群体属性、价值观念、行为方式等)差异,不再被认为是沟通的障碍,而被视作学习的资源。在学习过程中,双方通过频繁交互,收获不断生成的、新的学习结果。可以增加新的外部视角冲击教师的思维和行动惯性,改变同行低水平交流的局面。

（三）职教专业硕士实习实践中课程思政的教师改革

多数职教专业硕士研究生未接受过系统的(职业)教育学本科教育，拥有不同的学科专业背景。硕士研究生自身接受的均为普通高中教育，他们虽对教师职业有所憧憬，但对教师职业的认识较为简单、天真，选择职教专业硕士多因认为教师工作稳定、家庭建议、提升学历，对职业教育的认知多沿袭社会公众舆论中的负面、消极印象，对职业教育、职业学校、职校师生都有隔膜之感，虽常有消除现有教育弊端的自发性追求与渴望，但对教育的理解囿于自身经验，较为刻板、狭隘、教条，对人的发展及教育的多样性、教育与社会的互动关系多不明了，对中职教师工作的社会价值也没有深刻体会，更谈不上拥有教育情怀。加之教师职业工资水平及社会大众对教师工作的普遍看法等现实因素影响，教师教育专业中普遍存在的从教意愿问题、职业认同感问题在职教专业硕士研究生中更突出一些。因而，增强学生的职业认同，加深学生对于职业教育专业课教师的认知和理解，引导学生树立爱岗敬业的职业精神，遵守教师的职业道德，成为教育实践类课程的首要挑战。

一方面，要通过班级、学生管理实践及学校专业建设调查等活动，让学生深入了解职业学校实践，帮助学生从微观学校实践的层面深入理解为社会主义建设事业培养接班人的教育方针，理解国家现代化教育体系、提升职业教育质量、建设技能社会的相关政策。进一步夯实作为职业学校教师的责任感，形成专业伦理和专业意识，形成行动中反思的专业发展意识。特别强调教师的专业精神、伦理要求。职业学校教师的教育对象为弱势群体，更需要奉献精神、专业精神。树立公平、公正、投入的职业教育情怀，理解技能的社会价值，理解职业教育政策与实践。了解和思考社会和学校实践，形成职教教师职业认同，发展教育情怀。另一方面，要通过企业实践让学生了解大国工匠，正确评价职业教育价值。在企业实践部分，挖掘企业实践课程中的思政元素，将工匠精神融入课程目标，带领学生撰写大国工匠高凤林的案例故事，阐释工匠精神内涵，理解其在国家、社会、企业、学校、个人等层面的价值意义，深入领会弘扬工匠精神的必要性，理解工匠精神与职业教育的关系，并思考如何培养职业院校学生的工匠精神。倡导精益求精的执着追求精神，学习大国工匠精神的案例，在过程中感受榜样的力量，注重价值引领，帮助学生树立正确的世界观、人生观、价值观。

参考文献

[1] 乐素芬. 综合实践活动课程在学校实施层面存在的问题及思考[J]. 中国教育学刊，2007(1)：48-50.

[2] 赫尔巴特. 普通教育学·教育学讲授纲要[M]. 李其龙，译. 杭州：浙江教育出版社，2001：238.

[3] 顾海良. 思政课建设——加强马克思主义理论学科的“支撑”和“引领”作用[J]. 中国高等教育，2015(21)：6-10.

[4] 小威廉姆·E. 多尔. 后现代课程观[M]. 王红宇，译. 北京：教育科学出版社，2015：173.
[5] EGAN K. 深度学习的创造[M]. 高屋景一，佐柳光代，译. 京都：北大路书房，2016：92-93.
[6] 阿普尔. 意识形态与课程[M]. 黄忠敏，译. 上海：华东师范大学出版社，2001.
[7] 陈胸怀，樊希国. 科学教育与人文素养兼顾的学科特色建设[J]. 中国教师，2015(4)：26-28.
[8] 韦洪发，王晓宇. 论“课程思政”中的“三个统一”[J]. 江苏高教，2022(4)：96-105.
[9] 迈克·扬. 课程变迁：局限与可能[M]//厉以贤. 西方教育社会学文选. 台北：五南图书出版公司，1992.
[10] 徐菁，邓锦阳，资庆峰. 融入思政元素的《汽车营销实务》课程教学探索与实践[J]. 时代汽车，2022(9)：79-80.
[11] 刘建军. 论高校思想政治理论课教育教学的“八个统一”[J]. 教学与研究，2019(7)：7.
[12] 杜海洁. 人格要正：思政课教师的魅力“硬核”[J]. 思想政治课教学，2021(1)：93-94.
[13] 冯妮. 德育课堂有效实践应关注“三点”[J]. 江西教育：综合版(C)，2019(12)：1.
[14] 曾建军，周晓燕，胡文海. 课程思政视域下师范生教育情怀培养研究——以生物科学(师范类)为例[J]. 教育观察，2022，11(5)：45-48.

校园思政教育的体会与思考

◎ 孙 军

摘 要 本文分析当下思政教育的一些特点，从重点加强思政教学主体建设、专业课思政教学的方式、思政教育不必然在课堂、课堂思政与校园文化的共建等方面，讨论了高校思政教学可能需要优化的方向。

关键词 思政教学 思政教育 教学主体 校园文化

2022年11月25日，教育部党组召开“学习宣传贯彻党的二十大精神 推动习近平新时代中国特色社会主义思想‘三进’”座谈会。教育部部长怀进鹏强调，全面推动习近平新时代中国特色社会主义思想进教材、进课堂、进头脑，要坚持在全面学习上下功夫，全面深入准确学习领会习近平新时代中国特色社会主义思想的理论品格和精髓要义，自信自强做好党的二十大精神理论武装。因此，承担大学教育任务的工作者要深刻把握“两个结合”的理论创新规律、“六个坚持”的立场观点方法、以中国式现代化推进中华民族伟大复兴的使命任务，坚持不懈用马克思主义中国化时代化最新成果武装头脑、指导实践，为国家的发展和社会进步培养德智体美劳全面发展的建设者和接班人[1]。

当前大学正在推进的思政教学，正是将习近平新时代中国特色社会主义思想引进课堂，在课堂教学中教育学生，铸就学生正确的三观。如今，全国各校、各院、各系都在讨论、研究思政教学，有的学院通过举行思政教学比赛、沙龙等形式宣传和提高思政教学的质量和水平，思政教学已蔚然成风。

在思政教学的讨论中，教师更关注课堂教学的方式方法，交流的重点是如何在专业授课的过程中融入思政内容。在教学中，对于思政教学，教师们各有各的理解、各有各的办法。有的教师会通过介绍英雄事迹、中华人民共和国成立以来经济社会建设的伟大成就等方法，“润物细无声”地将思政内容融入教学；也有的教师在专业授课后，单独讲授思政内容。教师对思政教学的理解不同、实施思政教学的方法不同，导致思政教学的效果参差不

作者简介 孙军，同济大学医学院教授。

齐。其实,思政教育没有固定的形式,但有唯一的目标,就是培养政治素质过硬、三观正确、热爱国家,立志成为有理想、有道德、有文化、有纪律的社会主义现代化建设事业的合格人才。因此,大学的思政教育是一个系统工程,至少包括思政课、专业课的思政教学和校园文化建设三部分,而专业课的思政教学仅是其中一个环节。

一、重点加强思政教学主体的建设

思政教学的主体是教授各门课程的教师。教师的教学水平、教学经验不仅关系到专业课的教学质量,也关系到思政教学的效果。特别是,三观正确、极富爱国情怀的教师,其思政教学效果明显优于其他教师。例如,金一南、郑强、王树国等知名学者的讲演充满爱国情怀、充满正能量,富有感染力。而讲述同样的事例,其他人就很难达到与这些学者相同的效果。原因在于,这些学者的爱国情怀要比普通人真挚深沉得多,在讲演中流露的是真情,感染力自然极强。因此,教师作为思政教学的主体,不是照本宣科地讲讲思政案例就完成了思政教育。教师要先树立正确思想,有真挚、浓厚的家国情怀,而后才有可能影响学生。百年大计,教育为本,教育大计,教师为本,教师大计,师德为本[2]。教师自身政治要强、情怀要深、思维要新、视野要广、自律要严、人格要正[3],才有能力上好思政课。

二、专业课的思政教学的方式

专业课的思政教学是教师层面讨论的问题,是以教育学生,培养学生的思想品德,帮助其树立正确的三观,成为有理想、有道德、有文化、有纪律的时代青年为目的的教学。专业课的思政教学不同于思政课,不是直接或专门讲政治理论,而是在专业授课的同时,结合专业特点进行正确思想和正确观点的引入;不是说教,而是一种顺风顺水、水到渠成的自然表达。因此,专业课的思政教学应实现对学生"随风潜入夜,润物细无声"式的熏陶,潜移默化地感染和影响学生,而一味说教容易适得其反。在教学中,如果学生意识到教师在"灌鸡汤",教师的思政教学目的就已难达成。

三、思政教育不必然在课堂

思政教学的目标是集价值塑造、能力培养、知识传授于一体,使学生树立共产主义远大理想和中国特色社会主义共同理想,增强"四个自信",形成正确的三观;帮助学生实现完整精神与独立人格成长,增强是非辨别能力、选择能力、美丑鉴赏能力等,具备重要的"政治素质"与"人本素质",满足其在学习、生活、社会交往及未来工作中实现人生价值的需要,培养德智体美劳全面发展的社会主义建设者和接班人[4]。因此,只要能达到上述目标,教师就成功实施了思政教育。

（一）思政教育始于教师与学生的接触

不少教师身兼多职，不仅肩负课堂教学工作，还可能是研究生导师、本科生导师、研究生班主任、辅导员等。在教师与学生接触的那一刻起，思政教育其实就已开始。教师的言行举止都在被学生感受着，教师的思想、道德、三观与情怀等都在有意或无意中传达给学生。教师对工作的认真、执着，都会潜移默化地影响学生对事业乃至人生的态度。

（二）思政教育处处在、时时在

很多教师关注课堂上思政案例的设计和讲解，却忽视了在课堂外与学生的交流。在食堂、图书馆、操场、体育馆等校园场所，教师都可能遇见学生，在与学生的互动中，教师的言行举止都会传递信息，而这些信息都可以成为思政教育的载体、途径或方式。

四、课堂思政与校园文化的共建

校园思政教育有多种形式、多种层次，多管齐下才能效果显著，而不是仅强调专业课思政。在校园里，有的学生遇见教过自己的教师时不打招呼，还有的学生上课迟到时不会感到难为情，甚至还会在课堂上吃早餐，虽然这似乎仅关乎礼貌，但实际上反映出学生素养的基本情况。改善这种情况需要加强校园文化建设。在加强校园文化建设的过程中，如果将校园文化建设、思政课、专业课的思政教学组成一套完整的体系，齐头并进，同步推进，思政教育效果一定会更好。

参考文献

[1] 中华人民共和国教育部."学习宣传贯彻党的二十大精神　推动习近平新时代中国特色社会主义思想'三进'"座谈会召开[EB/OL].(2022-11-25)[2023-05-01]. http://www.moe.gov.cn/jyb_xwfb/gzdt_gzdt/moe_1485/202211/t20221125_1003469.html.

[2] 邱武飞.优秀教师的修为[J].江西教育,2020(11):80.

[3] 陈婷.对标"六个要求"推进新时代高校思想政治理论课青年教师队伍建设研究[J].才智,2022(3):62-64.

[4] 浙江工业大学教务处.浙江工业大学"课程思政"教学指南[EB/OL].(2021-04-29)[2023-05-01]. http://www.jwc.zjut.edu.cn/2021/0429/c1842a64588/page.htm.

思政建设中对专业课程知识体系的梳理和重构
——提高研究生科研素质的探讨与实践

◎ 应之丁　范　琳　张济民

摘　要　本文结合教育部印发的《高等学校课程思政建设指导纲要》，以同济大学轨道车辆专业“列车运行安全与制动技术”课程为例，介绍了通过思政课程教学整体设计、重新明确教学目标、开展专业学习和思政教育主题实践等一系列措施进行的课程思政改革与建设。并以学习“四史”为契机，全面整理了教学思路与教学课件内容、重新进行了模块划分，建立了素质培养与学习内容相结合的知识模块，使研究生在完成专业知识探究、研究方法和研究路线的学习的基础上，进一步提升爱国情怀、人文素质及科研素质。
关键词　思政建设　专业课程　轨道车辆　列车制动　科研素质

一、前言

同济大学轨道车辆专业“列车运行安全与制动技术”课程比较系统地介绍了国内外有代表性列车的制动系统组成、设计要求和工作原理。在比较全面地分析列车制动系统基础上开展制动系统设计的过程包括设计方案分析、制动计算、关键部件设计等。通过引导研究生较为系统地研究国内外列车制动系统及部件、设计分析制动系统，培养研究生在列车运行安全与制动技术方面的整体认识能力及分析、研究、解决列车实际制动技术问题的能力。因此思政研究规划是针对车辆工程(轨道交通)专业课程相关的“制动系统及技术装备”“制动技术发展及新技术应用”“制动试验技术及实践”几个研究方向展开，对行业技术发展进行调研和总结分析，结合轰轰烈烈的轨道交通产业发展背景，各项国产化技术突飞猛进的现状，以及不断涌现的激动人心的新时代先进人物，深刻挖掘提炼出与专业研究方

作者简介　应之丁，同济大学铁道与城市轨道交通研究院硕士生导师，副教授，工学博士。
范琳，同济大学铁道与城市轨道交通研究院硕士研究生。
张济民，同济大学铁道与城市轨道交通研究院博士生导师，教授，工学博士。

向相关的最新思想、路线和方法，以及高尚的人文情怀、优秀的科研素质案例，并将其融入专业教学体系，完成课程思政教学改革。

二、确立课程思政建设目标和框架的方式

“列车运行安全与制动技术”作为一门传统的、包含轨道车辆核心专业内容的课程，对培养研究生专业能力具有重要作用。其现有课程教学大纲仅围绕轨道车辆制动技术展开，包括理论分析和试验研究、技术开发和先进技术应用等教学内容，缺少与研究生素质、工作能力培养及为祖国无私奉献、科研献身等方面相关的学习内容和实践考察。

思政建设课题是结合专业课程教学，为形成方法独特、特色鲜明、效果显著的研究生课程思政体系，构建关注个人成长、关切社会发展的一流研究生培养体系而形成的重要一环[1]。思政建设课题总体上以马克思列宁主义、毛泽东思想、邓小平理论、“三个代表”重要思想、科学发展观和习近平新时代中国特色社会主义思想为指导，全面贯彻党的教育精神，全面落实立德树人根本任务，旨在引导学生树立正确的世界观、人生观、价值观，构建课程育人的教学体系，深入挖掘研究生课程和培养环节中蕴含的思想政治教育要素，建设适应新时代要求的一流研究生课程[2]。

在思政建设课题研究过程中，要重视“四史”(党史、新中国史、改革开放史、社会主义发展史)教育。“四史”是中国共产党宝贵的精神财富，学“四史”可以明晰中国革命发展基本思路、科学方法、信仰之源、力量之泉，更深入理解中国共产党为什么能，中国特色社会主义为什么好[3]。

以史鉴今、资政育人，既可以加强党的思想理论建设、从党的历史中汲取智慧和力量，也可以增强高校思想政治工作能力，从而做好高校立德树人的工作。“四史”教育对“列车运行安全与制动技术”课程思政建设具体目标的形成有启发作用；“四史”并非四段历史的接续，其中大时间段与小时间段交错，存在内在联系和逻辑关系，这也启发教师结合“四史”学习，在思政建设框架下梳理课程专业内容。

以“四史”学习为契机，全面整理教学课件内容教学思路、重新划分模块。以专业研究发展史、国产化创业史、项目研究及产品技术演变史、新时代专业技术腾飞历史引导学习思路，完成对专业知识的探究、对研究方法和研究路线的学习，培养研究生爱国情怀、人文素质、科研素质。

（一）课程思政建设研究的主要内容

(1) 从立德树人育人内涵最核心的专业课程建设入手，从轨道交通发展对我国创新驱动发展的作用，车辆工程(轨道交通)专业对国民经济发展的影响，尤其是我国轨道交通的发展历史及相关杰出人物的先进事迹、车辆工程(轨道交通)专业发展过程体现的同济精神

与红色传承等方面，选若干项进行育人内涵设计[4]，挖掘和提炼课程中的思政元素，大致形成以课程思政教育为导向的专业内容四大模块，建立价值塑造、能力培养、知识传授三位一体的教学目标。

（2）在课程思政教学改革过程中，建设创新课程教学体系，形成一套课程思政的教学文件，包括体现课程思政改革思路的课程教学大纲、教案等教学文件。

（3）创新教学成果建设，建立课程思政教学案例库，选编多个包含设计方案与实施成果的思政育人典型教学案例，汇编具有课程特色的教学参考资料，撰写课程思政论文。

（4）创新教学效果评价，制定课程思政育人教学效果评价标准，包括主题交流报告、课堂作业、试卷等的评分。

（5）创新课程团队建设，在轨道交通相关专业课程思政建设过程中，组建一支以立德树人为共同愿景的思政教育团队，助力思政教育内容有机融入课程。

（二）课程思政建设研究绩效

一方面，培养爱岗敬业的基本专业素质[5]。

基于“列车运行安全与制动技术”课程系统地介绍国内外有代表性列车的制动系统组成、设计要求和工作原理，国内有关高速制动部件、城市轨道电动车组制动系统，在比较全面地分析列车制动系统的基础上，开展制动系统设计过程研究，包括设计方案、制动计算、关键部件设计等研究。

通过系统地研究国内外列车制动系统和部件及分析制动系统设计，培养研究生对列车运行安全与制动技术方面的行业整体发展认识，以及对各个关键时期包括国内高铁动车组、城轨车辆、磁浮车等轨道交通发展对国家进步发展的推动作用的认识；明确专业技术在行业领域的关键性，以及我国科技人员奋发图强、不畏艰难、长期自力更生，建立了国内完整的制动专业技术体系和生产体系、人才队伍，并在复杂的专业引进消化过程中不断提高技术水平，从进口车到出口车、从零部件到整体技术都达到世界先进水平，研制出具有世界一流水平的和谐、复兴号系列动车组和机车；思考车辆工程（轨道交通）专业如何突破和提高，培养研究生分析、研究、解决列车实际制动技术问题的能力。

另一方面，深刻挖掘研究相关专业研究方向及与之有关的教学改革内容。

在轨道交通产业大发展背景下，联系国内外众多知名轨道车辆产业及同济大学铁道与城市轨道交通研究院相关专业教师进行交流，掌握现代制造新理念、新思想、新体系，并学习包括同济校友、老一辈铁路工程技术人员在专业技术产品研发过程中所展现的聪明才智和为国家科技进步作出的巨大贡献，为研究生形成正确的世界观、人生观、价值观树立鲜明的榜样。

（三）课程思政建设研究的最终成果

结合对专业技术发展的分析调研，以及团队研究成果，优化相关研究生教学内容改革、研究生培养目标。包括对专业技术研究方向做较为全面的调研和分析，在高速列车城市轨道交通产业大发展的背景下，应用现代制造技术的新理念、新思想，以及强化车辆工程(轨道交通)专业研究的目标和深度。同时在新技术的快速发展变革中，培养研究生对技术发展规律的认识，使其对有发展前途的目标具有敏锐的观察力。

三、结合思政建设的课程教学设计

(一) 融入“四史”教育的思政课程教学整体设计

在“列车运行安全与制动技术”课程中引入课程思政的主要目标是让研究生在学习专业知识的同时，对中国铁路事业发展，以及一代又一代科技工作者披荆斩棘、砥砺前行，创建中国完整的铁路机车车辆核心技术体系，实现列车制动系统的研发、应用、创新有深入了解，同时学习党史知识，了解技术体系发展变革历史，树立正确的世界观、人生观和价值观。针对这一课程思政目标，设计了整体的教学框架。

课程以列车安全的专业控制技术发展为特征，受党员“四史”学习教育启发，形成列车制动系统专项技术发展脉络，将思政教育融入专项技术学习、研发能力的培养。

首先，为了在课堂教学中将思政教育与研发能力、研发素质培养相结合，需要重新整理学习模块、改变讲授方式。在产业技术背景挖掘方面，要符合科研工作规范。概括国内列车制动系统研发过程，并总结现代新型列车制动系统体系、技术特征、研究方法及路线，以提升学生对技术发展的认知水平，并培养学生自强发展的顽强个性与多方位发展的广阔视野。通过讲述科技工作者孜孜不倦、奋发向上，在多方面专项技术取得重大突破的事迹，着力培养具有“家国情怀、全球视野、创新精神、实践能力”的时代新人。

其次，设计融合党史思政元素的课程大纲和课件，在教学各个环节使用。此外，鉴于课程针对国内重点发展的专业产品及其在技术指标方面对铁路产业机车车辆、高速动车组、城轨车辆和磁浮车辆等的发展的巨大推动作用，本课程以专业知识发展为主题，引导研究生深刻理解技术发展脉络和相关知识融合，使研究生在学习过程中明确研发路线和设计理念，深度理解专业知识、科研人员思想道德和精神理念与技术发展的相辅相成关系，对学生提出专业方面和思政方面的双重要求。

(二) 课程思政建设实践探讨

探寻思政建设方向，主要包括列车制动技术历史发展、研发路线、专业技术溯源等部分，从而让学生形成对专业的整体认识，形成科研思维，提升学生科研素质。

思政建设体系框架(素质培养与学习内容相结合，形成知识模块)。

(1) 从 1881 年中国制造第一台蒸汽机车到 1949 年中华人民共和国成立，国内机车型号多达上百种。在国家的大力支持和科技工作者的不懈努力下，逐步形成国内标准制式，建设制动系统技术体系，形成具有自主知识产权的、比较完整系列的制动技术阶段，包括列车制动控制系统、车辆制动系统、基础制动装置、制动摩擦材料、制动试验系统、制动标准和技术规范、生产体系等。

(2) 从被帝国主义封锁阶段到不畏艰难、自力更生研制东风、韶山型内燃和电力机车及各种客货列车和援外的机车与制动系统，从早期引进东德、苏联模式到改革开放引进几大机车车辆及制动系统，这期间涌现一大批杰出的科学工作者，如钱立新、吴培元、谢宗瑜、夏寅荪、张开文……在艰苦的环境下，前辈们砥砺前行、不怕困难，打开局面，形成坚实的技术基础，自主创新，同时支援亚非拉国家铁路建设。

(3) 从改革开放初期技术落后到提速双层客车、提速列车、中华之星和先锋号全面摸索阶段，以及城市轨道车辆技术的快速发展阶段。

(4) 新世纪、新时代，从大规模引进国外高速列车技术生产出“和谐号”系列动车组到中国自主研发设计出“复兴号”动车组，未来，中国动车组将继续朝着更高速、更智能、更绿色的方向发展。

探讨基础科研，包括仿真设计及专项设计研究。

制动试验技术及装备是保障列车制动性能的最重要基础。随着智能化技术、网络技术的发展，早期的单一的、静态的试验技术已被现代综合性试验技术、大数据分析技术及模拟实际动态工况试验技术所取代。总之，专业技术进步、行业发展等各个方面都体现出科学工作者不断进取，为国家科技进步、祖国繁荣昌盛作出的巨大贡献，为研究生树立了榜样，能够激励研究生树立正确的世界观、人生观、价值观，也为构建课程育人的教学体系创造了基本条件。

四、思政教育与专业结合的教学目标

（一）课程思政建设首先明确的教学知识目标

学习列车制动系统的发展历史与应用，掌握有关制动系统产品性能、基本概念、研发目标、技术流程等，使学生们能够认识到国内制动专业技术水平提高与整个铁路产业发展和国家民族振兴发展史息息相关。

(1) 学习列车制动系统的发展历史与应用，掌握有关制动系统产品性能、基本概念、研发目标、技术流程等。

(2) 了解不同类型机车车辆、动车组、城轨车辆制动系统发展过程，形成制式及对后期发展方向的影响，掌握几种主要制式制动机结构特征和性能优点。

(3) 重点剖析现代高速列车制动系统基本结构和发展过程，掌握现代制动系统研发基本思路。

(4) 了解不同类型机车车辆、动车组、城轨车辆制动系统的结构特点、工作原理和技术特征，掌握不同应用场合和条件对制动系统的不同结构、性能要求，同时探索系统研发的共同点及差异性要求。

(5) 现代新技术应用于机车车辆、动车组和城轨车辆制动系统开发，形成从基础理论、基本模式、仿真演算、结构优化到智能技术应用等完整的研发过程和方法。

（二）课程思政建设追求的价值与精神目标

通过了解国产不同类型列车制动系统研发生产历史，领会制动系统基本设计思想，更深刻理解现有制动技术的发展水平及今后研发方向，学生能够深刻认识到列车运行安全的重要性，从而形成强烈的安全意识和责任感。这种意识和责任感是铁路行业从业人员必须具备的基本素质。提升学生的政治素养，培养研究求实的科学态度与不畏困难、刻苦钻研的精神，强化学生的创新精神与团队意识。

（三）思政建设在专业课程教学中的实践

围绕列车制动系统发展及国产先进机车车辆、动车组制动系统发展，进行较为完整的学习思考，撰写学习心得和技术总结，完成专业学习和思政教育主题实践。

通过列举一些现代机车车辆应用的制动系统，将相对抽象的电控系统知识与实际应用紧密相连，使学生感受到科学知识就是第一生产力，激发学生的学习热情和学习兴趣。通过引入科学技术人员的感人事迹，激励学生认真学习，将来为我国的科技进步贡献自己的力量。

该课程涉及许多科学理论、科学方法、科学家精神等，蕴含深刻的辩证唯物主义世界观和人文精神。因此，通过发掘这些理论和工程技术知识背后的人文精神，能够帮助学生快速理解较为抽象的基础理论概念如何结合研发人员精神力量，从而形成宏观具体的工程，构建国家科技产业核心技术体系，同时对学生进行价值情感的培养。

该课程将思政教育贯穿课程目标确立、课程知识融合、课程素材挖掘与整合、教学设计、课堂规划、课堂实施及课程评价与改进等全过程，力求通过系统规划和巧妙设计，以“润物细无声”的方式将德育潜移默化地嵌入专业课程[6]，以实现寓价值观引导于知识传授和能力培养之中的课程教学目标。

围绕价值塑造、能力培养、知识传授三位一体的教学目标，以社会主义核心价值观、工匠精神、中华优秀传统文化教育为灵魂和主线，以专业技能知识为载体，培养研究生科研能力。列车运行安全与制动技术课程思政的创新点主要体现在融合思政的教学大纲设计、线上与线下相结合的思政教学方式及分类学习三个方面。首先，在教学大纲设计上，遵循从统一到分散再到统一的整体框架，课程初期从整体上介绍课程专业技术在国际、国内产业的应用,然后在具体知识的教学中讲解不同知识点及技术在不同时期和时代背景下的不同应用,以技术发展为主题进行专项的课程实践。其次,课程采用线上与线下相结合的教学方式,线下以专业知识为主,将党史教育、素质教育、科研思维能力培养穿插其中,线上发展微视频,增加趣味性产业,激发学生学习兴趣。最后,在整个课程过程中,学生从专业知识点总结、技术发展脉络、试验应用多角度开展总结报告、仿真、试验等学习和实践活动。充分发挥每名学生的优势,使学生对专业知识内容有全方位的理解,同时锻炼学生的团队协作能力。

五、结语

“列车运行安全与制动技术”课程以“四史”学习模式为榜样,构建专业课程基本知识体系框架,以国际国内专业技术发展过程为线索,寻求各个专业知识点发展的来龙去脉,进一步介绍国内自力更生、砥砺奋进建设轨道交通行业技术体系过程,要求研究生以此线索为主题就每个知识点进行专业内容学习与实践,整理出学习报告,由此增强了学生将课堂知识运用到实际中的实战能力,使学生对专业知识有了更加深入的理解与掌握。

同时,通过这门融合思政的工程课程学习,特别是通过专业知识梳理和体系构建的课程实践,学生了解了专业技术发展历史,领会了在党和国家总方针指引下,广大科技人员、职工如何研发出众多类型的世界一流技术产品,使专业发展到当前规模和水平,对技术发展历史、专业体系建设过程、技术应用有了更深刻的体会,对中华民族的伟大精神有了新的认识。融合思政的车辆工程(轨道交通)专业课程对传承和创新中华优秀传统文化,引导当代学生树立正确的国家观、民族观、历史观、文化观有积极作用。

通过学习“四史”类比方式,学生将所学知识与思政元素有机结合,参与整个课程乃至整个学科的知识体系构建。在实践过程中,学生能够更加自然地运用辩证思维分析解决问题的不同方法之间的优缺点,在不断优化、不断调整中深切体悟精益求精的工匠精神和科技人员的责任感。

参考文献

[1] 张王曦月,周琦,蒋小康.大学物理中的思政课程——以磁场对载流导线的作用为例[J].科教导刊,2021(27):157-159.

[2] 何科英,陈朵云.高职机械类专业课开展课程思政的探索与实践——以机械零件加工质量检测课程为例[J].农机使用与维修,2021(10):116-118.

[3] 闵祥娜,罗昕.轨道交通类专业课程思政改革与建设——以城市轨道交通系统课程为例[J].现代职业教育,2021(35):88-89.

[4] 王腾,刘晶静,曹晓群.结构化学课程思政建设实践[J].大学化学,2022,37(10):162-168.
[5] 周桂珍,蒋纯志,曹菊英,等.金课背景下基于OBE理念的课程思政探究——以湘南学院电气工程专业“信号与系统”课程为例[J].湘南学院学报,2021,42(5):84-90,100.
[6] 潘梦,魏学岭,李兴扬,等.论理工科专业课中润物无声的课程思政方法——以化工热力学课程思政教学实例为例[J].大学化学,2022,37(10):250-253.

高校高层次人才政治引领和政治吸纳研究

——以 T 高校为例

◎ 司尚林

摘　要　本文旨在探讨高校高层次人才政治引领和政治吸纳的重要性和现状，以及加强高校人才政治引领和政治吸纳的路径。首先对政治引领和政治吸纳的内涵进行了深入探讨，指出政治引领是党对人才的政治引导，政治吸纳则是将优秀人才吸纳到党的队伍中来，贵在为我所用。接着分析了 T 高校高层次人才政治面貌现状，包括政治意识、政治参与度等方面，指出了存在的问题。最后提出了加强高校人才政治引领和政治吸纳的路径，包括加强思想政治教育、建立激励机制等措施。

关键词　高校高层次人才　政治引领　政治吸纳　现状　路径研究

党的二十大报告强调："教育、科技、人才是全面建设社会主义现代化国家的基础性、战略性支撑。必须坚持科技是第一生产力、人才是第一资源、创新是第一动力，深入实施科教兴国战略、人才强国战略、创新驱动发展战略，开辟发展新领域新赛道，不断塑造发展新动能新优势。"教育孕育未来，科技彰显实力，而人才是战略资源。科技要发展，国家要富强，民族要复兴，最终的落脚点还是要有足够多、足够强的人才。党的十八大以来，以习近平同志为核心的党中央在治国理政的实践中不断完善和发展党管人才这一原则，使得我国人才工作得以大力开展，培养和造就了一批高水平人才，这也是确保我国人才工作沿着正确的方向前进的根本保障。强化人才政治引领和政治吸纳是党管人才的核心内容，直接关系到我国人才发展工作的最终成效。

一、政治引领和政治吸纳的内涵

2023 年 8 月，中共中央办公厅、国务院办公厅印发了《关于进一步加强青年科技人才培

作者简介　司尚林，同济大学高层次人才服务中心主管，博士研究生，研究方向为人事人才管理、教师考核评价体系。

养和使用的若干措施》，强调“要坚持党对新时代青年科技人才工作的全面领导，用党的初心使命感召青年科技人才”。科学无国界，科学家有国界，只有把科学家吸纳到我党的发展事业中，才能确保其真正为祖国发展作出突出贡献。2017 年，中共中央办公厅印发的《关于进一步加强党委联系服务专家工作的意见》也指出，要加强对专家的政治引领和政治吸纳，做到政治上充分信任、思想上主动引导、工作上创造条件、生活上关心照顾，推进党委联系服务专家工作制度化、科学化、常态化，最大限度地把各方面人才凝聚到党和国家事业中来，聚天下英才而用之。高层次人才发展要与党和国家的发展同向同行，把爱国之情、报国之志融入祖国改革发展的伟大事业之中，融入人民创造历史的伟大奋斗之中。人才工作更要加强政治引领和政治吸纳，唯有思想正确，才能实现建设一支爱国奉献、勇于创新创造的优秀人才队伍的目标。

所谓人才的政治引领，指的是将党管人才的原则作为开展人才工作的核心指导思想，并贯穿于人才培养、使用和管理的整个流程之中。其目的在于使各类人才能够坚定马克思主义信念，树立共产主义远大理想与中国特色社会主义共同理想，自觉遵守并执行党的各项路线、方针与政策，积极践行社会主义核心价值观，不断增强对中国特色社会主义的道路自信、理论自信、制度自信、文化自信。在思想观念、政治态度和实际行动上，与以习近平同志为核心的党中央保持高度一致，强化政治意识、大局意识、核心意识、看齐意识，培养出可靠的政治判断力，保持坚定的政治立场，提升自身的政治觉悟，积极践行创新、协调、绿色、开放、共享的新发展理念，从而最大限度地激发人才的创新、创造与创业活力，吸引并凝聚各领域的优秀人才投身党和国家的各项事业，共同为实现中华民族伟大复兴的宏伟目标贡献力量。通过这样的政治引领，人才能够在党的领导下，更好地理解国家发展战略的方向，明确自身在国家建设中的定位，将个人的成长与国家的发展紧密相连，形成合力，促进经济社会的全面发展。同时，这也为人才提供了一个广阔的舞台，让他们在实现自我价值的同时，也为国家的繁荣昌盛作出贡献，体现了人才与国家命运的休戚与共。

党管人才就是要加强对人才工作的政治引领，做到党聚人才、党爱人才、党兴人才。用“理”服人，锤炼“聚才”政治品格。所谓人才的政治吸纳，其实质是政治体系为了实现其功能而对社会进行的一种制度性安排。具体到政治引领范畴，政治吸纳意味着将党对人才的引领作用与党的建设紧密结合起来。一方面，通过强化对人才的政治引领，可以充分发挥党员的先锋模范作用，促使党员在各个领域中成为学习、劳动和创新的榜样，树立标杆，以此引领和激励其所在地区或单位的人才群体积极向党组织靠拢，坚定不移地拥护党的领导，跟随党的步伐前进。另一方面，政治吸纳不仅仅是对人才个体的引领，更是对其政治素养的一种提升。通过从各类优秀人才，特别是那些具备较高专业水准的人才中发展党员，并将其培养成为党的各级领导干部，实现人才与党组织之间的深度融合。这不仅有助于扩大党的人才储备，提升党组织的建设水平，还能促进更多优秀人才在党的领导下，为国家和社会的发展贡献智慧和力量。通过这样的吸纳机制，优秀人才得以在党的领导下汇聚一堂，共同为实现中华民族伟大复兴的中国梦献计献策、拼搏奋斗。同时，这种吸纳也为人才提供了更广阔的发展平台和空间,使他们能够在党的事业中找到自己的位置,实现个人价值与社会价值的统一。这种双向促进的关系,不仅增强了党的凝聚力和战斗力,也为国家的长治久安和繁荣富强奠定了坚实的人才基础。

政治引领和政治吸纳的内涵有所不同,二者相辅相成,共同构成了人才政治引领吸纳的范畴。政治引领重在理论层面,政治吸纳重在实践层面;政治引领重在前期引领,政治吸纳重在后端吸纳;政治引领重在全体人才,政治吸纳重在聚焦部分;政治引领重在全过程,政治引领重在关键环节。没有正确的人才的政治引领,就没有正确的人才的政治吸纳,没有正确的人才的政治吸纳,也难以保障人才的政治引领效果。政治引领和政治吸纳是人才工作的一个组合两个方面,彼此协调统一、辩证互补、不可分割,都需要高度重视。

二、高层次人才政治面貌现状

T 高是为全国“双一流”建设高校,截至 2023 年 11 月,全校专任教师(不含思政岗)共计 3 144 名,其中在职国家级及省部级高层次人才共计 1 033 人,占比 32.9%,若去除省部级人才,这个比例会下降至 14%左右。作为学校中的重要群体,高层次人才的变化影响着学校各类政策的制定和调整,其中就包含着政治面貌变化。T 高校高层次人才政治面貌,具有以下两方面明显特征。

一是高层次人才中中共党员比例与学校整体中共党员比例基本持平。截至 2023 年 1 月,T 高校在职专任教师共计 3 144 人,其中中国籍教师 3 122 人,其中 139 人政治面貌不详,因此,政治面貌明确的中国籍教师为 2 983 人,其中中共党员(含中共预备党员)1 891 人,占比 63.4%。而民主党派及无党派人士为 239 人,占比 8.3%。在 T 高校 1 033 名高层次人才中,11 人为外籍人才,60 人政治面貌不详,因此可分析政治面貌人数为 962 人。其中,中共党员最多,为 662 人,占比 68.8%;其次是群众,有 198 人,占比 20.6%;无党派人士 43 人,占比 4.5%;九三学社社员(23 人)和中国民主同盟盟员(19 人)数量在民主党派中位列前二,占比分别为 2.4%和 2.0%(图 1)。根据以上数据可以看出,T 高校高层次人才中共党员占比与全校专任教师中共党员占比基本持平。

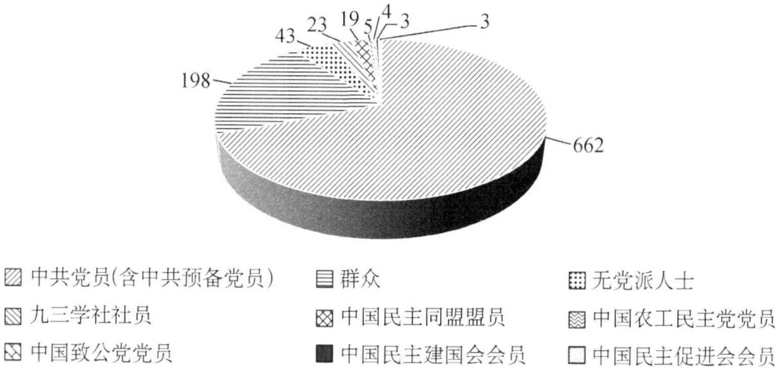

图 1　T 高校高层次人才政治面貌

二是高层次人才中无党派人士及民主党派人士比例也与学校整体无党派及民主党派人士比例基本持平。T高校专任教师中，无党派人士及民主党派人士344人，占比11.9%，高层次人才中，无党派人士及民主党派人士的比例为10.4%。但另一组数据或许更有说服力。对T高校高层次人才近十年的政治面貌变化情况进行统计发现，2013—2023年，共计有19名教师的政治面貌发生变化，其中成为无党派人士的有6人，占32%；加入中国共产党、九三学社、中国民主同盟的人数并列第二，均为3人，占比为16%；加入中国致公党的人数排在第五位，为2人，占比为10%；加入中国民主促进会和中国农工民主党的人数均为1人，占比为5%(图2)。根据统计数据可以看出，2013—2023年成为无党派人士及加入民主党派的教师的数量占比高达84%，而加入中国共产党的比例仅为16%，数量明显偏少。尽管仅统计一所学校的数据，数据量或许有些不足，但仍可以看出总体趋势。

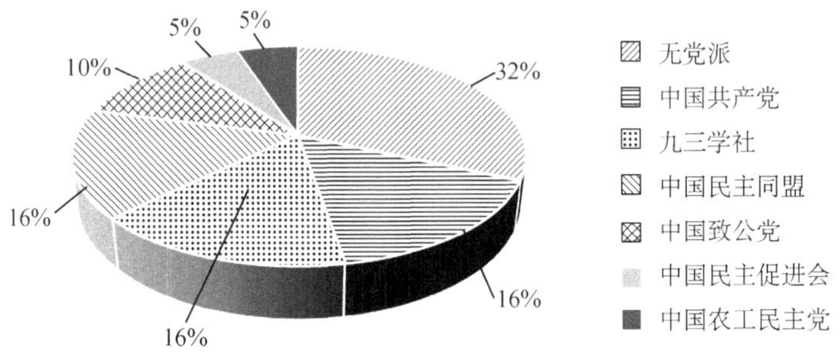

图2　2013—2023年T高校高层次人才加入中国共产党、各民主党派及成为无党派人士比例

在高层次人才中，近些年无党派及民主党派的吸引力提升是不争的事实。笔者认为主要有以下三点区别导致了如今的情况。一是加入门槛的区别。成为无党派人士及加入民主党派的要求较高，通常需要申请人拥有副高级及以上职称，而显然，高层次人才更符合这个要求。而一些普通专任教师和管理岗、教辅岗的教师则达不到这一基本要求，比例自然也就略低。学历、职称要求高，从某种程度上也意味着层次较高，因此，成为无党派人士或者加入民主党派对于高层次人才也就具有了一定隐含的吸引力。二是政治学习和会议的区别。为了提升党员的整体水平，永葆学习活力，中国共产党在学习和会议上对党员的要求较高，每名党员平时也需要花大量的时间完成学习任务。而无党派人士及民主党派成员在这方面面对的要求则没有那么高，学习、会议任务也没有那么多。尽管学习是自我提升的一个很好的方法，但在当今快节奏、多内容的生活中，每个人对于学习内容的选择不尽相同，对于主动学习和被动学习有不同的体会。三是加入组织的手续不尽相同。成为无党派人士或加入民主党派在手续办理上相对简单，多为填写一张表格即可，而中国共产党为了考察、选拔优秀党员，在入党程序上有着严格要求，时间上也有较长考察期限，有时候会成为高层次人才望而却步的一个原因。

三、政治引领和政治吸纳的路径

高校应加强对教师人才的政治引领和吸纳，将更多优秀教师吸收到党内，以更好地落实立德树人的根本任务，一方面保持党员队伍的先进性，另一方面提高教师队伍的整体素质。随着时代的发展，教师队伍的来源结构日益多样化，海外引进人才的比例逐渐增加，教师群体面临的竞争与发展压力、思想的多样性与差异性都明显增强。因此，高校需要采取多种有效措施保障对教师进行有效的政治引领和吸纳，以确保顺利完成这一任务。

1. 把好人才引进的政治入口关

高层次人才自身的政治素养和政治品德是关键，把好人才，特别是海外高层次人才引进的政治入口关，是实现政治引领和吸纳的重要因素。引进单位各级党委要加强对拟引进人才的思想政治素质审查，将思想政治素质作为首要衡量标准。一是利用网络时代的优势，利用网络大数据全面梳理拟引进人才的学习、工作经历，以及网络言论、科研状况、政治参与等综合数据，对拟引进人才的研究能力、道德品性等方面做综合分析；二是建立专家推荐责任制度，在给予推荐专家奖励的同时建立追责制度，让推荐人承担相应的责任，形成慎重推荐的良好氛围；三是建立人才过渡期，俗话说“路遥知马力，日久见人心”，在符合人事工作条例的前提下，设置合理的过渡考察期，尽可能地规避风险；四是形成可追责的合同或协议条文，保留追溯的权力，在提醒人才的同时，更是为单位自身设置一道安全屏障。

2. 加强思想政治引领体系建设

要紧紧围绕习近平新时代中国特色社会主义思想，坚定不移贯彻落实党管人才原则，将政治建设放在首位，把思想武装作为根本，不断加强人才思想意识形态领域建设，把爱国主义、事业发展及服务国家结合起来，把弘扬民族精神和改革创新结合起来，不断开展党性教育，教育引导广大人才坚定理想信念、厚植爱国情怀，始终与党同心同德、同向同行。同时，依托党的组织优势和政治优势，一方面，加大在各类人才中发展党员的力度，积极引导他们向党组织靠拢，提升各类优秀人才对党组织的认同感和归属感；另一方面，牢牢把握新时代统战工作的政治方向，充分发挥统战工作的职能作用，将政治思想引领贯穿统战工作全过程，不断扩大在人才队伍中的团结面，增强人才队伍凝聚力。

3. 严格人才安全风险排查制度

如果说严把人才入口政治关是守门，那么严格人才安全风险排查则是守底线。一旦开了窗，在招蜂引蝶的同时也不可避免会飞进来一些苍蝇、蚊子，除了要扎上篱笆、安上铁栅栏、扣牢纱窗之外，还要做好已引入人才的排查工作。一方面，对于在竞业禁止、海外纳税、知识产权归属、保密义务、兼职报备等方面具有风险，且并不计划改变，不是真心实意回国发展的人才，要及时、严格处理，该清退的清退，该终止协议的终止协议，莫要明知有隐患还顾左顾右，造成更大的安全风险；另一方面，对于有安全风险，但并非个人故意且愿意积极主动处理，决心在国内安心发展的人才，要给予帮助，尽快消除风险，并做好后续稳定工作。

4. 建立理论与实践相结合的常态化培训体系

价值认同是关键，学习是基础，培训则是必不可少的手段。要通过课程学习、讲座报告、实地参观等多种形式，建立高层次人才的政治学习轮训机制，引导高层次人才认真贯彻执行党的教育方针，强化思想政治和师德师风教育，树立正确的教育思想和教学理念，弘扬知识分子爱国奋斗精神，教育引导高层次人才把爱国之情、报国之志融入工作、学习、生活，形成良好的职业道德和敬业精神，将爱国奋斗落在实处。一是要根据国家及省、市、区党校培训要求，对高层次人才开展以政治思想为主题的研修培训；二是借助“中国教育干部网络学院”等平台，选择相关课程供高层次人才选修学习；三是聘请单位内的专家通过讲座等形式开设课程。同时，要结合实地参观学习，如赴革命老区接受党史教育、爱国主义教育，寓教于实践，以特殊的课堂形式，加深高层次人才对国情的认识，激发其爱国报国热情。

5. 建立领导干部联系人才制度

分级分类分层次建立领导干部联系高层次人才制度，刚进校的青年人才以院系党政领导联系为主，入校时间较长的青年人才以机关干部联系为主，领军人才以校级领导联系为主。同时要规范联系交流的方式、交谈的主要内容及联系的频次，让联系制度彻底落地。通过开展慰问、走访谈心、电话联系等方式，加强领导干部与所联系人才的经常性沟通交流，引导人才用习近平新时代中国特色社会主义思想武装头脑、指导实践、推动工作，进一步巩固共同思想政治基础。一是定期向高层次人才宣讲党的路线、方针、政策，并及时解答他们的疑惑、及时纠正可能存在的意识偏差；二是听取高层次人才的献计献策，利用他们的专业优势，发挥其参政咨询作用；三是通过联系，及时发现高层次人才在工作、生活中遇到的问题，并及时处理解决，为其专心科研排除后顾之忧。

6. 提升关心关爱高层次人才的服务质量

要不断提高服务意识，提升管理水平，为高层次人才提供一站式精细化服务，加快构建全方位服务体系。发挥党管人才的政治优势和资源优势，加强优秀人才培养选拔，为人才提供更多发展机遇和空间，切实增强人才荣誉感。同时，强化高层次人才日常服务，通过创新体制机制、优化政策体系、提升服务环境等一系列相关配套措施，解决高层次人才实际困难，满足其真实需求。一是过年过节统一组织开展集中走访慰问高层次人才活动，提升人文关怀质量；二是每年为高层次人才提供专项体检服务，注重高层次人才身体健康；三是为优秀高层次人才开展疗休养活动，使其保持身心愉悦；四是优先保障高层次人才的子女教育、家人工作等，为高层次人才安心科研、定心从教解决后顾之忧。

本文通过对高校高层次人才政治引领和政治吸纳的重要性和现状进行分析，提出了相应的对策建议。不过我们也应看到，高校加强人才政治引领和政治吸纳是一项系统性、长期性的工程，需要以改革为导向，以系统思维、综合举措、体系建设为抓手，破解深层次瓶颈问题。这需要上下一心、形成合力，将政治引领和政治吸纳落实到人才队伍建设的各领域各环节。只有这样,才能确保高校人才队伍的政治性和思想性得到有效提升,有助于提高高校高层次人才的思想政治素质,从而推动党和人民事业的发展,为培养中国特色社会主义事业合格建设者和可靠接班人提供坚实的保障。

参考文献

[1] 西宁市委组织部.强化政治引领 凝聚发展人才[J].党的生活,2020(3):47-48.
[2] 宋本江.习近平关于人才工作重要论述的深层意蕴[J].湖南行政学院学报,2020(1):37-43.
[3] 唐梅.加强人才政治引领聚能健康中国战略[J].重庆行政,2019,20(6):33-34.
[4] 马劲梅.高校思想政治教育与新时代人才培养路径探析[J].劳动保障世界,2019(35):52.
[5] 蔡蕾.以大学文化建设加强海归高层次人才政治引领[J].中国成人教育,2019(19):37-41.
[6] 崔春花.新时代高校人才党建工作的四个维度[J].北京教育(高教),2019(9):45-47.
[7] 赵维凯.强化政治引领 建设高素质人才队伍[N].青海日报,2019-08-13(9).
[8] 张洋洋,程金伟.加强人才政治引领 凝聚干事创业合力[J].共产党员(河北),2019(7):47.
[9] 张波.习近平新时代人才政治引领的理论与实践创新[J].重庆行政(公共论坛),2018,19(2):59-61.
[10] 王雅君.高层次人才政治引领战略的逻辑与路径[J].领导科学,2016(36):39-41.

国外教育

中美大学通识课程实践的比较研究*

◎ 左崇良

摘　要　美国大学的通识教育历经演进和改革，形成四种通识课程模式，较好地处理了专与博、心智训练与知识传授、个人选择与普遍要求之间的关系，为各国大学树立了模范。中国大学通识教育起步较晚，通识课程实践不太理想，在目标、内容、实施、评价等方面陷入误区：通识课程概念不清，课程目标不明；通识课程结构失衡，课程内容杂乱；通识课程实施不力，教学管理松散；通识课程理论不足，课程评价标准缺失。比较中美大学通识教育的异同，结合国际通识教育的发展趋势，中国大学可从转变人才培养观念、平衡通识课程结构、加强教学过程管理和完善课程评价体系等方面深化大学教学改革，推进通识课程及其实践健康有序发展。

关键词　通识教育　通识课程实践　美国　中国　大学教学改革

美国高等教育旺盛的生命力最突出地体现于美国大学本科通识教育。美国大学的通识教育历经演进和改革，形成四种通识课程模式，对世界各国产生了深远影响。

一、美国大学通识课程演进的四种模式

模式(Pattern)是对前人所积累经验的抽象和升华。通俗地说，模式是从不断重复出现的事件中发现和抽象出的普遍性规律，是解决问题的经验的总结。只要是事物一再重复出现，其中就可能存在某种模式。通识课程在美国大学已实施百余年并积累了丰富经验，形成了四种主要模式。

---

* 本文为湖南省普通高校教学改革研究项目“高师院校教学学术的现实困境与制度优化研究”(项目编号：HNJG-2021-0805)及湖南省自然科学基金项目“普及化阶段高等教育的政策选择与治理机制研究”(项目编号：2021JJ30065)的阶段性研究成果。

作者简介　左崇良，衡阳师范学院副教授，教育学博士，主要研究领域为比较高等教育、教育政策法规。

（一）哥伦比亚模式

1917—1919 年，哥伦比亚大学厄斯金(Erskine)教授开设了一门“人文经典选读”课，这是新型通识教育的首次尝试，被认为是美国现代通识教育的起点。该课程要求学生一个星期读一种西方经典著作，不要求读希腊文或拉丁文原著。由于这门课很受学生欢迎，其他教师纷纷仿效，开设类似的人文经典阅读课。一段时间之后，形成了颇具特色的哥伦比亚课程模式。哥伦比亚大学传统上通识课程的最大特点是简明和容易操作，主要由两门课组成，一门叫作“当代文明”(Contemporary Civilization)，另一门叫作“人文经典”(Humanities)。[1]这两门课都是连续两学年共四个学期的全校必修课。

（二）芝加哥模式

20 世纪 30 年代，罗伯特·赫钦斯(Robert Hutchins)在芝加哥大学开始实施四年通识教育方案，即将两年的本科通识教育改变为四年的本科通识教育，形成较为稳定的课程系统，这标志着美国大学通识教育模式的成型[2]。但由于这个模式意味着整个本科阶段都是通识教育，目标太高，后来被改成本科前两年实施通识教育而后两年开展专业教育。芝加哥大学本科四年的课程有其科学的编排，即前三年的课程是人文科学三门、社会科学三门、自然科学三门、数学一门，第四年的课程称为“整合”课，分为两门，一门是“西方文明史”，另一门是“哲学”(课程名为“观察、解释、整合”)。芝加哥大学的解释是，前三年上过的所有课在第四年通过西方文明史课和哲学思考课加以融会贯通。必须说明的是，芝加哥大学所有通识课程都是连续三学期的系列课(芝加哥大学每学年为三学期)，因此一门课实际等于三门课，所以，人文科学三门课实际等于九门课，社会科学亦然。

（三）斯坦福模式

斯坦福大学的学制与芝加哥大学相同，也是每学年三学期(每学期 10 周)，斯坦福大学的通识课也称为“核心课程”，这些核心课程同样要求学生连续上三学期。整个通识教育的课程架构包括三大类九个领域(芝加哥大学是六个领域)：第一大类是“文化核心课程”(其中分三个领域，第一个领域为新 CIV，即“各种文化、各种观念、各种价值”；第二个领域为“世界文化”，第三个领域为“美国文化”)；第二大类是“科学核心课程”；第三大类是“人文社会科学核心课程”。每名本科生需要在这九个领域中选修 11 门核心通识课(每门课程 3 学分以上，至少修满 33 学分)。虽然斯坦福大学的通识课程数量看上去很多，但核心课程的核心是九个领域中的第一个领域，即争议最大或号称最新潮的新 CIV，其是大学本科第一年的必修课，连续修三个学期，每周上课 5 小时(5 学分，连续三学期共 15 学分)，外加每周讨论，时间要求最好 3～4 小时，最短不少于 2 小时，讨论课要求必须将学生分成每班不超过 15 人的小班。

(四) 哈佛模式

哈佛大学核心课程是对美国大学通识课程的进一步完善,从1945年的《自由社会的通识教育》(*General Education in a Free Society*),到1978年亨利·罗索夫斯基(Henry Rosovsky)提出的《核心课程报告》(*Harvard Report on the Core Curriculum*),直至《哈佛1994—1995核心课程目录》,哈佛大学通识课程从最初的三个领域发展到七个领域。随着社会的发展,哈佛大学核心课程的内容也在不断地修改和创新。哈佛大学2001—2002年核心课程涉及七个领域:①外国文化,开设三种形式的课程;②历史研究,分为A、B两类课程;③文学和艺术,分为三类科目,A类(文学)、B类(视听艺术)、C类(文化背景);④自然科学,分为A、B两类课程;⑤道德推理;⑥社会分析;⑦定量推理。哈佛大学的本科生必须修习七类领域核心课程,但可自由选修每一领域的具体课程。2019年秋季学期开始,哈佛大学实行通识课程教学改革新方案,该方案被称为通识课程2.0升级版。

作为哈佛大学课程基石的通识课程的目的是让学生为大学毕业后的生活做好准备,绘制课堂与课堂之外的世界相链接的图景。从1869年查尔斯·艾略特(Charles Eliot)就任哈佛大学校长至今,哈佛大学持续150多年推进课程体系创新,经历了六次大的变革。通过对哈佛大学通识课程改革做历史梳理及对哈佛大学126份通识课程简介做分析发现:在育人目标上,哈佛大学致力于培养全球化时代的卓越公民,引导学生关切本土与全球社会面对的迫切问题;在课程教学中,哈佛大学坚持高学业挑战度,注重批判性思维训练、大问题探讨、实践体验和顶峰项目等高影响力教学活动;在师资配备上,哈佛大学以高资历教授为通识课教学的主力军,充分发挥人文社科专业教师的优势,缓解研究型大学的科研与教学冲突;哈佛大学通识教育实践的内在逻辑是对课程理想性与实在性、广度与深度之关系的积极协调[3]。作为美国高校通识教育的发源地的哈佛大学,其通识教育改革历经百余年,是美国乃至全世界高校通识教育的典范。

二、中国大学通识课程实践的现状

在中国,各层次各类型高校都在积极地探索通识课程的实践,但在探索过程中遇到多方面的问题。

(一) 通识课程概念不清,通识课程目标不明

我国高校虽然就通识教育进行了种种尝试,但是对于通识课程的概念并不明晰。我国学者对于通识课程概念至少存在三种不同认识:一是将文化素质教育课程简单地等同于通识教育课程;二是认为通识课程就是可以让学生自由选修的“公选课”,“两课”(马克思主义理论课和思想政治教育课)是必修课,因此不属于通识课程;三是认为通识课程泛指专业课

程以外的所有课程，可分为正式通识课程和非正式通识课程[4]。我国高校通识课程概念模糊，使得通识课程的实施缺乏明确的目标导向，这直接导致通识教育及课程的混乱和低效。

通识课程的目标与高校的办学理念和培养目标密切相关，目前我国高校对通识课程有一种普遍的误解，即把通识课程看作专业课以外的培养学生兴趣、扩大学生知识面的课程，不断增大通选课的范围和数量，似乎认为通识教育的目标是“什么都知道一点”，而没有将通识课程看作本科阶段的主要课程和基础学术训练。在部分高校的领导和教师看来，通选课门类越全、课程数量越多，通识教育就搞得越好，而这种观点实际上是错误的。

（二）通识课程结构失衡，通识课程内容杂乱

模式是对客观事物的内外部机制的直观而简洁的描述，它是理论的简化形式，可以向人们提供客观事物的整体内容。模式强调的是形式上的规律，而非实质上的规律，而且，任何模式都是在不断发展和创新的。近年来，通识教育在我国高校逐渐受到重视，表明我们正在对高等教育侧重专门教育、忽略基本素养和广博视野的弊端进行深刻的反思。然而，教育是一种实践性的艺术，它无法按照哲学家的意见设计教育理论、政策和实践。调查发现，现阶段我国大学的通识课程结构严重失衡，主要表现为：公共选修课少，公共必修课多；公共必修课中，分科通识课程较多，综合通识课程太小；政治类课程和英语课程比重太大，提高学生人文素养和科学精神的课程比重太小；知识性课程较多，方法类、思维类课程太少。我国高校在通识课程结构的优化、课程内容的整合、课堂教学效果方面，还有许多问题尚未得到有效解决。

当前我国高校开设大量概论性质课程，让文科学生学习“自然科学概论”，或让理科学生学习“社会学概论”“哲学概论”等，这样做的效果通常不会很好。一方面，根据心理学的迁移理论，学生在没有掌握某一学科的基本概念、原理和方法的情况下，不可能完成广泛的知识和能力迁移。另一方面，我国高校的通识课程多有专业化和应用性倾向，一些大学基本上把某专业的课程降低难度后拿来作为文化素质选修课。这种课程的内容专业性较强，对于训练非本专业学生的思维和能力并无多大帮助。另外，有些通识课程含有较多应时的短期的应用型内容，这与通识教育课程所强调的基础性、普适性要求不相符，甚至是背道而驰。

（三）通识课程实施不力，教育教学管理松散

通识课程实施是将通识课程计划付诸实践的过程，它是达到通识课程目标的基本途径。我国大学通识课程开设普遍存在着“杂、散、乱”的倾向，极大地削弱了通识课程的整体作用。一些大学把开设通选课的全部精力都放在增加课程的数量上，而不太注意课程的质量。这种盲目开设课程的方式所导致的实际结果是：课程数量迅速膨胀，加重了教师的负担；通选课的数量越多，学生就越不当回事，认为通选课不是主课且很容易“混学分”，从而

使通识课程成了一堆可有可无的“花絮”。

对于通识教育及课程的实施，我国台湾清华大学前校长沈君山有深刻感受。沈君山称：“通识教育最重要的是实践，实践通识教育远比讨论通识教育困难。”截至2023年，我国已实施通识教育十余年，但多数大学没有设置通识教育的专门管理机构，对通识课程的管理依然处于松散状态，突出表现在三个方面：①没人愿意管；②没有教授愿意教；③没有学生愿意聚精会神地听。通识课程普遍采用大班教学方式，授课内容较为肤浅，效果很差，教师关怀度不够，学生重视程度不够，缺课现象严重，教师与学生缺乏交流。这些现象对于培养学生的理性与情操有害无益。学生学而无获，不是真正的教育；学生对很多知识一知半解或只记住一些细枝末节，也不是真正的教育。

（四）通识课程理论不足，课程评价标准缺失

课程实施需要教育理念的支撑和教学理论的指导，然而，我国大学普遍缺乏自己的教育理念，缺乏系统的通识课程理论。各大学开展通识教育只是响应国家的号召，刻意模仿美国哈佛大学的核心课程和斯坦福大学的分配必修型课程，开设大量的通选课，形似而神不似，徒具形式，而不具有真正的内涵。在倡导通识教育的环境下，我国学者多从哲学角度对通识教育进行探讨，无非是说明通识教育对于大学生的心智培养和全面发展非常重要，而在课程理论上对不同学科的相互依存与相互借鉴关系的了解不多，难以对通识教育的实施进行具体的指导。

通识课程评价是对通识课程的价值进行判断的过程，全面的通识课程评价应是对通识课程的所有方面进行评估和判断，如通识课程的目的、意义与设计，通识课程的教学计划、教学内容、组织形式、教学方法及实施的效果等。笔者在调查中发现，我国大学的通识课程在学分分配、课程设置规划、课程管理等方面还存在不少问题，通识教育的精神得不到很好的贯彻。一些大学只是根据专家评论或问卷调查结果对通识课程实施效果进行模糊的评价，而缺乏科学合理的评价标准和完整的课程评价体系。

三、中美大学通识课程实践比较

中美两国的大学都比较重视通识教育，都开展了多种多样的通识课程实践，现对中美大学通识课程实践进行以下两方面比较。

（一）中美大学通识课程实施方式比较

在长期的改革与发展过程中，美国大学形成了四类各具特色的通识课程实施模式：哥伦比亚模式、芝加哥模式、斯坦福模式和哈佛模式。美国大学强调通识教育并不排斥专业教育，重视心智训练而不忽视知识传授，尊重个人选择却不降低普遍要求。美国大学较好

地处理了专与博、心智训练与知识传授、个人选择与普遍要求之间的关系,取得了世人瞩目的成绩。

中国大学尝试通识教育的方式有两种,一种是采用 1999 年教育部在 32 所大学中引入的“文化素质教育课程”(俗称“全校通选课”)的方式,通过开设新课程探索通识教育的可能性,北京大学、清华大学等高校采用的就是这种方式;另一种是复旦大学开展的方式,从 2005 年开始,复旦大学的本科生第一学年不分专业院系,直接进入“复旦学院”——取法于哈佛大学、耶鲁大学的文理学院,整体改变了本科的教学管理模式。然而,我国大学的通识教育改革效果并不理想,所实施的通识课程带有昔日“专业化”的烙印,多数大学实际上只是模仿美国或者其他国家、地区的高校通识课程教学改革,这种模仿有时会犯下邯郸学步的错误。

(二)中美大学通识课程设置比较

中美研究型大学在通识课程设置上既有相似之处,也有明显差异。现以美国哈佛大学与我国复旦大学为例,来阐明中美大学通识课程设置的异同点。

哈佛大学与复旦大学通识课程设置的共同点在以下几方面:通识课程内容的多样性,通识课程类型的划分,通识课程的时间安排(一般要求在大学一年级时进行),生活教育和公民教育的概念。哈佛大学与复旦大学通识课程设置的主要差异为:①哈佛大学充分考虑了人文、社会科学和自然科学这三大知识类别的不同,在复旦大学的通识教育课程体系中,社会科学课程的比例相对较小。②哈佛大学涉及外国文化的课程考虑了区域通用性,复旦大学的通识教育课程显示出明显的欧美中心主义特点。③哈佛大学开设了大量的专题性课程或研讨性课程,复旦大学以概论性课程和原著导读性课程为主[5]。哈佛大学与复旦大学的通识教育课程差异很大,代表了两种不同的文化传统、不同的发展阶段和不同的政治制度下的研究型大学对通识教育的不同探索。

四、内化与变通:美国大学通识课程实践给中国的启示

美国研究型大学通识课程设置体现出“全人”发展的教育理念,有着各具特色的通识课程模式,其强调的文化理解能力的培养、人文和科学课程的有机融合、课程的国际性和跨学科性,对我国人才培养具有很大的启发意义[6]。通识教育在中国的实施遇到了不少问题,通识教育中国化势必是一个艰难的历程,中国大学借鉴美国大学通识教育模式时必须加以内化与变通。

(一)转变人才培养观念,明确通识课程目标

美国教育家赫钦斯认为,大学教育目的有切近的目的和最终的目的之分。切近的目的

是发展智性美德，最终的目的是形成智慧，达于至善，成为完人，后者建立在前者基础之上[7]。国内知名高校如北京大学、清华大学等已经把通识教育提升到创建世界一流大学的高度，如果仅仅停留在多开设几门通选课的层面，是远远不够的。在课程实施方面，那些“概论”性质的通选课即便为学生所掌握，也只能扩展学生的一点知识面，顶多只能算是对我国长期以来大学教育过专的补救。从2018年秋季学期开始，武汉大学为全校大一新生开设了两门通识教育必修课——“人文社科经典导引”和“自然科学经典导引”；武汉大学通识教育中心强调，立德树人既是大学教育的根本任务，也是衡量大学各项工作的根本标准，因而“人”是包括通识教育在内的大学教育第一关键词。[8]从学理上讲，通识教育并不只是指多方面知识的传授，其核心和立足点是理智的训练和自主性的培养，也就是要“帮助学生拥有自己思想，作出独立的判断，并作为一个负责的公民工作”。

通识课程的目标与大学的办学理念及培养目标密切相关，其中包括六个学科方面的目标：基础技能类、文学艺术类、哲学和社会科学类、历史文化类、自然科学类、道德伦理与价值取向类。通识教育在传授知识的同时，更注重培养学生的理智能力，使其远离愚昧，培养其社会责任感。就其本质而言，通识教育的课程设置是全球性的、多元化的，意在培养全面发展的学生，使其：①能够用批判的思维来分析、综合、评估信息和观点；②学会如何学习、如何思考；③进行清楚、有效的沟通；④能够运用所学知识寻找解决人类问题的方法。

在高等教育国际化的今天，大学通识教育有了新使命和新目标，通识课程教学必须从文化层面深入开展，增强大学生对异质文化的理解与尊重。全球化时代，加强对异质文化的理解教育，其主要目的在于形成科学、平等的文明观，包括知识性学习、沟通技术的掌握、思维范式的转变和新的文化价值观的形成等环节，课程教学形式则应多样化。[9]

（二）平衡通识课程结构，调整通识课程内容

通识课程综合化和通识课程基础化是国际通识课程的发展方向。大学通识课程的建设，力求体现学科的统一和结合。只有将科学教育与人文教育、自然科学与社会科学、民族性与国际性、基础性与实践性等完美结合与统一，才能培养出适应社会需要的高素质人才。我国大学深化教育改革须秉持知识一体化的观念，深入知识的根源，让各门专业课程能从整体知识中“找到自己的根”。大学的通识课程体系应广泛涉及人文科学、社会科学和自然科学，特别要增添那些与智慧有关的学科、艺术学科及实践性学科，还要注意学科之间的交叉与联系。

通识课程的主流是基础性、普适性的课程内容，强调课程侧重基本原理与基本方法的学习，强调理智的训练，注重培养学生接受知识的能力与解决问题的能力。通识课程内容应能体现通识课程的培养目标，课程不在多而在精。因此，高校必须精心筛选课程，弄清楚哪些知识是学生在将来的生活中所必需的。通识课程的选择的核心要义是：引导学生接触

反映思想大师灵魂的著作,引导学生质疑传统、挑战权威,鼓励学生参与跨文化交流。现阶段,我国大学实施通识课程有一个简便易行的途径,即大学可依据自己的优势,在广泛讨论的基础上,经过课程专家的甄别,从古今中外的经典名著中精选一部分作为学校共同核心课程,既能兼顾知识的广度与深度,又可避免对学校原有课程体系进行大的改造,这种课程改革的成本相对较低。

(三)加强教学过程管理,完善师资队伍建设

大学是由教师与学生所组成的以探索真理为使命的"团体"。通识课程教学要求不同学科的任课教师在新的教学方式下密切配合,共同备课,因此,各高校应针对管理制度、教学方式、评价标准、教师培训等方面的一系列问题采取相应的改革措施。各高校需要成立"通识教育中心""通识教育教学指导委员会"等通识教育的专门管理机构,为通识课程实施的各个环节提供专业的指导,对其实行有效的管理。

中国大学通识教育建设的基本目标已完成,具体表现为:明确了通识教育理念,形成了通识教育基本规范,建立了通识教育组织管理机构,但与此同时,大学通识教育仍然面临着诸多挑战。如何让通识教育真正扎根中国的大学?复旦大学通过设立基本课程单元,组建教学共同体,落实"以学为中心"的教学改革,落实"学术与行政紧密协作"的管理机制等举措,建设具有复旦大学特色的中国大学通识教育体系。[10] 科学合理的领导与管理是大学通识课程有效实施的关键因素。美国的哈佛大学和麻省理工学院的通识课程,都采取了颇具特色的领导与管理模式。基于中国国情,我国研究型大学的通识课程管理也可以借鉴美国的经验,在通识课程的高层领导上采取委员会决策模式,在中层管理上可采用"专门机构管理+课程委员会咨询"的混合管理模式,在基层执行上,激发教师和学生完成有效的通识课程"教"与"学"。[11]

通识课程教学中如何激发学生的学习兴趣是一个关键问题。亚里士多德认为,所有的人都有一种天生的求知欲望。在教学过程中,当学生清楚地意识到课程中的学问于什么有益时,产生兴趣的任务已完成了一大半。通识教育并不仅仅是要使学生掌握各学科的知识,而是强调通过这些知识的学习,培养学生好学善思的品质。通识课程教学不必采取中小学那种按部就班的"课堂教学"方式,宜采取讲课、提交个人作业、写读书报告、进行小组讨论等多种形式相结合的教学方式。有条件的大学可以多开设一些讲座,有意选择各学科领域最基本的最有价值的若干主题,使学生对这些主题进行深度研究,从而实现"文、理、工"的真正渗透。

通识课程是大学本科阶段的基础课程,无论是对发展学生的理智还是对学生以后的专业学习,都将起很大的促进作用。通识课程更需要学校的关注,更需要教师的积极参与,更需要一支高素质和高度负责的师资队伍。通识课程的教学质量,与教师的教学态度和教学水平密切相关。帕蒂森(Pattism)有一个关于教育的精辟论断:"要使学习者的心智得到磨

练，唯一的条件是教师的心智是活跃的。"通识课程教学的关键是教师，教师不仅要对其所教的内容有深入细致的了解，还要对学生认真负责，充满爱心，倾心教学。通识课程对教师的学识水平和教学能力要求较高，通识课程的主讲教师应利用相对充裕的备课时间，精雕细琢，锤炼精品。

（四）重视课程理论建设，健全课程评价体系

任何一次成功的教育改革都离不开与之相对应的教育理论，通识课程教学的方向需要依靠通识课程的教学理论指引。美国教育家约翰·布鲁贝克(John Brubacher)在《高等教育哲学》(*On the Philosophy of Higher Education*)中说："教育实践中矛盾错综复杂之时，就是检验这些实践的理论基础之日。"我国大学的通识教育尝试不理想的根本原因在于缺乏完备的通识课程理论，没有健全的课程评价体系。目前，我国通识课程的设计与开发主要有三种理论：精义论、均衡论和进步论，每种理论各有其不足。基于复杂性科学的视野，大学通识课程理论应当从传统的精义论、均衡论和进步论转向联结论；通识课程编制也应从以学科、问题和方法为中心转向以主题为中心[12]。我国通识课程理论的不成熟直接导致通识课程实践的混乱，各大学通识课程的设计与开发基本上处于比较自由随意和散乱拼凑的状态。从教学效果的角度来讲，通识教育理念必须内化为通识课程教学的可用方式，通识课程理论要能指导通识课程实践，并对通识课程教育教学的步骤和方法作出科学的设计与规划。

开设中华优秀传统文化通识课程，是构建中国特色新文科体系的应有之举，是高校落实立德树人根本任务的必然要求。开好中华优秀传统文化通识课程，关键是要做好课程内容的选择和设计，应确立"马克思主义基本原理同中华优秀传统文化相结合"的建设思路，讲好中华优秀传统文化的基本理念、当代意义和传承要义；应立足"社会主义核心价值观的坚定信仰者、积极传播者、模范践行者"的培育目标，讲透中华优秀传统文化在个人美德、社会公德、国家大德方面的核心理念与美德精髓；以为国育才为导向，立足"培养社会主义建设者和接班人"的教育目标，讲活中华优秀传统文化知识与遗产瑰宝；中华优秀传统文化通识课程要达成"知识教育"与"价值引领"的双重目标，需要教师、学生及教学管理人员等多主体联动努力、共同推进[13]。

通识课程评价是通识课程实践的一个重要阶段，健全的课程评价体系能够保障通识教育理想的实现。通识课程评价的根本目的是通过评价活动发现课程中存在的问题和不足，并找出相关原因，作出相应的改进。通识课程评价体系包括课程方案制定、课程方案实施和结果的评价。通识课程评价是对各大学通识课程实践的价值进行判断，主要考察通识课程目标的可行性、通识课程计划的合理性、通识课程设计的科学性、通识课程内容的适切性、通识课程组织和实施的严密性和学生对通识课程效果的满意度等。

参考文献

[1] 甘阳.大学人文教育的理念、目标与模式[J].北京大学教育评论,2006(3):38-65.

[2] 程曼诗,连晤琪.芝加哥大学通识教育的特色及启示[J].通识教育研究,2018(1):135-141.

[3] 谢鑫,工世岳,张红霞.哈佛大学通识教育课程实施:历史、现状与启示[J].高等教育研究,2021(3):100-109.

[4] 张寿松,徐辉.通识教育课程建设的问题与建议课程[J].课程·教材·教法,2005(1):80-83.

[5] 吴坚.哈佛大学与复旦大学通识教育课程设置比较研究[J].高教探索,2016(2):28-33.

[6] 张砚清.美国研究型大学通识教育课程设置及其启示[J].高等教育研究,2015(9):67-70.

[7] 张俭民.从纽曼到赫钦斯:坚韧守望大学培养"完人"的教育理想[J].当代教育科学,2012(15):3-5.

[8] 李建中.人:通识教育"武大读本"第一关键词[EB/OL].(2018-07-17)[2020-02-07].http://gec.whu.edu.cn/info/1008/1375.htm.

[9] 龚放.重视异质文化的交流与理解——全球化时代大学通识教育的新使命[J].高等教育研究,2002(2):13-18.

[10] 孙向晨,刘丽华.如何让通识教育真正扎根中国大学——中国大学通识教育的挑战与应对[J].中国大学教学,2019(Z1):41-46.

[11] 庞海芍,余静.通识教育课程的领导与管理——哈佛大学和MIT的经验与启示[J].黑龙江高教研究,2016(1):72-76.

[12] 龙跃君.关注联结:复杂性科学视野下大学通识教育课程理论的思考[J].高等教育研究,2007(6):71-74.

[13] 张亮,郭明姬.新文科背景下中华优秀传统文化通识课程建设的思考[J].广西社会科学,2022(8):148-155.

课堂政治教育对学生政治兴趣的影响

——基于对瑞士教育的思考

◎ 程雄飞　倪智鹏

摘　要　在瑞士，按照语言区域和学校类型对学生进行抽样，以课堂政治教育的知识、技能、兴趣三方面的一二级维度为框架，对学生个体、学生群体及家长、教师等相关变量进行测量。结果表明：课堂政治教育增强了学生的政治兴趣，协调了家长和学生之间政治兴趣的不一致，但这种影响的深度、广度、方式等比较复杂。这启示我们：学校政治教育是一种重要的公民教育，课堂政治教育与公民政治参与有密切的理论关系，要提高公民政治参与能力，增强公民参与动机。

关键词　瑞士　课堂政治教育　学生　政治兴趣

一、课堂政治教育与学生政治兴趣关系的假设

课堂政治教育对学生政治知识和政治技能有积极的影响，能够提高学生的政治参与能力，从而增强他们的政治兴趣。此外，课堂政治教育还可以通过激发学生政治责任感和政治参与动机来增强其政治兴趣。实际上，这两种不同的机制相互关联。例如，Galston 的研究表明：政治知识与公民政治技能和民主价值观的提倡相关，政治是人们应该操心和参与其中的事情。为此，Galston 提出了包含以上两种机制的一个假设，即：课堂政治教育增强了学生的政治兴趣。[1]早期的研究常常或多或少把学生看作一个同质群体，而近些年来有研究表明：学生的政治兴趣与学校政治社会化和学生政治参与的关系是很复杂的，这种复杂性在类属不同的群体中尤为突出。例如，学校政治教育对学生的政治兴趣和政治参与可能没有普遍的积极影响，然而学校政治教育可能促进特定学生群体的政治参与，从

作者简介　程雄飞，南昌师范学院马克思主义学院讲师，博士。
倪智鹏，江西现代职业技术学院讲师，博士。

而保持一定的政治参与人数。这似乎是一个合理的假设,因为它考虑到政治资源的初始水平已经在不同学生群体之间显示出来。在这方面,通过查阅教育不平等相关文件可知:有人认为学校政治教育可以弥补家庭政治教育的不足。[2]从这个角度出发,重新审视社会化动因相关文献,可知课堂政治教育对家庭政治社会化程度低的学生影响最大,这种影响可能意味着课堂政治教育将使不同政治社会化家庭背景的学生群体的政治兴趣趋于平衡。

然而,教育研究得出的结论却是:学校教育不是总能实现预期的平衡效果,相反,在某些情况下,学校教育甚至可能加剧现有的不平等。家庭政治社会化程度高的学生不仅能就读教育资源水平较高的学校,而且往往会进入更高的教育轨道和能力更高的学生群体,表现出与教师更好的互动,更可能够在上学期间保持注意力集中的认知性注意广度,从而在学校教育中获益更多。也就是说,"课堂政治教育可能对家庭政治社会化程度高的学生影响更大,而家庭政治社会化水平低的学生,从课堂政治教育中获益较少"这一假设有证据支持。在政治参与研究中也有类似的情况,例如,政治运动中的信息提供与获得对政治参与水平较高的个人影响最大。然而,"课堂政治教育与家庭政治社会化程度有关"理论上是模棱两可的。基于这个原因,提出了另一假设,即课堂政治教育可以协调家长和学生之间政治兴趣的不一致。

二、研究设计与测量

处在高中阶段最后一学年的学生刚刚获得或即将获得投票权,这意味着他们最初的政治社会化即将完成,这个年龄组最适用于分析基于课堂的政治教育对政治利益的影响。此外,潜在的学校影响仍然是这个年龄段学生日常生活的一部分。例如,Niemi 和 Junn 认为:这个阶段的公民教育比早期阶段的公民教育在塑造积极参与社会公益活动的公民品行方面影响更大。[3]

(一)学生样本的抽取

首先,考虑到瑞士普通教育与职业教育和职业培训的区别,前者是全日制学校教育,而后者则每周只有一至两天授课。当然,这种差异可能会影响政治教育所花费的时间,进而影响政治教育的效果。其次,考虑到瑞士各州在中等教育上的高度自治和两大主要语言区职业教育和职业培训与普通教育的不同关联,进行了分层抽样,主要选择那些在同一所学校同一天上课的学生。在这种情况下,根据各州人口规模,确定了每个州的抽样学校数和抽样班级数。在每个州,随机选择了至少一所普通教育学校,一所职业教育和职业培训学校,每所学校选择 3～4 个班,一共调查了 25 个州。然而,这种随机方法并不总是可行的,例如有些较小的州只有一所普通教育学校或职业教育和职业培训学校。在一些较大的州,由于有些学校拒绝参与，随机更换为其他学校。本研究的抽样覆盖了职业教育和职业培训(Vocational Education and Training, VET)、联邦职业学士学位(Federal Vocational Baccalaureate, FVB)和普通教育。其中，VET教育体系直接连接着相应的高等教育和培训，而FVB教育体系是一种扩展的普通教育，“是在中等职业教育(高中阶段教育)的基础培训之后实施的第三级教育”[4]，也是对VET教育体系的补充。最后，研究按语言区域和学校类型抽取了学生样本(表1)。

表1 按语言区域和学校类型抽取的学生样本

语言区域 学校类型	德语	法语和意大利语	总数
职业教育和职业培训	301	93	394
联邦职业学士学位	859	311	1 170
普通教育	1 105	421	1 526
总数	2 265	825	3 090

注：表中样本数是抽取的最终有效学生样本数。

（二）课堂政治教育的维度

各国课堂政治教育因教育制度而异。例如，美国公民教育是学校系统课程的一个组成部分，英国公民教育被纳入课程范围内广泛的各门学科。[5]瑞士的课堂政治教育通常遵循英国模式，认为政治教育本身不是一门单一学科，而是一门综合学科。因此，不同的教育类型(普通教育、职业教育等)确定了不同的讨论政治问题和政治教育的学科。更准确地说，在普通教育中确定“历史”“地理”“经济学”和“经济与法律”，在联邦职业学士学位教育中确定“历史”“公民教育”“公民政治”“经济学与法律”，在标准职业教育和职业培训中确定一门被称为“通识课”(General Education Lessons)的多学科课程。此外，在商人和零售业主的职业培训中确定“经济与社会”这门课程，以便讨论相关政治问题。此外，政治教育在何处以及在多大程度上纳入课程，依据不同的州、不同的学校类型，甚至不同的专业而有所不同。这种多样性给课堂政治教育的测量带来了困难。因此，笔者设计了一个包含政治教育的政治知识、政治技能和政治兴趣三个一级维度的分析框架表(表2)，以便通过定性分析获得关于政治教育在学校课程中是否存在及在何种程度上呈现的相关信息。

表2 高中阶段学校课程中的政治教育一级维度

内容 一级维度	描　述
政治知识	关于政治机构和政治体系的知识，瑞士政治，国际政治，以及经济、社会和司法方面

（续表）

内容 一级维度	描　述
政治技能	即判断能力、行动能力和实践能力
政治兴趣	激发对政治和政治相关方面的兴趣

在这三个一级维度的内容描述中，还有多个二级维度及不同测量标准。具体为：①政治机构维度。即政治机关、政治制度及二者逻辑。测量标准为：是否了解政治制度、政治系统的运作、民主和非民主制度、政党、选举制度、分权、公民权、政治权利和义务、政治参与机会等相关方面的知识。②瑞士政治维度。即瑞士政治的具体方面，包括涉外政治。测量标准为：是否了解瑞士对外政治、瑞士安全政策、瑞士能源环境政策、瑞士与欧盟关系、语言区域关系、民族凝聚力、瑞士历史上重大事件等方面的知识。③国际政治维度。即国际政治关系及国际政治制度。测量标准为：是否了解移民和移民政策、国际组织、欧盟及其机构、国际关系和国际问题、南北差异等方面的知识。④经济维度。即经济及经济与政治相互依存。测量标准为：是否了解经济与政治，劳动力市场与工会、企业、经济系统，消费与消费组织，经济秩序及经济秩序与经济周期之间的相互依存关系。⑤社会维度。即社会及社会与政治相互依存。测量标准为：是否了解人权、少数民族、两性平等、社会公正、社会保险、社会伙伴、媒体与其影响之间的联系。⑥司法维度。即瑞士司法制度或法律及其实施。测量标准为：是否了解司法制度（特别是瑞士司法制度）、法律及其实施等方面的知识。⑦判断能力维度。即根据事实或价值，对政治决策、问题和争议进行自主、正当的评价。测量标准为：能否接受不同意见并进行批判性质疑，能否正确评价政治决策和政治问题。⑧行动能力维度。即确定和阐述自己在政治问题上的立场，理解和掌握他人政治立场，在平衡自身需要和他人需要的基础上为妥善解决政治、经济和社会领域的问题提供帮助。测量标准为：能否提出和捍卫自己的观点，能否做到政治参与，能否具备与开放民主社会一致的态度，能否为将来的政治参与、讨论和审议做好准备，能否获得有关选举和表决程序，主动权和公民投票权、政治多元化和政治宽容等的信息，能否参与学校培养负责任公民的活动。⑨专业能力维度。即理解、使用和批判性发展政治概念、政治范畴、政治观点。测量标准为：能否分析政治决策过程，经济条件和政治决策的关系，关于某一问题的具体政策领域；能否分析和反思社会关系；能否理解经济关系及作为政治行动范围先决条件的经济特性，社会与个人的各种冲突；能否实施由司法规制语境中日常政治决策行为而获得的司法权；能否认识到历史事件和历史条件对当今政治形势的影响；能否对实际政治事件进行讨论并解决相关冲突。⑩政治兴趣维度。即唤起对政治进程和一般政治生活的兴趣。测量标准为：能否保持对政治知识、政治技能、政治进程、一般性政治生活等方面的兴趣。

（三）学生个体和班级群体两个层面上的变量及测量

本文的因变量是学生的政治兴趣，包括学生对国际、国家、州、地方、一般性这五个层次的政治兴趣。每个层次因变量的数值范围在0(完全不感兴趣)到4(非常感兴趣)之间。通过构造这些因变量，并依据政治兴趣可以描绘出学生对不同层次的政治兴趣全景图。因此，所创建的五个不同因变量总数值范围在0(完全不感兴趣)到20(对所有层次都非常感兴趣)之间。学生个体层面的因变量是受家长政治兴趣的影响。这个因变量代表家长的政治兴趣，其数值在1(完全不感兴趣)到4(非常感兴趣)之间，由他们的子女报告。如果学生报告自己对政治感兴趣，那么家长将给学生带来强烈的影响。如果学生报告他们的家长对政治感兴趣，那么这意味着家长表达了他们日常生活的兴趣，从而使其子女对此有所了解。可见，学生所报告的家长政治兴趣代表了学生在家庭中的“政治化”。即通过政治问题的讨论使学生政治敏锐性的提高与政治信息的获得联系起来。当然，这种学生自我报告变量可能会由于学生缺乏知识等因素而在测量时产生一定的误差。因而，在解释结果时要考虑这一情况。此外，本文还进一步考虑了年龄在18～19岁的高中最后一学年学生的个人特征，如年龄、性别、国籍、政治立足感、是否或即将享有选举权。同时，为18岁以下和19岁以上学生的年龄创建了一个虚拟变量。为了调查政治意识形态所带来的学生政治立足感，本文设定了一个以中间位置为参考的包括左虚拟变量和右虚拟变量的左右自我定位变量组。由于很大一部分学生样本还没有在政治上立足，本文还创建了另一个虚拟变量来测量这些政治上尚未立足的学生。此外，在班级群体层面，考虑了语言区域。鉴于瑞士有双语的州和双语的城市，规定数值1表示使用德语的班级，数值2表示使用法语和意大利语的班级。更重要的是，本文还区分了高中教育中的三种重要学校类型，即普通教育、职业教育和职业培训、联邦职业学士学位。最后，本文在研究模型中还加入了一些教师的信息，如性别和自我报告的政治兴趣。具体情况见表3。

表3 变量、汇总统计、测量说明

变量	汇总统计	测量说明
因变量：学生政治兴趣	最小值为0，最大值为15，平均值为8.40，标准差为2.97	将国际政治、国家政治、州政治、地方政治、一般性政治兴趣数值相加，每个变量数值为0(完全不感兴趣)到4(非常感兴趣)之间
个体层面：年龄	18岁以下12.3%，其余87.7%	两个虚拟变量：18岁以下，19岁以上；18岁或19岁作为参考
个体层面：性别	女性46.3%，男性53.7%	1=女性，0=男性
个体层面：国籍	瑞士90.1%，其他9.9%	1=瑞士国籍，0=其他国籍
个体层面：左右自我定位	左28.3%，中30.5%，右30.9%，不知道10.3%	三个虚拟变量：左，右，不知道；中间作为参考；从左到右范围为：0～10；左：0～3；中间：4～6，右：7～10

（续表）

变量	汇总统计	测量说明
个体层面：家长受教育程度	高 55.4％，低 6.8％	家长受教育程度由学生报告。高教育程度：家长中一方受过高等职业教育或获得大学学位，其数值为 1；低教育程度：家长只完成了义务教育或没有接受过教育，其数值为 1
个体层面：家长政治兴趣	最小值为 1，最大值为 4，平均值为 3.25，标准差为 0.71	学生所报告的父亲或母亲的政治兴趣的数值在 1（完全不感兴趣）到 4（非常感兴趣）之间
群体层面：课程中的政治知识	最小值为－2.59，最大值为 2.00，平均值为 0.02，标准差为 0.95	基于课程分析的指标体系，将课程中政治知识数值转化为 Z 标准值（z-standardized）
群体层面：课程中的政治技能	最小值为－2.48，最大值为 1.90，平均值为 0.01，标准差为 0.95	基于课程分析的指标体系，将课程中政治技能数值转化为 Z 标准值（z-standardized）
群体层面：课程中的政治兴趣	最小值为－0.56，最大值为 3.24，平均值为 0.01，标准差为 0.99	基于课程分析的指标体系，将课程中政治兴趣数值转化为 Z 标准值（z-standardized）
学校类型	职业教育和职业培训 37.9％，联邦职业学士学位 12.7％，普通教育 49.4％	三类：普通教育、联邦职业学士学位、职业教育和职业培训
语言	德语 73.3％，法语和意大利语 26.7％	1＝德语，0＝法语和意大利语
教师性别	女性 26.7％，男性 73.3％	1＝女性，0＝男性
教师的政治兴趣	最小值为 0，最大值为 12，平均值为 10.4	将国际政治、国家政治、州政治、地方政治、一般性政治兴趣数值相加，每个变量数值在 0（完全不感兴趣）到 4（非常感兴趣）之间

三、测量结果

初步分析测量结果发现：学生个体层面上的政治兴趣差异并不令人感到惊讶。然而，总方差的 8％以上来自班级群体，这说明学生的政治兴趣不独立于课堂语境。测量结果显示，个人特征与个人政治兴趣密切相关。这些发现大多与 Henn、Foard 和 Lutz 等人的研究结论相一致。在瑞士籍男性学生中，家长政治兴趣高，学生政治兴趣就高，家长政治兴趣低，学生政治兴趣就低。此外，政治上清晰的左右自我定位与高政治兴趣有关。相比之下，没有清晰的左右自我定位的学生表现出较低的政治兴趣。以上结论也适用于 18 岁以下（尚未获得选举权）的学生。18 岁，即学生获得选举权的年龄，似乎是学生政治社会化的转折点，显然也是学生政治兴趣的转折点。更确切地说，在 18 岁之前，相当多的年轻人无法在政治上完成自我定位，这似乎与较低的政治兴趣密切相关。

此外，课程中所界定的政治技能越广泛，学生的政治兴趣就越高。然而，出人意料的是,在课程中传授的政治知识越多越深,学生的政治兴趣就越低。当控制语言区域、学校类型、教师的影响这些变量时,学生政治兴趣变量的负值似乎相当稳健。这可能是因为这一方面的政治教育通常是学校课程中最不发达的方面。

表4表明,政治知识维度的负系数可能由学校特有的政治教育和学生总体政治兴趣水平所致。例如,在政治教育的课程方面,不同学校类型之间有系统的区别。虽然职业教育和职业培训在政治知识维度上极力强调政治教育,但是联邦职业学士学位和普通教育课程在政治知识维度上的数值非常低。普通教育的学生表现出较高的政治兴趣平均水平,可以解释政治知识维度的负系数。不同类型学校的课堂政治教育因教育轨道而异。

表4　不同学校类型课程中政治教育三个一级维度测量值

一级维度 学校类型	政治知识	政治技能	政治兴趣
职业教育和职业培训	0.43	0.07	−0.29
联邦职业学士学位	−0.19	−0.16	−0.44
普通教育	−0.23	−0.02	0.34

注:0以上数值表示这一学校类型中这一一级维度涉及的各学科课程高度整合。0以下数值表示这一学校类型中这一一级维度涉及的各学科课程低度整合。

本文只为"广泛的课堂政治教育对培养学生政治兴趣具有一般促进作用"这一假设提供了有限的支持。而测量结果意味着:在某些情况下,课堂政治教育中有关政治知识各方面的冗长描述甚至会阻碍学生政治兴趣的发展。通过分析得出:在课程中大力发展学生的政治技能,有利于提高学生参与政治活动的能力和积极性。此外,通过测量课堂政治教育对调节家长与学生之间政治兴趣关系(图1)的作用可知:课堂政治教育确实可以协调家长和学生之间政治兴趣的不一致。

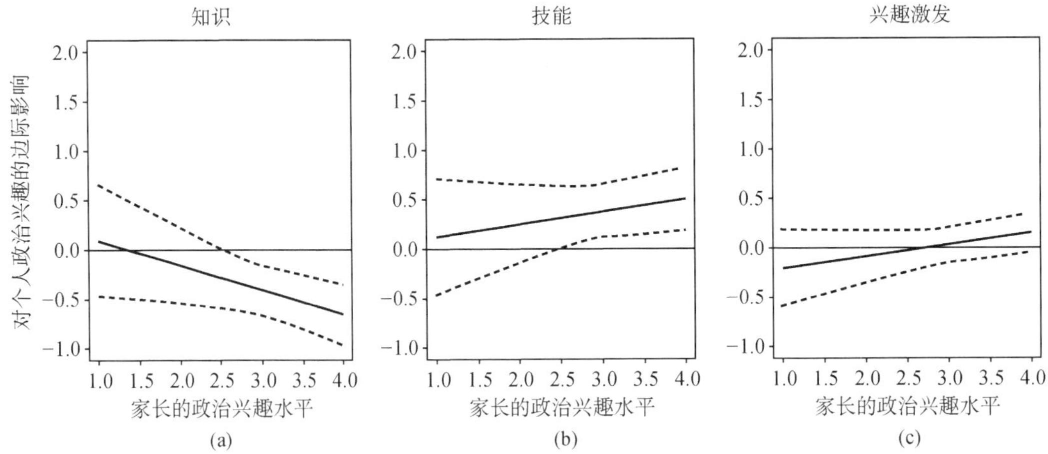

图1　课堂政治教育对家长政治兴趣和学生政治兴趣关系的调节作用

在政治知识维度上，课堂政治教育倾向于减少家长政治兴趣对学生政治兴趣的影响。更确切地说，与以前相似，如果学生家长表现出高度的政治兴趣，那么强调政治知识的传授与低政治兴趣有关。相比之下，政治背景较少的学生，其政治兴趣与政治知识没有显著联系。这也适用于政治教育中的政治技能。然而，虽然所有样本班级群体中政治教育与个人政治兴趣之间的联系都是积极的，但对有政治背景的学生来说，这种边际效应只有统计学意义。换言之，与政治知识相反，如果学生家长对政治有兴趣，那么政治技能教育与学生的政治兴趣相互促进。图 1-(b)说明：不同政治兴趣水平的家长受到的政治技能教育与学生的政治兴趣没有显著的关系。

总之，测量结果表明，课堂政治教育与学生的政治兴趣密切相关。此外，即使家长对政治感兴趣，他们的子女也不全都从学校政治教育中获益。对政治技能的关注似乎能增强学生政治兴趣，对传授政治知识的强烈关注对这些学生有不利影响。测量结果支持政治教育主要影响那些家庭在一定程度上政治社会化的学生的期望，而不支持学校政治教育具有补偿效果的期望。然而，与期望相反，由于政治知识和政治兴趣之间呈负相关，这种现象不必然导致学生群体之间政治兴趣的更大不平衡。

四、结论

第一，学校环境对学生的政治兴趣起着重要作用。更确切地说，两大类高中教育的学生的政治兴趣有着明显的不同：普通教育的学生比职业教育的学生对政治更感兴趣。这种差异是学生对不同方向的政治兴趣的组合和自主选择造成的。但根据以上分析，无法确定有多少差异确实是在高中教育中产生的。同时，本文没有发现教师对学生政治兴趣有影响。值得一提的是，对政治感兴趣的教师似乎并没有激发学生的政治兴趣。

第二，课堂政治教育的课程教学几乎没有自觉地直接增强学生的政治兴趣。一方面，本文分析了政治教育的政治知识、政治技能、政治兴趣这三个一级维度，但只有政治技能维度与学生政治兴趣有着积极的显著关系。这一结果与 Kahne、Crow 和 Lee 等关于公民学习机会与政治参与的实证研究结果一致。[6]理论上讲，这些研究发现支持建立在公民自愿模型等基础上的政治参与研究，这些研究对增强公民政治动机、提高公民政治敏锐性、提高公民政治参与能力，从而提高公民政治和民事技能有重要作用。相反，政治知识教育和调动政治兴趣的教育与政治兴趣不呈正相关，甚至呈负相关。另一方面，课堂政治教育似乎不以同样的方式影响所有的学生。分析表明：课堂政治教育不能完全弥补家庭政治教育的缺失，但能影响那些家长对政治感兴趣的学生，即家庭实现了一定程度政治社会化的学生。

第三，课堂政治教育有可能增强学生的政治兴趣，但不一定会取得成功。换言之，无论是在科学理论上还是实际操作上，都需要更全面地考虑在学校里如何更有效地构想和实施政治教育。对政治知识维度的测量结果最清楚地说明了这一点，这意味着我们不能完全排除课堂政治教育实际上会对一些学生的政治兴趣产生消极影响的可能性。更为积极的是，本文对这种消极影响的可能性的发现，可以指出未来研究和发展政治教育框架时需要考虑的一些重要方面，如：学校冗长的课程只提到一系列的问题，而没有告诉教师政治教育的重要意义，这可能对教师在课堂上进行政治教育的意愿产生消极影响。因此，如何把课程教学中所描述的学校政治教育转化为课堂政治教育是首要的问题，这一问题的解决很大程度上需要教师角色的充分发挥。此外，政治教育强调传授政治知识，但如果不将这些知识与现实政治和发展联系起来，可能就不会成功地激发学生的政治兴趣，甚至会引起学生反感，尤其是那些已初步具备政治知识的学生。相反，课程教学的概念化和实施需要特别考虑"起始水平"的差异，即课堂政治教育要考虑如何对家庭政治社会化程度低的学生和初步具备政治知识的学生都产生有益影响。更一般地说，这也需要考虑和调查学生对政治教育的概念性和工具性的理解。虽然政治兴趣在课程教学和公开的科学辩论中没有得到足够重视，但对其高度关注似乎是有希望的。政治教育的政治兴趣这一维度揭示了政治理论知识与积极政治参与之间似乎消失的联系。在瑞士最近进行的联邦职业学士学位课程教学改革中，政治兴趣教育确实被摆在了更为突出的位置。这一变化可能为今后的研究提供更多机会，以更详细地调查政治兴趣教育的地位和作用。

虽然本文的调查结果仅基于一个国家的数据，但这一结果也适用瑞士以外的国家。事实上，能够把高中教育中职业教育和培训与普通教育这两种主要教育轨迹结合起来，意味着从概念上和经验上来说，本文涉及不同的教育体系。政治教育融入不同学校、不同班级、不同课程教学的方式方法多种多样，这种多样性支持这样一种观点：为了研究学校政治教育与学生政治参与的关系，课堂层面可能是最合理的分析层次。这种方法也可能与规则设置比较集中的教育系统有关，但学校政治教育仍在课堂上实施。

五、启示

（一）学校政治教育是一种重要的公民教育

尽管"公民教育是现代政治体系中不可或缺的一部分"[7]，对未来的政治参与很重要，但这个问题长期以来在政治和教育研究中处于次要地位。学术界对政治教育与个人政治知识及其效用之间的经验关系的作用一直存在质疑。然而，20 世纪 90 年代，政治教育的影响再次引起了人们的注意，几项研究揭示了公民教育对学生政治参与有积极影响。特别是公民教育在提高政治兴趣和增加政治知识方面的优点得到了强调。近年来，有学者强调，应该从多方面来看待学校的作用，即政治教育不仅传授政治知识还可为公民提供更多学习机会，端正公民政治态度，从而有利于公民技能和政治敏锐性的提升。学界对公民教育的这种新兴趣产生于"政治社会化重生"(rebirth of political socialization)背景下，这种政治社会化有不同的代理,学校就是其代理之一。按照这种观点,个人,特别是年轻人,在民间组织、学校等不同社会化环境中,会通过与家人、朋友、同事、同学互动来增加他们的政治知识和提高他们的政治技能。其中,学校受到特别关注,因为学校教育对每个人都是强制性的,不管其个人社会背景如何。因此可以说:作为社会化背景之一的学校政治教育对几乎所有学生都有影响,而且学校政治教育的不同维度可以很自然地融合在一起。首先,从定义上看,学校是传授包括政治知识在内的各类知识的机构。其次,学生在学校内不仅与他们的老师,而且与他们的同龄人交流和讨论思想,这是培养公民素养和政治技能的理想方式。最后,学校政治教育影响着学生对政治问题的敏感性及应对方式。[8]例如,教师可以发起政治讨论,甚至组织政治实践活动,这反过来又是对学生的政治激励。

(二)课堂政治教育与公民政治参与的关系

学者从政治社会化的角度看到了课堂政治教育的重要性,但并没有指出课堂政治教育实际上是如何影响学生的政治参与的。在这方面,本文使用了政治参与研究中最突出的一种方法,这种方法提供了关于课堂政治教育与个人政治参与之间联系机制的重要理论见解。即政治参与动机和政治参与能力与政治参与过程的关联。虽然其他学者认为学校政治教育影响着政治参与动机和能力,但是笔者认为:政治能力和政治参与意愿可能受到课堂政治教育的影响。

(三)提高公民政治参与能力

公民政治参与能力因个人拥有的政治资源多少而异。这些政治资源,一方面包括关于政治制度、相关政治参与者和政治进程的基本知识及在政治问题上作出决定的能力;另一方面包括促进有效政治参与的交际能力、组织能力等公民政治参与技能。政治知识是公民身份的一个重要因素,而"公民和公民身份不仅是政治理论的基本概念,而且是公民教育的重要理论基础"[9],可见政治知识地位的基础性。很明显,课堂政治教育可以通过教授学生政治制度、政治行为和政治过程来增加学生的政治知识。这些观点大体上谈及学校政治参与教育的各方面,而笔者的主要观点更具体些:良好的学校政治教育有助于一般公民技能转化为政治技能。

总之,学校政治教育可以培养学生的公民技能和政治知识,即提高他们的政治参与能力,这反过来又会引起人们对政治的普遍兴趣。政治知识有助于公民了解其政治兴趣是什么,其政治兴趣如何受到政治决策影响,以及其兴趣如何在政治进程中得到提高。同时,公民技能有助于培养学生的交际和组织能力,从而提高学生的政治参与能力。

(四)增强公民政治参与动机

参与政治进程的另一个原因是纯粹的参与意愿。换言之,无论个人是否获得了其所需的政治资源,如果其不愿意参与政治进程,政治参与就不会发生。在这种情况下,动机可以被称为一种与政治接触的愿望,这一愿望与环境、规范、传统对政治参与的影响有关。课堂政治教育除了传授政治系统知识和提高公民基本技能这一政治教育基本目标,更远大的目标是提高公民积极性,其中包括不断提高公民政治意识和对政治问题的兴趣。因此,笔者得出结论:课堂政治教育可能会通过激发学生参与政治的愿望和强调有民主意识公民的准则来影响公民政治兴趣。

参考文献

[1] GALSTON W A. Political knowledge, political engagement, and civic education[J]. Annual Review of Political Science, 2001, 4(1): 217-234.

[2] STADELMANN-STEFFEN I. Education policy and educational inequality-evidence from the Swiss laboratory[J]. European Sociological Review, 2012, 28(3): 379-393.

[3] NIEMI R G, JUNN J. Civic education: what makes students learn[M]. New Haven: Yale University Press,1998.

[4] 邱旻玮. 瑞士职业教育:三分之二青年人的选择[J]. 上海教育,2016(32):8.

[5] MCALLISTER I. Civic Education and political knowledge in Australia[J]. Australian Journal of Political Science, 1998, 33(1): 7-23.

[6] KAHNE J, CROW D, LEE N-J. Different pedagogy, different politics: high school learning opportunities and youth political engagement[J]. Political Psychology, 2013, 34(3): 419-441.

[7] 李石. "闲暇"与公民教育[N]. 中国社会科学报,2017-11-23(6).

[8] CLAES E, HOOGHE M. The effect of political science education on political trust and interest: results from a 5-year panel study[J]. Journal of Political Science Education, 2017, 13(1): 33-45.

[9] 胡君进,刘争先. 中国公民教育研究述评(2011—2015 年):取向、对象与方法[J]. 中国人民大学教育学刊,2017(2):132.

基于工作过程导向的课程教学实践

◎ 徐　翔

摘　要　工作过程导向课程源于德国，是工学结合的理论实践一体化课程的一种典型课程模式。本文基于工作过程导向的理念，以“工业机器人操作与编程”课程为例，选用覆盖工业机器人操作与编程的各项知识点，完整的工业机器人点焊调试应用工作任务，按照资讯、计划、决策、实施、检查、评价六个基本工作过程进行教学实践分析和探讨，以期为工业机器人相关课程教学提供参考。

关键词　工作过程导向　教学实践　工业机器人

一、引言

工作过程导向是一种以实际工作场景为基础的教育方法，在德国早已得到应用[1]。其主要目的是让学生在实际工作中更好地应用所学知识。“工业机器人操作与编程”是工业机器人技术应用专业的核心课程，涉及理论、实践和综合性方面，要求学生有一定的编程基础。然而，由于中等职业学校学生的知识基础较差，很难理解编程原理及编程思维，如果教师只采用课堂讲授的方式教学，难以提高学生学习的积极性。因此，笔者以“工业机器人点焊调试”教学项目为例，探索研究基于工作过程导向的课程教学实践，以期学生在学习中形成岗位意识，提高学习的主动性。

作者简介　徐翔，上海市汽车集团股份有限公司配置管理工程师兼内训师，同济大学职业技术教育学院硕士研究生，研究方向为职业教育。

二、基于工作过程导向的典型教学实践案例

（一）教学目标

1. 知识目标

熟练掌握工业机器人例行程序的调用方法；识读焊接尤其是点焊应用中常用的运动指令、I/O 控制指令、逻辑控制指令；掌握点焊程序编写的技巧。

2. 技能目标

掌握工业机器人焊枪装调；掌握程序模块的导入操作；能对 SpotL/SpotJ、Welding I/O 等指令进行程序编辑；具备自行编写机器人点焊程序的能力；具备使用 RoboMaster、RobotStudio 等离线软件进行离线编程的能力。

3. 素质目标

培养学生严谨的工作态度；培养学生集体意识和团队合作精神；培养学生自主探究能力。

（二）教学内容

根据某汽车设备制造公司真实的焊接项目执行过程进行教学内容相关设计，以工件的点焊质量及焊点完成情况为考核内容进行定量评价，对学生的学习效果和反馈进行定性评价。经企业调研了解到，工业机器人工程师的主要工作是根据甲方提供的工艺参数和技术标准，校准机器人坐标系、工件、夹具、焊枪等参数，编写点焊程序，实现机器人精确打点，保证焊接质量及交付。其中教学要求是根据实际的企业调研中真实的生产需求进行设计，切实地满足企业实际工作场景，同时符合学生的认知规律。结合企业实际工作需求，设计教学内容如表 1 所示。

表 1　工业机器人点焊应用教学内容

课程名称	工业机器人典型应用调试
教学内容	① 机器人运动轨迹的选择 ② 程序框架图确认 ③ 程序设计与编写 ④ 手动校核 ⑤ 虚拟仿真验证 ⑥ 运动轨迹示教 ⑦ 焊接动作参数示教
工具	ABB 机器人一台，C 型焊枪，焊接工件（侧围），示教器，周边设备（PLC，安全围栏等），工业机器人操作手册，一体化工作页

（续表）

课程名称	工业机器人典型应用调试
教学方法	项目教学法
组织形式	小组协作，教师辅助指导
教学要求	① 了解 ABB 机器人的 I/O 通信 ② 掌握 PLC 与 ABB 机器人的 I/O 通信方法 ③ 掌握 ABB 机器人的联机运行方法 ④ 掌握机器人的点焊指令与应用，程序设计与调试 ⑤ 掌握示教器的操作

（三）教学方法

本文中的教学案例采用的是项目教学法，强调“学生主体”与“教师主导”的综合教学模式，学生可以通过资讯—计划—决策—实施—检查—评价的步骤开展学习，在学习的过程中，通过模拟的真实工业机器人操作场景了解职业的目标定位、工作过程和知识。

（四）教学实施

工业机器人自动点焊调试课程共 10 个学时，基于工作过程的教学过程要突出学生主体、教师辅助，同时需贯穿资讯、计划、决策、实施、检查、评价六大步骤。

1. 资讯

资讯环节模拟真实企业环境，教师在其中扮演项目管理者和技术总工等多重角色。

首先，由教师向学生介绍“工业机器人点焊调试”的学习情境：某大型汽车制造厂商现有一新车型侧围工作站，需要对侧围进行自动点焊，节拍为 60JPH，我公司为集成商企业，承接此项目，最终验收以符合节拍需求及焊点质量检验合格为标准。

其次，由教师介绍任务的主要内容：工业机器人通过抓取自动焊枪，并移动到对应工件指定位置进行点焊操作。具体任务是：①选择合理的机器人运动轨迹；②根据运动轨迹确认程序框架图；③编写行动途径程序；④校核行动途径，并手动调试；⑤通过虚拟仿真验证运动轨迹；⑥对运动轨迹做实操示教；⑦对焊接动作参数做实操示教。最终提交运动轨迹、程序框图和代码，以及焊接参数。

资讯环节的目的是使学生对工业机器人点焊工作站的整个工作过程有基本的认知，带着工作的目的进行理论学习，做到现学现用。

2. 计划和决策

利用在资讯环节总结收集的知识，学生撰写任务计划书，列出设备清单和所需的工具及实施步骤，再将小组的任务计划进行汇总展示，由教师点评各小组方案的可行性，明确工作流程，并强调任务过程中的关键性事项。最终确定工业机器人自动点焊分为 9 个实施步骤:①创建坐标系,根据现场环境设计运动轨迹;②使用 LIN、PTP、I/O 等指令编程;③获取 PLC 启动信号并归位;④设置相关参数;⑤确定坐标系;⑥运动程序代码各坐标点的示教(焊枪抓取,焊点坐标点定位);⑦使用 PD/PS 软件模拟验证轨迹;⑧工业机器人实操焊接示教;⑨关闭工业机器人。就这 9 个步骤开展小组内分工,编程基础较好的学生主要牵头负责步骤①、②和⑦,并协助指导其他同学完成程序及离线仿真,动手能力较强的学生负责突破③、④、⑥、⑧步骤的难点,并协助其他学生完成调试任务。

学生在计划和决策环节可以梳理之前所习得的相关理论知识,同时小组讨论和展示可以增进团队合作意识,分工可以使学生更加直观地意识到职业中所需要承担的责任,促进职业素养的发展。

3. 实施和检查

根据先前制定的任务步骤进行实际的安装、调试和检查的实操环节,教师在整个过程中在各小组间来回巡视,指导学生进行实践操作,完成设备安装和设置,及时指出学生的不规范操作,把控工作进程,确保学生在规定的课程时间内完成任务。

学生根据已经制定的工作计划进行项目实施,完成具体项目任务。在整个实施过程中,每完成一个步骤,小组需要对内容进行检查,保证顺利地进入一个步骤,全部工作任务都完成后应做整体检查,使机器人顺利运转。项目具体任务实施流程如下。

(1) 规划机器人运动轨迹

点焊应用中焊枪是最重要的工具,点焊的焊枪分为 X 型和 C 型,分别作用于不同的焊接产品。首先,由教师向学生介绍此次焊接产品的特点,以及产品焊点所匹配的焊枪(C 型)。同时,描述 C 型焊枪在工作过程的运动轨迹的特定模式,说明分别需要在哪几个固定位置设置坐标点。其次,由学生小组团队协作设计运动轨迹。轨迹行径路线及坐标设置,如:以 HOME 为起点,也就是机器人的零点坐标,机器人获得来自 PLC 的信号后,从 HOME 移动到 P1 点,P1 点为无障碍点,参照实际场景躲避夹具和工件障碍,行径路线从无障碍点 P2 到 P3 到 P4 最终到 P5 点,其中 P5 点为焊接机器人的起始焊接坐标点,机器人在 P5 点打开自动焊枪焊臂,从 P5 到 P6 是对所有焊点坐标进行确认焊接,完成所有焊点路径焊接后,机器人移动到 P7 无障碍点,后续同样为了躲避障碍物,依次移动至 P8、P9 点,最终回到 HOME 点。

(2) 确认程序框架图

进行程序的创建之前,首先要编制程序框架图,教师可引导学生开展小组讨论,根据机器人运动规划进行程序框架图的设计,并根据框架图进行程序的编制。

(3) 根据运动轨迹和程序框架图编写轨迹程序

小组内团队合作,通过先前的工业机器人运行路线和程序框架图进行点焊应用编程。

(4) 示教运动轨迹中的所有示教点

这部分内容为工业机器人实操示教的基础,为后续工业机器人点焊程序的调试做准备,包含的步骤有:获取 PLC 信号,工业机器人归位;设置各个相关参数值;创建坐标系;运动程序代码各坐标点的示教(焊枪抓取,焊点坐标点的定位)。

(5) 通过虚拟仿真验证运动轨迹

利用离线仿真软件对已编辑的程序进行实景模拟,排除干涉,并通过模拟结果更新轨迹以符合现场工况要求,仿真效果如图 1 所示。

图 1　工业机器人自动点焊仿真模拟

(6) 工业机器人运动轨迹及焊接动作参数实操示教

将程序代码导入工业机器人程序包中进行示教检测,由于点焊有一定的飞溅可能及危险性,在第一次程序验证时,教师需要确认离线仿真模拟无干涉、运行正常,然后才可以在机器人上完成所有程序的实操示教。

4. 评价

课程教学结束后,由教师分发教学评价表,各小组进行自评和互评,教师根据学生课堂表现及最终任务的成果质量作出评价,并将最终成果视频发送给企业导师,由企业导师进行专业评分。同时,参照企业表彰会形式,对项目中表现优秀的学生进行肯定和表彰。

三、基于工作过程导向的课程教学实践的思考

根据前期对学校的调研可知,现有课程教学仍然存在许多不足,导致教学效果不理想,以下提出具体对策。

(一) 提高学生学习主动性

“工业机器人操作与编程”是一门包含程序编写、离线仿真等较为枯燥的教学内容的课程。但是,若仅仅采用课堂讲授的方式教学,很难激发学生的学习积极性。相反,将实际工作中更为真实和具体的工作任务作为教学内容,可以更好地提高学生学习的主动性。通过这种方式,学生不仅可以深入了解未来真实的工作场景和实际工作流程,还可以在实践中逐步积累工作经验和实践技能[2]。这种教学方式不仅能使学习过程更加有趣,还能更好地培养学生的岗位意识,提高学生在未来职业生涯中的适应性和竞争力。

(二) 选择贴切的教学实例

调查结果显示,很多教师在教授工业机器人课程时倾向选择将物料搬运作为实例。尽管该类案例的入门难度较小,上手简单,但实际上,规模较大的企业已实现搬运过程标准化,并使用远程程序一次性加载,不需要人工参与。因此,在教学案例的选择上,应更多地

考虑到企业中最为常见的应用场景，而不是简单地照搬原有案例。这样的教学方式更有利于学生更好地理解和掌握真实的工作流程，并有助于学生在毕业后更好地适应和融入工作环境。

（三）提升“双师型”师资队伍综合能力

教师在教学过程中扮演着至关重要的角色，需要具备高水平的专业知识和强大的技能，以满足“双师型”素质的要求。但是，由于缺乏企业实际工作的参与经验，教师可能不太熟悉较前沿的产品特征和操作，难以开发出更符合实际生产需求的教学项目。为了提高教师队伍的综合能力，学校应该采取一系列措施，如将教学实施计划与企业生产计划安排紧密结合、定期发布兼职教师招聘信息、建立兼职教师补贴制度和建立兼职教师库等[3]。这些措施可以吸引企业一线专业技术人才和能工巧匠担任兼职教师，并参与教学工作。同时，应该培养选拔和引进技术能力强、行业企业影响力较大的专业带头人，逐步建立与企业联系紧密、规模稳定、人员流动、专兼结合的“双师结构”教学团队[4]。这些措施可以提升教师队伍的专业素质和教学水平，为学生提供更实用、更贴近实际的教学内容。

（四）教材的选取

经过调研访谈，大多数教师反映现有教材内容较为基础，难以满足企业调试工作的要求，特别是工业机器人调试工作需要考虑周边设备的协同运转，而教材中这方面的内容较少，对于提升综合能力的帮助相对较小。同时，学生现有教材中部分内容较为晦涩，实践项目也比较基础，企业自编培训教材更易理解和上手。因此，在本次教学实践中，笔者将一体化工作页作为课程重要组成部分之一。与传统学科体系的课堂练习不同，工作页以任务为导向，能够帮助学生进行整体的、系统的思考，从而提高学生的工作质量。此外，过程评价是加深学生学习程度的一种有效手段，符合职业教育过程性评价原则。采用工作页模式不仅能够帮助学生掌握技能，还可以为教师后续教学提供借鉴，优化教学效果。

（五）评价体系的优化

工作过程导向课程实践教学是一种全新的教学模式，通过理论与实践的高度融合，将教学过程与实际工作紧密结合。然而，传统的评价体系已经难以适应这种课程教学质量的评价，特别是实践教学过程的评价，因此需要探索出一套符合职业教育规律且易于操作的实践教学质量评价体系。这对于优化资源、完善教学管理、提高教学质量并实现职业教育可持续发展是必要的。在实践教学中，评价应更加注重学生的实际能力和工作技能，例如对学生工作过程的监督和指导、对实践项目的综合评估等[5]。这种评价方式可以更好地反映学生在实践过程中的表现和成果，帮助学生更好地适应未来的工作需求。因此，建立科学合理的实践教学质量评价体系对于推进职业教育的发展至关重要。

四、结语

工作过程导向的课程包含一系列综合性典型工作任务，旨在将工业机器人操作与编程课程的教学内容转化为任务，以提高教学的实用性。这种教学方法以任务为核心，训练学生的专业技能、增加学生的理论知识，根据实际工作过程将学生所需知识和技能设计为多个任务。学生通过完成任务获得成就感，并能够主动学习和提高自身实践技能。教学过程中，学生的主体作用和教师的主导作用都应得到有效发挥，教师通过引导学生完成任务来传授知识。教学按照“资讯—计划—决策—实施—检查—评价”的完整工作步骤来完成任务，从而使学生学习工作过程知识。实际教学证明，采用过程导向的课程开发模式，任务明确，学生学习主动性高，教师教学效果好。

参考文献

[1] 姜大源.工作过程系统化:中国特色的现代职业教育课程开发[J].顺德职业技术学院学报,2014,12(3):1-11,27.

[2] 赵志群,周衍安.如何认识职业教育行动导向教学[J].当代职业教育,2022(5):56-65.

[3] 文福林,甘梓坚.工业4.0背景下工业机器人人才培养战略探究[J].科技经济导刊,2019,27(32):168.

[4] 徐胜,刘友华.以企业需求为导向的中职工业机器人专业课程开发与实践[J].时代农机,2017,44(6):153-154.

[5] 魏小华,徐建亮,周明安,等.基于工作过程导向的工业机器人课程改革与人才培养模式研究[J].创新教育研究,2021,9(2):439-444.

教育管理论坛

陶行知“六大解放”思想及其对“双减”政策实施的启示*

◎ 江平萍　张简男　程雄飞

摘　要　陶行知“六大解放”思想摒弃了中国传统的教育观念，内容丰富，具有全面性和生活性特征。在智育目标狭隘化、中小学生负担重、校外培训过热、情感教育缺位、道德品质下降的背景下，教育部出台“双减”政策，然而“双减”政策在落实中面临着来自家庭、学校、社会层面的问题。而陶行知“六大解放”思想在以人为本、改变传统作业观、回归教育本质等方面给“双减”政策的实施带来一定启示。

关键词　陶行知“六大解放”思想　“双减”　素质教育

培养创造型人才和发扬创新精神是教育所要承担的任务。创造无时不有，无处不在，“处处是创造之地，天天是创造之时，人人是创造之人”。[1]陶行知创造教育思想给我们提供了宝贵的经验。他的“六大解放”思想是其创造教育思想的一部分，对“双减”政策的实施有一定启示意义。

一、陶行知“六大解放”思想的内容与特征

（一）陶行知“六大解放”思想的内容

陶行知“六大解放”教育思想摒弃了中国传统的教育观念，尤其是师道尊严的思想；批评了课堂是满堂灌，教师一直讲，学生一直记，一切为了考试，分数体现一切的思想；回答了如何彻底解放儿童的创造力问题，从而促进中国教育观念和教育方式的改革。其内容包

* 本文为南昌师范学院学生创新基金项目“陶行知‘六大解放’思想及其对‘双减’政策的启示”的阶段性研究成果。

作者简介　江平萍，江西省婺源县江湾中心小学一级教师。
张简男，华东交通大学硕士研究生。
程雄飞，南昌师范学院讲师，博士。

括:一是解放儿童的头脑。激发儿童的创新思维,不应让儿童过多地接受系统的基础训练,而应培养儿童形成良好的创造性思维。在开展教育活动时,教师可以引导儿童开展各种游戏,向儿童提出一些具有启发性的问题,引导他们积极思考。充分激发儿童的创造性思维,实现解放儿童头脑的教育目的。二是解放儿童的双手。满足儿童的好奇心,培养儿童的创造能力。鼓励儿童接触大自然,参与社会实践,尤其重视儿童动手能力,让儿童多动手,多实践。因为,实践是人的根本存在方式,人"通过实践创造对象世界,改造无机界,人证明自己是有意识的类存在物。"[2]实践能使儿童积累丰富经验,打破儿童思维认知的局限,实现解放儿童双手的教育目的。三是解放儿童的眼睛。眼睛是心灵的窗户,积极引导儿童观察生活,欣赏生活中的美。四是解放儿童的嘴巴。开展活动时教师应该为儿童创设更多口语表达的机会,让儿童在发现、探索中形成自己的思考并表达出来。五是解放儿童的时间。教师应当根据儿童的能力来分配时间,让儿童有充足的时间消化、思考所学的知识,并发起对大自然和社会的思考。六是解放儿童的空间。反对"鸟笼式"教育,尽量多让儿童亲近自然、接触社会,积累感性经验。

(二)陶行知"六大解放"思想的特征

一是全面性。陶行知"六大解放"思想,涵盖整个肌体,包括头脑、眼睛、嘴巴。"六大解放"思想的核心内容是给孩子足够的成长空间。大脑是产生思维的物质基础,人们的思想观念、意识都由大脑产生。陶行知把解放头脑形象地比喻为"天",指出大脑是思想之物质基础,要"解放头脑,撕掉精神的裹头布,使大家想得通"[3],增强大脑的思维能力和用科学方法解决问题的能力。当今教师要引导儿童积极思考、敢于探索,在课堂上充分动脑,而不是一味地依靠课外辅导班,不愿动脑。陶行知先生曾说:"人类自从腰骨竖起,前脚变成一双可以自由活动的手,进步便一天千里,超越一切动物。自从这个划时代的解放以后,人类乃能创造工具、武器、文字用以从事于更高之创造。假使人类把双手束缚起来就不能执行头脑的命令。"可见,头脑和双手密不可分,"手脑都会用,才算是开天辟地的大好佬。"[4]解放儿童的双手的含义是教师要加强学生的劳动教育,注重实践,不能一味追求学习成绩,培养出"高分低能"的人。解放儿童的眼睛的含义是教师不能将学生禁锢于课本中,要增强学生明辨是非的能力。陶行知先生说:"小孩子有问题要准许他们问,从问题的解答里,可以增进他们的知识。孔子入太庙,每事问。"这说明嘴巴提出的问题,使人们的思想、立场、观点得到交流,从而使人们增长知识,创造新的东西。学生是一个思想活跃的群体,要让他们充分发挥主观能动性,积极探索,同时营造良好的师生关系、亲子关系,让学生敢思考、敢提问。教育不能拘泥于教室这个小小的空间,学生本就是一个好奇心比较强的群体,要带他们向外探索,丰富教学内容。近几年,研学旅行越来越受学生欢迎,教师要采取多种方式,解放儿童的空间。解放儿童的时间,意味着不挤压学生的课余时间,留更多的时间给学生们支配,这些思想都与"双减"政策相呼应。

二是生活性。把生活融入教育，让教育融入生活。生活中有很多教育资源和教育机会，例如接近自然、参与社会实践劳动，都可以让儿童经历生活、感受生活。社会即学校。把社会当作学校，让老师千教万教，教人求真，让学生千学万学，学做真人的教育，是理论与实践相结合、动脑和动手相结合。老子曰"物壮则老"，如果一种理论发展到了顶峰，就等同于这种理论在走向没落和死亡。而"六大解放"思想和陶行知先生的其他众多思想一样都具有开放性和革命性。"六大解放"实质上蕴含着众多类型的解放。从学生的"六大解放"中可以派生出教师、家长、民族、社会、国家乃至全人类的"解放"。"六大解放"思想与陶行知先生理论中的其他思想也有密切关系。如"教学做合一"，就是探究如何解放教、解放学、解放做等问题；"五路探讨"是在寻找解放探知、解放征知、解放悟知的路径；"教育即生活"是为了解放教育的本意、在生活中培养能力的教育本体论；"学校即社会"是为了解放儿童的世界，让学生在没有围墙的社会大学校里自由翱翔的教育领域论，这里的空间概念包括创造的、心理的及其他更广泛的社会空间。众多的解放，交织聚光于个性化的素质教育，可带来无穷的价值。在学生个性的培养上，"六大解放"思想不是一维的，而是立体的、多维的。依据学生的实际情况和个性特点，将复合化与扩展的"六大解放"要素用于动态与个性化的分析、设计、构建上，帮助学生实现消除思想困扰、优化求学过程、增强创新能力、提高整体素质等多维目标。

二、"双减"政策的实施背景及落实中存在的问题

（一）"双减"政策的实施背景

1. 智育目标狭隘化

我国义务教育在一定程度上还存在应试教育思维，其模式特点在于把智育放在首要位置。笔者不否认智育在教育中的重要作用，但是我国义务教育阶段的智育从应试角度出发，过分强调分数，强调知识的掌握程度，一味地将一些知识灌输给学生，让学生通过死记硬背来获取知识。成绩好不好，一考见分晓。在面对败局时，老师同学的议论，家长的责备都让学生受到重创。这些是让学生为了学习而学习。把学习内容局限在课本中，无疑是对智力的狭隘化，也折射出应试教育的负面影响。

2. 义务教育阶段学生负担重，对青少年身心发展产生负面影响

义务教育阶段学生课业负担较重，教学过程中学生过度学习，教师也常对学生进行强化训练。为了让考试结果体现自身的教学水平，很多教师常占用音体美课程时间，学生也成了学习的机器，"海量"作业也成了教师对学生的相对暴力。学生的休息和娱乐时间得不到保障，连周末时间也被挤占，严重影响青少年学生身体的健康成长。不仅如此，也导致学生患上许多心理疾病，如恐学病、厌学症、学习反复受挫后的精神抑郁等，这些潜在的问题

也违背了教育的初衷。

3. 校外培训过热,超前超标培训问题尚未得到根本解决

目前的升学和考试机制,是校外培训过热的真正原因。大多数父母认为,自己的子女要想进入好学校,就必须要有好成绩,但是目前学校所能提供的教育已经不能满足每个学生的需求,因此家长不得不选择校外培训机构。他们认为,只要花点钱就能让自己的孩子赢在起跑线上,而且大多校外培训采取“一对一”教学模式,更有利于因材施教,也弥补了学校教育的不足。大多数家长持这样一种观点:只要子女不优秀,那就去报课外辅导班,默认只要报了课外辅导班就等于孩子成绩能够提升,但是他们不曾想过给子女造成的压力有多大。除此之外,校外培训机构也利用家长望子成龙,望女成凤的急切心理超前超标给学生授课,这些问题严重冲击了教育改革发展成果,对素质教育的发展仍然是个不利因素。

党中央对此高度重视,2021 年 7 月,中共中央办公厅、国务院办公厅印发了《关于进一步减轻义务教育阶段学生作业负担和校外培训负担的意见》,站在实现中华民族伟大复兴的战略高度,对“双减”工作作出重要决策部署,要求从政治高度来认识和对待,从体制机制入手深化改革,全面贯彻党的教育方针,落实立德树人根本任务,促进学生全面发展和健康成长。

4. 情感教育缺位,道德品质下降

“问渠哪得清如许,为有源头活水来。”情感教育是学习的“源头”,因而情感教育在学校教育中格外重要。应试教育模式下,学校对知识传授的重视程度远高于情感教育,过度关注分数、升学率,却少关注学生的道德情感教育,在教学中很多教师也只是完成教学任务,只做到了教书,却忘了育人。家长和学校都要树立正确的教育观念和成才观念,不给学生过度施加压力,科学、适度安排学生学习、生活和娱乐,促进孩子健康成长、全面发展。

(二)“双减”政策落实中存在的问题

党中央高度重视素质教育的发展,要求全面贯彻“双减”政策。近年来,按照“双减”政策的要求,各地纷纷投入落实“双减”工作。“双减”政策的落实要坚持整体性思维,但现行政策在落实过程中依然存在一些问题,分别体现在家庭、学校及社会三个层面。

在学校层面,自从“双减”政策实施后,为了更好地达成减负、增效、提质的目标,很多学校针对学校实际情况,在作业布置上做文章,提出了很多实施策略,采取了很多行动。但在策略的具体实施过程中,仍存在着较多问题。例如,部分教师不注重课后作业的研究,使得作业的类型太少,较为单一,重复性作业较多;作业内容缺乏创新,仅限于课程所学知识点,在课外知识的积累运用、拓展延伸方面过于敷衍;很少布置思考实践性作业,如参观博物馆、科技馆,调查研究校园热点、社会热点,培养实际动手能力等方面的作业内容基本没有。因此,如何提高课堂教学效率,如何科学布置作业、提高作业设计质量等是学校方面亟须解决的问题。

在家庭层面，在“双减”政策的落实过程中，部分家长对于“双减”政策的理解不到位，浮于表面，对校外补习还存在依赖心理，认为只有为子女报课外辅导班，才能提升他们的学习成绩。还有一些家长错误地认为落实“双减”政策与提升教育质量是对立的，担心减少作业量影响子女学习成绩，焦虑感还没有完全消除。具体实践数据表明，在教师给学生减负后，学生的实际负担并没有明显减轻。减负的初衷是减少作业量，让学生将更多的课后时间用于提升其综合能力。而事实上，减负虽然为学生增加了课外空闲时间，但在完成教师布置的作业后，一部分学生在家长的要求下利用空闲时间加强基础较为薄弱科目的学习；另一部分学生，因为家长没有时间、精力等其他原因，处于“放养”状态，形成了一些不良习惯。学生做不到自由支配及合理利用时间，不能配合教师更好地开展教师课堂教学，使得“双减”政策实际目标与教学方向相偏离。“双减”的落实，关键在家庭，而父母是第一责任人，如果家外减负家内增负，对于学生而言，其负担本质上没有改变，到最后“双减”政策很大程度上会落空。总之，要推动家长深入理解“双减”政策，真正解放学生。要使家长真正理解“双减”是符合学生身心发展规律，符合学生认知水平，能够真正推动学生发展的政策，不能再依赖校外辅导机构。家长也要意识到子女的培养是一个长期的过程，需要给予子女长久的关心和教育，依靠校外辅导机构提升成绩是暂时的，“双减”并非和学习质量相对立，而是从更深层面教会学生如何学习。

在社会层面，部分人对“双减”政策的认识还不到位，不能理解“双减”政策的内核与实质，这也在一定程度上说明“双减”政策的宣传方式还不够灵活，覆盖面还不够广。培训机构依然变相存在，学科类培训仍有反弹风险。“双减”政策对校外培训机构的影响最明显，多数培训机构正在做出积极的回应，或自我整改，或谋求转型。由于家长对学生期望过高，对学科类的校外培训仍有需求，个别校外学科类培训机构没有彻底退出，从“地上”转为“地下”，开展居家辅导，收取高额费用。个别家长选择让学生参与“一对一”补课，隐蔽性更强，导致监管更加困难，存在反弹风险。总之，社会也要形成统一意志，共同支持“双减”政策，推动学生的解放。“双减”政策的落实，需要社会各方共同努力，形成统一意志，坚定“双减”的方向，共同推动学生的发展和教育的发展。

从以上三个层面来看，“双减”政策落实中存在一些问题。要真正贯彻落实“双减”政策，必须从学校、家庭和社会三个方面入手，三管齐下，在“学校实施、学生配合、家长监督三方形成合力”[5]的基础上，营造良好的社会环境，从而推动素质教育的发展。

三、陶行知“六大解放”思想对“双减”政策实施的启示

素质教育要求的“创新精神和实践能力”的培养，课程改革提倡的“主动参与、乐于探究以及动手能力的培养”，都与陶行知主张培养创新人才、开发人才创造力等创造教育思想不谋而合。陶行知关于发现和认识儿童的创造力、解放儿童的创造力的思想，可以帮助我们

认识到当前教育存在的“为应试而教,为应试而学”倾向的最大危害在于扼杀了儿童的个性和创造力。陶行知关于怎样实施创造教育的一系列做法和“六大解放”思想对当今素质教育的实施有启示意义。

(一)以人为本

陶行知“六大解放”的教育思想抛开了讲求师道尊严的中国传统教育观,摒弃了一切为了考试、分数的教育思想,回答了如何彻底解放儿童的创造力的问题。该思想是陶行知先生在长期的教育实践活动中,针对当时中国教育的诸多弊病而提出来的富有创建性的教育主张。“教育,最好的目的是解放孩子,解放他的潜质、个性,和与生俱来的智慧,帮助他找到自己。”陶行知“六大解放”思想意味着学生可以借助头脑、双手、眼睛、嘴巴,在无限的时空中寻找学习材料,明确自己的需求、发现自己的兴趣。教师根据学生具体情况进行个性化学习推荐,为学生推荐合适的学习材料,这种“个性化学习推荐的优势在于精准判断学习者的兴趣,为其精准推荐学习材料,是实现‘双减’等目标的重要手段。”[6]这体现的就是以人为本的素质教育。而当今全社会所倡导的素质教育要求的“创新精神和实践能力”的培养,课程改革提倡的“主动参与、乐于探究以及动手能力的培养”都与陶行知主张培养创新人才、开发人才创造力等创造教育思想不谋而合。学校和教师在教育过程中要关注学生本身,在传授知识前首先要激发学生的好奇心和探究欲望,教学时不将教育情境局限在书本和课堂中,而应当引导学生通过亲身体验、实践活动等积累相关的直接经验,进而获得有益的感性认识。另外,在应试教育和精英教育的社会环境下,各年龄段的学生奔走于形形色色的培训班,那些本该由学生自己支配去探索世界的时间全被占用了。其实,让学生花时间去自主学习、主动探索在一定程度上更有利于他们实现全面发展,在自主学习和探索的过程中,他们可以积累到比在课堂中获得的更为丰富也更有意义的经验。陶行知的“六大解放”教育思想也正是倡导让儿童发挥创造力,而不是通过应试教育抑制儿童创造思维和创造才能的发展。回看今天,我国推行的“双减”政策的理念与陶行知的教育思想是异曲同工的,“六大解放”教育思想为我们更好地贯彻落实“双减”政策提供了借鉴,二者在本质上都是推崇素质教育。学生是教学过程中的主体,学校理应重视发挥学生主体作用,做到以人为本、以学生为主体。

(二)改变传统作业观

减少课后作业并不是机械地减少作业数量,而是丰富作业形式,切实减小学生的作业压力。在实际教学中,部分教师只是减少学生的书面作业数量,而带给学生的压力并没有减小。例如在政治教学中,想让学生理解“企业经营成功的因素”不能只布置书面作业,让学生抄写这一知识点相关内容,而应丰富作业形式,如让学生选取生活中企业兴衰的案例,并分析案例企业为什么在某一时期蒸蒸日上,为什么在某一时期趋于衰败。教师也可以选择一个企业案例让学生分析其经营的状况，并在课堂上统一讲解。课后作业应该有目的性、针对性。布置作业的目的是让学生更好地掌握所学知识点，所以布置作业时要针对课堂内容的重难点，把握主要矛盾，不能不论知识层次，忽略重难点，布置没有针对性的作业。课后作业的布置要注重理论与实践相统一，不能脱离实际谈理论。注重理论与实际相统一是推动学生灵活运用知识的关键。学生学习是为了推动实践的发展，因此知识的学习必须联系实际，植根于现实生活。教师在布置作业时，要思考作业是否需要学生从现实生活中得出答案，是否能够指导学生的实践。坚持理论与实践相统一，能够推动学生知行统一，推动学生注重实践，培养学生的实践精神。

（三）回归教育本质

一是注重学生创造性的发展。创新是一个民族进步的灵魂，是一个国家兴旺发达的不竭动力。对于学生的培养，要注重创造性与创新性能力的发展。在课堂教学中，要多引导学生思考，通过案例、视频材料等创设情境，引导学生深入思考，培养学生独立思考的能力；巧妙运用探究、小组讨论的研讨性方法，引导学生进行思想交流、观点碰撞与整合，培养学生交流合作、与人沟通的能力；注重因材施教，把握部分学生的特殊性，对其进行有针对性的指导，有利于提升学生学习积极性和改善学生学习效果。

二是发展促进人全面发展的教育。“六大解放”所说的解放儿童的头脑、双手、眼睛、嘴巴、时间和空间正是要给儿童充分的发展空间，推动儿童全面发展。推动“双减”政策切实实行，减小带给学生的压力，学生才能有更多的时间和精力去参加德育、体育、美育、劳育相关活动，实现全面发展。教师要坚持陶行知的“六大解放”思想，把握教育的本质，合理安排课堂和课后作业，促进学生德智体美劳全面发展。

四、结语

近几十年来，中国的教育发展史是素质教育与应试教育相交叉、纠缠乃至斗争的历史。一方面，我国大力倡导素质教育，意图创造素质教育繁荣发展局面；另一方面，应试教育占据着我国教育的阵地，在一定程度上扯住了素质教育向前迈进的脚步。但是素质教育与应试教育之间并不是剑拔弩张、有你没我的关系，教育部原副部长郑富芝说：“搞素质教育不是不要考试，也不是不要升学率，但是不能简单、片面地以考试成绩、升学率来评价学校、老师和学生，而是德智体美劳全面发展的教育，素质教育搞得好，学生的学科知识成绩必然也是好的。”二者并不是相对立的关系，应试教育考察不了学生的素质这一观点也失之偏颇，当前各个领域的精英曾经接受的大都是应试教育，况且应试能力本身也是一种素质，人们参加各种考试都避免不了笔试和面试。素质教育迟迟无法替代应试教育的最根本原因是我国目前的应试教育体系是由我国教育国情决定的，只要我国的教育国情没有发生根本性改变，我国的应试教育体系就一定会存在。素质教育与应试教育之间一直是我中有你，你中有我的关系，有时应试教育显得突出一些，有时素质教育显得重要些，所以我们要做的就是寻求新的平衡，从实际出发，具体情况具体分析，综合二者有利因素，让教育事业在周而复始的“失范—规范—再失范—再规范”的矛盾运动中不断向前推进。陶行知“六大解放”思想正是在这种素质教育与应试教育的纠缠中给“双减”政策的实施带来了启示。

参考文献

[1] 华中师范学院教育科学所.陶行知全集：第三卷[M].长沙：湖南教育出版社，1985：484.

[2] 马克思，恩格斯.马克思恩格斯全集：第3卷[M].中共中央马克思恩格斯列宁斯大林著作编译局，译.北京：人民出版社，2002：273.

[3] 胡金木，左丽娜.做自己的主人：陶行知主体性教育哲学阐释[J].教育学术月刊，2021(12)：5.

[4] 华中师范学院教育科学所.陶行知全集：第四卷[M].长沙：湖南教育出版社，1985：173.

[5] 张建生.减负提质，让“双减”落地见效[J].河南教育(教师教育)，2022(10)：32.

[6] 高琳琦.“双减”背景下的个性化学习推荐策略研究[J].天津师范大学学报(基础教育版)，2022，23(6)：38.

新媒体背景下幼儿园品牌影响力的提升策略

◎ 吴　蓉

摘　要　随着社会进入新媒体时代，品牌影响力已深入到社会各行各业，幼儿园也开始通过微博、微信公众号、微信视频号、抖音等新媒体平台提升自身的区域影响力和口碑，形成自己的品牌。本文从幼儿园品牌形象塑造，品牌定位与品牌文化建立，以及品牌传播策略等方面进行了阐述，从中找出了研究问题，并针对品牌营销的发展提出了以下策略：精准定位园所品牌，构建可持续发展的品牌形象，精心维护品牌，拓展新媒体宣传渠道，以提高家长、学生与幼儿园的黏性，从而提升幼儿园的区域影响力。

关键词　幼儿园品牌　区域影响力　数字营销　新媒体营销

一、前言

近年来，从微信公众号到短视频平台，热门新媒体的形式不断变化，这些变化潜移默化地影响着大众的生活、学习和行为方式。人们能够通过微信、微博、抖音等新媒体渠道便捷地获得信息，这些新兴媒介成了影响人们对事物的选择的重要渠道。对于幼儿园来说，新媒体的兴起既是机遇也是挑战，现在许多幼儿园开始重视自身品牌建设，期望通过新媒体搭建自身品牌，扩大自身影响力。这对公办幼儿园来说极具战略意义和挑战性，为此许多幼儿园开设了自己的网站、公众号、抖音号、小红书账号，甚至还开发了自己的 App。数字化、新媒体营销已不再是企业和各大高校的专属领域，幼儿园也在探索品牌建设的策略与方法。幼儿园品牌建设已成为幼儿园管理和建设中不可忽略的部分。但是目前我国公办幼儿园的品牌营销还处于探索阶段，仍有许多不足之处。

作者简介　吴蓉，上海市杨浦区明园村幼儿园教师，同济大学硕士研究生。

二、公办幼儿园的品牌建设

（一）幼儿园品牌的内涵

学界对于品牌的定义有很多，但核心在于在大众的心目中塑造自身与竞争品牌相区别的形象。“现代营销学之父”菲利普·科特勒(Philip Kotler)这样定义品牌：品牌就是一种名称、名词、标记、符号或设计，或是这些要素的组合，其目的是借以识别某个销售者或某些销售者提供的产品或服务，并使之与竞争对手的产品和服务区别开来。[1]凯文·莱恩·凯勒(Kevin Lane Keller)认为，目标群体对公司品牌的认知，以及由该认知形成的与无品牌产品相比而言的差异性的表现，构成了品牌价值的基础。[2]幼儿园品牌是指幼儿园在发展过程中建立的反映幼儿园、幼儿培育的主要信息，代表其办学质量、水平与认可度，具有内在价值和能够使其与其他幼儿园相区别的标志。[3]

（二）幼儿园品牌形象的重要性

1. 良好的品牌形象有助于公办幼儿园提升区域内生源竞争力

幼儿园的品牌形象是幼儿园的无形财富，是幼儿园在激烈的竞争中取胜的法宝。幼儿园的品牌形象是指学生、家长和公众对幼儿园的整体印象和整体评价，它包括幼儿园的外观特点和潜在特征。其中，外观特点主要是指幼儿园的名称、规模，参加各种比赛的结果。潜在特征主要是指幼儿园的积极价值观和教育观念，人文环境、创新能力、开拓精神和服务质量。良好的品牌形象可以提升幼儿园区域内生源竞争力。

随着低生育时代的到来，适龄入园幼儿数量逐渐减少，不少公办幼儿园都开始缩减规模。社会上可供家长选择的幼儿园非常多，包括公办幼儿园、特色民办幼儿园和国际幼儿园，这使得公办幼儿园与民办幼儿园之间的生源竞争十分激烈。幼儿园的品牌形象是其竞争力的核心体现。在国际幼儿园和高端民办幼儿园品牌传播的强大影响力下，这类幼儿园成功地塑造了高质量、高素质并与国际接轨的品牌形象，这一形象在公众中得到了广泛认知和接受。正因如此，公众普遍认为，这类幼儿园拥有更前沿的教学理念，而相比之下，公办幼儿园在大众印象中则显得普惠、便宜且教学质量一般。显然，品牌形象的传播在很大程度上影响了大众对幼儿园的选择。事实上，公办幼儿园在教学实力与教学理念上并不逊色于国际幼儿园和高端民办幼儿园。然而，在竞争过程中，公办幼儿园往往忽视了品牌形象竞争力的重要性。口碑与实力的展现，既源于扎实的日常工作，也需借助有效的宣传与推广。

2. 良好的幼儿园品牌形象有助于提升对高素质幼教人才的吸引力

良好的幼儿园品牌形象不仅可以增强学生和家长对幼儿园的信心，引起他们的荣誉感，而且能够吸引公众的关注，使幼儿园在教育人才市场竞争中获得优势。相较于国际幼儿园高收入、高质量的标签，公办幼儿园在吸引高素质幼教人才方面处于劣势，不少海归和学前教育专业的研究生更倾向于选择国际幼儿园或者高端民办幼儿园就业。良好的幼儿园形象可以满足教职员工的心理需求，激发教职员工的积极性和创造性，使教职员工保持团队合作的热情、团结协作的精神，使幼儿园可以吸引和留住人才，形成"人文和乐业的内部环境"。

三、当前公办幼儿园品牌建设的问题

在国际及国内市场上，幼儿园品牌建设已非新概念，很多国际幼儿园和外资早教中心，都配备了自己的市场部门和专门的品牌建设专员。而大部分公办幼儿园没有专业的品牌行销人员，园长也不懂得如何建设品牌，品牌意识淡漠，品牌内涵空洞，品牌规划混乱，品牌管理荒芜，主要体现在以下几个方面。

（一）幼儿园品牌定位不清

定位理论的创建者杰克·特劳特(Jack Trout)和艾·里斯(AL Ries)认为，企业品牌提升的关键是在目标顾客的头脑里给产品定位，但他们认为定位在本质上不改变产品，不会过多改变产品的价格和包装，它们认为定位的目的仅仅是在顾客心智中占一个有价值的位置。[4]在品牌定位中要做到差异性和特殊性，才能从大众的众多选择中脱颖而出。幼儿园必须思考要将品牌塑造成怎样的形象，形象代表着个性，和人一样，幼儿园也要有自身的个性，品牌形象决定了幼儿园在市场中的地位：成功或者失败。

要在众多幼儿园中脱颖而出，幼儿园首先必须明确自己的品牌定位，显示自身与其他园所的差异性，为此幼儿园需要分析影响口碑的关键人群，包括学生、家长及教师。品牌创建与提升的基本方式是找出或者创建品牌心理位置，突出第一和品类的特殊性。如今很多公办幼儿园对自身品牌形象没有明确定位，什么流行就搞什么特色，随波逐流，如自然教学、STEAM教学、蒙氏教学、项目化教学、编程教学、乐高教学等。看似跟上了趋势，但其实每个特色都搞得不精。在宣传时也很分散，没有明确的重点和特色定位，没有品牌规划，混杂混沌混乱，诉求主题年年变，流行什么口号就叫什么口号。对于大众来说，目前公办幼儿园宣传渠道包括微信公众号，网站的情况并不能让读者迅速发现幼儿园的特色，幼儿园发布的信息内容繁多但却大同小异，无法区分出每个幼儿园的品牌特色，不具有特殊性和差异性。所以，幼儿园在做市场定位时亟须找准自身定位，微信公众号发布的内容也需要精炼且具有特色。

（二）幼儿园品牌传播力不足

以上海为例，如今大部分的公办幼儿园都建立了自己的微信公众号、网站，也成立了自己的信息宣传小组,但是这些账号和小组所产生的传播影响力非常有限。导致这一现象的原因包括以下几点:第一,创作内容缺乏传播性。内容主要围绕幼儿在园生活,而对于幼儿园特色和理念的宣传却相对较少,且分享的内容与其他幼儿园相似,缺乏差异性和特殊性。第二,品牌宣传渠道单一。目前幼儿园的宣传主要在微信公众号上开展,而对其他平台如抖音、小红书等的利用相对较少。第三,教职工缺乏品牌维护与管理观念。教职工的品牌意识比较淡薄,缺乏品牌营销的专业知识和能力。

四、新媒体背景下品牌建设策略

随着传统媒体的衰落,新媒体平台已成为幼儿园品牌传播的重要媒介。利用高流量的新媒体平台提升自身园所的区域影响力和大众口碑,张扬自身园所个性,熔炼品牌精髓,打造名牌幼儿园,必然需要制定一定的品牌战略。公办幼儿园在品牌建设时需要做到以下几点。

(一)精准定位园所品牌

幼儿园这一教育机构具有特殊性、公益性和非营利性的特质。公办幼儿园对其品牌定位须避免商业化、功利性,应推进品牌多元化,凸显校园文化性、教学过程性、品牌差异性与创新性,并围绕其特色与教学特质展开概念表述与传播,特色品牌幼儿园是指办学思想与教育理念兼具科学性、人文性、时代性与系统性等特点的幼儿园。

(二)品牌建设要具有可持续发展性

湛卫清认为,在品牌建设的维度上,条件性因素得到重视,素材性因素反而被忽视。从品牌建设的主体来看,外部主导受到重视,而内部参与则被忽视。这主要是由于我国企业对品牌的重视程度不够、品牌建设的观念比较滞后、品牌意识薄弱。从品牌建设方法视角看,我国企业过分注重“场外”介绍,但未考虑“场内”产生。[5]幼儿园品牌发展应更加注重构建真正有益于孩子的品牌核心和教育思想。教育对人生有着长期且深远的影响,能够跨越时间,惠及多代人。鉴于此,幼儿园品牌建设应着眼于长期效应,致力于创造具有持久价值的教育体验,以赢得长期良好口碑。具体而言,要深入分析并明确幼儿园的品牌核心和教育理念,以此为基础创建长期可持续发展的园所特色,避免盲目追随新理念。进一步明确园所品牌定位,将“特色幼儿园”中先进科学的教育教学资源转化为“品牌幼儿园”的优质资源,把特有的办学个性塑造为无形资产和核心竞争力,从而实现园所品牌的可持续发展。把“特色幼儿园”中先进科学的教育教学资源开发成“品牌幼儿园”的优质资源,把“特色幼儿园”特有的办学个性转化为“品牌幼儿园”的无形资产和核心竞争力。

(三)精心的品牌维护

品牌效用的基础在于品牌创造,幼儿园要重视品牌的维护。品牌是值得信任的,因为它受严格的过程约束与规范限定。品牌的构建者无论在任何时候、任何地点，无论付出任何代价，都应遵守他们的诺言。品牌从本质上讲是承诺，所以幼儿园树立品牌的过程也是不知疲倦地践行自己的承诺的过程。一个好的品牌能够拉近家长与学生之间的距离，建立起融洽的社会关系，成功的可持续的品牌形象需要家长、老师、学生乃至社区共同维护。在对公办幼儿园品牌维护进行研究后发现，其主要问题在于幼儿园教师的品牌意识比较薄弱，幼儿园缺乏专业化的品牌建设人才。这些问题都需要幼儿园结合自身发展现状，从以下两个方面逐步改进。

1. 强化教师的园所品牌使用意识

幼儿园应该邀请专业人士对教职工进行专业的培训，提高广大员工的品牌意识，积极引导鼓励教职工在日常工作中重视品牌概念的渗透，促进幼儿园办学理念的输出，让更多的学生和家长深刻了解幼儿园的办学理念，从而突出幼儿园的品牌优势。

2. 提升园所品牌保护意识

目前大部分幼儿园都让部分教师兼职学校的信息员，这些教师往往没有专业的品牌宣传知识，还要兼顾平时的教学工作，不少幼儿园的标志和虚拟形象都是由这些教师设计的，其中还涉及版权问题，同时幼儿园未对这些标志和图像进行注册，不受法律保护。未来幼儿园应该对其品牌标志和虚拟形象进行注册，进一步保护自己的品牌。

（四）拓展新媒体宣传渠道

目前公办幼儿园采用的互联网推广手段较为单一，大部分公办幼儿园的网络宣传渠道仅限于微信公众号、教育局官方网站、学前教育网等。除了微信公众号具有大众传播功能，其他几个渠道的受众面非常小，仅限于教育局工作人员和公办幼儿园教师，不具有大众传播性。且大部分公立幼儿园只是利用微信管理班群以及通过微信公众号传播幼儿园部分重要信息，暂不涉及更多更好地推广其品牌。如今短视频平台兴起，对于公众来说，抖音、快手、小红书等平台的短视频更具吸引力，而公办幼儿园在短视频品牌宣传领域几乎是一片空白。对标教育行业的驰名品牌和国际幼儿园，微信公众号只是其进行品牌形象宣传的平台之一，他们在其他高流量平台都开设了账号。社会大众，特别是有意愿为子女报名幼儿园的学龄前儿童的家长，绝不可能只是通过微信公众号来了解目标幼儿园的全部信息，他们会通过抖音、小红书等各大平台关注一些相关博主和测评获取更多目标幼儿园的相关信息和评价。随着新媒体的流行趋势不断转变，未来各个幼儿园的品牌宣传主阵地必将转向短视频平台。公办幼儿园需要掌握新媒体的流行趋势，借助当下流量比较大的平台，如微博、抖音、小红书、微信视频号、哔哩哔哩等，也可以通过与各种流量大 V、教育界知名人士谈论择校问题等方式对自身的品牌进行推广及宣传。另外，公办幼儿园也可以开发自己的 App，对自己的课程进行全方位、多维度的推广。

五、结语

如今,家长在教育服务方面的消费行为日趋理性和成熟,幼儿园打造自己的教育品牌显得尤为重要。目前来看,很多公办幼儿园已经开始重视品牌创建工作,但由于经验不足及对相关知识了解不够,部分公办幼儿园进入了一些误区。公办幼儿园应借助新媒体平台,并在可持续发展思想指导下,抓住园所特点,准确定位品牌,开发新媒体宣传渠道,提高员工的品牌意识,精心维护园所品牌形象,从而达到品牌可持续发展的目的,并不断提升幼儿园对家长社区的黏性,树立品牌及影响力,做到系统化、综合化和科学化。

参考文献

[1] 刘跃,张道伟.体验营销的价值创造过程——基于菲利普·科特勒的营销管理过程的主题思想[J].江苏商论,2008(3):2.
[2] 凯文·莱恩·凯勒.战略品牌管理[M].李乃和,李凌,沈维,等译.北京:中国人民大学出版社,2003.
[3] 吴荔红.民办幼儿园的品牌建设———以厦门市英才幼儿园为例[J].湖北第二师范学院学报,2011,28(12):109-112.
[4] 柯恩.再谈定位——专访定位理论之父杰克·特劳特[J].哈佛商业评论,2010(11):56-66.
[5] 湛卫清.学校品牌建设的误区及反思[J].教育发展研究,2009(18):4.

“三全育人”视角下数据驱动的整合式心理健康教育实践

——以浦东新区第二中心小学为例

◎ 盛　琳

摘　要　在“三全育人”的视角下，以整合式学校心理健康服务体系为载体，有助于推动学校心理健康服务的全员化和全程化；通过信息化手段，能较好地实现学生关联数据的有效整合，在促进个别与团体辅导思维和模式改变的同时，更精准地呈现学生的数字画像，并跟踪呈现学生在整合式辅导过程中的状态变化，有助于构建学校的心理健康服务的职能系统，推动心理健康工作的创新发展。

关键词　“三全育人”　数据驱动　整合式　心理健康教育

2017年2月，中共中央、国务院印发《关于加强和改进新形势下高校思想政治工作的意见》，提出坚持全员全过程全方位育人(简称“三全育人”)。2018年9月，习近平总书记在全国教育大会上发表重要讲话，强调“培养德智体美劳全面发展的社会主义建设者和接班人，加快推进教育现代化、建设教育强国、办好人民满意的教育”。

为贯彻党的十九大精神，落实教育部《教育信息化2.0行动计划》，推进上海教育综合改革，助力上海教育现代化建设，深化《上海市教育信息化“十三五”规划》，上海市教委于2018年9月制定了《上海市教育信息化2.0行动计划(2018—2022)》。

2020年9月，上海市教委印发《关于推行中小学全员导师制的试点工作方案(讨论稿)》，以建立和完善中小学生身心健康守护网和现代学校治理体系为目标，推进中小学全员导师制的试点工作。从2021学年秋季学期起，上海市中小学全面推行中小学全员导师制。

2021年11月，上海市教委发布《上海市教育数字化转型实施方案(2021—2023)》，为上海整体性推进教育数字化转型、全方位赋能教育综合改革、革命性重塑高质量教育体系、服务国家战略和上海城市发展擘画了新的蓝图。

作者简介　盛琳，上海市浦东新区第二中心小学心理专职教师，一级教师，同济大学硕士研究生。

在此背景下，浦东新区第二中心小学作为首批“上海市教育信息化应用标杆培育校”、浦东新区首批智慧校园建设学校之一，积极学习贯彻全国教育大会精神，以立德树人为根本，以价值塑造为引领，通过信息化手段，结合本校实际，以整合式学校心理健康服务体系为载体，基于学校智慧校园平台，积极进行了心理健康教育的校本探索与实践。

一、基于“三全育人”视角，对整合式心理健康教育的思考

整合式学校心理健康服务体系以心理健康教育教师为核心工作队伍，联合班主任、导师和各学科教师，整合校内德育、教学等管理部门，分工合作、互相支持，联合校外医疗、社工等各方力量，共同构建学生心理问题发现系统、学生心理问题辅导干预系统及学生心理危机干预和管理系统。整合式学校心理健康服务体系可以初步实现学生心理关爱闭环管理的工作目标。

全员导师制的实施，推动了学校心理健康服务的全员化和全程化，导师的工作成为学校心理健康服务体系的重要组成部分，有效缓解了学校心理健康教育师资不足的矛盾，但是学校尚缺少心理教师和导师之间的联动机制。[1]

大数据时代给学校心理健康教育工作带来了新的机遇和挑战。在大数据技术的支撑下，学校应积极整合各领域的“孤岛”数据，实现学生关联数据的有效整合，能够促进个别与团体辅导思维和模式改变，也有助于构建学校的心理健康服务的职能系统，推动心理健康工作的创新发展与各部门、各端口衔接。

自 2019 年起，浦东新区第二中心小学将建设智慧校园作为推动学校内涵发展的抓手。根据教育信息化发展目标和学校信息化工作基础，学校围绕智慧校园“基座、生态、数据”三个建设重点，聚焦“环境、平台、教学、评价”四个领域，进行了智慧校园校本化设计，这为在数据背景驱动下的校本心理健康教育实践提供了强有力的支撑，为推进大数据技术在学校心理健康教育中的深度运用提供了可能。

二、基于数据的整合式心理健康教育的校本实践

（一）整合各方资源，构建全面心理健康教育服务体系

学校注重发动社会资源、家长资源和学校资源，共同构建学校的心理健康教育服务体系。如在家庭心理教育指导与培训中，学校基于小学生心理行为特征，按照学生年龄段对家长进行针对性的指导，从进一步推进家庭教育和建立良好亲子关系角度，给予家长可操作的经验与指导。家校有效联动互哺，让心理健康服务更具实效。如开设一年级家长学校，由上海市特级校长陈洁结合自身的教育经验，传授家长们与孩子沟通、帮助孩子快速适

应小学生活、促进孩子健康成长的方法，为新生家长提供了切实有效的建议和指导，缓解了部分家长因子女初入小学而产生的焦虑情绪，提高了家长家庭教育的起点；有心理学背景的四年级学生家长和教师一起制作了“社会情感学习家长课堂”微课，进一步推进了学生的社会情感发展，为他们之后的人格发展奠基。

学校构建了“发展—预警—干预”的心理健康教育体系。在“发展”方面，学校积极探索多元的心理校本实践，开设了“心理主题班队课”“心理拓展课”“心理社团课”，以表达性艺术辅导、心理剧等多种载体，探索针对各类学生的积极发展性辅导策略；在“预警”方面，学校在建章立制的基础上，基于全员导师背景，对学校全体导师进行线上线下多种形式的培训，使他们能够识别高危个体和警示信号，并按规定流程上报处理；在“干预”方面，学校与区青少年心理健康教育发展中心、社区、医院共同建立社会支持系统和建全校内干预系统。本体系的构建，有效地推动了学校心理健康教育工作的完善和质量的提升。

（二）基于社会系统观，建设专业心理健康教育队伍

笔者在对个别学生的心理健康教育情况的访谈中发现，虽然学校已开设了心理健康教育选修课，也开展了一系列的心理健康教育活动，但无论是学生的心理健康知识，还是专业心理求助态度，都受家庭因素影响较大。父母的文化程度越低，学生的心理健康知识水平与对心理辅导的接受程度越低。

同时，笔者通过深入访谈发现，学生在面对自己、家人或朋友出现心理问题时，是否愿意寻求心理咨询师的帮助，受家庭经济状况、父母之间的关系影响很大。来自经济状况差、父母关系不好的家庭的学生，其专业心理求助态度也更消极。此外，一些学生和家长存在病耻感，不愿寻求心理援助。

学生心理健康知识结构的不平衡性，提示我们要针对学生所面临的各种心理健康风险问题，多角度、多渠道地进行知识普及。同时，这些发现进一步提示我们，在关注学生心理健康素养的同时，还要关注学生的家庭环境，以及学校、社会环境的多重影响。

基于以上因素，学校十分注重发挥专兼职心理教师的专业特长，开展针对性的家庭心理教育指导。基于学校关爱学生档案库，在开学、居家学习、期末等关键节点加强对重点关注学生的关心关注与心理疏导，并不定期地对家长做线上线下的有针对性的家庭心理健康教育指导，并做规范记录。

在加强心理教师的胜任力上，学校心理教师通过参加区里的教研学习、学术年会学习、浦东新区青少年心理健康教育发展中心面询志愿者服务，以及华东师范大学心理热线、上海市心理热线的接线志愿服务，并接受专业督导，基于社会系统视角看待学生的心理问题，提升自身胜任力，以更好地服务家长与学生。

（三）数据驱动，实现导师资源有效联动

作为上海市教育信息化应用标杆培育校，浦东新区第二中心小学自 2019 年起，依据教

育部于 2018 年 4 月印发的《中小学数字校园建设规范(试行)》，国家市场监督管理总局、中国国家标准化管理委员会发布的《智慧校园总体框架》(GB/T 36342—2018)，致力于研究与实践综合运用物联网、大数据、人工智能等新兴信息技术，构建智能感知环境和新型教育教学空间，促进教学、教研、教育管理的流程再造与系统重构，实现信息技术与教育教学的深度融合，提高教育教学质量和教育管理决策水平，形成“可感知、可诊断、可分析、可预警”的新型校园生态。

基于智慧校园 3.12.1178 版本平台，学校对学生动态心理健康档案进行了初步的探索。如通过每堂课的即时课堂数据收集与反馈，以动态的评价与过程性评价引导学生养成良好的课堂学习习惯。通过智慧校园平台，畅通家校沟通渠道，家长能实时了解学生在校情况，同时通过多学科实时评价与过程性展示，让更多学生被看见、被赋能，多维立体地记录学生五年的成长线(图 1)。

图 1　智慧校园班级圈平台学生作品展示

在成长线的记录中，注重其中的关键点(即关键时期)，如学生入学适应、线上居家学习、不定期家访等相关心理健康数据的采集(图 2)。在数据基础上，立足全员导师平台，通过给予每个学生家一校面上的联合关爱，促进学生心理成长，实现导师资源的有效联动。

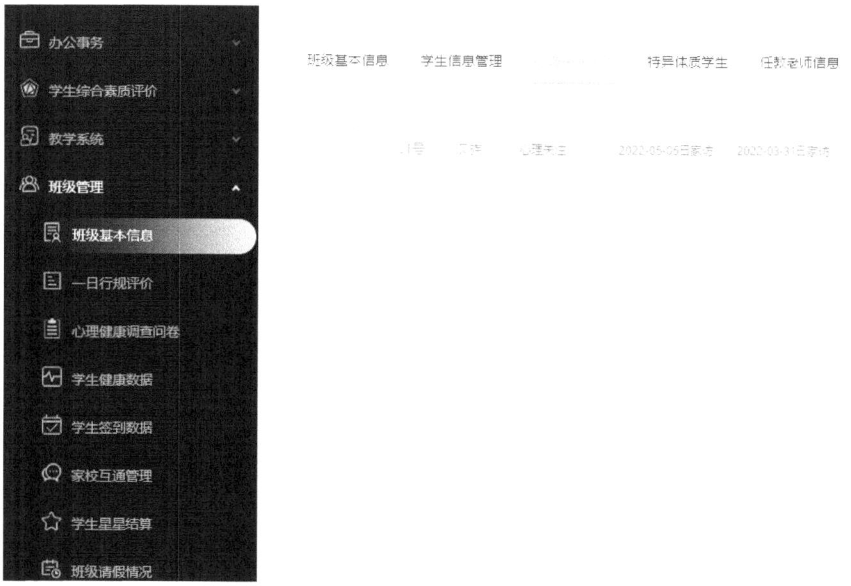

图 2　学生心理健康相关信息采集管理

(四) 数据分析，使心理辅导更有针对性

心理辅导室是心理健康教育教师开展个别和团体辅导，指导学生解决在学习、生活和成长中遇到的问题，排解心理困扰的专门场所，是学校开展心理健康教育的重要阵地。

本次实践对新冠疫情下，学生居家学习的心理辅导形式进行了信息化的初步尝试，在心理专题教育开展上，采用心理健康微课的形式，与亲子主题班队会课结合，在赋能家庭心理教育的同时，从学习适应、情绪调节、应激调适等多个板块引导学生心理、人格积极健康发展。

在开展个别辅导方面，基于学校信息化平台，以心理树洞的形式收集学生居家学习期间学生及家长的心理问题，共回收有效问卷 6 份。问卷反映出学生居家学习期间的心理问题主要表现为以下四个方面。

1. 环境变化引起的调适困难

如表 1 所示，在问卷采集时间上，2022 年 3 月中旬到 4 月中旬新冠疫情不明朗时，有效问卷数占问卷总数的 66.7%。相比线下学习的快节奏与丰富的学习生活，居家学习对小学生群体提出的最大挑战即为环境适应的困难。在笔者对多名学生的访谈中，学生普遍提及“感觉很无聊”“无所事事”“不知道该干嘛”“对时间的感觉变淡”……

表 1　问卷提交时间

序号	提交时间	序号	提交时间
1	2022 年 3 月 1 日 21:38	4	2022 年 3 月 31 日 21:39
2	2022 年 3 月 14 日 14:37	5	2022 年 4 月 14 日 14:43
3	2022 年 3 月 29 日 15:02	6	2022 年 5 月 6 日 13:33

2. 在线学习效果欠佳导致家长或学生产生焦虑情绪

表 2　各年级学生求助情况

年级	求助人次	比例
一年级	1	16.67%
二年级	1	16.67%
三年级	1	16.67%
四年级	1	16.67%
五年级	2	33.33%
有效填写人次	6	100%

由表 2 可以看出，线上教学期间，学校收集的来自各年级学生或家长的问卷数量相当，其中，五年级学生或家长提交的求助问卷比其他年级多一份，来自五年级学生或家长的两份问卷中，一份与情绪调节问题有关，另一份为感恩学校教育。相较于线下的面对面、手把

手教学，线上教学虽也有“一对一”辅导、面对面班会，但仍然会使师生产生距离感，一些自律意识薄弱，不能很好地适应线上教学的学生，容易出现学习效果不理想等情况。

同时，根据表 3 中可知，在居家学习期间，学生和家长所提交的求助问卷数量各占 50%，可见学生居家学习期间，一些家长也会出现焦虑情绪，如在收集到的求助问卷中，有一名家长对孩子上课效果差、跟不上进度表示担忧。

表 3　求助人员构成

身份	求助人次	比例
学生	3	50%
家长	3	50%
有效填写人次	6	100%

3. **心理情绪波动导致学习压力增大**

图 3 展现了新冠疫情期间所收集追踪到的建档学生的心理问题分类情况。情绪调节问题占在居家学习期间学生心理问题中排在首位。4 个出现行为问题的案例已接受医教结合干预，1 个亲子沟通问题案例因家长的焦虑情绪导致。在实际沟通访谈中笔者发现，外界因素或一些负面信息的泛滥，容易导致部分学生产生情绪波动，具体表现为担忧、焦虑，会影响学生的行为，增大学生的学习压力。

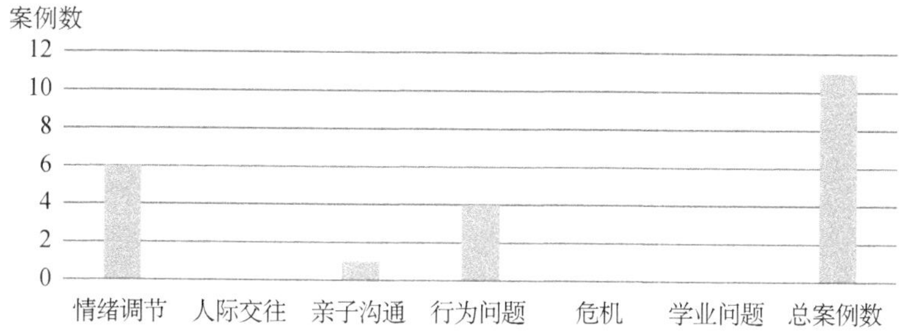

图 3　新冠疫情期间学生心理问题分类情况

4. **特殊家庭学生的心理问题**

部分学生的父母是抗疫工作者，长期未回家，学生对家长很思念，例如，在收集到的一份问卷中，学生表示其母亲一个月未回家，其特别想念母亲和学校同学。

学生产生焦虑情绪的原因如下。

① 外部环境因素

居家在线学习，学生的心理承受能力受到严峻的考验，引发心理应激。

② 信息辨识能力欠缺

情绪问题是新冠疫情背景下小学生所面临的最普遍的问题，主要表现为恐慌与焦虑。小学生由于自身年龄特点，对网络上的和生活中的信息的辨识能力不足，容易受到各种不实负面信息的影响，从而产生消极情绪。

③ 关怀情感的缺失

居家学习期间，父母的言行会较多地影响孩子，面对外界环境的变化，父母自身可能处于焦虑的情绪状态，同时也会忽视孩子的情绪和情感状态，而小学生的心理认知尚未成熟，在学习生活中，较易受到外界的影响，这也引发了一些亲子沟通方面的冲突。

④ 部分学生抗压能力弱

小学生由于自身年龄特点，心理调适能力不如高学段的学生，在新冠疫情下，应对较早出现心理健康问题的学生给予重点关注。

针对以上原因，学校依托全员导师制平台与“五环”专项行动，分层干预与辅导，采取了以下应对措施。

① 面向全体学生，增强学生心理弹性，建立仪式感与秩序感

通过导师每周线上家访，基于每一名学生的实际情况，给予其适时适度的心理疏导、学习辅导、思想引导和生活指导，引领、促进所有学生健康成长、全面和谐发展。

针对线上学习时间管理与不能面对面交流等问题，通过网格化学生的时间安排，尽可能使居家线上学习生活时间安排与学校线下学习生活相一致。每日开展晨会，每周五开展主题班会，通过建立仪式感，增进学生之间的交流互动，同时开展心理微课，针对线上学习调适、心理应激、情绪调适等主题，依托学生喜爱的放松舞蹈、动画、曼陀罗绘画等童趣化的形式，对全体学生开展心理辅导，引导学生理性辨识信息，科普应对压力的科学知识，鼓励学生的情绪表达，增强学生的心理弹性。

② 面对需要重点关爱的学生，建立健全关爱网络

通过导师家访，排摸全体学生居家学习状况与情绪状态，重点关注抗疫人员子女及有其他特殊情况家庭的学生，与心理老师携手，每周给予此类学生关注与辅导。

针对之前校内建档的学生及心理辅导室的个案，心理老师以随访学生、家长、班主任的形式，对校内建档学生开展发展性心理辅导与针对性咨询，对部分有焦虑情绪的建档学生家长做安抚与心理疏导。在数据统计周期内(2022 年 3 月 1 日—2022 年 5 月 6 日)，心理辅导室已跟进辅导情绪问题学生 58 人次，行为问题学生 22 人次，亲子沟通问题学生与家长 6 人次，跟进网络面询 8 人次。

在针对性辅导关爱的基础上，学校致力于构建家校社联动共育网络。如通过“云上家长会”，依托学校心理、浦东德育等微信公众号的专业资源对学生和家长开展心理宣传与家庭教育指导；发动家长力量，通过亲子班会课平台，对参与抗疫的家长表达敬意，引导学生形成对疫情的理性认知；对于部分抗疫工作者家庭，鉴于父母繁忙，孩子可能缺乏学习自觉性，学校和家庭应携手督促孩子线上学习，并持续关注学生的心理状态；在学校官方微信公众号开设“星言心语”栏目，推送心理防护知识、放松技巧等内容，赋能家长。

三、基于数据的整合式心理健康教育实践的反思与展望

在“学校是每一个孩子生动、和谐发展的快乐家园”办学理念的引领下，学校一直致力于培养全面发展的人，并将心理健康教育工作作为促进学生身心健康发展的重要抓手，通过整合各领域的“孤岛”数据，构建学生数字动态心理成长档案，以数据伺服系统反馈学生需求，打造大数据智慧定制的整合式心理健康教育服务体系，更好地关注学生的全面动态成长，同时也为有心理困扰的学生和家庭提供及时的心理辅导和各种心理求助资源，长期追踪并提供个体心理咨询服务。

在后续的大数据智慧定制构建中，笔者有如下展望：通过改进细节，进一步畅通家校实时沟通渠道；采用建档数据分析、数据挖掘等多种方式，结合质性研究探寻学生心理问题的各种影响因素及其潜在联系，推进数据分析在心理健康教育中的深度应用；在分析数据的基础上为存在不同类型困惑的家长提供家庭心理教育指导思路；基于数据，建立对学生的发展性心理评估机制，为后续的心理健康教育课堂提供资源与素材。

参考文献

[1] 王震. 全员导师制实施背景下整合式学校心理健康服务体系的探索与实践[J]. 现代教学，2021(26)：45-49.

小学班级管理中家长参与决策的策略研究

◎ 胡　巧

摘　要　小学班级管理要开放、民主、合作，不仅要吸纳学生自主管理，更要吸纳家长参与管理决策。家长参与决策是民主管理的内在要求，也是学生个性化发展的需要，通过组建家长委员会，多方沟通与交流，有效化解学生心理困扰，促进班级形成良好班风，优化班级管理，为学生提供便捷、舒适、和谐的成长环境，促进学生身心健康发展。

关键词　家校合作　班级管理　家长　参与决策

习近平总书记指出，“家庭是人生的第一个课堂，父母是孩子的第一任老师”。[1] 对于学生的成长成才，家庭、学校只有进行有效合作，才能更好地帮助学生成长。随着社会节奏加快、社会环境改变，部分小学生(特别是高年级学生)出现“早熟”现象，其对事物开始形成自己独立的看法与见解，以班主任为“绝对权威”的班级管理早已不符合时代的发展；随着信息技术的飞速发展，家长参与班级管理决策的条件越来越便利，家长可以通过QQ、微信等常用软件及邮件、电话等方式参与班级管理决策。笔者认为，家校合作中，学校应积极争取家长参与班级管理决策，既有助于班级管理的民主决策，又有助于家长及时了解班级管理情况，形成家校通力合作、共建共赢的管理局面。

一、民主决策，调动家长积极参与班级管理

民主决策是一个班级班风形成的重要基础与前提。民主决策越广泛，往往班级班风越和谐、学风越浓郁。而民主决策机制的形成，不仅需要教师和学生的参与，更需要家长的参与和支持。家校合作的第一步就是积极调动家长参与班级管理的民主决策，使家长能及时知晓班级管理的重大决策相关信息，促进师生与家长无障碍、无误沟通。笔者在实际工作中，通过组建家长微信群，将班级重大决策信息发送至微信群并@所有人，邀请家长建言献

作者简介　胡巧，江西省芦溪县芦溪镇第二中心学校，一级教师，本科，研究方向为小学教育教学研究。

策。这样一来，不仅规避了班级管理中教师“一言堂”的问题，更重要的是教师与家长之间的沟通不会因学生传达偏差而进入不必要的误区。笔者在班级决策上采用三个步骤：①决策初期班主任拟订方案，提交给班级所有学生征询意见，同时将初定方案发在家长微信群征询家长意见。②将收集的意见进行整理归类，再次发到家长微信群征询家长意见，这样就能很好地调动家长参与班级管理的积极性。③最终方案通过学生民主表决的方式得到确认，既兼顾了学生自主管理的发展需要，又使家长积极参与决策，保证了教师的主导地位。

在班规制定的过程中，通过民主决策调动家长参与其中，对班规的完善及落实很有帮助。笔者将初定的班规发送至家长微信群，对自己认为值得思考及修改的相关条文加以批注，同时，笔者还将初定班规与校规和中小学生守则等进行了对照。对于家长的建议，笔者提出用接龙形式进行收集，并给出了相应的模板。家长们在群内讨论、提出建议意见，讨论完毕后家长结合讨论情况，通过接龙形式将最终的建议发到微信群，而笔者只需要看接龙的最终结果。在班规的制定上，经过家长多次讨论修改，从对照校规要求到对照学生守则措辞用法，从对学生的关怀到有效的引导，从家庭责任与学校责任的区分，到家校共同合作，在民主商议过程中，家长在微信群中发送了上千条新信息。

在整个过程中，笔者虽然没有参与讨论，但通过对初定班规加以批注主导了整个民主决策的过程。在讨论过程中，家长不再单一考虑学校责任、学生利益等问题，而是从班级建设与管理的角度，以良好班风为出发点来通盘考虑问题。由此可见，充分发扬民主决策的原则，以信息化手段联通家校双方，推动家长积极参与班级管理，为家校合作共建共赢奠定了较好的基础。

二、通力合作，组建家委会高效参与班级决策

民主决策本身是一项积极的措施，然而，家长人数众多且意见分散会使家校合作效果受到很大影响，因此需要组建班级家长委员会（简称“家委会”），协调各方意见并代表家长参与决策，提高家校合作效率。班主任首先要让家委会成员理解自己的意图，再让家委会成员有针对性地做好相关工作。这不仅有助于发挥家长参与的作用，还能使家校合作的机制更科学、更高效。组建家委会要把握三个原则：第一是时间原则，家委会成员应有一定的时间参与决策管理；第二是自愿原则，家委会成员要有自愿参与决策的热情，为班级管理提供合理建议；第三是职业原则，家委会成员的职业越广泛越好，不同职业的家长会从不同角度考虑问题，能够为决策的科学化、合理化提供更多思路与建议。基于这三个原则所组建的家委会，既具有一定的代表性，又能作为家校间有效沟通的桥梁，而且有助于家校双方形成通力合作的管理体系，更好地为班级管理服务，使班主任能将更多的精力集中于为学生个性化发展服务。

以学生成长电子档案为例，笔者为班级每名同学制作了成长电子档案，每两周通过微信私信将电子档案发给家长，并附有留言，以便家长与笔者沟通。最初只是笔者与家长一对一的沟通，工作量非常大。家委会成立后，笔者首先将每一小组学生的共性问题发送给家委会成员，学生的个别情况则直接与家长微信沟通，并特别说明家长既可以向家委会成员反馈，也可以直接留言给笔者，以及笔者会以何种形式、何时与家长沟通。如面对学生都存在的对自我未来规划不足的问题，笔者与家委会成员通过讨论商议，共同给出小学学业生涯规划方案，并特别强调个性化发展与学业生涯规划之间的联系。最后，将解决方案发送到家长群进行商议讨论，并针对每名学生的发展情况找到家校合作的切入点，使家校双方的通力合作能更高效地帮助学生，促进班管理高效运转。

例如，小 A 是班上学习成绩较好的学生，其未来的理想职业是志愿工作者。但由于中国志愿服务相关专业的规划与指导较少，加之父母对此不理解，小 A 对自身成长与学业规划都很迷茫。针对这一案例的实际情况，笔者一开始没有给家长提过多建议，而是让家长以私下请教的方式与家委会成员或其他家长商量。结果发现很多父母都不能理解儿女未来的职业追求，对孩子的学业规划更是一无所知。结合这一案例，笔者与家委会成员在理解学生想法的基础上，共同做了一次学生的学业生涯规划。从志愿服务要具备的能力出发，将学业规划与学生发展的核心素养相融合，并根据学生实际情况与家长的期望，为学生找到个性化的突破口，在此基础上引导家长与学生达成共识，促进学生形成明确的学业规划，有效地协调了家长与学生之间的关系，在促进学生成长的同时，也使班级管理走上了高效、良性的发展之路。由此可见，家委会参与决策管理，不仅能够承担部分班级管理工作，而且能更好地了解班级情况，消除家校双方的沟通误区，为家委会进一步规范管理、科学管理提供更直观的依据，从而促进家校通力合作，提高家委会参与决策的效率。

三、共建共赢，利用家长参与决策优化管理

家长参与决策的最终目标是走向共建共赢，这就需要较好地发挥家委会的作用，使其参与决策的过程更全面、更直观。共建共赢体现了家长或家委会、教师在家校生三位一体管理视角下的融合发展，是将民主决策与民主参与、学生自主管理、教师主导有效整合的科学化过程，旨在实现班级管理优化。

家委会参与决策的事项中，给笔者印象最深的是班委选举。为了进一步发挥学生自主管理的作用，释放学生自主管理的潜力，家委会在制定班委选举方案的过程中不仅做了大量的调查工作，而且在选举办法、班委会运作模式等方面提出了很多创新的想法。在班委选举之前，笔者提出了先酝酿人选、选举班委会成员、由班委会成员来选举班长、让班长对其他班委进行分工，并由全班学生表决通过班委选举的方案。在方案提出之初，笔者自认为这是比较好的班委选举办法，没想到通过家委会向家长们征询意见时，却引起了强烈的

反对意见,家长认为这种选举办法无助于学生自主管理的作用发挥。经家委会与全体家长沟通协调,形成了极具特色的班委选举方案。首先,在选举的原则上,秉承自愿原则,每一名学生都可以报名参加班委选举,由学生自主决定班委会成员名单。班委会成员所得票数必须过半,如票数不过半则通过一倍差额进行二次选举(一个班委名额得票前两位进行再次选举),直到选出班委会成员。其次,在班委会运作上,家委会提出设置流动班长职务,由每个班委轮流承担。换言之,每个班委不仅有对应的具体工作,而且每人都要在一定时间内担任班长职务,主导学生自主管理班级。班委会的工作由家委会及班主任共同指导与监督,家委会在征得超过三分之二家长同意后,可以建议班主任解散班委,重新选举。于是就形成了选举、运作、监管三位一体的班级自主管理模式,在保障学生自主管理的同时,也促进了家委会、班主任、班委会三方管理的有效融合。

在小学班级管理中,家长参与决策的做法改变了以往班主任独自承担班级管理任务的局面,真正实现了家校共建共赢,促进了家长、教师、学生三者在班级管理事务中的融合。事实证明,采用上述选举方式产生的班委,管理积极性、管理水平更高,班内自主管理、民主管理的氛围更浓厚,班风、学风更好。目前,笔者所带班级形成了“和谐快乐促发展,学业个性共进步”的班风、学风,受到家长、其他班级师生、校领导的赞赏与认同。由此可见,家委会的沟通协调能使更多家长的合理化建议得到采纳,能使班级管理与决策更科学合理,在调动家长参与决策的积极性的同时优化了班级管理。而家委会与班主任工作的有效结合,既是家校通力合力的成果,又能有效引导学生自主管理,从而使班级管理决策得到优化。

总之,班主任要充分发挥家长参与决策的机制,调动学生自主管理的潜力,让教师、家长、学生共同投入班级管理与决策,形成合力,共同作用于班级管理及建设,在促进良好学风、班风形成的同时,保障学生身心健康成长,促进学生个性化发展,努力实现立德树人的教育目标。

参考文献

[1] 龙姣.新时代习近平青年成才观的大学生认同研究[D].长沙:湖南师范大学,2019.

部编版语文教材中杜甫诗歌的德育功能*

◎ 陈万洲

摘　要　杜甫强烈的家国意识和社会责任感与杜甫诗歌丰富的思想内涵，对于中小学生增强爱国情怀和社会责任意识，形成积极健康的人格和良好心理品质具有重要意义。杜诗中蕴藏的德育内容，不仅契合新时期德育思想方针，还能够有效解决目前道德教育的现实困境。探究部编版语文教材中杜甫诗歌的德育功能，有助于语文课程的德育功能的落实，推动基础教育领域古典教育实践的发展，构建具有中国气质的道德教育话语体系。

关键词　杜甫诗　德育功能　诗性话语　立德树人　部编版语文教材

擦亮“中国底色”的部编版语文教材强调育人导向功能，并以落实社会主义核心价值观、加强中华优秀传统文化教育和革命传统教育为原则，突出正确政治方向和价值导向，注重发挥语文课程以文化人、以文育人功能，着力提升学生语文学科核心素养，增强学生文化自觉和文化自信。杜甫历来被誉为“诗圣”，一生颠沛流离却不忘致君尧舜。杜甫诗歌被奉为“诗史”，蕴涵“忧国、爱民”的思想情感。刘明华通过审视中国近百年文学教育中的杜甫形象指出，中小学语文教学的重心是杜甫的爱国情感、民胞物与情怀、深刻的忧患意识与批判精神、对历史的审视与反思，以及对杜甫高超诗艺的认知与学习。[1]这一重心表明语文教育与道德教育的高度融合，对于中小学生增强爱国情怀和社会责任意识，形成积极健康的人格和良好的心理品质具有重要意义。本文立足杜甫诗歌的思想内涵，分析其对于当代道德教育的价值，并提出落实杜甫诗歌德育功能的有效策略，有助于语文课程的德育功能的落实，推动基础教育领域古典教育实践的发展，构建具有中国气质的道德教育话语。

* **基金项目**：本文为2025年度中小学教师教育科研能力提升计划一般项目“人工智能赋能小学语文‘四段六步’式古诗教学实践研究”的阶段性研究成果。

作者简介　陈万洲，珠海市金海岸海华小学教师，本科，研究方向为民间文学与民俗文化、语文教学论。

一、契合时代思想

马忠、郭慧在《中国古代德育中诗性话语的独特优势及当代价值》一文中指出："诗性话语是中国古代道德教育中艺术化的重要形式，体现出道德教育的终极目标，具有重要的文化传统优势。"[2]杜甫诗歌其实也是道德教育中艺术化的重要形式，蕴涵丰富的德育内容。在部编版教材编选的13首杜诗中，根据诗歌意境与诗歌情感，划分杜诗作为诗性话语的德育内容，大致上可分为"寄情山水，忘机好客""壮志难酬，永担职责""家国同构，岁月无常"三类(表1)。

表1　杜甫诗歌德育内容划分

寄情山水，忘机好客	《绝句四首》之三(两个黄鹂鸣翠柳)、《绝句》(迟日江山丽)、《客至》
壮志难酬，永担职责	《望岳》《蜀相》《茅屋为秋风所破歌》
家国同构，岁月无常	《春望》《月夜忆舍弟》《闻官军收河南河北》《登高》《登岳阳楼》《江南逢李龟年》

教育部2017年8月印发的《中小学德育工作指南》指出，德育内容包括理想信念教育、社会主义核心价值观教育、中华优秀传统文化教育、生态文明教育和心理健康教育。上文总结的部编版语文教材中的三类杜诗几乎囊括了这些德育内容。讲授"寄情山水，忘机好客"一类的杜甫诗歌，可引导学生树立尊重自然、顺应自然、爱惜资源的发展理念，形成保护生态环境的意识，对学生进行生态文明教育，进而开展认识自我、尊重生命、人际交往、情绪调适等方面的心理健康教育，提升学生应对挫折、适应环境的能力，形成尊重他人、乐于助人等良好的个性心理品质。在讲授"壮志难酬，永担职责"一类的杜甫诗歌，则可以展开社会主义核心价值观教育，使学生具备自主、自立、自强的态度和能力，增强其社会责任感。讲授"家国同构，岁月无常"一类的杜甫诗歌则可以对学生开展理想信念教育，培养学生对国家的情感认同、价值认同，教育和引导学生热爱祖国、热爱人民，弘扬民族精神。因此，教授杜甫诗歌本质上就是对学生进行中华优秀传统文化教育。综上，杜甫诗歌德育内容契合新时期的德育内容，可对学生进行多方面的道德教育。

《中小学德育工作指南》中还对学生每个学段(三学年为一学段)提出了明确的德育目标。焦素颖指出，在这些德育目标中，许多都与生命教育密切相关。新时代的德育应全面融入生命教育，即关于个体生命身心健康与自我实现的教育。[3]在人生经历上，杜甫一生饱尝颠沛流离、贫困潦倒、病痛缠身的滋味，其诗歌对于人生的无奈与对于人世的悲悯，可以让青少年认识生命的价值，体会生命的无常，学会珍爱自己的生命，关怀他者。品读杜甫诗歌，可从其辽阔多元的思想世界中认识生命的本质，理解生命的意义，创造生命的价值。杜甫诗歌中展现的人生经历和思想认识，都对青少年个体生命身心健康与自我实现有着重要的教育作用。

而在部编版语文教材中的杜甫诗歌选取显然遵循了学段目标，其编选顺序符合学生年龄特点、认知结构和教育规律。如针对“小学低年级”“小学中高年级”的德育目标强调“尊重自然，保护环境”的特点，教材选取了“寄情山水”主题的诗歌，如《绝句》(两个黄鹂鸣翠柳)、《绝句》(迟日江山丽)、《春夜喜雨》。又如“高中学段”教材主要选取彰显杜甫民族自尊心、自信心和自豪感的晚年诗歌如《登高》《登岳阳楼》，引导学生热爱祖国，正确选择人生发展道路，初步形成正确的三观。遵循教育规律编选的杜诗对学生的情感培育和行为习惯养成，具有明显的针对性与实效性。

二、回归诗教传统

探究部编版语文教材中杜甫诗歌的德育功能，实质上就是对道德教育诗教传统的回归。当前中国德育研究中存在着偏离传统教化经验的问题。孙彩平指出：“由于文化与历史的原因，当下中国德育研究深陷先天不足、后发劣势和文化殖民的失语困境，其认识论自觉程度亟须提升。”[4]面对长期以来不关注思考的过程及没有形成体系化的思考习惯等一系列问题，教师在授课时需要有意识地引导学生进行有逻辑的证明和推理。如讲授诗句“窗含西岭千秋雪，门泊东吴万里船”时，教师从诗句中的眼前之景推导到作者的心灵之境，首先要让学生感受门窗的狭小与千秋万里的宽广形成的强烈对比，其次是帮助学生理解杜甫在有限的空间里用心灵感知了恒远的时间与辽阔的距离。最后得出结论：“千秋雪”与“万里船”不仅仅是眼前之物，更是心中之情。挖掘部编版语文教材中杜甫诗歌的德育功能，是对德育体系化的一种尝试。在全球化的浪潮下，非西方国家的传统文化大多被贴上“阻碍进步”“落后”的标签。通过持续和深入挖掘优秀传统文化，避免青少年对自身的文化传统产生鄙视、厌弃的心态。对杜甫诗歌德育功能的细致分析，其实就是回到中国经验，跨越时空去解决中国问题。

《中小学德育工作指南》多次强调对“中华优秀传统文化”的传承，将杜甫诗歌作为德育内容开展道德教育，是厚植诗性的教化实践，更是深入实施中华优秀传统文化传承发展工程的有效举措。刘小柳从想象的功用出发指出，教育者应有意识地引导学生从“在场”的事物中“看见”那些“不在场”的关联事物，接受这种诗性的教化的过程也是个体内在的生命经历与精神世界中意义生成的过程。[5]“读书破万卷，下笔如有神”[6]的杜甫、“为人性僻耽佳句，语不惊人死不休”[7]的杜甫诗歌，对激化和培育学生想象力，使学生获得具象性的生命体验，拓宽生命的意义空间具有深远影响。厚植诗性教化，落实杜甫诗歌的德育功能，对于在中华优秀传统文化基础上构建具有中国气质的道德教育话语，推进落实立德树人根本任务具有重要意义。

三、解决德育困境

新时期的道德教育(即德育)陷入多个困境。在中国古诗词的德育功能研究中,骆树芳指出,当前古诗词德育功能发挥的偏差包括德育目标被轻视、德育内容滞后、德育方法简单、德育梯次未构建。[8]刁益虎则从"现代性"的角度出发,认为道德教育逐渐陷入"现代性困境",主要表现为"认识的偏狭导致道德知识的僵化,身体的放逐助推道德情感的剥离,精神的贫乏招致道德意志的涣散,交往的异化带来道德行为的隐没"[9]。面对以上道德教育过程中存在的问题,通过深挖部编版语文教材中杜甫诗歌的精神内涵,发挥优秀传统文化的作用,可为当代道德教育提供独特的发展路向。

面对当前的德育的困境,教师在讲授杜甫诗歌的时候,应该明确其德育内涵。例如《春夜喜雨》含有"寄情山水,忘机好客"的德育内容,那么教师在授课时就应该明确培养学生尊重自然、保护生态环境的意识。杜甫所处阶级和时代具有一定的局限性,为避免德育内容滞后的问题,讲授杜甫诗歌时应与时俱进,与时代同行,与祖国同向,根据新时代的国情开展道德教育。教师应综合使用多种德育方法,首先使用说服教育法,释词解句,梳理诗歌大意,以摆事实、讲道理的方式,让学生形成基本道德认识;其次运用榜样示范法,通过知人论世的诗歌鉴赏方法,介绍杜甫人生遭遇和成就,重点讲授杜甫的高尚思想、突出成就,激发学生的敬慕之情,用具体、生动、形象的榜样人格,使学生感受高尚的道德情感;最后可采用道德修养法,布置一篇题为"那时,如果我是杜甫"的小作文作为课后作业,以此促进学生自觉主动地进行学习与自我反思。

在道德教育的现代性困境中,道德知识的僵化是由于现代社会中人们因为理性化而迷信"确定性知识"和"必然性知识",即"标准答案"。过于依赖一套"最合理"的解释,人们将难以思考,失去选择能力。诚如董仲舒所言"诗无达诂",对于诗歌的理解从来都不应该是褊狭的、单向度的、僵化的。阅读杜甫诗歌,如果只是通过工具理性追求效率化、利益最大化,得到的只是一堆没有实际意义的守则与规训。杜甫多元的思想和丰富的人生经历,有助于学生拓宽视野,促进道德教育的灵活开展。面对人的真实情感被"社会合理化",人异化成"单向度的人",道德情感停滞的困境,教师可以引导学生品味以价值理性为根基的杜甫诗歌,如"何时眼前突兀见此屋,吾庐独破受冻死亦足"展现了杜甫无私的牺牲精神;"会当凌绝顶,一览众山小"体现了杜甫崇高的理想情操,以多元的、积极的、有意义的情感,帮助学生养成德性,完善德行。面对人际疏离、信任缺失、精神空虚、至善的道德动机落空的困境,杜甫诗歌中"忘机之心,好客之情"的德育内容,有助于培养学生追求内在精神的道德意志。面对过度追求目的与利益导致教师与学生之间、学生与学生之间等关系的交往异化,使得道德行为难以落实的困境,教师可以通过"榜样示范法""情感熏陶法"等德育方法,创设良好的教育情境,指导学生阅读杜甫诗歌,并与之讨论,培养友善的生生情感与营造良好的师生关系,以实际锻炼法、品德评价法提升学生的道德素养。

四、落实德育策略

发挥杜甫诗歌的德育功能,需要一套有效的德育工作策略。本文将基于《中小学德育工作指南》中“坚持正确方向、坚持遵循规律、坚持协同配合、坚持常态开展”的基本原则,通过“课程育人、活动育人、协同育人”三种实施路径,针对落实部编版语文教材中杜甫诗歌的德育功能提出策略。

首先是课程育人。落实部编版语文教材中杜甫诗歌的德育功能,可充分发挥语文课堂教学的作用,将杜甫诗歌的德育内容细化到每一次课程的教学目标中,渗透到教育教学的全过程。课程育人主要通过开展杜甫诗歌经典课程,建设杜甫诗歌课程体系,创新语文课程模式的途径,塑造学生品格,传承中华民族传统优秀文化,丰富学生课程体验。如教师在讲授《闻官军收河南河北》时,可通过“拓展延伸”向学生提出“杜甫与陆游的爱国思想的异同为何”的问题;在讲授《闻官军收河南河北》和《示儿》时,教师补充两首诗歌的创作背景,引导学生深入诗歌文本,结合两个朝代的社会政治文化与战争性质的差异,分析两首诗歌内在思想的不同,进而加深学生对家国同构思想与爱国情怀的理解。又如在小学阶段,部编版语文教材中选取了《绝句》(两个黄鹂鸣翠柳)、《绝句》(迟日江山丽)、《春夜喜雨》、《闻官军收河南河北》四首杜诗,前三首属于同一德育主题的诗歌。因此,教师在讲授《春夜喜雨》时,可联系前面所学的两首绝句,突出“亲近自然,感悟人生”的主题,既可以让学生有效地复习已学知识,又可深化学生尊重自然、保护环境的意识,进而建设杜甫诗歌课程体系。再如,在讲授《登高》时,教师课前可提出如下问题:“你们是否登过山?登山时看见过怎样的景色?你有怎样的感受?在《登高》一诗中,有人陪杜甫登山吗?杜甫登山遇见了什么景色?诗歌中杜甫登山的感受为何?”通过这六个问题,拉近学生与杜甫诗歌间的距离,让诗性教育生活化,有助于学生形成“知、情、意、行”统一的思想品德。

其次是活动育人,即改变传统教室内教师授课、学生听课的教学方式。通过开展师生交流阅读心得、学生进行主题汇报等阅读杜甫诗歌的沙龙活动,潜移默化地影响学生的世界观、人生观和价值观。在开展“忘机之心,好客之情”杜甫诗歌导读活动中,如阅读《客至》时,教师应该有意识地关注学生的人际交往状况和心理状态,引导学生感知杜甫纯朴、好客的性格和高尚的道德情操,引导学生形成尊重他人、乐于助人、善于合作等良好品质。或者在重阳节、白露等节气,开展重读杜甫诗歌的活动,落实其德育功能。或者结合“课程思政”的主题,阅读杜甫有关“关注社会,勇担责任”与“家国同构,岁月无常”的诗歌,在日常的课程教学过程中加入社会担当、家国同构等教育元素,进而培养具有家国情怀的新时代中国青年。

最后是协同育人。在“双减”政策背景下,家校的联系变得更加密切。教材选取的杜甫诗歌中《春望》与《月夜忆舍弟》有浓厚的家庭情怀。课堂教授诗歌后，教师可布置课后作业如“给异地工作的父母亲打一个电话，或者写一封不少于 500 字的家书”。通过与家长沟通学生这一作业的完成情况，教师可及时向家长反馈学生近期的思想状况和行为表现。除此之外，学校还可以与社区联合，搭建社会育人平台。让学生在周末担当社区志愿者，如交通指导员、卫生清洁员等，以此培养学生关注社会、勇担责任的意识。行之有效的德育策略应将中小学德育工作要求贯穿融入学校各项日常工作。对于强化学生道德认知，培育学生道德情感和使学生养成新时代的道德行为习惯，提高德育工作的感染力和实效性，增强学生对自身成长成人的重视程度和参与感，推动学校、家庭、社会协调一致的发展具有重要意义。

综上，根据诗歌思想内涵，划分杜诗作为诗性话语的德育功能，以杜甫曲折的人生经历与杜甫诗歌丰富的思想内涵为德育内容，对于中小学学生增强爱国情怀和社会责任意识，形成积极健康的人格和良好心理品质具有重要意义。杜甫诗歌中的德育内容不仅契合新时期德育思想方针，能够有效解决目前道德教育的现实困境，同时也是一种回归诗性的道德教化。总之，探究部编版语文教材中杜甫诗歌的德育功能，对于落实教育立德树人根本任务，发挥语文课程德育功能的有效性，推动基础教育领域的古典教育理论与实践研究具有重要意义。

参考文献

[1] 刘明华. 中国现代学制文学教育中的杜甫形象[J]. 文学遗产，2017(2)：166-178.

[2] 马忠，郭慧. 中国古代德育中诗性话语的独特优势及当代价值[J]. 广州大学学报(社会科学版)，2015，14(10)：84-88.

[3] 焦素颖. 新时代中小学德育研究[J]. 甘肃教育研究，2021(3)：115-120.

[4] 孙彩平. 中国德育研究的认识论困境及突围路向[J]. 齐鲁学刊，2022(1)：78-86.

[5] 刘小柳. 重新拥抱想象：回归诗性的道德教化[D]. 南京：南京师范大学，2021.

[6] 仇兆鳌. 杜诗详注：卷 1[M]. 北京：中华书局，1979：72.

[7] 仇兆鳌. 杜诗详注：卷 10[M]. 北京：中华书局，1979：810.

[8] 骆树芳. 中国古诗词的德育功能研究——以《义务教育语文课程标准(2011 年版)》必背篇目为例[J]. 福建教育学院学报，2018，19(12)：1-2，5，129.

[9] 刁益虎. 道德教育的现代性困境及其超越[J]. 内蒙古社会科学，2020，41(6)：196-202.

“馆校合作”提升学生学习力的模式研究

◎ 徐　琳　钟之阳

摘　要　本文从提升学生学习力的角度将馆校合作分为多场馆与多学校、单一场馆与多校、单一场馆与单一学校三种模式，通过案例的列举与比较分析指出不同模式的优缺点，分析存在的问题和不足，并提出相应的对策和建议。以期加强图书馆与中小学校的合作与联系，进一步提升、扩大基层公共图书馆在区域内对未成年人的教育影响力。

关键词　公共图书馆　基础教育　馆校合作　模式研究

一、引言

公共图书馆是学校教育的重要补充，随着“馆校合作”活动的普及和深入，公共图书馆与学校之间的合作越来越多，合作目标从以前的助力提升学生的读写能力转变为助力提升学生的信息素养、阅读素养等。Martin[1]、Jurewicz 和 Dibble[2]、Sakirudeen 和 Sanni[3]等研究者的研究表明，图书馆与学校之间的合作更有助于激发和提升学生的学习力。

我国教育部于 2014 年 3 月发布的《完善中华优秀传统文化教育指导纲要》和于 2017 年 9 月发布的《中小学综合实践活动课程指导纲要》从学校角度明确了要利用好图书馆、博物馆等社会资源，发挥其文化育人的作用；2017 年 3 月 1 日起施行的《中华人民共和国公共文化服务保障法》和 2018 年起 1 月 1 日起施行的《中华人民共和国公共图书馆法》则从公共图书馆等公共文化服务机构的角度，鼓励其要多与学校合作，面向青少年开展相关的课外活动，充分地发挥公共文化服务机构的社会教育功能。2021 年 6 月国务院印发《全民科学素质行动规划纲要(2021—2035 年)》，明确界定了“馆校合作”的概念，从科普教育的角度指出要引导中小学利用好科普教育基地等场所(大部分公共图书馆也是科普教育基地)广泛开

作者简介　徐琳，嘉定区图书馆辅导部副主任，同济大学教育硕士，同济大学高等教育研究所。
钟之阳，管理学博士，研究方向为高等教育管理。

展各类学习实践活动。2021 年 7 月,中共中央办公厅、国务院办公厅印发的《关于进一步减轻义务教育阶段学生作业负担和校外培训负担的意见》,2022 年 1 月 1 日正式实施的《中华人民共和国家庭教育促进法》,进一步明确了公共图书馆的使命。由此可见,我国为公共图书馆与学校之间的合作提供了很好的政策支持。

根据 2023 年 8 月 31 日在中国知网的检索结果,有近 700 篇馆校合作模式的相关研究论文,论文角度不一,包括人才培养的角度、提升资源利用效率的角度、教学模式的角度、新技术出发的角度等。本文从公共图书馆在馆校合作方面对学生学习力提升的作用的角度,分析总结了三种较为常见的模式下的成功经验与不足之处。

二、馆校合作的模式分析

馆校合作较为常见的三种模式为:多场馆与多学校的合作模式、单一场馆与多校的合作模式,以及单一场馆与单一学校的合作模式。三种模式都对提升学生的学习力有帮助,但也都有不足之处,学校与图书馆可以根据实际情况选择不同的模式开展合作。

(一)多场馆与多学校的合作模式

多场馆与多学校合作是指包括公共图书馆在内的不同类型的公共文化资源场馆与多所中小学校之间的合作。实现多场馆与多学校的合作,需要政府的主导和稳定资金的支持。

以上海在文教结合的政策要求背景下开展的馆校合作项目为例,此项目是根据《中共中央关于深化文化体制改革　推动社会文化大发展大繁荣若干重大问题的决定》《中共中央关于全面深化改革若干重大问题的决定》《中共上海市委关于贯彻〈中共中央关于深化文化体制改革　推动社会文化大发展大繁荣若干重大问题的决定〉的实施意见》,以及《国家中长期教育改革发展规划纲要(2010—2020 年)》《上海市中长期教育改革发展规划纲要(2021—2020 年)》,上海市委、市政府关于深化文教结合改革工作的指示要求,市委宣传部、市教卫工作党委、市教委、市文广影视局(市文物局)、市新闻出版局、市财政局在 2013 年—2021 年连续联合制定的《上海市文教结合工作三年行动计划(2013—2015 年)》《上海市文教结合三年行动计划(2016—2018 年)》《上海市文教结合工作三年行动计划(2019—2021 年)》等开展的。此项目 2016 年起在全市 16 个区全面开展,涉及全市各类公共文化场馆(包括图书馆、博物馆、美术馆等)与从幼儿园到高校不同阶段的学校之间合作,目的是通过合作平台的搭建,形成课内课外的资源能更有效地整合,专业教育与普及教育相互促进,家庭、学校与社会联系更紧密的,具有中国特色、上海特点的现代化学校育人体系。根据 2013 年以来的指导意见和实践经验,文教结合项目从上至下系统完整,既有纲领性政策文件的顶层设计,也有具体方案和经费的落实人员,还有推进项目计划持续开展的协调部门和评估机制，能较好地利用学校教育和公共文化两种资源服务学校艺术教育[4]。

嘉定区图书馆作为区文教结合活动的承办方之一，自2016年4月1日，实施“馆校合作”这一经常性项目，项目内容包括：一是为全区的中小学生及幼儿园小朋友组织“参观+学习”活动，分年龄段为学生设计不同的学习课程、分时段参观、不同材料的阅读活动等体验；二是与学校图书馆合作建立延伸服务点——全市首家“周末书房”，重新改造校图书馆，增加服务建筑面积，增设研修交流、影音欣赏、亲子阅读等拓展功能区域，提供配套的馆藏、设施、设备等及辅导建议，在每周末向市民开放，为持有“上海市中心图书馆读者证”的成年读者和未成年读者提供图书阅览、阅读推广、公益讲座等亲子互动文化服务；三是委托第三方策划设计“爱赏嘉定”趣味寻宝活动，学生既可参加线上答题比赛，也可将电子学生证刷卡记点作为参与课外文教活动的记录。其他合作方面还有文化展览等活动资源的配送，公共图书馆根据学校“点单”将讲座、展览等资源配送至学校，宣传青少年阅读推广活动以发动学生参加；学校方面，组成教师志愿者团队，协助公共图书馆面向市民及青少年开展周末故事会、少儿阅读微笑图书室、儿童美艺玩童会等公益性文化活动[5]。

根据2018年第三方的绩效评价报告，2017年度，多场馆与多学校的合作模式下，公益性文化活动覆盖嘉定区286所学校近5万名不同年龄段的学生。江桥小学服务延伸点于2017年5月揭牌开幕，至年底共吸引社会公众近8 000人次，借出图书2 500余册，场馆打卡活动吸引了2 600余个学生家庭自发参加，各项活动的完成率与人数达标率为100%。社会调查结果显示，学校对公共文化服务活动安排合理性的认可度达94%。受益对象满意度方面，评价组随机选取两个年龄段的学生，再从所涉学校及活动场次安排中随机各选取2～3个学校，按每校40人的取样规模，赴文化场馆现场向学生发放并回收200份问卷，评价结果显示，参与学生对项目实施的满意度（包括系列活动知晓率、活动内容趣味性、文化内容关联性和活动秩序）为87.25%[6]。

（二）单一场馆与多学校的合作模式

单一场馆与多学校是指一家公共文化场馆与多所中小学合作，这需要该场馆主动寻找合作对象，有专门的组织人员和足够的资金。在馆校合作中，学校和公共图书馆的组织系统、管理方式和发展目标虽有交集但更多的是不同，各自关注或熟悉的领域也不同，学校可能对公共图书馆的图书、活动、数据库等资源及应用并不熟悉，而公共图书馆对不同学校的师生的需求和关心的内容也不是很清楚，双方可能因此失去进一步合作的可能。为了提高这种模式的合作效率，可引入第三方机构或专业力量，加强这种模式的合作联系，达到事半功倍的效果。例如，英国的博物馆、图书馆和档案馆理事会（The Museums, Libraries and Archives Council, MLA）为了更好地评估学生参观博物馆对学习的影响，委托莱斯特大学博物馆和画廊研究中心（The Research Centre for Museums and Galleries, RCMG）以“你今天在博物馆学到了什么”为题评估实施教育计划对学习成果的影响，对参与活动的学校师生及博物馆员进行长期的调查。2011 年,MLA 被解散,其职权移交给英国艺术理事会(Art Council England, ACE),但调查活动仍在继续,以不断评估和深化馆校合作的效果。

参观文化场馆的活动是英国、美国、欧洲等国家或地区馆校合作的传统项目,只是不够受重视,场馆提升学习效果的作用没有得到很好的发挥,为了让学校及政府部门重视起来,利用好场馆资源开展研究,对学生在博物馆学习的结果,即场馆学习到底在学生的正规教育中发挥多大的作用展开调查。调查范围涉及英格兰 9 个地区博物馆中心的 69 个博物馆,学生的年龄为 5～16 岁,并最终设计了通用学习结果模型(The Generic Learning Outcomes, GLOS)来测量学习结果:知识和理解的增加或改变;技能的增加或改变;态度或价值观的改变;享受、灵感、创造力;行动、行为、进展[7]。此项模型现在仍为很多博物馆、美术馆等文化场馆所使用[8]。

调查活动的具体做法是给每个参加馆校合作的博物馆发放统一的评估问卷材料包。每个材料包里的所有材料都有一个唯一的编号。每套材料里包括分别针对教师、小学生和初中生设计的不同版本的问卷。教师带学生进入博物馆后就会收到评估包,在参观结束后用 10～15 分钟填写表格并交给博物馆工作人员。2003—2005 年 69 个博物馆共收集了 64 063 名学生和 3 579 名教师的数据,调查结果显示,学生对自己的学习保持着极大的热情和信心,即使他们的老师认为学习没有发生过。大多数学生都能对他们在博物馆里经历的集体事件作出个人回应,学习的个性化程度显著提高。一些学生参观了博物馆后,作业的质量有所提升。许多学生参观了博物馆后,理解力有了很大的提高,因为他们具备看到事实变得"真实"的具体经历。学生和教师高度重视博物馆带来的情感投入,这促进了知识和理解的获得,也促进了态度和价值观的发展。在质的研究中,教师认为快乐是良好的学习结果的核心。有证据表明,享受参观博物馆活动带来的乐趣也可以促进一系列其他学习成果。大多数教师反映,作为良好的学习结果的催化剂,参观博物馆影响学生的过程是复杂的,不能单纯地认为学生玩得开心就会学得好,但仍应肯定快乐是产生积极学习结果的核心。许多教师,认为博物馆对学生的学习结果产生积极影响的原因是:馆校合作给学生提供了参与"真实"的可能,从而触发了学生积极的情绪反应[8]。

(三)单一场馆与单一学校的合作模式

单一场馆与单一学校之间的合作,需要馆校双方都有主动合作的意愿,一起承担人力、物力和资金方面的花费。比较典型的模式是美国的"一校一书"模式,"一校一书"一开始是一所小学和一家公共图书馆之间的合作,之后发展为"一书一城"、夏季阅读等活动。

以美国弗吉尼亚州的一所乡村小学——诺森伯兰(Northumberland)小学为例,为了提高当地学生及其家庭的识字、阅读能力,2004 年起该校就和离学校最近(距离不到 2 千米)的公共图书馆开展合作,致力于家庭阅读推广,在图书馆、学校、学生和他们的家庭之间建立了密切的合作伙伴关系[9]。"一校一书"活动每年开展一个月,参与的家庭逐年增多,

2009 年的调查结果显示，该地区 98%的家庭都参加了此项活动。在活动开始之前学校和图书馆会先征集和推荐阅读书目，确认书目后，公共图书馆会购买活动用书供学生及其家庭成员借阅，学校每年也会购买 700 种选定的书，每个家庭根据活动要求在活动开展的一个月中需要晚上抽出 20 分钟的时间朗读和讨论。为了保证每个家庭都能完成这项计划，图书馆会在馆内设置家庭作业中心，工作人员在学生下午放学后与参加活动的学生一起朗读、讨论。即便不在项目活动期间，公共图书馆的作业中心也能够为学生提供服务（每周四次），学生们完成作业后可用 20 分钟默读或大声朗读给图书馆的老师听，老师鼓励学生与家人分享阅读。在家庭作业中心完成的阅读通常会为学生在家中的第二次阅读做好准备。学校和图书馆都认为，这种方法很必要，且有效帮助了那些阅读困难或不情愿阅读的学生。活动设有奖学金，由当地企业资助，也有家庭为“一校一书”活动奖学金基金捐款，为申请奖学金的家庭提供书籍。捐赠箱被放置在公共图书馆和社区。没有任何一个家庭因为没有书或者不能朗读（因为语言或识字问题，日程安排问题等）而被剥夺参加活动的机会，公共图书馆会招募志愿读者（包括家长、公共图书馆员工和其他愿意提供帮助的人）每天来学校朗读，有时会派遣儿童图书管理员，甚至其主任或董事会成员到学校，为错过活动的学生提供日常阅读课程[9]。

2009 年的调查发现，“一校一书”活动有助于学生成绩的提高。2006—2008 年，该小学学生在弗吉尼亚学习标准阅读测试中的平均得分在 90 分以上。此项活动之后发展为一个暑期家庭阅读项目，也就是后来许多国家都会开展的“一书一城”活动。但学校方面的参与越来越少，主要是做宣传和发动。研究表明，暑期不读书的学生在阅读水平上会倒退至少半岁[9]。

（四）公共图书馆馆校合作模式比较分析

多场馆与多学校的合作模式由政府主导，其优势在于覆盖面广、执行力强、持续时间长、影响力大、合作内容广泛，对于师生来说能很好地熟悉当地文化场馆资源。不足在于，在此模式中，学校和场馆都是被动方，不能很好地参与或进入角色。特别是“参观＋学习”活动，受场地容纳力、时间长度与频率等限制无法深入，浮于形式，无法得知师生不同的需求，也无法让学生充分体验，容易让教师觉得是完成任务而学生则走马观花逛一圈。

单一场馆与多学校的合作模式需要引入第三方机构或专业力量来加强互动与联系。在这种合作模式中，学校方较为被动，第三方机构的参与只是一段时间的，若不能引起学校方的足够兴趣参与，场馆方会花费大量的人力物力，执行力、影响力、持久力都会减弱。例如，有学校认为交通不便、展品不适合学生等问题会减少学生参观人次，且场馆工作人员原本的工作计划会因学生频繁参观而被打乱；GLOs 模型推广使用后期也有受访者提出其存在不是博物馆部门以外的共享语言、缺少社交因素、静态化结果等不合理和效果评价固化等问题[8]。

单一场馆与单一学校的合作模式需要公共图书馆与学校之间自发的相互联系。因为没有政府主导和第三方的引入,少了政策、经费、人力上的支持,需要突破很多时间、交通、人员安排上等阻碍,需要馆方与校方同时具有强烈的合作意愿才能达成,通常一开始是带有试验性的、研究性的小范围合作。国内的案例如:上海青浦区图书馆与青浦区实验小学青湖校区合作,面向部分高年级学生开展阅读推广课程;图书馆工作人员到学校里讲图书馆的应用知识或上阅读推广课;学校的教师或委派家委会组织学生到图书馆开展阅读活动。

三种合作模式各有优势与不足,多场馆与多学校的合作模式更有利于一定范围内公共文化资源的整合,不同类别的场馆之间也能取长补短,形成协同育人共同体,但需要政府的指导与资金、人员和配套服务的持续跟进配合才能实现。单一场馆与多学校的合作模式有利于单一场馆深挖、利用自身场馆资源,适合确定主题的研究性学习、任务驱动下的探究性学习,如研学旅行,但对场馆方的人员、活动设计、主题相关的馆藏资源等的专业程度要求较高,需要通过第三方长期的介入来实现。单一场馆与单一学校的合作模式有利于一线馆员与一线教师之间更紧密地互动交流,相互促进,提升专业水平,适用于项目的试点和前期的实验,如学校邀请图书馆工作人员到校讲解与图书馆相关的知识等,但需要双方有强烈的意愿与需求,对原本的工作和教学作出合理的规划安排。相较而言,由政府牵头、有资金保证的第一种模式便于推广与执行。

三、馆校合作实践中普遍存在的问题

一直以来,公共图书馆都是社会教育的重要机构,是对学校教育的重要补充,与学校有着天然的伙伴关系。但随着学校图书馆的建立和功能的完善,公共图书馆和学校的教育与服务理念的转变,公共图书馆与其他公共场馆的边界越来越模糊,在综合化的同时,似乎少了些专业性,相互间的合作模式也相应发生变化。

2018 年 1 月 1 日施行的《中华人民共和国公共图书馆法》明确了公共图书馆在支持学校开展课外活动方面的职能,特别是提供阅读指导和社会教育活动的职能。此后,馆校合作在全国范围内普遍发展。从我国的馆校合作发展看,合作正式起步较晚,不够深入,发展有点后劲不足。

(一)合作不够主动

公共图书馆和学校在不断转型发展,合作的需求不像以前那么强烈,合作的目的性也不像以前那么强。公共图书馆方面,其教育功能越来越弱化,更多的是提供休闲娱乐的空间、智慧的服务;学校方面,学校图书馆的功能越来越完善,几乎会购买所有课程用书,反而是公共图书馆里的书经常不是被借走了就是能借到的版本不对。公共图书馆和学校双方都以为很了解对方的需求,但其实都一知半解,没有深挖需求以找寻结合点。

(二)内容不够深入

人们在教育方面的需求越来越多元化,不再是以前单纯的识字扫盲,国家对教育越来越重视,学校可以合作的机构和利用的资源也越来越多。而公共图书馆因学科性不够强,与博物馆、美术馆、科技馆等专业性较强的场馆相比较难与学校现有课程相结合。我国公共图书馆自 2008 年起一直在强调阅读推广,但很少将阅读推广与阅读课相结合。一方面,去职业化的现象让图书馆(特别是基层图书馆)缺少专业人才,另一方面,图书馆的转型发展是自上而下且被动的,频繁的活动趋于快餐化,图书馆需要扩展的业务越来越多,思考却越来越少,公共图书馆很少耗费大量的时间和精力去培养学生的某项能力,而是花费更多的时间和精力组织大范围的比赛或短时间的成果展,没有很好地发挥自身的特色价值。

(三)效果不够明显

尽管有调查显示参与图书馆活动有助于学生学习成绩提高,但不能证明馆校合作直接对学生成绩提高起积极作用。第三方的调查只停留在表面,没有深入家庭、学校,也没有通过实证证明哪项活动或哪个场馆的活动对学生某些技能或素养的提升起到了关键的作用。

四、新政治、新环境下馆校合作实践的建议

“双减”政策和《中华人民共和国家庭教育促进法》的施行,以及上海市“社会大美育”计划的实施,对馆校合作提出了新要求。笔者认为可以根据实际情况灵活运用不同模式,在没有政府牵头主导的情况下,也可以通过不断揭示图书馆新资源、更新调整活动、场馆环境、引入第三方开发活动及课程来提升学校师生及家庭参与的公共图书馆活动的兴趣和与公共图书馆工作人员合作的频率。

(一)不断揭示图书馆新资源

图书馆是一个不断生长着的有机体,其属性历经了从最早的藏书楼到第三空间、智慧空间,再到 2023 年国际图联会议的开幕式中指出“图书馆”是动词的变化。图书馆不仅拥有丰富的纸质藏书,还有数据光盘、电子图书、数据库等线上资源,更有丰富的讲座、赛事、活动等阅读推广项目。图书馆根据不同学校、年级的特点,有针对性地开发合作课程,让资源充分揭示和利用。例如,嘉定区图书馆针对幼儿园、小学、中学不同阶段学生的需求设计了三种不同的基本课程,每种课程都有阅读体验和参观互动环节。针对幼儿园小朋友的课程的主要内容是普及图书的借还,针对小学生的课程的主要内容是普及图书馆阅读的活动,

针对中学生的课程的主要内容是普及数据库等电子资源的利用方式。

（二）通过活动更新调整场馆环境

2014—2024年，“全民阅读”已连续11年被写入我国政府工作报告，各地政府也越来越重视图书馆的建设。以上海市为例，2022年上海图书馆东馆、上海少年儿童图书馆长风馆新馆开馆，2023年徐家汇书院开馆，吸引了众多市民读者前往打卡。对于一直开放的“老”图书馆，尽管其建筑相对陈旧，但通过一些创新措施可以让读者保持新鲜感、好奇心，不断吸引学校与其持续开展馆校合作。这些措施包括：根据馆方的预算不定期更换展览内容，在节假日通过装饰活动美化环境、更新智能设备，改造部分空间等。如在“社会大美育”计划背景下，嘉定区图书馆作为上海市首批70家“社会大美育”课堂之一，在馆内围绕不同艺术主题邀请“大咖”主讲，将馆校合作延伸到美育课堂。如在与中小学合作开展活动中就把多功能厅的主讲场地切换到拥有舞台音响、灯光效果的秀舞台，邀请上海资深节目主持人夏磊担任“嘉定区全民阅读推广星光大使”并做题为“阅读让生活更美好”的嘉图讲座，场外增设阅读集市和体验区给学生带来不一样的视听感受；在与学校教师合作开展的活动中，将场地切换至拥有Hi-Fi高保真设备的视听室，邀请音乐专业工作人员主讲。

（三）引入第三方参与活动及课程的开发

现代的公共图书馆是不断变化和生长的，始终保持开放的姿态与“局外人”合作，不断突破舒适区，成为充满无限可能的地方。

一是与数据商合作开发小程序。通过线上趣味阅读、关卡游戏、互动比赛等形式让服务从线下延伸至线上，让馆校合作不受时间和空间的限制，提升学生用户黏度。

二是与专业团队合作开发课程。利用寒暑假合作开展不同的系列课程，持续提升学生及其家庭成员的图书馆使用率。如与出版社合作开发结合阅读的说书讲书课程、与音乐团队开发音乐美育课程、与美术馆开发工艺美术课程、与科技馆开发科普课程、与非遗场馆开发非遗课程等。

三是与商业机构合作开展公益活动。公共图书馆除了向商业机构购买服务，也可以与商业机构合作，但要注意合作必须是公益性的。许多商业组织为了体现自身公益性也愿意借用图书馆的场地为公众组织免费的活动和赛事。如图书馆可与一些绘本馆、教育机构、医疗机构合作，为0～3岁、幼升小过渡阶段的幼儿及其家庭提供服务。

在馆校合作中，还可以通过学校联结家庭，利用总分馆体系的延伸服务点，把活动资源送到家门口。

五、结语

公共图书馆是学校天然的合作伙伴，多元、开放、包容、联结的图书馆让馆校合作不断有新的变化和实现新的突破。本文总结的三种馆校合作模式可以根据合作方的不断加入演变出更多的分支模式，整合多方的资源，促进公共图书与学校共同发展。

参考文献

[1] MARTIN L A. Students and the Pratt Library: challenge and opportunity[M]. Baltimore: Enoch Pratt Free Library, 1963.

[2] JUREWICZ L, DIBBLE E. Expanding service horizons: cooperative planning strategies for public and school libraries[J]. Indiana Libraries, 1997, 16(2): 28-37.

[3] SAKIRUDEEN A O, SANNI K B. Study habits and academic performance of secondary school students in mathematic: a case study of selected secondary schools in uyo local education council[J]. Research in Pedagogy, 2017, 7(2): 283-297.

[4] 上海市教育综合改革专家咨询委员会秘书处. 为教育改革探路——为教育现代化助力——上海市教育综合改革发展报告(2014—2017)[M]. 上海:上海人民出版社,2017.

[5] 王泠一. 2019 年上海民生发展报告[M]. 上海:上海社会科学院出版社,2019:103.

[6] 上海祁骋商务咨询有限公司. 文教结合项目绩效评价报告[R]. 上海:嘉定区文化广播影视管理局,2018.

[7] GYLLENHAAL E D, PERRY D L, FORLAND E. Visitor understandings about research, collections, and behind-the-scenes at the Field Museum[J]. Current Trends in Audience Research and Evaluation, 1996(10): 22-32.

[8] GRAHAM J. Evidencing the impact of the GLOs report[R]. Leicester: The University of Leicester's School of Museum Studies, 2013.

[9] BATES J, WEBSTER N R. One school, one book: one successful school-library collaboration[J]. Children & Libraries: The Journal of the Association for Library Service to Children, 2009, 7(3): 47-50.

弘扬中华美育精神，提升学生艺术素养*

——J学院学前教育专业美术教育体系的实践探索

◎ 傅 晨

摘 要 以提升学生审美和艺术素养为目标，以弘扬中华美育精神为基本原则，以美育人、以美化人、以美培元，将美育纳入学校人才培养全过程。学校美术教育是美育的重要组成部分，是审美教育、情操教育、心灵教育，同时也是丰富想象力和培养创新意识的教育。帮助学生提升艺术素养、陶冶高尚情操、塑造美好心灵、激发创新活力，成为有品位、有内涵、能创造的时代新人，是提升全民艺术素养、塑造民族文化品格、增强文化自信，培养社会创新力、增强国家软实力的重要途径。

关键词 中华美育精神 中华优秀传统文化 艺术素养

中华美育精神植根于中华优秀传统文化，中华美育精神既注重传承和弘扬中华优秀传统文化，又注重与时俱进，与现代文化相结合，形成具有中国特色的美育理论体系。中华美育精神与中华优秀传统文化紧密相连，相互促进。儒家思想中的“礼乐教化”“诗教”等，道家思想中的“自然美学”“道法自然”等，以及佛教文化中的“禅宗美学”“净心自悟”等，都是中华优秀传统文化中重要的美学思想和艺术精神。中华优秀传统文化的深厚底蕴为中华美育精神奠定了坚实的文化基础，而中华美育精神则是在中华优秀传统文化基础上进行的一种创新和发展，为培养优秀人才提供了重要的思想支撑和文化资源，因此弘扬中华美育精神是培养德智体美劳全面发展的优秀人才的重要途径之一。

一、弘扬中华美育精神对于学生发展的重要价值

弘扬中华美育精神，有助于学生形成正确的审美观。学生可以更好地了解和认识中华

* 本文为2023年度上海市教育科学研究项目“中华美育精神融入高职学前美术教育体系的路径与实践研究”(项目编号:C2023041)的阶段性研究成果。

作者简介 傅晨，上海济光职业技术学院学前教育学院副院长。

优秀传统文化，从中汲取审美营养，形成正确的审美观念和意识。通过欣赏优秀的艺术作品和文化精品，学生能够提高对美的敏感度和感知能力，更好地发现和欣赏生活和自然中的美好。

弘扬中华美育精神，帮助学生塑造良好师德。中华美育精神强调“以美化人、以美育人”，通过审美教育来培养学生良好品德和行为习惯。在学生职业素养的培养过程中，通过艺术欣赏、艺术创作等方式，引导学生感受艺术的美和真谛，从而形成积极向上、健康阳光的心态和性格，为将来成为一名优秀的幼儿教师打下坚实的基础。

弘扬中华美育精神，有助于提升学生教育教学能力。学生作为未来的幼儿教师，需要具备一定的教育教学能力。弘扬中华美育精神，培养学生的创新思维和创造力，从而更好地适应幼儿教育的特点和需求。同时，通过艺术教育、文化传承等方式，培养学生的表达和沟通能力，从而提高教育教学能力。

弘扬中华美育精神，有助于增强学生文化自信。中华优秀传统文化是中华民族的瑰宝，其中蕴含着丰富的美学思想和艺术精髓。通过弘扬中华美育精神，学生可以深入了解中华文化的历史，增强对中华文化的认同感和自信心。同时，通过将中华文化元素融入教育教学，可以引导幼儿从小树立文化自信，为中华民族伟大复兴培养更多优秀人才。

因此，弘扬中华美育精神成为高校艺术教育的重要手段，成为培养新时代幼师必不可少的实践路径之一。在教育实践中，教师应充分重视和发挥中华美育精神的教育作用，为学生全面发展提供有力支持。

二、提升学前教育专业学生艺术素养的意义

对于学前教育专业的学生来说，提升艺术素养对于其未来发展和从事幼儿教育工作具有四点重要意义。

一是通过欣赏艺术作品，提升学生的艺术鉴赏能力，从而使学生更深入地理解和欣赏艺术作品，提高学生审美敏感度。通过欣赏各种类型的艺术作品，学生可以接触不同的艺术风格、色彩情感表达等，这有助于学生理解艺术的多样性，拓宽视野，提高审美敏感度。在欣赏艺术作品时，学生需要运用批判思维分析作品的主题、形式、风格和创意，思考过程有助于学生提高审美判断力和批判性思维能力。

二是艺术学习对幼儿的智力发展、情感表达和建立良好人际关系具有积极的影响。通过参与艺术活动，幼儿能够锻炼观察力、想象力和创造力，这有助于促进幼儿大脑发育和智力增长。通过艺术表现，幼儿可以更好地了解自己的身体语言、情感状态和审美偏好，这种自我认知有助于幼儿在活动中更自信、从容地展现自己。学前教育专业学生需要具备开展幼儿园艺术集体活动和个别化学习的能力，以便在未来的工作中更好地引导幼儿发展。

三是艺术是文化的重要组成部分，学习和创作艺术，有助于学生弘扬中华优秀传统文

化。创作艺术作品能够帮助学生表达内心的情感和思想。通过多种艺术形式，学生可以更深刻地理解自己的情感，并培养情感表达的能力。学前教育专业学生需要了解和掌握中华优秀传统文化的特点和精髓，以便在未来的幼儿教育中更好地传承和弘扬中华优秀传统文化。

四是具备艺术素养的学前教育专业学生在就业市场上更具竞争力。随着社会对幼儿教育的日益重视和家长对幼儿全面发展的需求增加，具备艺术素养的学前教育专业学生更容易受到用人单位的青睐。

综上所述，通过欣赏、创作和表现艺术，学前教育专业学生可以提升自己的审美观念和艺术鉴赏能力，从而更好地理解和欣赏艺术作品，这对于学生的个人成长和职业发展都具有重要意义。

三、中华美育精神融入高职学前教育专业美术教育体系的实践

（一）弘扬中华美育精神，将中华优秀传统文化融入教学

中华优秀传统文化博大精深，具有独特的历史、文化和艺术价值，是中华民族的宝贵财富，也是全人类的宝贵文化遗产。中华优秀传统文化包含许多方面，如传统美食、传统服饰、传统艺术、传统民俗文化等。学前教育专业美术课程体系中的课程内容覆盖面比较广泛，包括中国画、书法、莫高窟壁画、版画、年画等。

介绍中华优秀传统文化的历史背景、文化内涵等，帮助学生了解中华优秀传统文化的起源和发展；通过对经典大师作品做实例分析，让学生掌握作品鉴赏的基本方法和技巧，提高学生对艺术作品的欣赏能力和审美水平；选择一些具有代表性的中国传统艺术作品进行赏析，如中国画、书法、民间美术等，让学生了解不同艺术形式的风格和特点，了解中华优秀传统文化的历史和内涵，培养学生对传统艺术的热爱和尊重；通过实践操作，让学生亲身体验中华优秀传统文化的魅力，加深对中华优秀传统文化的理解和认识，为成为中华优秀传统文化的传播者打下基础。

作为未来的幼儿园教师，学前教育专业学生只有充分了解中华优秀传统文化、有充分的文化自信，才能培育出自信爱国的下一代，影响和引导幼儿成为中华优秀传统文化的继承者与传播者；作为未来的幼儿成长的启蒙者，学前教育专业学生必须具备较高的艺术鉴赏能力和审美能力，为幼儿开展更高层面的教育引导，为幼儿提供高质量的艺术教学，从而培养出具有较高艺术素养及创造力的下一代。

（二）学前教育专业美术教育中注重德育渗透，将中华美育精神与德育相结合

中华美育精神是中华优秀传统文化的重要组成部分，强调修身养性、崇德尚美。将中

华美育精神与德育相结合,可以更好地传承和弘扬中华优秀传统文化。通过挖掘美术作品中的德育元素、结合中华优秀传统文化进行德育渗透、发挥教师言传身教的作用等方式,可以让学生在欣赏和理解艺术的同时,接受传统文化的熏陶和教化,引导学生树立正确的道德观念和严格遵守行为规范。

学前教育专业美术教育中的实践环节是培养学生德育素质的重要途径。在绘画、手工制作等实践中,教师引导学生树立正确的态度和价值观,如认真细致、精益求精等。同时在艺术活动中,引导学生遵守规则、尊重他人、合作分享等,这有助于培养学生的社会交往能力和团队合作精神。这些素质的培养对于学生未来的职业发展和社会责任承担都具有重要意义。

(三)遵循职业教育特点,在一定程度上遵从"市场需求"导向

职业教育以职业为导向,以帮助学生获得职业能力和职业素养为目标。职业教育的课程设置和教学内容都与职业需求紧密相关,旨在帮助学生掌握实际工作技能和知识、适应职业市场需求。

高职学前教育专业美术教育课程设置在一定程度上遵从"市场需求"导向,重外显技能素质,轻内隐艺术素养。当今社会对具备综合素质的人才的需求日益增加,高职院校作为我国人才培养的重要阵地之一,应引领学生通过学校教育了解中华优秀传统文化的变迁,触摸中华优秀传统文化脉络,体悟中华优秀传统文化精髓,进而提升精神境界、道德情操、人格修养,成为社会所需要的具备综合素质的人才。学前教育专业美术教育课程体系总体设计与专业相关岗位能力需求契合,创设了符合职业教育特色的学前教育专业美术基础课程体系。

鉴赏作品的选择采用儿童视角,以幼儿园教学过程中选用的经典作品为主;针对素描这一传统美术技法开展创意性教学探索,引入拼贴等多种表现方法形成有趣的画面效果;引导学生关注绘本插画表现技巧,并进行简笔画学习,真正实现实操内容以幼师职业需求为主;工具材料选择多元化,包括生活中的废旧材料、自然中的有机材料、容易获取的儿童常用材料等。真正做到从人才培养方案到美术课程设计始终秉承市场需求第一位的理念。

(四)结合J学院学情分析中的学生能力短板,以美术鉴赏引导审美

以J学院学前教育专业美术教育实践教学为例,学生通过教学理论与知识的学习,对中国优秀美术作品与中华优秀传统文化有一定的了解,但缺乏美术技法、鉴赏方法及色彩理论方面的系统学习。

学生的能力短板之一在色彩运用方面:不会利用简单的色彩基本原理进行美术作品创作,不清楚运用什么鉴赏方法分析优秀作品中的用色技巧,以及对色彩搭配不敏感等。因此,J学院学前教育专业将了解色彩的基本原理和基础知识,了解不同色彩的运用方法、搭

配原则和表现效果等内容渗透到鉴赏中国传统艺术的美术教育课程中。

学生的能力短板之二在美术理论方面：学生对中外艺术风格流派及艺术名家的了解比较匮乏。J学院学前教育专业的美术教育课程利用上海丰富的艺术资源，与博物馆、美术馆等机构合作，通过“馆一校”合作方式组织学生艺术活动，例如，组织学生参观学习中外艺术风格流派及艺术名家的展览，让学生欣赏不同时期、不同流派的艺术作品，切身感受到艺术的魅力和价值，深化学生对艺术风格和艺术流派的理解。

通过以上实践措施，将中华美育精神融入高职学前教育专业美术教育体系，可以提高学生的综合素质和文化素养，促进学生尊重和热爱中华优秀传统文化，为学生未来的职业发展奠定坚实基础。

四、结语

学前教育专业在将中华美育精神融入美育教育体系的过程中容易存在忽视学生的情感和价值观培养的问题，这可能导致学生无法真正体会中华美育精神的内涵和价值。在艺术活动中寻找可以激发学生参与兴趣的中国传统艺术作品，关注学生的情感和价值观培养，引导学生通过美术作品表达自己的情感和思想，同时也可以通过开展各种形式的美术活动来培养学生的审美情趣和人文素养。

将中华美育精神融入高职学前教育专业美术教育体系需要教育工作者和学生的共同努力和实践。实施完善课程设置、创新教学方法及关注学生情感和价值观培养等措施，可以有效地解决学前教育专业美术教育面临的问题，并推动中华美育精神在高职学前教育专业美术教育体系中的融入和发展。

参考文献

[1] 高平叔. 蔡元培美育论集[M]. 长沙：湖南教育出版社，1987.

[2] 宋修见. 中华美育精神访谈录[M]. 北京：北京大学出版社，2019.

[3] 王晓琳. 弘扬中华美育精神　赋能人民美好生活[J]. 艺术教育，2023(1)：18-23.

新时代高职院校劳动教育的现实困境与优化路径

◎ 毕　波

摘　要　2020 年 3 月，中共中央、国务院印发《关于全面加强新时代大中小学劳动教育的意见》，指出："劳动教育是中国特色社会主义教育制度的重要内容，直接决定社会主义建设者和接班人的劳动精神面貌、劳动价值取向和劳动技能水平。"劳动教育是促进人的全面发展的重要途径，也是高职院校培养合格劳动者的必然要求。在实践过程中，很多高职院校探索出有自身特色的劳动教育开展路径，但也存在着一系列问题，如劳动教育在学校的地位弱化、边缘化，高职院校系统性劳动教育缺乏，劳动教育制度建设与劳动教育开展脱节等。本文以新时代劳动教育思想为遵循，以高职院校劳动教育开展为对象，探讨新时代高职院校劳动教育开展的有效路径。

关键词　高职院校　劳动教育　现实困境　优化路径

2020 年 3 月，中共中央、国务院印发《关于全面加强新时代大中小学劳动教育的意见》，指出："劳动教育是中国特色社会主义教育制度的重要内容，直接决定社会主义建设者和接班人的劳动精神面貌、劳动价值取向和劳动技能水平。"新时代，我国社会主义建设呼唤高素质劳动者，以及行业、企业发展升级渴求高素质技术技能人才，这对高职院校人才培养提出了更高要求。高职院校以培养复合型、创新型高素质技术技能人才为目标，其各项教育教学活动的开展与劳动生产密切相关。因此，高职院校要贯彻习近平新时代劳动教育思想，坚持"教育与生产劳动相结合"，以满足社会主义建设的需要。国内很多高职院校已经针对劳动教育开展进行了许多有益探索，然而，高职院校劳动教育开展依然存在问题，本文将剖析存在的问题，并探索有效的劳动教育开展路径。

作者简介　毕波，同济大学教育硕士。

一、新时代劳动教育的内涵意蕴

全面建成小康社会、实现第一个百年奋斗目标标志着我国社会主义建设进入新阶段，社会主要矛盾已经由人民日益增长的物质文化需要同落后的社会生产之间的矛盾，转化为人民日益增长的美好生活需要和不平衡不充分的发展之间的矛盾。经济的发展和物质财富的积累不仅使社会劳动形态发生了深刻变革，也使人们的劳动观念和劳动意识发生了重大改变。新时代背景下，高职院校只有准确把握劳动及劳动教育的内涵，才能够有效开展劳动教育。

2022 年 5 月 1 日起施行的《中华人民共和国职业教育法》将“职业教育”定义为“为了培养高素质技术技能人才，使受教育者具备从事某种职业或者实现职业发展所需要的职业道德、科学文化与专业知识、技术技能等职业综合素质和行动能力而实施的教育”，指出实施职业教育应“培育劳模精神、劳动精神、工匠精神”。伴随着技术升级与创新驱动，我国职业教育目标定位由笼统泛化转向具体细化、由服务就业转向注重生涯、由工具理性转向人文导向、由职业能力转向职业素养、由单一固化转向复合创新，以培养更多高素质技术技能人才。[1]

中华人民共和国成立初期，我国工业基础薄弱，生产力水平不高，社会经济发展主要依靠手工劳动和劳动密集型产业。长久以来，劳动被窄化为“生产劳动”，劳动就是“吃苦、流汗”，导致学生劳动观念滞后。很多学生忽视了琐碎而又基础的日常生活劳动，以及必要的公益性、志愿性服务型劳动和更具创新性、挑战性的知识生产型劳动。随着家庭生活水平提高，加之传统“唯分数论”等错误观念的影响，劳动教育在家庭教育中逐渐被弱化，甚至被忽略。因此，我国家庭劳动教育在家庭教育中的基础地位亟须加强。此外，生产的智能化、网络化、信息化对劳动者的素质提出了更高要求。因此，高职院校要不断更新劳动教育内容，鼓励学生参与多样化的劳动实践，引导学生树立积极向上、与时俱进的劳动价值观。新时代要求劳动教育从强调与生产劳动紧密结合向着链接家庭、学校、社会，融通“德、智、体、美、劳”五育，促进个人全面发展转变。[2]

马克思、恩格斯的经典劳动教育理论指出：“劳动不仅创造了财富，而且创造了人类本身，劳动是人类存在的基础。”在马克思主义者看来，劳动教育的本质目标是：通过适当的教育途径培育具有健康劳动价值观、追求社会正义、实现体力脑力结合，以及具有自由个性的“全面发展的人”。[3]因此，新时代高职院校劳动教育的内涵表征为：一是使学生树立正确的劳动价值观，形成尊重劳动、热爱劳动、热爱劳动人民和劳动成果的价值态度；二是使学生掌握符合产业发展需求，既能够服务新时代经济发展，又能够创造个人劳动幸福感的复合专业技能；三是建立现代劳动教育观念，即坚持教育与生产劳动相结合，坚持体力劳动与脑力劳动相结合，提升生产劳动技能、日常生活技能及社会服务技能，培养全面发展的社会主义建设者和接班人。

二、高职院校开展劳动教育的必然要求

（一）劳动教育是新时代对教育的新要求

2018年9月，习近平总书记在全国教育大会上强调："要在学生中弘扬劳动精神，教育引导学生崇尚劳动、尊重劳动，懂得劳动最光荣、劳动最崇高、劳动最伟大、劳动最美丽的道理，长大后能够辛勤劳动、诚实劳动、创造性劳动。"高职院校须坚持马克思主义的"教劳结合""体脑结合"，提升学生劳动素养，促进学生全面发展，培养更多知识型、技能型、智慧型、创新型的高素质劳动者，使学生肩负起中华民族伟大复兴的重任。

（二）劳动教育是新时代中国特色社会主义教育性质的体现

劳动在不同社会制度下有不同属性，并为不同阶级服务，在奴隶社会、封建社会、资本主义社会中，劳动者的劳动分别为奴隶主、封建地主和资本家服务，是不同性质的受剥削的劳动。中华人民共和国成立后，在中国共产党的带领下，我们完成了生产资料私有制的社会主义改造，从根本上改变了劳动的性质，使劳动成为为国家、为社会主义建设服务的活动。这使劳动者的地位发生根本改变，成为自身劳动的主人。

劳动教育的目标明确规定了社会主义的劳动教育一定要把培养学生的马克思主义劳动观放在首位，这事关社会主义教育性质这一根本问题。[4]我国是中国共产党领导下的社会主义国家，教育的根本目标是培养德智体美劳全面发展的社会主义建设者和接班人，"加强劳动教育是坚持马克思主义劳动观的必然要求，也是社会主义民主政治的集中反映，是中国特色社会主义制度的本质规定"[5]。

（三）劳动教育是促进学生全面发展的根本途径

马克思、恩格斯认为：生产劳动同智育和体育相结合，它不仅是提高社会生产的一种方法，而且是造就全面发展的人的唯一方法。[6]长久以来，受"劳心者治人，劳力者治于人""学而优则仕"等传统观念的影响，人们错误地认为学习文化与参与劳动二元对立，学习文化是为了不劳动，而劳动者也不需要有文化。家长、学校、社会忽略了学生劳动素养和劳动技能的培养，使部分学生不能正确认识劳动的价值，形成了不尊重劳动，不想劳动、不会劳动等错误观念。促进学生全面发展迫切要求高职院校提升学生的劳动素养，纠正家长和学生对劳动教育的偏见。劳动教育联通教育世界、生活世界和职业世界，具有经验性、先进性和前置性的鲜明特点，是人生第一教育[7]，因此，新时代劳动教育要培养学生形成正确的劳动价值观念、劳动精神、劳动情感，使学生了解生产和生活知识，掌握生活和劳动技能，在劳动中

促进自身全面发展。

（四）劳动教育是培养学生形成正确劳动价值观的重要载体

劳动教育不仅具有传授劳动知识和劳动技能的工具性价值，在实践中更具有塑造劳动观念、端正劳动态度的人文性价值。高职院校在开展劳动教育的过程中，要坚持用马克思主义“教育与生产劳动相结合”的思想指导劳动教育实践，将不同劳动形态，如体力劳动与脑力劳动、工业生产与农业劳作、简单劳动与复杂劳动、文化知识学习与职业技能学习等相融合；要帮助学生掌握一定的劳动知识和职业技能，更要使学生理解“劳动创造世界、劳动创造历史、劳动创造人本身”的马克思主义劳动观点[8]，明白“劳动是财富的源泉，也是幸福的源泉”，尊重劳动、尊重劳动者；遵守劳动道义，坚守“多劳多得、少劳少得、不劳不得”的社会分配原则，形成正确的劳动价值观。

（五）劳动教育能够传承以工匠精神为代表的民族精神和品格

习近平总书记指出：“劳模精神、劳动精神、工匠精神是以爱国主义为核心的民族精神和以改革创新为核心的时代精神的生动体现，是鼓舞全党全国各族人民风雨无阻、勇敢前进的强大精神动力。”在职业教育领域开展科学的劳动教育，赋予工匠精神和职业精神深厚的中华优秀传统文化底蕴，有利于学生学习、继承并弘扬以“勤劳、奋斗和奉献”为内容的中华民族品格，使学生继续书写辉煌的中华民族精神谱系。[9]高职院校以培养服务经济社会发展的高素质技术技能人才为目标，将工匠精神、劳模精神与专业课程和专业实践、实习相结合是培养学生高尚职业道德的必要途径，能够让学生受到优秀民族精神和民族品格的积极熏陶。

三、高职院校开展劳动教育的现实困境

劳动教育既是人才培养的目的，也是人才培养的手段。一方面，实施劳动教育能够提升学生的劳动素养和技能，另一方面，将劳育与德育、智育、体育、美育相融合可以促进学生全面发展。很多高职院校就劳动教育开展进行了大量积极的探索，然而，随着科技和社会进步，劳动形态和人们的劳动观念发生了巨大变化，部分高职院校没有及时调整劳动教育开展的理念和思路，导致劳动教育开展存在以下问题。

（一）对劳动教育的重视程度不够，劳动教育地位缺失

劳动教育是中国特色社会主义教育制度的重要内容，具有独特育人价值。然而，社会中尚未形成普遍的尊重劳动、热爱劳动的良好风气，消费主义、享乐主义、功利主义思想及投机取巧、贪污腐败的恶劣现象对“多劳多得、少劳少得、不劳不得”、勤俭持家等传统劳动

和消费观念产生了严重的冲击。在互联网飞速发展的今天，部分学生受到网络不良风气的影响，“在职业认知、生涯规划、就业观念、创业意识等方面，缺乏真正的体验和感悟”[7]。

高职院校已就劳动教育目标达成一致，即培育正确的劳动价值观，提升劳动素养，培养健康的劳动态度等。然而，在劳动教育的内容和形式方面，部分院校的理解依然存在偏差，错误地认为直接参与劳动可以代替劳动教育设计，劳动资源等同于劳动教育资源，劳动成果可代表劳动教育效果[10]。劳动教育“树德、增智、健体、育美”的综合育人价值没有得到彰显，在学校人才培养体系中缺乏应有的重要地位。在构建现代职业教育体系的过程中，“校企合作”“产教融合”的办学模式深入人心，学生专业技能和动手能力的培养成为高职院校课程重点，但劳动教育培育世界观、人生观、价值观的人文价值被忽略，致使人忽视了目的的合理性，盲目陷入手段与工具合理性的角逐，从而偏离了培养自由、全面、完整的人的方向[11]。

在家庭教育中，部分家长十分重视孩子的文化课学习，有意淡化劳动教育，认为只要孩子文化课学习成绩好，劳动教育可有可无；有的家庭甚至完全忽略了对孩子参与劳动的指导，甚至对孩子进行错误引导，造成一些孩子形成了“衣来伸手，饭来张口”、鄙视劳动的不良习惯和态度。

（二）劳动教育的异化

虽然部分高职院校开展了劳动教育，但因为对劳动教育的内涵及目标缺乏明确认识，出现了“有劳动，无教育”的现象。劳动教育的核心目标本应是培养学生的劳动价值观，但实际上劳动却成了惩罚手段、休闲方式、才艺秀场[10]。劳动教育异化为惩罚手段在我国由来已久，在学校德育管理过程中，将特定形式的劳动作为惩罚，从而规避容易产生争议的师德或管理问题。有的学校在繁忙的学习生活之余，组织学生走进田间地头参与学农活动，或进入企业参观，这与其说是“劳动教育”，不如说是“劳动观光”，背离了劳动教育的初衷。随着社会对职业教育的关注，部分职业院校热衷于搭建职业技能“秀场”，向参观者展示学生的技艺、才艺，或者展示学生在技能实践中创造的物质成果。在这种情况下，学生像“工具人”一样展示职业技能学习的成果，但对劳动价值和意义的理解浮于表面，甚至会因为“劳动之烦”而厌恶劳动。

（三）学生缺乏系统性劳动教育

2020 年 3 月，中共中央、国务院印发《关于全面加强新时代大中小学劳动教育的意见》，明确了国民教育体系各阶段劳动教育的目标和内容，其中，高等教育要围绕创新创业，结合专业发展，使学生懂得“空谈误国、实干兴邦”的深刻道理，培养学生的奋斗精神、奉献精神及创造性解决实际问题的能力。然而，很多高职院校缺乏系统性的劳动教育课程体系，用综合实践活动代替劳动教育。劳动教育集中于公益劳动、义务劳动、企业参观、学农活动等低水平、重复性的活动。劳动教育开展碎片化、缺乏系统性，没有结合学生的专业特点、自身兴趣及身心发展规律对学生进行劳动价值观和劳动素养的指导，因而难以起到切实效果。

（四）劳动教育机制缺失

1. 劳动教育课程体系缺失

（1）国家层面

国家缺乏对劳动教育核心素养的研究和界定，没有形成统一标准和教材，劳动教育难以获得独立课程地位。

（2）课程层面

职业院校为提升学生技能培养质量，片面追求专业课程建设，忽略了劳动教育在人才培养方案中的重要地位，没有开设或开足劳动教育课程。

（3）内容层面

劳动教育内容没有与时代发展或学生生活紧密联系，部分院校将公益劳动、义务劳动、实训课程、企业参观等都简单地纳入劳动教育范畴，各项活动之间没有关联，学生难以将专业知识、技能与生产或生活实际相联系，无法调动自身的劳动积极性。

（4）实践层面

由于劳动类课程的缺失，相应劳动教育配套的师资、设备、劳动教育实践基地等资源也十分缺乏。

2. 劳动教育评价机制缺失

科学的劳动教育评价体系和反馈机制是劳动教育有效开展的保障，能够真实地衡量学生接受劳动教育的效果，激发学生参与劳动教育的积极性。高职院校劳动教育评价指标主要存在两方面问题。一是评价指标模糊、可信度低。部分院校只是针对学生参与劳动实践活动的次数、类型进行评价，忽视了对学生“如何做”“做得如何”的考量。

二是以结果性评价代替过程性评价。受到应试教育以考试分数为唯一评价标准的错误观念影响，学校将学生专业技能实践的物质成果作为评价指标，认为那些在实训课程中较好地掌握实训技能并完成实训任务，抑或在技能竞赛中获奖的学生拥有较好的劳动态度和较高的劳动素养，却忽略了学生在实践过程中劳动精神、劳动态度的养成情况。

3. 劳动教育师资队伍缺失

数量充足、专业素质过硬的师资队伍是确保劳动教育课程有效实施的关键。当前高职院校劳动教育师资队伍存在两方面问题。一是数量不足。专职劳动教育教师岗位在职称评定、评优、绩效工资等方面并没有优势，缺乏吸引力。又因为高职院校将绝大部分精力投入专业师资队伍建设，没有建立稳定的兼职劳动教育师资队伍。二是质量不高。由于劳动教育课程地位不高，专兼职教师的专业发展没有得到足够重视，教师缺乏专业培训，授课积极性不高。

四、新时代高职院校劳动教育优化路径

2020年3月，中共中央、国务院印发《关于全面加强新时代大中小学劳动教育的意见》，提出“实施劳动教育重点是在系统的文化知识学习之外，有目的、有计划地组织学生参加日常生活劳动、生产劳动和服务性劳动，让学生动手实践、出力流汗，接受锻炼、磨练意识，培养学生正确劳动价值观和良好劳动品质”，凸显了劳动教育的重要地位和价值，也为新时代劳动教育的开展指明了方向。

（一）界定劳动教育核心素养，制定课程标准和实施方案，提升劳动教育课程地位

2018年9月，习近平总书记在全国教育大会上发表重要讲话，明确将劳动教育提升到与德智体美“四育”同等地位。高职院校要认真梳理、分析国家或地方出台的各类促进劳动教育开展的文件，立足国情、校情、学情，界定劳动教育核心素养，制定劳动教育课程标准和实施方案，形成适合学生特点的劳动教育课程体系。要注意职业教育和普通教育在劳动教育方面的区别：高职院校劳动教育具有职业性，要注重将学生劳动价值观培养与专业课教学相结合，将劳动精神、劳模精神、工匠精神融入其中；高职院校劳动教育具有专业性，要结合专业特点，提升学生的职业素养和敬业精神，鼓励学生运用专业技能为社会提供公益服务，高职院校劳动教育具有创新性，要将劳动教育开展融入专业领域内新技术、新知识、新工艺，将劳动教育开展与创新创业教育相结合，提升学生创造性劳动的能力。劳动教育课程实施要注重学生动手与动脑相结合、实践与感受相结合，发挥劳动教育不同于德智体美“四育”的独特育人优势，“劳动知识、技能、态度、方法与习惯的习得是以每个学生的个体经验和亲身实践为基础的，任何学习者都不可能通过间接经验获得熟练的劳动和技术的操作技能与丰富的情感体验”[13]。

（二）家校社联合，形成劳动教育合力

高职院校要联合家庭、社会，形成教育合力，使劳动教育取得切实效果。家庭是孩子成长的“第一所学校”，家庭教育以良好的亲子关系为基础，通过沟通、合作、分享对孩子的劳动价值观、劳动态度和情感产生影响。学校要与家长委员会协同对家长开展劳动教育指导，更新家长的劳动观念，鼓励家长在家庭中为孩子创造更多劳动机会，引导学生自觉参与家务劳动，并将日常生活劳动作为整个劳动世界的必要组成部分去思考日常生活劳动价值和意义。

地方教育主管部门要凝聚社会各界力量，加强舆论引导，弘扬“劳动光荣、技能宝贵、创

造伟大”的时代风尚;探索建立校际劳动教育课程资源、基地资源的共享机制,同时联合社会机构和社会劳动教育基地,为学生创造更多亲身参与劳动实践的机会,为劳动教育的可持续发展打下基础。

(三)优化整合教育资源,发挥学校劳动教育的主导作用

劳动教育资源是学校开展劳动教育的重要载体。一方面,要将学校劳动教育场地、劳动教育课程、劳动教育活动充分结合,鼓励学生积极参与,体会劳动的乐趣和意义;另一方面,要做好课程体系建设,既要设置显性课程,将劳动教育理念与公共基础课、专业课、实训课相结合,又要设置隐性课程,将工匠精神、职业精神、艰苦奋斗精神等融入校园文化建设。

学校的实训中心是高职院校劳动教育的特色资源。在开展实训教学时,教师可以为学生设置物品和工具的整理摆放、机器的维修保养、场地的清洁等环节,以培养学生严谨的工作态度和团队合作精神。

劳动教育课程是显性课程的主要内容,高职院校应根据人才培养目标及学校专业特色,系统设计、制定劳动教育课程的内容和资源,使学生对劳动概念、劳动功能、劳动价值、劳动法制、劳动伦理等有正确的理解。在思政课程中融入劳动教育元素是新时代的必然要求,能够加强学生对劳动精神、劳动态度和劳动情感的认同和内化。高职院校要将劳动教育融入学校专业学习和实训教学,从全面发展的人才培养目标出发,发掘专业课程中的劳动教育元素,“强化专业学习与社会生产生活的联系,以强调专业伦理、研究伦理,强调脑力劳动与社会责任的关联”[14]。此外,高职院校要在校内设置勤工助学岗位,并定期组织校外社会实践和志愿服务活动,组织学生参加创新创业大赛等,使学生尊重劳动、热爱劳动,培养学生的劳动责任感。

高职院校还要发挥校园文化的隐性教育功能,邀请大国工匠、技术能手、劳动模范等来校开展主题教育,宣传工匠精神,让学生明白踏实勤奋对于成长的意义;宣传校内技术达人、优秀学生、职业技能大赛获奖学生的优秀事迹,让学生感悟到“奋斗的青春最美丽”“人人皆可成才、人人尽展其才”,并在潜移默化中受到劳动精神和奋斗精神的影响。

(四)建立健全劳动教育评价机制,激发学生劳动动力

一是提高劳动素养在学生综合素质评价中的比重,并将之作为学生评奖评优、毕业实习与就业推荐的重要依据。二是家长、社会机构、企业、学校共同制定科学、合理的劳动教育评价机制,引入学生自评、学生互评、家庭和社会第三方评价主体,针对学生的劳动技能和劳动态度、价值观进行全面的科学评价,激发学生参与生产劳动、生活劳动和服务型劳动的内驱力,提升学生各方面劳动技能。三是建立全方位、全过程的劳动记录,将学校的劳动教育与学生参与家庭劳动、社会服务型劳动及学生企业实习、实践的生产性劳动相结合,客观记录学生参与劳动情况及劳动价值观和劳动素养养成情况。四是建立针对劳动教育过

程和结果的分析—反馈机制，从而完善和优化劳动教育实施机制。

（五）加强劳动教育师资队伍建设

师资队伍建设是有效开展劳动教育的关键。高职院校应根据学校实际情况，结合各专业人才培养目标，制定劳动教育专兼职教师的任职标准；要增加投入，聘请"大国工匠"、劳动模范、行业企业专家和职教领域的劳动教育专家来校授课或开展讲座，并定期举行劳动教育教师研讨交流会，使劳动教育实践经验与理论碰撞、融合；此外，要像将课程思政融入各学科教学一样，鼓励不同学科教师深入发掘本学科具有劳动教育价值的元素，将正确的劳动价值观、劳动态度与课程教学相结合。

（六）树立发展的内容观

科技进步促进了生产的信息化、智能化、自动化，知识与技能、科学与文化、虚拟与现实、空间与时间不断被重新组合，旧劳动形态不断代替新劳动形态。这要求高职院校的劳动教育须贯彻发展的内容观，"一方面，重视社会劳动形态的变化，及时调整和更新相应的教育内容；另一方面，重视劳动基本态度和基本能力的培育，而不是具体生产技术的教授，使学生能以健全的心态在飞速发展的劳动形态中'以不变应万变'"[15]。

参考文献

[1] 井文，程豪. 改革开放 40 年我国职业教育目标演变的检视与反思[J]. 职业教育研究，2019(2)：5-10.

[2] 韩奕文，朱丽华，郭婷婷，等. 新时代职业院校劳动教育的现状与未来展望[J]. 职业技术，2023，22(4)：56-62.

[3] 檀传宝. 劳动教育的本质在于培养劳动价值观[J]. 人民教育，2017(9)：45-48.

[4] 班建武. 新时代全面加强劳动教育的意义、特征及其实践要求[J]. 中小学校长，2021(4)：6-10.

[5] 柳夕浪. 论中国特色社会主义劳动教育的地位作用[J]. 中国教育学刊，2023(4)：1-7.

[6] 马克思，恩格斯. 马克思恩格斯全集：第 23 卷[M]. 中共中央马克思恩格斯列宁斯大林著作编译局，译. 北京：人民出版社，1972.

[7] 徐长发. 新时代劳动教育再发展的逻辑[J]. 教育研究，2018，39(11)：12-17.

[8] 胡君进，檀传宝. 马克思主义的劳动价值观与劳动教育观——经典文献的研析[J]. 教育研究，2018，39(5)：9-15，26.

[9] 袁平凡. 新时代我国劳动教育价值理性和工具理性的历史思考——兼论职业教育领域劳动教育价值的实现[J]. 中国职业技术教育，2021，(27)：38-44，64.

[10] 班建武. 劳动与劳动教育的关系辨析及其实践意义[J]. 广西师范大学学报(哲学社会科学版)，2021，57(2)：51-60.

[11] 徐海娇. 劳动教育的价值危机及其出路探析[J]. 国家教育行政学院学报，2018(10)：22-28.

[12] 檀传宝. 加强和改进劳动教育是当务之急——当前我国劳动教育存在的问题、原因及对策[J]. 人民教育,2018(20):30-31.
[13] 何云峰,宗爱东. 中小学劳动教育的现状、问题及对策[J]. 青年学报,2019(1):6-11.
[14] 檀传宝. 如何让"劳动"成为一种"教育"? ——对劳动与劳动教育的概念之思[J]. 华东师范大学学报(教育科学版),2022,40(6):97-104.
[15] 班建武. "新"劳动教育的内涵特征与实践路径[J]. 教育研究,2019,40(1):21-26.

对中国大学先修课程建设的思考

◎ 沈佳君

摘　要　大学先修课程源于美国，随着教育全球化的推进，中国大学也已开设先修课程。本文分析了中国大学先修课程的特点，建议中国大学先修课程建设应坚持初衷，以育人为本；并认为中国大学先修课程建设需要政策的进一步支持，先修课程运行平台亟须完善。

关键词　大学先修课程　AP 课程　CAP 课程　高校　高中　“大中衔接”

一、美国大学先修课程

美国大学先修(Advanced Placement, AP)课程是面向高中阶段学生开设的达到大学同等学术水平的课程，是全球首个大学先修课程。

20 世纪 50 年代，美国福特基金会(The Ford Foundation)发起了 AP 课程。起初，AP 课程面向学习优秀的高中生，旨在为学有余力的高中生提供进一步发挥个人特长、获取更多知识的平台。通过 AP 考试的高中生更容易获得高校的青睐。由于受到高中生的广泛欢迎，AP 课程很快发展起来，规模不断扩大，越来越多的教师、高中、大学参与其中。如今，AP 课程成绩已成为大学招生参考的重要指标[1]。美国超过 60%的中学和超过 30%的高中生参与 AP 课程[2]，超过 90%的大学的认可 AP 考试的成绩。

美国 AP 课程经过几十年的发展，在美国乃至全球有非常大的影响力，被学生、高中、大学广泛接受，可以说，先修课程项目在美国，是非常成功的。

二、中国大学先修课程发展概况

中国大学先修课(Chinese Advanced Placement Courses, CAP)，是在美国 AP 课程的

作者简介　沈佳君，同济大学本科生院招生办公室高中教育合作中心主管，硕士，研究方向为高中教育与大学教育的衔接。

启发和影响下开设的，旨在让学有余力的高中生为就读大学做好准备。高中生可根据自身的兴趣、特长和能力选择课程，挖掘自己的潜力，提前接触大学阶段的思维方式和学习方式，在真正进入大学后少走弯路，提高学习效率。

中国大学先修课程探索起于20世纪末。1996年南京金陵中学与南京大学、东南大学、浙江大学等7所高校联合举办教改实验班，用先修课程代替高考课程，参与先修课程的学生高中毕业后考试达到要求可以直接进入这些高校学习。今天看来，这一步迈得过大，没有经过科学的通盘整体规划，各高校课程没有统一的标准，最关键的是没有相应的公正、客观、科学的评估考核机制，最终以失败告终[3]。

2010年之后，中国大学先修课程得到了一定发展，获得了国家政策的支持。2010年5月5日，时任国务院总理温家宝主持召开国务院常务会议，审议并通过《国家中长期教育改革和发展规划纲要(2010—2020年)(简称《纲要》)》，明确指出，为了全面深入推进高中课程改革，赋予学生更多选择的权利，以兴趣为导向，为高中生创造条件开设丰富多彩的选修课，以促进学生全面而有个性的发展。2012年11月，浙江省教育厅发布《浙江省高等学校面向普通高中学生开发开设大学先修课程的指导意见》，鼓励高校积极开发大学先修课程；2015年，北京市教育委员会发布《北京市教育委员会关于开展高端技术技能人才贯通培养试验的通知》，其中更将“开展大学先修课程，提升学生的人文素养、科学素养、健康素养，增强学生创新精神、实践能力和社会责任感”列为开展高端技术技能人才贯通培养试验的重要内容。2014年3月，CAP试点项目由中国教育学会正式牵头启动；2015年，清华大学联合18所大学和29所中学发起成立了中国慕课大学先修课(MOOCAP)联盟。2016年11月，中国慕课大学先修课理事会更名为“中国大学先修课理事会”。中学生凭“线下考试成绩单”和“线上学习行为报告”，达到相关高校学分认证要求，就可申请该高校的学分认证。

笔者认为，2010—2020年，中国大学先修课程的发展得益于另外一项政策——高校自主招生政策。中国高校自主招生政策2001年起开始实行，一直实行至2020年，其间越来越多的高校加入自主招生行列，参加自主招生的考生队伍也日渐壮大，高校招生形式也越来越多元化。2010—2020年，中国大学先修课程发展的十年也是中国高校自主招生政策不断深入的阶段，尤其是2014年《国务院关于深化考试招生制度改革的实施意见》和《教育部关于进一步完善和规范高校自主招生试点工作的意见》相继出台，明确提出2015年起高校不得采用联盟招考的形式组织自主招生，很多高校另辟蹊径，将中学生选修大学先修课程的成绩作为自主选拔录取的重要依据之一，因此大学先修课程仍然受到很多高中生的青睐。

2020年1月，教育部印发《教育部关于在部分高校开展基础学科招生改革试点工作的意见》，明确提出不再开展高校自主招生，在部分高校开展基础学科招生改革试点(也称“强基计划”)，服务国家重大战略需求，加强拔尖创新人才选拔培养。取消自主招生政策无疑对大学先修课程影响巨大。

当下,大学先修课程一般由各高校独立组织,向合作的高中定向发出大学先修课程邀请,由大学教师任教,以面授或者线上授课的形式开展。

三、中国大学先修课程特点

如上所述,中国先修课程基本上是学习借鉴美国AP课程,两者的初衷也如出一辙,都是为学有余力的高中生提供一个平台,解决高中和大学衔接的问题,丰富了大学选拔机制。笔者认为,中国先修课程有其自身特点,其在学习和借鉴美国AP课程的过程中,应考虑中国的实际情况,以制定更适应中国实际情况的方案。

(一)大学选拔机制

众所周知,美国大学和中国大学的入学选拔机制不同。美国大学入学选拔采用申请制,高中毕业生通过统一的测试,例如学术能力测试(Scholastic Assessment Test, SAT)或者美国大学测试(American College Test, ACT)后,就可以申请心仪的大学,而大学也会根据申请者的材料,自主决定是否录取。在审核申请者材料时,大学考虑的因素非常多,而且各个大学的标准也不尽相同,参与AP课程就是众多考虑因素之一。在这种选拔机制下,AP课程对于高中生和大学都很有意义。对高中生来说,AP课程是申请大学的砝码之一,提前学习心仪大学的AP课程,通过AP考试可以获得大学学分,也可以为将来顺利毕业打下基础,对于大学来说,可以通过AP课程来选拔申请者,也可以根据本校的偏好来设定AP课程的内容和难度等级,学生通过AP考试可以获得大学学分,从而减少大学的投入。

中国大学选拔机制是高考,大学自主的范围很小,即便是在自主招生政策下,也主要依托高考,是在一定范围内的自主。教育部取消自主招生政策后,仅有极少部分特殊类型招生保留了一定的自主权。在此背景下,大学先修课程对于大学和高中生来说,都缺少内在驱动力。

(二)公正性问题

无论是在美国还是在中国,大学先修课程都存在教育公平性问题。即便是在当下的美国,AP课程的公平性依然是讨论的热点[4]。AP课程在美国设立之初,就不是面向所有高中生,而是面向有条件的、“学有余力”的高中生,这符合美国“精英教育”的理念[5]。在我国,目前参加大学先修课程的高中一般都是和大学建立了长期合作关系的各省市的重点高中,这就使得其他高中生无法参与大学先修课程。在资源有限的情况下,追求公平势必会牺牲效率,而在对待公正性的问题上,中美两国也有所区别。美国AP课程设立至今,虽然采取了很多解决公平性问题的措施，但是在效率和公平之间，其显然更倾向于效率。我国大学先修课程在实施过程中，同样也面临着公正性问题，但与美国不同的是，我国更注重公平。中国大学先修课程在借鉴美国 AP 课程时，应充分考虑到两国对待公平和效率的态度不同，一定要根据我国教育和社会发展的实际情况辩证地借鉴美国的经验，切忌全盘照搬，应将社会影响作为重要考虑因素，才能实现长远发展。

四、对大学先修课程建设的建议

（一）坚持初衷，育人为本

笔者认为，大学先修课程的初衷，应该是以育人为本。一方面，大学先修课程可以帮助学生开阔视野，根据自己的特长和偏好选择课程，丰富自己的知识体系，在一定程度上弥补了我国“高考”制度带来的一些弊端；另一方面，大学先修课程可以改善中学、大学的教育衔接问题。通过参与大学先修课程，学生能够提前了解大学的知识，在选择大学专业时对专业有一定的了解，也可以提前接触大学的思维方式和学习方式，在大学入学后快速适应大学学习生活。

我国大学先修课程以大学为主导，大学首先应“育人为本”，去“功利化”。尤其是在课程内容和难度设置上，应充分考虑设置先修课程的初衷，一方面帮助高中生学习新知识，明晰专业的概念，提前适应大学学习方式，真正地做好“大中衔接”；另一方面也可以展现本校特色和优势，是一种宣传大学的好方式。高中生是未来的大学生，大学先修课程能帮助高中生认清自己，正确选择适合自己的学校、专业，同时也能帮助大学筛选学生，招到适合本校的学生。对于高中来说，大学先修课程能帮助其拓宽知识面，培养兴趣，使其对大学充满向往。

（二）需要政策的进一步支持

大学先修课程需要政府的政策法规和制度的支持和保障。在美国，AP 项目是政策认可、鼓励和支持的，多届美国总统都曾发表过支持 AP 项目的言论。政府发布相关法案，投入资金支持 AP 项目。我国教育部出台的一些政策，推动了我国大学先修课程项目的发展，但是实际落实到各地方政府及教育管理部门，落实到各高中和大学时，还存在不足。如果缺少政策和资金的支持，就很难调动高中和大学的积极性。当下大学是先修课程的主导者，但是很多大学在实施先修课程的过程中由于缺少政策和资源的支持，面临很多困难。首先，师资问题是一个重要问题。目前大学先修课程的老师都是大学教师，但大学教师的科研教学任务本身就比较繁重，如果不从政策层面给予其相应的激励，很难调动其教授先修课程的积极性。其次，学分认定有分歧。一些大学内部不同部门在先修课程学分认定的问题上出现了分歧：具体实施部门认为应该认定学分，借鉴国外经验，认定学分才能吸引更多的高中生参与先修课程；而教学管理部门认为，大学课程学分制度是一项严格的制度，所有授予学分的课程都须经审批论证。大学生在大学期间按学分缴纳学费，而目前先修课程面向高中生免费开放，为参与过先修课程的学生兑换学分有违公平。这些问题的解决都需要政策、资金的支持，教育部门和政府应细化大学先修课程的政策，各地教育主管部门应充分发挥积极性和主动性，鼓励大学和高中申请先修课程项目，并完善相应的激励机制，只有得到足够的政策支持，大学先修课程才能健康发展。

（三）完善大学先修课程运行平台

完善的平台，是大学先修课程可持续发展的保障。美国 AP 项目经过几十年的发展，已经形成比较完善的运行平台[6]。美国的先修课程项目由美国大学理事会（The College Board）管理。美国大学理事会是美国最大的非政府性教育组织[7]，负责统筹协调大学、高中和社会等主体的关系并促进其从课程开发、制度建设到运行过程等方面有效合作，可以说大学理事会是美国 AP 课程运行的唯一中枢神经，是 AP 项目顺利运行的核心。目前中国大部分大学都是独立运行先修课程，彼此之间缺少合作。笔者认为，中国大学之间应该加强联系合作，互通有无，利用好现有的项目，建立完善统一的先修课程运行平台，设立统一的课程标准、统一的评价机制、统一的认定学分制度。在上述几方面实现统一后，在一定范围内，高中生参加大学先修课程并且成绩合格，可以申请多所大学的学分，不仅可以节省教学资源、提高效率，还可以提高大学先修课程的认可度。运用网络授课平台，可以摆脱地域限制，让更多的学生参与大学先修课程，使课程面向的对象从学有余力的学生扩大到有兴趣的学生，使大学先修课程从“精英教育”转变为“兴趣教育”。

五、结语

中国大学先修课程源于美国 AP 课程，二十余年来得到了很大的发展。但是中美两国大学先修课程开展的背景不同，中国大学先修课程有其自身的特点。中国大学先修课程实施过程中，大学和高中应该坚持初衷，摒弃“功利化”，教育部门应该从政策层面给与更多的支持。中国大学先修课程的发展需要政府、大学、中学协同合作，完善大学先修课程运行平台，同心协力，从中国的实际情况出发，不断发现问题、解决问题，最终形成适合我国的大学先修课程体系。

参考文献

[1] 赵娟. CAP 课程的实施：现状、问题与对策研究[D]. 湘潭：湖南科技大学，2016.

[2] 徐培培. 美国大学先修课程改革研究[D]. 济南:山东师范大学,2014.
[3] 杨雯雯. 我国大学先修课程研究[D]. 重庆:西南大学,2016.
[4] 张姗. 教育公平视角下美国大学先修项目的推进策略研究[D]. 长春:东北师范大学,2021.
[5] 邵仕鑫. 中国高中开设先修课程(CAP课程)的现状研究[D]. 长春:东北师范大学,2021.
[6] 唐璐. 美国大学先修计划研究[D]. 桂林:广西师范大学,2016.
[7] 吴纯燕. 基于美中对比视角下的先修课程研究[D]. 昆明:云南大学,2020.

教育档案

从上海到南京：同济高工的历史（1915—1953）

◎ 章华明　储利红

摘　要　清末以降，上海一直是我国高等教育重镇，其高等职业教育也比较发达。作为附设机构，同济大学附设高级工业职业学校（简称“同济高工”）诞生于1933年，其源头可上溯至1915年同济医工学堂附设机师科。同济高工经历了创校江湾、辗转西迁、复员上海、迁校南京四个阶段，至1953年被分拆，参与组建南京机器工业学校、南京建筑工程学校，历38年而告结束。同济高工的历史与复旦大学、上海交通大学医学院、上海应用技术大学、南京工业大学、南京工程学院有较多交集。研究同济高工的历史，对今天高等教育尤其是高等职业教育的发展具有一定的参考价值。

关键词　高等职业教育　同济大学　高级工业职业学校　行走上海　建筑可阅读

近年来，“建筑可阅读”“阅读老建筑”“行走上海”等成为上海市民文化生活的重要内容之一。作为中国高等教育重镇，上海拥有丰富的高等教育历史文化资源，然而，教会大学、私立大学及部分国立大学也已经成为历史。针对这一现象，2022年12月，复旦大学通识教育中心、中国高等教育研究会、复旦大学校史研究室共同举办了“大学传统与通识教育”研讨会，就校史课程建设和校史教育与通识教育融合方式包括“行走校园”展开讨论，就合作开展校史教育达成共识。同济大学经历过私立、国立阶段，其前身是德国医生埃里希·宝隆(Erich Paulun)博士于1907年依托同济医院创办的德文医学堂，1912年改称同济医工学堂，1927年被南京国民政府确立为国立大学，称国立同济大学。第一次世界大战期间，同济大学从上海市中心迁往市郊吴淞，先租后建校舍。抗日战争期间，同济大学校舍先后两次遭到破坏，最后不得不走上西迁之路，艰难办学。

抗日战争初期，以原附设机师学校为基础，同济大学附设高级职业学校（后改称同济大学附设高级工业职业学校）在国立劳动大学工学院旧址成立。抗日战争全面爆发后，同济

作者简介　章华明，同济大学校史馆馆长，研究馆员。
储利红，上海城建职业学院基础教学部，讲师。

高工随大学部西迁，抗战胜利后又随大学部从四川李庄迁回上海。本文结合历史沿革，梳理了同济高工校舍变迁，阐释了同济高工与国立劳动大学、同德医学院(上海交通大学医学院前身之一)、南京建筑工程学校(南京工业大学前身之一)、南京机器制造学校(南京工程学院前身之一)、上海轻工业学校(上海应用技术大学前身之一)、复旦大学新闻学院之间的关系。这既是对同济大学史研究的重要补充，也将丰富上海建筑史研究与“行走上海”的内容，拓展未来“行走校园”的空间，并为此提供历史文化支撑。

一、同济高工历史沿革及校舍变迁

1915年，同济医工学堂增设机师科(又称机师养成所)。1922年，机师科改称中等机械科①，1926年又改称机师学校，1930年停止招生。

1927年4月，南京国民政府成立，创办于1922年10月的原上海大学被停办。1927年9月，以被停办的原上海大学部分校舍为劳农学院，以江湾火车站附近原模范、游民工厂为劳工学院(即工学院)，南京国民政府创建的第一所大学——国立劳动大学正式开学。这也使得大革命失败、上海大学被关闭后，许多激进的左翼青年有了另一处聚集地②。

1932年“一·二八”事变爆发时，国立劳动大学“适在战区，校产又遭摧毁”。考虑到“国库支绌，办学力量允宜集中”，1932年6月，南京国民政府行政院第三十九次会议通过教育部部长朱家骅提案：“该国立劳动大学，拟令本年度终了时全部结束。该大学下半学年各级学生约一百人，即令转入其他国立大学，以竟学业。”③“其所有校产经建设西北农林专科学校筹备委员会委员及前劳动大学校董李石曾、吴稚晖、褚民谊等提议，分别拨归西北农林专科学校及同济大学，并以一部分予立达学园，一部分发还前上海大学校董会，其经费则移作西北农林专科学校之用”④。至此，经一年有余的存废之争后，国立劳动大学终遭停办⑤。

1932年9月，南京国民政府教育部组建了包括同济大学校长翁之龙、秘书长周尚及国立劳动大学工学院院长唐英教授在内共9人的国立劳动大学校产保管委员会，同济大学也成立了由唐英、周尚、威廉·施比禄、理查德·司徒夫等中德人士组成的高级职业学校筹备委员会。1933年5月，国民党中央政治会议决定由同济大学接管国立劳动大学工学院校舍、机器及江湾附近房产，令同济大学以附设机师学校为基础，在国立劳动大学工学院旧址

① 中等机械科与附设艺徒学校概况，同济大学馆藏史料，档案号：2-ZT-XS15-29.0006。

② 许纪霖：信仰与组织——大革命和“一二·九”两代革命知识分子研究(1925—1935)，《开放时代》2021年第1期。

③ 中国第二历史档案馆编：《中华民国史档案资料汇编》第5辑第1编“教育”(1)，江苏古籍出版社1994年版，第189—190页。

④ 中国国民党第四次全国代表大会教育工作报告，黄季陆等主编：《革命文献》第五十三辑(抗战前教育与学术)，台北“中央文物供应社”1971年版，第170页。

⑤ 严海建：蒋介石、党国元老与国立劳动大学的存废之争，《史学月刊》2018年第11期。

筹设同济大学附设高级职业学校。1933 年 8 月，同济大学附设高级职业学校正式成立，校舍整修工程亦正式启动。据 1934 年版《国立同济大学概览》“重修校舍概况”：“本校自奉令成立之后，以原有劳大校舍炮毁弹创，几无完屋，即以修复校舍为第一急务。择其受损较轻者修理之，察其不可补救者拆除之。计自 8 月 1 日由鲍谷记利生营造厂分别承包”。[1] 1933 年 9 月，同济高工招收初中毕业生入学，设土木、机械两科，学制为 3 年[2]，由原国立劳动大学工学院院长唐英教授任主任。1935 年 5 月，奉南京国民政府教育部令，同济大学附设高级职业学校校名增加“工业”二字，称同济大学附设高级工业职业学校。

因为形势紧张，1937 年 8 月 12 日，除 19 名工人留校看守外，同济高工不得不从江湾撤至地丰路（今乌鲁木齐北路）临时校舍，而后 19 名工人也不得不于 8 月 17 日撤离。9 月 4 日，时任同济高工代主任祝元青在地丰路临时办公地址向校长翁之龙汇报了学校受损情况[3]。同济高工后随大学部迁至浙江金华、江西赣州、广西八步等地，1939 年 2 月在云南昆明复课，校舍设双塔寺及水晶宫街附近市立女中（后迁至翠湖东路）。1942 年秋，祝元青正式受聘出任同济高工主任（1945 年年初起改称校长），带领学校从昆明迁往四川李庄罗家祠，1945 年春再迁至李庄上官山。1946 年 5 月，同济高工从李庄迁回上海。因校舍毁损严重，经校友、时任南京国民政府教育部部长朱家骅斡旋，学校租得魏德迈路（今邯郸路）370 号同德医学院作为临时校舍[4]，从飞行馆租得 4 间房屋[5]。1946 年 7 月，祝元青辞职。1946 年 8 月[6]，胡兆瑛继任校长[7]至 1949 年。1946 年 12 月，同济高工在魏德迈路 370 号同德医学院校舍正式开学，由协记营造厂承揽的新建厕所及淋浴室工程也开始动工[8]，同济高工校舍从此转至魏德迈路。同济大学已故教授傅信祁（1919—2019）在抗日战争全面爆发后从山东青岛礼贤中学转入已迁至浙江金华的同济高工，随校辗转浙江、江西、广西、云南等地，1940 年毕业后留在云南昆明工作。后又于 1943 年考入迁至李庄的同济大学工学院，1946 年随校迁回上海，1947 年毕业后留校任教，直到 1986 年退休。显然，傅信祁正是同济大学西迁历程的参与者和见证者之一。1947 年 8 月，原同济高工江湾校舍即国立劳动大学工学

---

① 国立同济大学附设高级职业学校概况，《国立同济大学概览(1934)》，第 354—355 页。

② 1934 年版《国立同济大学概览》，同济大学馆藏档案，档案号：2-ZT-XS16-13.0001。

③ 关于本校“八一三”战事爆发被日军炮弹损毁情形报告，同济大学馆藏档案，档案号：1-LS-653.0004。祝元青(1899—?)，字逊蓝，江西南昌人，著名电影演员祝希娟之父，同济大学工学院教授。1924 年毕业于同济大学机械科，曾任江西省立工业专科学校教务主任、机械科主任，湖北省公路管理局修车总厂厂长，国立西南中山中学筹备委员，同济高工教务主任、主任(1945 年起称校长)，中华人民共和国成立后曾任海军军械工厂副厂长。参见：专科以上学校教员奖助金(乙种)申请书，同济大学馆藏档案，档案号：1-LS-903.0007。

④ 同德医学院因魏德迈路校舍致同济大学函，同济大学馆藏档案，档案号：1-LS-313.0003。

⑤ 呈报本附校概况，同济大学馆藏档案，档案号：1-LS-426.0037。

⑥ 胡兆瑛聘为工学院教授兼附职校长薪水事，同济大学馆藏档案，档案号：1-LS-1362.0067。

⑦ 国立同济大学附设高级工业职业学校概览(1948 年 5 月)，同济大学馆藏档案，档案号：1-LS-1351.0005。胡兆瑛毕业于国立同济大学 1933 届土木系。

⑧ 协记营造厂承揽国立同济大学附设高级工业职业学校工程，同济大学馆藏档案，档案号：1-LS-680.0003。

院旧址改作上海市立江湾中学[①],陈汝惠任首任校长。

1947 年 3 月,同德医学院致函同济大学,表示愿意延长魏德迈路校舍租用期限至 1948 年 7 月,但请同济大学支付 1946 年 8 月至 1947 年 7 月的租金 1800 万元(法币)。同济大学校长董洗凡表示"租金一节俟决定后再交付"[②]。1947 年 5 月,因未收到同济大学租金,同德医学院再度致函同济大学,表示一年租期已到,要求收回校舍自用[③]。1947 年 11 月,在收到同济大学 1946 年 8 月至 1947 年 7 月的租金后,同德医学院又致函同济大学,表示同济大学如继续租用魏德迈路校舍,需考虑物价上涨因素[④]。1948 年 3 月和 11 月,同德医学院两度致函同济大学,一方面催要租金,一方面希望同济大学明确是否续租魏德迈路校舍[⑤]。其时同济大学校长是丁文渊。显然,因为时局动荡、经济萧条,同济大学面临着重重困难,一直受租金问题困扰。1949 年 5 月 27 日上海解放后,同济高工一方面整顿校园,搜寻散失家具,向大学部及工学院商借部分家具,还新添黑板 6 块、赶修黑板 6 块,另一方面运回疏散在市区的 16 箱图书仪器工具,开始复课[⑥]。1949 年 6 月 25 日上午,上海市军管会文教委员会高教处接管同济大学仪式在其美路(今四平路)工学院礼堂举行。当天下午,接管人员来到同济高工视察[⑦],不久同济高工校长改由朱振德担任。1950 年,根据华东高等教育部指示,同济大学支付了所欠同德医学院历年租金,并由华东高等教育部补助一笔资金在瑞金二路租借严姓房产为同德医学院扩充办公室及教室之用[⑧]。

1943 年 1 月,以同济高工留在云南昆明的部分师生为基础,南京国民政府教育部派同济高工原训育主任陈保泰等在昆明筹备国立西南中山中学。1943 年 3 月,国立西南中山中学成立,设中学部、职业部。中学部由国立第一华侨中学呈贡分校改组而成(前身为 1941 年成立的私立暹罗华侨联合育侨中学),职业部即由同济高工留滇部分改组而成。1943 年 4 月,陈保泰就任国立西南中山中学校长[⑨],校址设澄江前"国立中山大学"处。国立西南中山中学职业部(又称高职部、高工部)设机械科和土木科,租用翠湖北路西仓坡 1 号及武成路 382 号作为校舍及办公室,1944 年年底迁入昆明西站新校舍。1945 年 8 月,国立西南中山中学职业部更名为"国立西南中山高级工业职业学校"[⑩],设普通机械、土木、中等技术机械、纺织、航空机械 5 科,每年招生两次(春秋两季)。1948 年 7 月,学校停办,部分学生转入云

① 陈汝惠:展望——退无以守,进必以战,《第一年上海市立江湾中学一周年校庆纪念》,1948 年 9 月,第 4—8 页。

② 函允延长租用魏德迈路校舍并请拨付上年租金,同济大学馆藏档案,档案号:1-LS-313.0001。

③ 同德医学院因魏德迈路校舍致同济大学函,同济大学馆藏档案,档案号:1-LS-313.0003。

④ 同意续租魏德迈路校舍及租金事,同济大学馆藏档案,档案号:1-LS-313.0006。

⑤ 贵校江湾校舍租赁费务恳迅赐,同济大学馆藏档案,档案号:1-LS-313.0008;关于贵校借用敝院校舍事,同济大学馆藏档案,档案号:1-LS-313.0009。

⑥ 国立同济大学附设高级工业职业学校复校概况,同济大学馆藏档案,档案号:1-LS-1343-0034。

⑦ 本附校大事记,同济大学馆藏档案,档案号:2-1950-XZ-27.0007,第 96 页。

⑧ 顾毓琦:私立同德医学院校史,顾毓琇著,《耄耋集》,清华大学出版社 1993 年版,第 296 页。

⑨ 教育部教育年鉴编纂委员会编,《第二次中国教育年鉴(1)》,商务印书馆 1948 年 12 月版,第 56 页。

⑩ 抗战时期之教育,《革命文献》第 58 辑,台北"中央文物供应社"1972 年版,第 338 页。转引自余子侠:抗战时期国立中学的创办及其意义,《近代史研究》2003 年第 3 期。

南省立昆华高级工业职业学校。

二、同德医学院概况

1916年,同济医工学堂部分校友在上海成立校友会性质团体:中华德医学会。1917年,中华德医学会会员、同济大学医科校友沈云扉出任南通医学专门学校主任。1918年沈云扉辞职,10余名学生随其抵达上海。沈云扉向中华德医学会提议在上海新办一所医科学校。在中华德医学会的支持下,由10人组成的委员会开始筹划建校事宜,定校名为“私立同德医学专门学校”。1918年9月,私立同德医学专门学校开学,校舍位于麦根路(今大统路)①,后迁至爱文义路(今北京西路)。第一年招学生36名,学制5年,学习德语,教员16人中,12人为同济大学医科校友。其中包括首任校长江逢治(任职时间为1918—1924年)、首任教务长沈云扉,及继任校长黄钟(任职时间为1924—1926年)、庞京周(任职时间为1926—1932年)②、顾毓琦(任职时间为1932—1952年)等。

1922年,复旦大学江湾校园建成,因跨引翔、殷行两乡而得名的翔殷路也同时从军工路起开筑。翔殷路西段西起逸仙路,东至五角场,是一条东西走向的马路,1929年称翔殷西路(今邯郸路)。1929年7月,上海特别市政府第123次会议通过《大上海计划》,后又陆续公布了《建设上海市中心区域计划书》等一批配套计划,这些计划构成了人们常说的“大上海计划”之基本架构。以五角场为中心形成蜘蛛网状的干支道路系统,用3条马路——黄兴路、其美路(今四平路)和翔殷西路(今邯郸路)分别接通杨浦、虹口和闸北,用2条马路——翔殷路、淞沪路通向“大上海”腹地,构成既相分割又互为联系的街区③。5条马路中,翔殷西路(今邯郸路)和翔殷路是构成“大”字的“一横”——从大柏树到军工路,一笔到底,日军占领上海后改名明治通,日伪时期又改名协和路,1946年复名翔殷路④。

1947年,为迎接美国政府特使、抗日战争后期中国战区参谋长艾伯特·魏德迈(Albert Wedemeyer)将军来华考察,进一步讨好美国、争取美国支援,翔殷路以淞沪路为界被一分为二——东段仍称翔殷路,西段则被命名为魏德迈路。艾伯特·魏德迈的专机从江湾机场降落后,正是沿“魏德迈路”进入上海市区的。中华人民共和国成立之初,上海市有关部门开始着手重新审定道路名称。1950年5月,上海市人民政府发布公告,决定上海市若干道路“改用革命策源地及重要战役地址等名称”,其中,魏德迈路改称邯郸路,以纪念1945年10月刘伯承、邓小平率晋冀鲁豫军区部队在邯郸地区击溃国民党军队进攻的邯郸战役。因

---

① 熊月之主编,上海名人名事名物大观,上海人民出版社2005年版,第533页。一说今淮安路。上海市静安区志编纂委员会编,《静安区志》,上海社会科学院出版社1996年版,第892页。

② 庞京周因患肺结核病请辞。顾毓琦:私立同德医学院校史,顾毓琇著,《耄耋集》,清华大学出版社1993年版,第293页。

③ 仲富兰著,《上海六千年千年之城》,上海人民出版社2018年版,第205页。

④ 《上海地名志》编纂委员会编,《上海地名志》,上海社会科学院出版社1998年版,第315页。

此，与五角场的以东北地名命名的路名不同，邯郸路并非以地理概念命名的马路[①]。1950年2月，同济高工登记校址仍然是魏德迈路370号[②]，1950年11月，同济高工登记校址改为邯郸路370号[③]，但注明"魏德迈路370号"的原竖版文稿纸仍继续使用。

1930年，同德医学专门学校改名为同德医学院，仍属私立性质。1934年，同德医学院购得翔殷西路前上海卫生试验所旧址自建校舍。1935年夏，校舍落成。1935年9月，同德医学院学制改为6年（含实习1年）。淞沪抗战中，同德医学院校舍大部被毁，未毁部分被日军占用。考虑到同济大学医学院、上海医学院滞留上海学生需要借读等因素，同德医学院没有内迁，改在同孚路（中正北一路，今石门路）67弄1号附属医院内上课[④]。抗日战争胜利后，同德医学院将收回的翔殷西路（原魏德迈路）校舍租借给同济高工。同德医学院继续在同孚路临时校舍进行教学和办公活动。

1952年全国高校院系调整期间，同德医学院与圣约翰大学医学院、震旦大学医学院合并，成立上海第二医学院，1985年更名为上海第二医科大学。2005年，上海第二医科大学与上海交通大学合并，更名为上海交通大学医学院。同德医学院历时34年，是中国人在上海自办的一所私立高等医学院校，为我国医疗卫生事业的进步与发展作出了不可磨灭的贡献。

三、同济高工迁往南京

1950年10月，华东军政委员会教育部致函同济大学，称经过协商，同济高工改由华东军政委员会工业部领导，希望同济高工先行准备好转移手续[⑤]。1950年12月1日，同济高工改隶华东工业部移交接收大会举行，同济高工更名为华东工业部同济高级工业职业学校[⑥]，校长仍由朱振德担任，直到1952年[⑦]。1951年夏，同济高工迁至南京市中山北路原南京国民政府资源委员会旧址办学。1953年年初，同济高工改属第一机械工业部领导。1953年4月，第一机械工业部决定同时撤销已迁至南京的同济高工、南京建筑工程学校筹备处及南京机器工业学校筹备处，随即成立南京建筑工程学校、南京机器工业学校。1953年5月，高等教育部对第一机械工业部在华东地区所属学校提出调整意见：南京机器工业学校由原同济高工机械科及上海机械工程学校有关部分组成，南京建筑工程学校由原同济高工土木

---

① 老城遗珍·马路的故事：复旦大学门口的邯郸路，上海黄浦官方微信公众号，2021年11月2日。

② 国立同济大学附设高级工业职业学校概况调查表，同济大学馆藏档案，档案号：2-1950-XZ-10.0015。

③ 国立同济大学附设高级工业职业学校概况表，同济大学馆藏档案，档案号：2-1950-XZ-10.0034。

④ 教育部教育年鉴编纂委员会编，《第二次中国教育年鉴(2)》，商务印书馆1948年版，第239—240页。

⑤ 同济附设高职转由华东工业部领导希附校准备转移手续，同济大学馆藏档案，档案号：2-1950-XZ-5.0001。

⑥ 华东工业部领导决定12月1日正式办理交接，同济大学馆藏档案，档案号：2-1950-XZ-5.0003。

⑦ 朱振德干部退休，同济大学馆藏档案，档案号：1-1987-XZ-223.0020。

科及上海市建设中学有关部分组成①。1953 年 7 月,同济高工在院系调整中正式被分拆:机械科参与筹组南京机器工业学校(1954 年改名为南京机器制造学校,今南京工程学院前身之一),校址设童家山 1 号;土木科参与筹组南京建筑工程学校(今南京工业大学前身之一),校址仍设中山北路,"同济高工"就此成为历史。

1956 年秋,上海市轻工业局在柳营路创办上海市轻工业技术学校(后改名为上海轻工业高等专科学校,简称上海轻专),上海市第二轻工业局在所属制药公司开办的上海制药工业中等技术学校的基础上,开办了上海市第二轻工业技术学校。1957 年 7 月,因上海市轻工业局、上海市第二轻工业局合并,上述两所学校合并,改名为上海市轻工业学校。1958 年 2 月,上海市轻工业学校迁入原同济高工校舍邯郸路 440 号②,即原魏德迈路(邯郸路)370 号。1959 年 9 月,上海轻工业半工半读专科学校并入上海市轻工业学校,两所学校两块牌子、一套班子。

1960 年,上海市轻工业学校更名为上海轻工业专科学校。1962 年 9 月,上海食品工业学校并入上海轻工业专科学校并改名为上海轻工业学校(属轻工业部),与上海轻工业专科学校两块牌子、一套班子。1974 年 9 月,学校改名为上海轻工业"七・二一"工人大学。1978 年 1 月,学校复名为上海轻工业专科学校。1992 年 4 月,学校更名为上海轻工业高等专科学校。2000 年 4 月,学校与上海冶金高等专科学校、上海化工高等专科学校合并,组成上海应用技术学院。2000 年 9 月,上海应用技术学院(今上海应用技术大学)揭牌,校本部位于原上海化工高等专科学校。上海轻工业高等专科学校即原同济高工校址后被划给复旦大学,今为复旦大学新闻学院。

四、余论

以 1915 年成立的附设机师科为源头,1933 年成立的同济高工在抗日战争爆发后历经创校江湾、辗转西迁、复员上海、迁校南京四个阶段,至 1953 年被分拆,参与组建南京机器工业学校、南京建筑工程学校,历 38 年而告结束。从国立劳动大学工学院到同德医学院,从同德医学院到上海市轻工业学校再到复旦大学新闻学院,同济高工校舍几经变迁和流转。值得关注的是,从上海迁至南京,再到被分拆,作为附设机构,同济高工的归宿显然是 20 世纪 50 年代初全国范围内规模宏大的院系调整的一个注脚,其历史及其成败得失对今天高等职业教育的发展具有一定的参考价值。

与同济大学这一母体相比,同济高工的师生规模、机构设置、人员聘辞、校舍变迁、办学层次及水平,都比较弱小。但"麻雀虽小,五脏俱全"。从上文可以看出,通过院系调整,我

① 袁友忠、曹怀清、刘际远编,机械工业中等专业教育简史,机械工业出版社 1991 年版,第 110 页。
② 上海轻工业学校,邯郸路 440 号,总机 618631,《上海电话号码簿(1963)》。

国高等院系布局得以重组，高等教育以此为基础变化、发展，深深影响了我国一代知识分子乃至经济社会的发展进程。总体上看，学界关于 20 世纪 50 年代初的院系调整的研究较少。希望随着改革开放的深入，思想的进一步解放和文化自信的增强，未来学界能推出一批对 20 世纪 50 年代初的院系调整作出相对客观、公允的评价的高质量研究成果。这对我国高等教育的改革与发展，以及实现中华民族伟大复兴至关重要。

同济大学理学院、工学院外迁大连方案最终未能落实，与交通大学（上海）外迁西安方案在实施过程中发生变异，最终演变成上海、西安两地办学，某种程度上是“同曲同工”。但这样的现象仅属个案。就同济高工而言，上下级领导个别沟通（不是反复研究）后即被剥离同济大学，后又从上海迁至南京，再从华东工业部划归至第一机械工业部，除因其只是同济大学诸多附设机构之一外，很大程度上也是革故鼎新之际工作方法及社会风气的具体表现。正是因为对中国共产党、中华人民共和国寄予厚望，各类机构设置、人员角色、资产配备随政策变化而变化，但整个社会却秩序井然、生机勃勃。作为交通大学（上海）校医，沈云扉 66 岁之际仍响应党和政府号召，携全家随校迁至西安，转任西安交通大学校医，直至 1964 年退休回到上海。这种顾全大局、甘于奉献、舍小家顾大家的精神，也正是 20 世纪 50 年代高校院系调整工程得以顺利完成的重要原因之一。

规训之下：战时国立中央大学学生自治会研究（1937—1945）

◎ 金 怡

摘 要 全民族抗战时期，国立中央大学学生自治会采取“委员会制”构建，在大后方以组织抗日宣传、丰富学生课外生活和维护学生权益为其主要工作。战时学生自治会和校方各司其职并互为补充，构建起较为和谐的合作关系。此种合作关系背后，是双方职权划分和对权力约束问题的处理。战时中央大学不断加强学生管理，采取诸多措施严格监管学生自治会以限制其职权。与此同时，国民政府通过校内党团逐步掌握中央大学学生自治会的领导权。在双重监管之下，中央大学学生自治会工作重心转移至学生日常生活和课外活动的管理，逐渐向“无害化”发展。

关键词 学生自治会 国立中央大学 全民族抗战时期 学生管理

五四运动之后，青年学生的政治参与和社会参与意识高涨①，国内教育界也在欧美教育界实验主义风潮影响下开始主动探索学生管理制度的变革。这一时期很多学校开始尝试“学生自治”，学生自治会应运而生。学生自治会的诞生即伴随着学生管理职权的重新分配，学生自治会的发展与演变也伴随着教育管理者和学生围绕自治会职权范围的不断博弈。

民国学生自治会是研究民国时期学生群体的重要切入点，近年来对民国学生自治会的研究主要集中于自治会的形成与演变②、功能与困境③，以及学生自治会与政党斗争、学生

作者简介 金怡，南京大学历史学院硕士研究生，主要研究方向为近现代高等教育史。

① 马骅. 十年来学生活动之回顾[J]. 学生杂志，1923，10(1)：115-118.

② 董柏林. 组织与使命：民国大学学生自治会的历史演进研究[D]. 南京：南京师范大学，2021.

③ 魏定熙. 权力源自地位：北京大学、知识分子与中国政治文化（1898—1929）[M]. 张蒙，译. 南京：江苏人民出版社，2015.

张雪蓉. 1920 年代我国现代大学学生自治制度研究——以国立东南大学为中心[J]. 南京社会科学，2006(12)：111-117.

党亭军. 民国时期厦门大学学生自治组织的特点述评[J]. 教育与考试，2013(2)：65-70.

娄岙菲. “五四”后学生自治与校园学潮[J]. 四川师范大学学报(社会科学版)，2013，40(6)：114-124.

自治与学生运动之间的关系①。整体而言,目前学界对民国学生自治会的研究已经比较全面,但是对学生自治会本身的运作方式和事务办理情况的考察并不多。而且对民国时期办学规模最大的大学——国立中央大学(简称中央大学)的学生自治会的研究成果尚少,部分研究成果集中于其前身东南大学学生自治会的诞生、发展和运作②,以及解放战争时期的自治会转向问题③。抗战时期中央大学学生自治会研究存在较多空白,少许成果只在其他领域的专著中略有提及④。同时,由于史料的零碎芜杂,这一时期中央大学学生自治会的研究始终缺少系统性和全局性。

本文选择全民族抗战时期(1937 年 7 月至 1945 年 9 月)中央大学学生自治会作为研究对象,通过对 1937 年 7 月至 1945 年 9 月中央大学档案、《国立中央大学校刊》和国民政府教育部档案等一手史料的整理和分析,梳理全民族抗战时期中央大学学生自治会的组织架构和主要活动,以及学生自治会与中央大学校方之间的关系。在此基础上,拟厘清全民族抗战时期处于严格监管之下的中央大学学生自治会的发展和转向,并以此为切入点探索高校管理中"自治"与"训导"这组复杂关系的博弈。

一、战时中央大学学生自治会概况

1930 年以前,学生自治会基本处于自由发展阶段,外部监管的缺失使自治会权力逐渐膨胀以致引发诸多事端。蒋介石将学生自治会看作学生运动的发动机关,认为各地学潮不断与学生自治会密切相关,更担忧学生自治会为共产党或其他反对势力所掌控⑤,因此极力将学生自治会纳入政府监管范围,将控制学生自治会作为防范学潮、加强意识形态控制的重要手段。于是 1930 年南京国民政府相继通过一系列文件,即《学生团体组织原则》《学生自治会组织大纲》和《学生自治会组织大纲实施细则》,从组织结构、职能范围、选举形式等

---

① 张雪蓉. 1920 年代我国现代大学学生自治制度研究——以国立东南大学为中心[J]. 南京社会科学,2006(12):111-117.
党亭军. 民国时期厦门大学学生自治组织的特点述评[J]. 教育与考试,2013(2):65-70.
马贝贝,韩冬. 民国时期东南大学"三会一体"管理体制述评[J]. 教育教学论坛,2015(11):15-16.
付延,刘京京. 西南联大学生自治研究——以学生自治会为中心的考察[J]. 扬州大学学报(高教研究版),2021,25(1):54-60.

② 张雪蓉. 1920 年代我国现代大学学生自治制度研究——以国立东南大学为中心[J]. 南京社会科学,2006(12):111-117.
马贝贝,韩冬. 民国时期东南大学"三会一体"管理体制述评[J]. 教育教学论坛,2015(11):15-16.

③ 江莉莉,顾金亮. 解放战争时期中共地下党组织领导下的中央大学学生自治会研究[J]. 东南大学学报(哲学社会科学版),2020,22(6):147-151,154.
张颀. 1945—1949 国统区学生自治会探究[D]. 南京:南京师范大学,2019.

④ 蒋宝麟. 民国时期中央大学的学术与政治:1927—1949[M]. 南京:南京大学出版社,2016.
倪蛟. 抗战时期国立中央大学的学生生活[M]. 南京:南京大学出版社,2017.

⑤ 宇治田直义. 日本人论中国事情:反国民政府运动之分析[J]. 清华周刊,1929,32(3):9-16.

方面对学生自治会进行全方位的规训，如《学生团体组织原则》规定学生自治会采取“委员会制”，以“在学校以内组织”且“不侵犯学校行政”为限[①]；《学生自治会组织大纲》将理事会选举方式规定为间接选举[②]。学生自治会自此进入制度化管理时期。

全民族抗战时期中央大学的学生自治会，总体处于“训导”制约下的有限“自治”状态。1937 年年底，中央大学内迁完成，校学生自治会即行组建[③]，并根据《学生团体组织原则》规定采取“委员会制”，以全体会员大会、系科代表大会和理事会（或称干事会）三个机构为主干，必要时另设专门机构[④]。1930 年颁布的《学生团体组织原则》《学生自治会组织大纲》和《学生自治会组织大纲实施细则》是战时中央大学组建学生自治会和编写自治会章程的重要参考，上述三份文件自颁布至 1944 年国民政府教育部致函中央大学明确通知废止[⑤]，中央大学学生自治会一直都在国民政府设定的框架下运转。因此在全民族抗战时期，中央大学学生自治会组织结构相对稳定，并无大幅调整。

全体会员大会为中央大学学生自治会最高权力机构，由全体在校学生组成，负责对系科代表大会或理事会提交的重要议案进行公决，须经系科代表大会或理事会决议召开，且须有半数以上会员出席。[⑥] 系科代表大会为全体会员大会闭会期间最高立法及监察机构，由各系科代表组成，负责通过、宣布和解释自治会章程及监察、审核理事会行政事务和人员任命，平日由常设委员会代行其职，每届系科代表大会于每学期开学后两周内由上届常设委员会召开，临时系科代表大会由常设委员会按现实需要召开。[⑦]

理事会为全体会员大会闭会期间最高行政机构，由一名常务理事（或称主席）、两名副常务理事及其所任命的其他理事组成，在不违背学生自治会规章的前提下全权处理一切事务，可对外代表学生自治会。[⑧] 理事会下设康乐、服务、总务、学术和交际五部，五部下又设诸“股”负责具体事务。[⑨] 作为执行部门的各“股”，是维持学生自治会日常运转和开展学生工作的重要机构，为适应现实需要而时有调整。如 1941 年 4 月学生自治会改选完毕，通过当选干事名单可知当时有文书、会计、事务、交际、讲演、民教、戏剧、出版、研究、体育、音乐、膳务十二股[⑩]；而在 1941 年 12 月学生自治会改选后，十二股被调整为文书、会计、事务、交际、康乐、研究、膳食、福利八股[⑪]。

---

① 中国第二历史档案馆编. 中华民国史档案资料汇编・第五辑第一编・政治（四）[G]. 南京：江苏古籍出版社，1994：7.

② 中国第二历史档案馆编. 中华民国史档案资料汇编・第五辑第一编・政治（四）[G]. 南京：江苏古籍出版社，1994：5.

③ 呈报于廿六年十一月十六日成立本校学生自治会除呈准重庆市党备案外呈报备查. 南京大学档案馆馆藏档案，档案号：648-6085。

④ 国立中央大学自治会章程，南京大学档案馆，档案号：648-3655。

⑤ 学生自治会组织办法规则及其他团体组织原则，南京大学档案馆，档案号：648-6088。

⑥ 国立中央大学自治会章程，南京大学档案馆，档案号：648-3655。

⑦ 国立中央大学自治会章程，南京大学档案馆，档案号：648-3655。

⑧ 国立中央大学自治会章程，南京大学档案馆，档案号：648-3655。

⑨ 国立中央大学自治会章程，南京大学档案馆，档案号：648-3655。

⑩ 学生自治会当选干事名单及决议案，南京大学档案馆，档案号：648-3650，1941。

⑪ 学生自治会干事会呈报改选干事名单请与备案事，南京大学档案馆，档案号：648-3650。

全民族抗战时期的中央大学学生自治会秉持“培养同学自治精神,并促进德智群体美五育之发展”①之宗旨及“外争学校荣誉,内谋同学福利,中求全校团结”②之目标,在紧张的战争局势和艰苦的办学环境下,依然活跃于中央大学校园。根据相关档案材料,战时中央大学学生自治会主要工作可简单分为三项:组织抗日宣传、丰富课外生活和维护学生权益。

中央大学学生自治会组织的抗日救亡活动主要集中在1938—1940年。全民族抗战爆发初期,学生自治会拟就《中央大学学生战时教育方案草案》,提出相当激进的“战时教育”方案:将“支持抗战,充实抗战,扩大抗战,培养各种抗敌救亡的干部,以争取中华民族的彻底解放”作为教育的根本任务,要求学生“一方面学习,一方面深入民间去开展民众教育、组织、武装等工作,或其他有利于抗战的事”。③ 1938年年初,中央大学学生自治会创办周刊《全民抗战》,在第四期节选刊登彭德怀的《目前抗战形势与今后任务》和《巩固并扩大抗日民族统一战线》两篇文章,宣传介绍建立抗日民族统一战线的战略方针。④ 1938年7月,中央大学学生自治会与校方一同发起重庆市扩大募捐运动,以救济战争中无家可归的同胞。⑤ 除此之外,中央大学学生自治会还组织剧团、歌咏队等在校内外进行抗日救亡宣传演出。⑥

随着抗日战争进入相持阶段,加之大后方环境总体上处于安定状态,各种抗日救亡活动逐渐减少并终至停顿状态,中央大学校园生活从“战时化”回归“平时化”,学生经过不断自我调整也逐渐适应了内迁后的生活,从“救亡者”角色回归学生角色。中央大学学生自治会也顺应这种转变,工作内容以满足学生学习交流和课外活动需求为主。

中央大学学生自治会曾自办报刊以供学生学术研究和交流,如社会学系自治会创办《群学》月刊,以“探讨社会学之理论与实际,倡导研究之风气”为宗旨,装订卷帙存放于校图书馆及沙坪坝和柏溪的参考室中专供同学借阅。⑦ 再如学生自治会发现校图书室报章杂志极不丰富,尤其是外国刊物奇少的现象后,立即呈文校方请求增订各种报章杂志以备同学研究。⑧ 除此之外,学生自治会积极推进交谊室建设,请求学校补助订购书报杂志陈列在内,并置弈棋等物以供同学游憩⑨;更向校方建议在学生俱乐部设置收音机,以灵通同学之消息⑩。各纪念日的庆祝活动也由自治会负责,如1944年青年节,柏溪分校学生自治会以

① 国立中央大学自治会章程,南京大学档案馆,档案号:648-3655。
② 学校近讯:卅二年度出版刊物一览[J].国立中央大学校刊,1944(17/18):4-6.
③ 学生自治会干事会请全体师长和同学就战时教育方案予以修正事附战时教育方案,南京大学档案馆馆藏档案,档案号:648-3641。
④ 重庆市沙坪坝区地方志办公室.重庆沙磁文化区创建史[G].成都:四川人民出版社,2005:321.
⑤ 重庆市沙坪坝区地方志办公室.重庆沙磁文化区创建史[G].成都:四川人民出版社,2005:324.
⑥ 重庆教育志编撰委员会.重庆教育志[G].重庆:重庆出版社,2002:442.
⑦ 敬呈者本会创办《群学》月刊,南京大学档案馆馆藏档案,档案号:648-6087。
⑧ 呈为缕陈改进同学生活意见恳予采纳事,南京大学档案馆馆藏档案,档案号:648-6087。原件并未注明时间,但所用信纸下方有“校址重庆沙坪坝”字样。
⑨ 签呈,南京大学档案馆馆藏档案,档案号:648-6087,1945。
⑩ 呈为缕陈改进同学生活意见恳予采纳事,南京大学档案馆馆藏档案,档案号:648-6087。

为“分校同学寻日专务课业,甚少有适当之课外活动”,即决定组织献演话剧,以期激发同学之情志①;1945 年 5 月,自治会为庆祝校庆敦请风雪剧社进行公演,并与其拟定公演合同②。

“内谋同学福利”为中央大学学生自治会三大目标之一,维护学生权益是学生自治会的基本职能。内迁后,学生自治会力求保障学生最基本的生活需要,并致力于改善学生的住宿、膳食、卫生和医疗条件。学生自治会在目睹“自分校学生迁沙后,吃饭洗澡自修皆现人满之状”这一现象后,遽广集同学之意见并整理出应改进之处十二条,对学习空间、基础设施、日常食宿、卫生健康及信件收发等事项提出改进建议。③ 学生自治会在呈函中工陈各条建议甚细,诚望促进在校学生的生活安定化、合理化、卫生化,使其能够安心向学。

中央大学学生自治会维护学生权益的行为并不限于校内。如学生自治会曾于汉渝公路食店平抑物价,于食店张贴自行研定的价目表。1944 年 1 月,国民政府教育部接军事机关报告得知此事后即认定中央大学学生自治会擅权,函令中央大学校方查明制止。④ 学生自治会与调查负责人据理力争:第一,学生自治会平价之食店百分之九十五以上营业额来自中央大学学生,且张贴之价目表效力限于各食店与中央大学学生之间;第二,此前食店肆意抬价,自治会按照市面实售价目而定价目表;第三,价目表行之数月各食店并未受亏折之苦。力证自治会“绝非故触政府之法令”。⑤

二、请求与回应——中央大学学生自治会与校方的合作

1931 年,中央大学校方多次以“学生自治会不得干涉学校行政”之由否定学生自治会提案;但学生自治会直言请校方“明示‘干涉’与‘建议’之区别”,极力争取“建议改进校务”之权利。⑥ 1937 年,时任中央大学罗家伦在内迁完成后即确定“平时教育”的方针,而学生自治会依然拟就《中央大学学生战时教育方案草案》,对课程设置提出激进的改革主张。⑦ 战后中央大学自治会更是在自治会代表选举问题和校长人选问题上与校方针锋相对。⑧ 相比之下,全民族抗战时期中央大学校方与学生自治会之间的关系可谓“和谐”。

中央大学校方毕竟人力有限,无法实时推进各项学生工作,学生自治会则能够填补此

---

① 呈为呈请拨发青年节纪念补助经费事,南京大学档案馆馆藏档案,档案号:648-6087,1944。

② 国立中央大学学生自治会为庆祝校庆敦请中大风雪剧社公演合同,南京大学档案馆馆藏档案,档案号:648-6086,1945。

③ 呈为呈请改进生活环境以利同学安心向学事,南京大学档案馆馆藏档案,档案号:648-6087。

④ 教育部训令(训字 01267 号),南京大学档案馆馆藏档案,档案号:648-6087,1944。

⑤ 查军事机关报告本校学生自治会擅权平抑汉渝公路食店物价一案,南京大学档案馆馆藏档案,档案号:648-6087,1944。

⑥ 请明示“干涉”与“建议”之区别,南京大学档案馆馆藏档案,档案号:648-6085,1931。

⑦ 学生自治会干事会请全体师长和同学就战时教育方案予以修正事附战时教育方案,南京大学档案馆馆藏档案,档案号:648-3641。

⑧ 学生自治会组织办法规则及其他团体组织原则,南京大学档案馆馆藏档案,档案号:648-6088;中大学生自治会章程及干事名单和系科代表常设委员会通告以及有关文书,南京大学档案馆馆藏档案,档案号:648-3648。

处空白,负责具体办理各项学生工作。如1944年3月青年报社致函中央大学,希望予《青年报》以介绍订阅,其信笺上存校方批示:"按请训导处特知学生自治会。"后附训导处回复:"已通知自治会。"①之后相关工作便由学生自治会负责推进。再如战时教育部大力提倡各校开展社会服务,中央大学积极响应此号召,但社会服务的具体开展工作被交由学生自治会负责。柏溪分校学生自治会因此成立社会服务处,供阅报纸、杂志和书籍,供给象棋、围棋、乒乓球等娱乐器具,并为附近民众解决各类问题(如问字、查询法规、代申冤屈等)。②1945年6月,中央大学行政会议议决暑期服务工作"由训导处会同学生自治会及青年团分团部召集各社团统筹办理"③,学生自治会随即召集各社团举行联合工作会议分配工作:暑期补习学校由进读社及中文系四年级学生负责;暑期俱乐部和学生服务工作由松柏同学服务社主办,可邀请其他热心服务之社团及同学会同办理;各种工作与校方接洽时首次由学生自治会备函,之后则由各主持单位负责。④

各纪念日的演出活动一向由学生自治会负责组织,除此以外,学生权益的维护也有赖于学生自治会的时时体察和极力争取。1943年4月,中央大学学生林嘉仁为新桥警察分驻所巡警殴辱,事发之后学生自治会即刻推派干事赵宏宇会同训导员石城前往肇事地调查真相。⑤ 实地调查证明林嘉仁同学确为巡官殴辱,学生自治会即具陈调查结果于校方,并根据校内学生意见提出"惩凶、道歉、治疗"三项要求,以供校方依法交涉之参考。⑥

虽然学生自治会负责具体办理各项学生事务,但是其工作的顺利开展在很大程度需要获得校方的支持和保障。

首先,各项课外活动的开展和学生权益的维护需要校方在物质上给予支持。在推进交谊室建设的过程中,学生自治会"三请补助",希望校方"准予拨款五万元作为开办费,以后按月补助款项每月四万元以便订购书报杂志"⑦。社会学系自治会拟在《群学》第四期扩充内容,并改版铅印,因"本会经费支出顿形未可或支撑之势",恳请校方"准予拨款救济以扶本刊于将倒"。⑧ 除时有经费不支情况外,学生自治会在组织活动过程中又面临各类物品之缺。柏溪分校自治会计划于青年节出演话剧,因深感"经费不敷需给,且道用品又有不及备者",请求校方"拨发补助二万元,俾利进行",还请求借用电灯槽、灯泡、花线、皮线、二十五安培之保险线及保险匣、天幕、横幕、前幕等演出道具。⑨ 分校自治会在社会服务处的前期

① 中大学生自治会干事名单及订阅青年报优待办法,南京大学档案馆馆藏档案,档案号:648-3650。
② 推广委员会委员名单语言会通则,南京大学档案馆馆藏档案,档案号:648-360。
③ 签呈,南京大学档案馆馆藏档案,档案号:648-6087,1945。
④ 签呈,南京大学档案馆馆藏档案,档案号:648-6087,1945。
⑤ 查重庆市警察第十三分局新桥分驻所巡官高柏桐擅自殴辱拘押本校学生林嘉仁一案,南京大学档案馆馆藏档案,档案号:648-3597,1943。
⑥ 报告,南京大学档案馆馆藏档案,档案号:648-3597,1943。
⑦ 签呈,南京大学档案馆馆藏档案,档案号:648-6087,1945。
⑧ 敬呈者本会创办《群学》月刊,南京大学档案馆馆藏档案,档案号:648-6087,1945。
⑨ 呈为呈请拨发青年节纪念补助经费事,南京大学档案馆馆藏档案,档案号:648-6087,1944。

筹备阶段，也曾恳请校方代制社会服务处木牌、出借方桌与方凳若干、出借工友一名并供给部分杂志书刊。①

各项学生权益的实现更需要校方的资金支持，特别是给予学生生活补助、提高学生食宿待遇、完善基础设施等事宜。如学生自治会平抑汉渝公路食店物价一事，校方最终虽以“究系有碍听闻，违反学校纪律”加以制止，但事后贷予学生自治会国币二万元，以便“于新宿舍成立学生辅食部酌售面菜食物，以减轻学生在校外购食之负担”。②

其次，除经费补助外，学生自治会组织的一些活动需要校方在行政和教务上给予方便。如 1945 年 5 月沙磁区运动大会举行(分两日进行，第二日为星期日)之际，学生自治会拟发动学生前往会场以发扬体育救国精神，恳请校方于运动大会第一日按例停课一天以便同学前往，最终校方准许“参加运动会之选手及其他有职务之同学”于星期六下午请假。③

最后，一些学生事务的推进需要校方出面交涉。如林嘉仁同学为新桥警察分驻所巡警殴辱一案，由于事件发生于校外且涉及警察局等机构，学生自治会代表及训导员调查竣事并呈报结果后，最终须由校方出面函请重庆市警察局依法查办。④

全民族抗战时期中央大学校方对于学生自治会的请求和建议也给予了积极回应。在大多数情况下，经训导、总务两处斟酌后，学生自治会的补助请求基本能被满足。1942 年 12 月，学生自治会请求校方“每月给予办公费壹佰元，以便推动工作增进同学福利事”，校方决议“每学期给予补助费五百元，分五个月发给”。⑤ 1945 年 4 月，三三级筹备会和学校自治会接连呈函校方请求补助，校行政会议分别以“补助筹备会经费国币两万元，如需筹制纪念章时再予增加补助国币两万元”⑥和“增加训导处课外活动临时费每月国币三千元”⑦加以满足。但也有少数例外，如社会学系自治会为《群学》月刊改版请求补助经费时，校方以“本校对于同学创办之任何刊物均无补助之例”且预算已分配完毕之由拒绝。⑧

校内学生权益保障的推进，涉及日常食宿、卫生健康、学习资料等多方面，因此学生自治会多以“请求案”的形式整合各方面问题向校方提出改进需求或建议，再由校方协调调度校内各部门加以解决。

以 1943 年 4 月学生自治会的请求案(十六项)与校方批复为例(表 1)，对于学生自治会

---

① 推广委员会委员名单语言会通则，南京大学档案馆馆藏档案，档案号：648-360。
② 查军事机关报告本校学生自治会擅权平抑汉渝公路食店物价一案，南京大学档案馆馆藏档案，档案号：648-6087，1944。
③ 训导处转呈学生自治会呈一件，南京大学档案馆馆藏档案，档案号：648-2231，1945。
④ 案查学生林嘉仁被新桥警察分驻所巡官高柏桐殴辱一案，南京大学档案馆馆藏档案，档案号：648-3597，1943。
⑤ 为呈请每月给予办公费壹佰元以便推动工作增进同学福利事，南京大学档案馆馆藏档案，档案号：648-6087，1942。训导长于 1943 年 1 月 8 日批复。
⑥ 便函(特字第 1433 号)，南京大学档案馆馆藏档案，档案号：648-6087，1945。
⑦ 便函(特字第 1434 号)，南京大学档案馆馆藏档案，档案号：648-6087，1945。
⑧ 敬呈者本会创办《群学》月刊，南京大学档案馆馆藏档案，档案号：648-6087，1945。

提出的十六项请求,校方对其中十项表示完全同意并立即交予校事务组或工务组办理,对其中三项请求表示需要自治会自行与相关人员接洽,对两项请求表示需要协商后决定,仅对一项请求明确表示暂时难以办理。

表 1　学生自治会请求案(十六项)与校方批复(1943 年 4 月)

编号	自治会建议	校方批复
一	请迅速设法消减臭虫	多方调解
二	请每日开放浴室并增加水量	照办,二十五日开始。开放时间通知事务组,增加水量通知工务组
三	请添设学生会客室	商量后再作答复
四	请增加开水供应量	实行后当无问题
五	请注意饮水之卫生	转交工务组、卫生室拟办理
六	请添设晒衣场	已分别办理中。通知事务组
七	请于十三、十四教室之间及第八、第十宿舍之间迅速增筑厕所	可。通知工务组、事务组全为办理
八	请派校工修筑自校门至沙坪坝之道路	须与重大商量后再行决定
九	请督令讲义股于发行时同时分考印刷邮件	可照办
十	请增换图书馆及各地之路灯	设法调整。通知工务组事务组会商办理
十一	请于松林坡添设一标准钟	前经行政会议决定以物理时钟为标准钟
十二	请派校工打扫防空洞	可照办。通知事务组
十三	请增加同学享用牛乳之权利	请与农学院冯院长接洽
十四	请充裕医药药品及用具并扩大疗养室	采购中
十五	请添设学生储藏室	暂难照办
十六	请允学生派代表参加管理与监督合作社,并增加同学对平价物品之分配量	请与合作社理事会接洽

资料来源:《报告》,1943 年 4 月 12 日,国立中央大学档案,南京大学档案馆馆藏档案,档案号:648-6087。

总体而言,战时中央大学校方对学生自治会的请求与建议较为重视,并给予其大量支持以保障学生工作的顺利开展。校方与学生自治会形成这样一种合作方式:学生自治会完成前期工作(活动规划或意见征求等),正式施行时于力有不逮处向校方请求帮助,然后在校方支持下具体办理各项事务,职权范围之外的事项则由校方代为办理。学生自治会与校方逐渐达成互相协作、互不干涉的默契,在学生活动开展和权益保障方面达成较为成功的合作。

三、训导之下——战时学生自治会的“无害化”转向

“学生干政”是近代中国学生运动的显著特征,“政”既指国家政治,也指学校的行政事

务。① 全民族抗战时期中央大学学生自治会与校方的成功合作因此更显难得，这背后是学校自治会与校方之间的职权划分和权力约束等一系列复杂问题的妥善处理。

罗家伦于1932年出任中央大学校长，提出中央大学应该承担“为中国建立有机体的民族文化”的使命②，试图让中央大学回归学术文化研究。对于学生组织，罗家伦赞成学生组织学术性质的“学会”，但明确反对学生参与政治组织，认为学生参与政治组织“于学校无利益，于学生更不相宜”。③ 1937年7月，抗日战争全面爆发，面对学生高涨的救亡热情，罗家伦力求保证正常的教学研究秩序：“我们要知道所谓‘总动员’，绝不是‘乱动员’，绝不是教员不教书，学生不读书，而把一切训练的工作都停顿。我们现在最迫切需要的还是知识技能，体格及人格的训练。”④罗家伦始终对校内的“战争动员”持谨慎态度，要求学生回归学习，这也是全民族抗战时期中央大学的学生管理理念。

全民族抗战时期中央大学校方一以贯之地重视学生管理，致力于稳定学生群体使其安心向学，避免学生过多参与学习研究以外的活动，并加强学生组织管理以防范学潮。中央大学学生自治会是校内最具组织和动员能力的学生团体，校方担忧其有引发学生运动的可能性，认定必须对其职能加以限制，以保证正常的教学进程和校园秩序。

中央大学校方限制学生自治会职能的一项重要措施是成立训导处，由训导处全面监管学生自治会活动。自1938年5月起，中央大学即按国民政府教育部令推进“导师制”⑤，1940年在《国立中央大学组织大纲》中正式确立训导处的地位⑥，同年拟定《国立中央大学训导处训导实施办法》和《国立中央大学训导处组织规程》⑦，至此训导制度在中央大学基本落实。

中央大学训导处是学生自治会的直接管理者，学生自治会虽然是各项学生活动的组织者，但是其举办课外活动、推进社会服务、出版刊物等都须得到训导处的审批。根据《国立中央大学训导处训导实施办法》，训导处可“派员随时随地考察学生日常生活”，其中第八条规定：“凡拟参加社会服务之学生应就其所专习及志趣之所近选定所拟参加之工作，先向本处登记”；第十三条规定：“为增进学生身心修养起见，得由本处指导学生组织各种集会，其需要专家指导者，例如戏剧、音乐、图画、美术研究会之类，得由本初斟酌情形聘请之”；第十四条规定：“学生方面任何组织集会及刊物壁报等，均须由负责人亲来本处等级核准后始准

① 蒋宝麟.民国时期中央大学的学术与政治：1927—1949[M].南京：南京大学出版社，2016：57.
② 罗家伦.中央大学之使命[N].国立中央大学日刊，1932-10-20(820).
③ 罗家伦.整顿中大的几项重要措施——民国二十一年十月在国立中央大学总理纪念周报告[G]//罗家伦先生文存编辑委员会.罗家伦先生文存(第5册).台北："国史馆"，中国国民党中央党史委员会，1988：246.
④ 罗家伦.一段惨痛的校史和本大学现在的方针——民国二十六年十二月六日在重庆沙坪坝讲[G]//罗家伦先生文存编辑委员会.罗家伦先生文存(第5册).台北："国史馆"，中国国民党中央党史委员会，1988：639.
⑤ 便函(特字212号)，南京大学档案馆馆藏档案，档案号：648-872，1938。
⑥ 国立中央大学组织大纲，南京大学档案馆馆藏档案，档案号：648-826，1940。
⑦ 国立中央大学训导处训导实施办法，南京大学档案馆馆藏档案，档案号：648-845。
国立中央大学训导处组织规程，南京大学档案馆馆藏档案，档案号：648-845。

设立或公布”。[①] 训导处因此得以实时掌控学生自治会动向并及时对学生自治会加以约束或监督。

学生自治会的活动经费也由训导处管理。如1945年5月校行政会议通过“学生自治会呈请增加补助费一案”,但其批准的补助费以“增加训导处课外活动临时费每月国币三千元”的形式下发[②],以保证训导处对学生自治会活动的约束。学生自治会的财务状况也受到训导处监管,学生自治会收支账目簿须经整理后交由训导处存查。[③]

除接受训导处的监管,学生自治会还须将各届干事名单及各项重要决议呈交校长室。如1941年学生自治会改选完毕后,即函呈校长:“窃查本学期学生自治会业经改选完竣,理合将当选干事名单及干事会议决议案呈请钧长鉴核备案,以利进行。”[④]

在种种制约下,中央大学学生自治会的自主性被大大削减,一定程度上达到校方限制其职能以防止其干预校务甚至干扰校园秩序的目的,这点主要体现于学生自治会工作重心的转变,也见于其呈交校方的请求案主要内容的转变。翻阅现存档案,全民族抗日战争时期学生自治会所呈请求案与抗日战争前学生自治会所呈请求案在内容上明显不同。表2选取1930年与国民政府迁都重庆时期具有代表性且保存完整的请求案各一份为例,并对其内容进行直观比较。

表2 1930年与国民政府迁都重庆时期学生自治会请求案内容对比

时间	文件	请求案内容
1930年	《为同学蒋还等建议九项转呈采纳实行请赐示》	(一)以经济的原则,变更学校组织系统:只设教务总务二处,并裁撤一切不必要之各组股等 (二)本教授治校之精神,校务会议中,应增加教授代表 (三)节省行政经费,裁汰冗员(总办公处及各学院职员均须减少,并定定额) (四)学校经费,应绝对公开 (五)添聘正教授,改良优良教授待遇 (六)尊重同学意见,辞退恶劣教授 (七)另聘图书馆主任,增加图书经费,至少应估全校预算百分之五 (八)提高普通英文程度,普通英文应由教授担任,不得以恶劣之助教滥充 (九)各院长系科主任,应切实到校负责,各科系均应组织科系会议
国民政府迁都重庆时期	《学生自治会三十年度(下学期)第一次系代表会决议案》	一、新宿舍电灯之装设 二、各宿舍隔走廊及装门 三、传染病之防控及患病者之调养 四、新宿舍饮水及用水问题 五、修理开水炉 六、请医师总检查同学之健康,如有患肺病者,即用隔离厨房及宿舍 七、扩充浴室

① 国立中央大学训导处训导实施办法,南京大学档案馆馆藏档案,档案号:648-845。

② 便函(特字第1434号),南京大学档案馆馆藏档案,档案号:648-6087,1945。

③ 学生自治会收支账目簿训导处存查(中华民国卅二年二月二十日至四月二日止),南京大学档案馆馆藏档案,档案号:648-6087。

④ 学生自治会当选干事名单及决议案,南京大学档案馆馆藏档案,档案号:648-3650,1941。

（续表）

时间	文件	请求案内容
国民政府迁都重庆时期	《学生自治会三十年度（下学期）第一次系代表会决议案》	八、请政治部放映总队每月来校放映电影二次 九、礼堂落成后须注意其使用情形 十、恢复收音机供礼堂落成后装设其中 十一、扩充饭厅 十二、联合各校请求教育部将佐餐费按固定菜量发给，俾不受物价影响 十三、饭厅纱罩须快做 十四、注意米量及消费合作社之米价及米质 十五、防空洞及防毒问题 十六、请从速退费 十七、校车不得任意加价并抽提其收入充本会基金 十八、请合作社多售同学需用物品 十九、出壁报并设布告栏 二十、要求多与校长接近对各问题作最后之解决 二十一、请校方管理不驯校工 二十二、请增加经常费 二十三、提倡同学工读请校方分配工作予以报酬 二十四、促成柏溪组织本会柏溪分会

资料来源：《为同学蒋还等建议九项转呈采纳实行请赐示》，1930年5月20日，国立中央大学档案，南京大学档案馆馆藏档案，档案号：648-3641；《学生自治会三十年度（下学期）第一次系代表会决议案》，国立中央大学档案，南京大学档案馆馆藏档案，档案号：648-6087。

如表2所示，1930年的请求案《为同学蒋还等建议九项转呈采纳实行请赐示》的主要内容是对学校组织系统、教职工聘任、经费使用等行政工作的建议，国民政府迁都重庆时期的请求案《学生自治会三十年度（下学期）第一次系代表会决议案》的内容则集中在学生日常食宿管理、卫生健康保障、课外活动开展及校园基础设施建设四类问题上，而无对学校教务与行政方面的建议。

中央大学学生自治会工作重心转变的原因包括抗日战争这一大背景的影响：内迁之后中央大学学生普遍面临生活条件简陋和基本物资匮乏的困境，学生自治会因此需要围绕最基本的食宿与健康开展大量工作。但学生自治会工作重心转变也确实是中央大学校方有意规范的结果。训导处通过活动审批和经费管理等措施对学生自治会活动进行约束，削弱学生自治会的自主性，严防学生自治会干预学校行政和教务。加之中央大学校方一贯主张学生回归学习主业，这确实对中央大学学生产生了潜移默化的影响。校友陈以震谈到："中央大学的国民党、三青团很有势力，公开扯起旗号；共产党和进步同学也不少，当然是地下活动。而最多的还是中间同学，他们把主要精力用来学习，读书风气很浓厚。"①学生自治会的活动取向很大程度上是校内学生意志的体现，在大部分情况下，政治问题是不能引起中

① 陈以震.沙坪偶忆[G]//中国人民政治协商会议重庆市沙坪坝区委员会文史资料委员会.怀沙坪忆当年.重庆：中国人民政治协商会议重庆市沙坪坝区委员会文史资料委员会，1991：271.

央大学学生的深厚兴趣的①，学生自治会活动也与“政治”日渐疏远。至 1940 年前后，学生自治会已明显不再具有“学生干政”和“激进救亡”两种“危险”倾向，其工作内容逐渐框定在学生日常生活和课外活动管理，其所争取的也仅仅是学生学习生活的基本权益。

中央大学校方为稳定校内秩序，自发加强管控学生自治会，与此同时，国民政府也通过校方在中央大学校内落实“去政治化”学生政策。

南京国民政府自成立以来，始终对学生自治保持高度警惕，其学生政策可概括为“去政治化”：一是避免学生参与任何政治性活动，让学生回归学习，避免其他政治势力在学生群体中进行政治动员；二是在学生中吸纳有生力量，并将其培养为学生中的活跃分子，从而对学生进行意识形态统制。② 全民族抗战时期国民政府对学生自治会的干涉愈发明显，其消解学生自治会“自治性”的意图昭然若揭。国民政府于 1943 年颁布的《学生自治会规则》在其 1930 年颁布的《学生自治会组织大纲》的基础上对学生自治会进一步加以限制，如明文规定学生自治会“为学生课外活动之唯一组织”，并增加了理事、总干事解任条款及学生自治会解散条款。③

中央大学作为国民政府着力改造的高校，承载着国民政府“学术”和“政治”的双重期待。④ 1937 年 11 月 26 日，国民政府正式迁驻重庆，先期完成内迁的中央大学在战时依旧处于政府教育政策落实的第一线⑤。学生自治会的强动员能力加之中央大学的特殊地位，令中央大学学生自治会在全民族抗战时期受到政府尤为严密的监管。

国民政府通过中央大学校方对学生自治会中的“左”倾动向实施不遗余力的监察和打击：1939 年 1 月，国民政府教育部部长陈立夫致函中央大学要求密查“共党分子”⑥；1939 年 5 月，国民党中央秘书长朱家骅致函中央大学要求中央大学对中共掌控的学生自治会进行改组⑦，时任校长罗家伦对此积极配合，学生自治会因此“彻底改组”并“由党部及青年团学生主持”⑧；1940 年 11 月，国民党中央直属重庆市执行委员会致函中央大学，要求学生自治

---

① 曾正权. 记中大的民主墙[J]. 中央周刊(南京)，1946，8(9)：15-16.

② HUANG J L. The politics of depoliticization in Republican China: Guomindang Policy towards student political activism, 1927-1949[M]. Bern: Peter Lang AG, 1996:179.

③ 中国第二历史档案馆. 中华民国史档案资料汇编·第五辑第二编·教育(一)[G]. 南京：江苏古籍出版社，1997：48-51.

④ 蒋宝麟. 民国时期中央大学的学术与政治：1927—1949[M]. 南京：南京大学出版社，2016：67-68.

⑤ 蒋宝麟. 民国时期中央大学的学术与政治：1927—1949[M]. 南京：南京大学出版社，2016：163-164.

⑥ 教育部要求中大密查进步学生陈穆等活动的训令[G]//南大百年实录编辑组. 南大百年实录(上卷). 南京：南京大学出版社，2002：471.

⑦ 朱家骅致罗家伦，南京大学档案馆馆藏档案，档案编号：648-3605，1939。原件并未注明年份，但朱家骅于 1938 年 4 月至 1939 年 11 月担任国民党中央秘书长，而一直到 1938 年年底中大学生自治会由中共主导，因此推断此函年份应为 1939 年。

⑧ 教育部关于改组中大学生自治会的密令[G]//南大百年实录编辑组. 南大百年实录(上卷). 南京：南京大学出版社，2002：475.

会汇报组织和活动情形①;1943年,国民政府教育部部长陈立夫训令中央大学严防“奸伪”在后方进行学运,防范学生自治会被幕后策动,并随时将具体情形上报②。

国民党党团组织也在中央大学校方的默许和配合之下逐渐掌控了学生自治会的领导权。据刘兆田回忆:当时参与学生自治会选举的多为国民党党员,他们有组织、有准备地在系科代表大会选举中获胜,最后当选。③ 但是中央大学学生对其操纵选举的行为心知肚明,因此国民党党团虽然控制了学生自治会,但争取到的学生支持相当有限④。

与中央大学学生自治会受到校方和政府强力管控形成鲜明对比的是西南联合大学学生自治会具有高自主性和高政治活跃度。一方面,西南联合大学自治会的选举由学生全权掌握,不受校方干预,虽有政党纷争的影子,但仅限于学生之间的较量;另一方面,西南联合大学学生自治会可与其他学校的学生自治会联系,必要时可对时局发表意见和声明。⑤ 皖南事变后,国民党和三青团乘势把持西南联大学生自治会,但始终不得学生信服,其把持的学生自治会于1944年秋的改选中被一举推翻,此后西南联合大学学生自治会一直由进步学生领导。⑥ 1945年“五四”纪念周,国民党中央党部电饬昆明市政府严防西南联合大学等校学生组织大规模学生运动,联大训导处分发电影票,欲分散学生力量以限制其组织“五四”纪念周活动,但西南联合大学学生自治会依然成功举办了规模空前的“五四”纪念活动。⑦

相比之下,中央大学学生自治会逐渐成为学校“附属机构”。虽然中央大学学生在战时因生活需求多次发动请愿活动,但由于没有学生自治会的组织领导,请愿持续时间和影响都不足以引发更大规模的运动。层层监管下,中央大学在全民族抗战时期总体上保持着平静状态。⑧

四、结语

1937年7月,抗日战争全面爆发,中央大学内迁完成后即开始组建学生自治会,并根据《学生自治会组织大纲》规定采取“委员会制”,以全体会员大会为最高权力机构、以系科代表大会为最高立法和监察机构、以理事会为最高行政机构。战时的中央大学学生自治会仍在校园中保持活跃,其主要工作分为组织抗日宣传、丰富课外生活和维护学生权益三项。

---

① 便函(第2075号),南京大学档案馆馆藏档案,档案编号:648-6087。

② 教育部要求中大防止进步学生革命活动的训令[G]//南大百年实录编辑组. 南大百年实录(上卷). 南京:南京大学出版社,2002:472.

③ 刘兆田. 大学生活——两张旧照片往事上心头[J]. 中外杂志(台北),1981,29(1).

④ 萧承龄,蒋宝麟. 烽火中的“最高学府”——采访萧承龄先生[J]. 史林,2012(B11):1-7.

⑤ 邢福津. 记西南联合大学前期的学生自治会[G]//政协云南省委员会文史资料研究委员会. 云南文史资料选辑(第34辑):西南联合大学建校五十周年纪念专辑. 昆明:云南人民出版社,1988:421-423.

⑥ 汪子嵩,张建安. 往事旧友,欲说还休[M]. 北京:生活书店出版有限公司,2015:53-54.

⑦ 西南联大《除夕副刊》. 联大八年[M]. 北京:新星出版社,2011:31-41.

⑧ 蒋宝麟. 民国时期中央大学的学术与政治:1927—1949[M]. 南京:南京大学出版社,2016:192-193.

全民族抗战时期中央大学校方与学生自治会之间建立起较为和谐的合作关系:学生自治会体察学生群体之需求并具体推进各项学生工作,校方则对学生自治会的请求予以高度重视和积极回应,并提供支持和保障以便学生自治会工作顺利开展。中央大学校方和学生自治会相互协作、互为补充,在学生活动开展和权益保障方面达成尤为成功的合作。

而合作背后,是强有力的监管制度和约束措施。战时的中央大学一以贯之地加强学生管理,中央大学学生自治会是中央大学最具组织动员能力的学生组织,校方始终对其保持高度关注,并认定必须对其职能加以限制。1940 年中央大学拟定训导处实施办法和组织规程,此后校方便通过训导处对学生自治会的活动组织、刊物出版及财务收支等多方面进行监管,严格约束学生自治会活动。与此同时,国民党通过组织校内党团活动及与中央大学校方协作,逐渐夺取学生自治会的领导权。在校方和政府的双重监管下,全民族抗战时期中央大学学生自治会的工作重心转移至学生日常生活和课外活动的管理,逐渐向“无害化”和“去政治化”发展。与抗日战争前和全民族抗战爆发初期相比,强力规训之下的学生自治会明显不再具有“学生干政”和“激进救亡”两种“危险”倾向;与同一时期的西南联合大学相比,中央大学学生自治会保守持重,独立性较低,政治活跃度也较低。

总体来说,全民族抗战时期的中央大学学生自治会组织建构完善,有充分发挥学生自治的基础,但始终处于强力“训导”下极为有限的“自治”状态。中央大学校方通过活动审批和经费约束限制学生自治会职权,比较克制,并未插手学生自治会内部事务。相比之下,国民政府无限制、全方位的掌控措施,明显将中央大学学生自治会当作政府在学生群体中构建政治话语的前沿阵地,完全破坏了学生自治会的“自治”本质,激起大部分学生的不满情绪。中央大学校方和国民政府管控结果的微妙差异也为当代高校学生管理提供了一定的历史思考,即教育管理者对学生群体的干预程度既要充分也要适当,使得“自治”与“训导”处于基本的平衡状态,使二者得以各自发挥效用。

“同济教育研究”丛书征稿启事

“同济教育研究”丛书是由同济大学高等教育研究所主编、同济大学出版社出版的教育研究类学术性图书。

“同济教育研究”丛书宗旨是:为高等学校教育教学服务,为同济大学改革与发展服务。图书内容以教育理论和实践研究的论文为主,包括但不限于以下板块:高等教育论坛、比较教育研究、教育基本理论、课程与教学论、教育管理与政策、教育改革与发展、教育技术、思想政治教育、高等学校管理等。

“同济教育研究”丛书的特色是立足中国教育现实,着眼国际学术前沿,坚持理论联系实际,促进学科交叉融合。

欢迎同济大学各学科师生及校外专家学者踊跃投稿!

作者的来稿一般应包括以下几部分:

(1) 标题。一般不超过 20 个汉字,必要时可加副标题。若需补充与论文有关的信息,如课题来源的基金名称、课题名称、项目编号等可以以在标题右上角加页下注的方式在页面下方给出。

(2) 作者姓名。列在标题下方,作者信息(如单位,职称,职务等)可以在作者姓名右上角加页下注的方式在页面下方给出,例如:① 某某人,某大学某学院教授,副院长;② 某某人,某单位某部门,科员;等等。

(3) 摘要。以 100～300 字为宜,对文章内容进行简要概括。

(4) 关键词。3～5 个。

(5) 正文。正文中标题层级依次编号为:

一、二、三……

(一) (二) (三)……

1. 2. 3……

1) 2) 3)……

(1) (2) (3)……

① ② ③……

正文中需要特别加注的说明性文字,请用脚注(页下注),序号用圆括号加注于被引用文字的右上角。

(6) 参考文献。采用尾注(文末注),正文中需要注释处,请标出注释序号,序号用方括号加注于被引用观点、数据、资料等文字的右上角。

参考文献按在正文中出现的顺序列于文末,其中包括作者、书名/文章名、出版社(需要加城市名)/刊名、出版年份/刊发卷期、起止页码等。参考文献的标注方法执行中华人民共和国国家标准《信息与文献 参考文献著录规则》(GB/T 7714—2015)。

投稿时请将稿件的电子文本(*.doc)通过电子邮件发送至同济大学高等教育研究所"同济教育研究"丛书编辑部的专用邮箱:ter@tongji.edu.cn,请勿投送给个人。切勿一稿多投。作者如在三个月内未收到稿件采用通知,请自行处理;请作者自留底稿,本编辑部恕不退还文稿。

编辑部地址:上海市杨浦区四平路1239号衷和楼805室(同济大学高等教育研究所)。

同济大学高等教育研究所
"同济教育研究"丛书编辑部